Patrick Esser

Die Begünstigung von Mitgliedern des Betriebsrats

PL ACADEMIC RESEARCH

Bibliografische Information der Deutschen Nationalbibliothek
Die Deutsche Nationalbibliothek verzeichnet diese Publikation in der Deutschen Nationalbibliografie; detaillierte bibliografische Daten sind im Internet über http://dnb.d-nb.de abrufbar.

Zugl.: Köln, Univ. Diss. 2013

Umschlagabbildung:
Siegel der rechtswissenschaftlichen Fakultät der Universität zu Köln.
Abdruck mit freundlicher Genehmigung der Universität zu Köln.

Umschlaggestaltung:
© Olaf Gloeckler, Atelier Platen, Friedberg.

D 38
ISSN 1861-4582
ISBN 978-3-631-64623-6 (Print)
E-ISBN 978-3-653-03955-9 (E-Book)
DOI 10.3726/978-3-653-03955-9

PL Academic Research ist ein Imprint der Peter Lang GmbH.

Peter Lang – Frankfurt am Main · Bern · Bruxelles · New York · Oxford · Warszawa · Wien

Dieses Buch erscheint in einer Herausgeberreihe bei PL Academic Research und wurde vor Erscheinen peer reviewed.

www.peterlang.com

Vorwort

Die Anfertigung der vorliegenden Arbeit ist sowohl geprägt durch meine wissenschaftliche Tätigkeit am Institut für Deutsches und Europäisches Arbeits- und Sozialrecht der Universität zu Köln als auch durch meine anwaltliche Tätigkeit bei einer auf Wirtschaftsrecht spezialisierten Rechtsanwaltskanzlei in Köln. Die Arbeit wurde im Sommersemester 2013 von der Rechtswissenschaftlichen Fakultät der Universität zu Köln als Dissertation angenommen.

Mein besonderer Dank gilt Herrn Prof. Dr. Dr. h.c. Ulrich Preis. Durch seine Unterstützung und seine konstruktiven Anmerkungen und Hinweise sowie nicht zuletzt seine jederzeitige Diskussionsbereitschaft hat er entscheidend zum Gelingen der Arbeit beigetragen. Ebenfalls herzlich bedanken möchte ich mich bei Herrn Professor Dr. Christian Rolfs für die Übernahme des Zweitgutachtens und seiner Mitwirkung im Rahmen der Disputation. Danken möchte ich zudem Frau Dr. Wiebke Brose als wertvolle Ideengeberin für das Thema dieser Arbeit.

Mein größter Dank gilt an dieser Stelle meinen Eltern, Otto und Marion Esser, auf deren Unterstützung ich nicht nur bei der Fertigung dieser Arbeit, sondern während des gesamten rechtswissenschaftlichen Studiums als Grundlage dieser Arbeit zählen konnte.

Köln, im Oktober 2013 *Patrick Esser*

Inhaltsverzeichnis

Literaturverzeichnis

Aden, Menno: Lohnzuschläge für hypothetische Arbeit des freigestellten Betriebsratsmitglieds, RdA 1980, S. 256–260

Ascheid, Reiner/Preis, Ulrich/Schmidt, Ingrid: Kündigungsrecht, 4. Auflage 2012, München (zit.: APS/*Bearbeiter*)

Bachner, Michael: Warum Betriebsräte weder benachteiligt noch begünstigt werden dürfen, Mitbestimmung 2007, Heft 1+2, S. 66–68

Bamberger, Heinz Georg/Roth, Herbert: Kommentar zum Bürgerlichen Gesetzbuch, Band 1, Band 3, 3. Auflage 2012, München (zit.: Bamberger/Roth/*Bearbeiter*)

Bassenge, Peter/Brudermüller, Gerd/Diederichsen, Uwe/Ellenberger, Jürgen/Grüneberg, Christian/Sprau, Hartwig/Thorn, Karsten/Weidenkaff, Walter/Weidlich, Dietmar: Palandt, Bürgerliches Gesetzbuch, 72. Auflage 2013, München (zit.: Palandt/*Bearbeiter*)

Becker, Friedrich/Hillebrecht, Wilfried: KR – Gemeinschaftskommentar zum Kündigungsschutzgesetz und zu sonstigen kündigungsschutzrechtlichen Vorschriften, 10. Auflage 2013, Köln (zit.: KR/*Bearbeiter*)

Becker-Schaffner, Reinhard: Die Rechtsprechung zur Freistellung von Betriebsratsmitgliedern gemäß § 38 BetrVG, BB 1982, S. 498–503

Belling, Detlev B.: Die Haftung des Betriebsrats und seiner Mitglieder für Pflichtverletzungen, Tübingen 1990 (zit.: *Belling*)

Besgen, Nicolai: Betriebsverfassungsrecht, Bonn 2007 (zit.: *Besgen*)

Bittmann, Barbara/Mujan, Susanne: Compliance – Brennpunkt „Betriebsratsvergütung“, Teil 1: Gehaltszusagen, Dienstwagen Freistellung & Co. – Unzulässige Begünstigung von Betriebsratsmitgliedern, BB 2012, S. 637–640; Teil 2: Nur Einstellung oder auch Rückforderung unzulässiger Begünstigungen?, BB 2012, S. 1604–1607

Chen, Ming-Huei: Zum Schutz der Repräsentanten der Arbeitnehmer im Recht der Betriebsverfassung und der Unternehmensmitbestimmung, München 1995 (zit.: *Chen*)

Corsten, Johannes: Erfüllt die Zahlung von Bestechungsgeldern den Tatbestand der Untreue?, HRRS 2011, S. 247–254

Cox, Peter-Martin: Sich als Betriebsrat nicht vergessen, AiB 2010, S. 452–458

Dannecker, Gerhard: Der strafrechtliche Schutz der betriebsverfassungsrechtlichen Organe und ihrer Mitglieder, Festschrift zum 65. Geburtstag für Wolfgang Gitter, 1995, S. 167–193 (zit.: *Dannecker*, FS Gitter)

Däubler, Wolfgang: Handbuch Schulung und Fortbildung, 5. Auflage 2004, Frankfurt am Main (zit.: *Däubler*)

Däubler, Wolfgang: Soft law und kollektives Arbeitsrecht, NZA-Beilage 1/2011, S. 42–47

Däubler, Wolfgang/Hjort, Jens Peter/Schubert, Michael/Wolmerath, Martin: Arbeitsrecht – Individualarbeitsrecht mit kollektivrechtlichen Bezügen, 2. Auflage 2010, Baden-Baden (zit.: DHSW/*Bearbeiter*)

Däubler, Wolfgang/Kittner, Michael/Klebe, Thomas/Wedde, Peter: Betriebsverfassungsgesetz, 13. Auflage 2012, Frankfurt am Main (zit.: DKKW/*Bearbeiter*)

Dauner-Lieb, Barbara/Langen, Werner: BGB Schuldrecht, Band 2, 2. Auflage 2012, Baden-Baden (zit.: Dauner-Lieb/Langen/*Bearbeiter*)

Denecke, Frauke: Freigestellte Betriebsratsmitglieder – Das Problem der angemessenen Vergütung, AuA 2006, S. 24–27

Düwell, Franz Josef: Betriebsverfassungsgesetz, 3. Auflage 2010, Baden-Baden (zit.: Düwell/*Bearbeiter*)

Ehrich, Christian/Hoß, Axel: Die Kosten des Betriebsrats – Umfang und Grenzen der Kostentragungspflicht des Arbeitgebers, NZA 1996, S. 1075–1084

Erman, Walter: Bürgerliches Gesetzbuch, 13. Auflage 2011, Köln (zit.: Erman/*Bearbeiter*)

Etzel, Gerhard: Betriebsverfassungsrecht, 8. Auflage 2002, Neuwied (zit.: *Etzel*)

Farthmann, Friedhelm: Der gerechte Betriebslohn – Funktionswandel in der Betriebsratsarbeit und Entgeltgerechtigkeit –, Festschrift zum 70. Geburtstag von Eugen Stahlhacke, 1995, S. 115–127 (zit.: *Farthmann*, FS Stahlhacke)

Fitting, Karl: Betriebsverfassungsgesetz, 26. Auflage 2012, München (zit.: *Fitting*)

Fischer, Thomas: Strafgesetzbuch, 60. Auflage 2013, München (zit.: *Fischer*, StGB)

Fischer, Ulrich: Korruptionsbekämpfung in der Betriebsverfassung, BB 2007, S. 997–1001; Das Ehrenamtsprinzip der Betriebsverfassung „post Hartzem“ – antiquiert oder Systemerfordernis?, NZA 2007, S. 484–489

Fleischer, Holger: Zur Verantwortlichkeit einzelner Vorstandsmitglieder bei Kollegialentscheidungen im Aktienrecht, BB 2004, S. 2645–2652

Frahm, Sebastian/Koch, Jochen: Risiken überhöhter Betriebsratsvergütung, ArbRAktuell 2010, S. 468–471

Franzen, Martin: Betriebsratskosten und Umlageverbot; Gegen den Strich – Festschrift für Klaus Adomeit, S. 173–186, Köln 2008 (zit.: *Franzen*, FS Adomeit); Professionalisierung der Betriebsratsarbeit – Abschied vom Ehrenamt?,

Unternehmensführung und betriebliche Mitbestimmung, (4. ZAAR-Kongress 2008, München), S. 48–64 (zit.: *Franzen*, ZAAR)

Galperin, Hans/Löwisch, Manfred: Kommentar zum Betriebsverfassungsrecht, Band I und II, 6. Auflage 1982, Heidelberg (zit.: *Galperin/Löwisch*)

Gamillscheg, Franz: Kollektives Arbeitsrecht, Band II: Betriebsverfassung, München 2008 (zit.: *Gamillscheg*)

Gaul, Björn: Berechnung leistungs- oder erfolgsbezogener Jahressonderzahlungen bei Betriebsratsmitgliedern, BB 1998, S. 101–105

Gaul, Dieter: Das Arbeitsrecht im Betrieb, Band II, 8. Auflage 1986, Heidelberg (zit.: *D. Gaul*)

Gillen, Christoph/Vahle, Oliver: Umfang und Grenzen pauschaler Freistellungsansprüche des Betriebsrats, BB 2006, S. 2749–2755

Göpfert, Burkard/Fellenberg, Katharina/Klarmann, Philipp: Leistungsbezogene Vergütung für teilfreigestellte Betriebsräte, DB 2009, S. 2041–2045

Graf, Walther/Link, Holger: Überhöhte Betriebsratsvergütung – kein neues Betätigungsfeld für Steuerfahnder, NJW 2009, S. 409–412.

Grimberg, Herbert: Trinkgelder als Arbeitsentgelt, Anmerkung zu BAG v. 28.06.1996, AiB 1995, S. 319–320.

Grimm, Detlef/Brock, Martin: Anmerkung zu BAG v. 07.10.2004, EWiR 2005, S. 577–578

Hennecke, Rudolf: Die Bemessung von Arbeitsentgelt und allgemeinen Zuwendungen freigestellter Betriebsräte, RdA 1986, S. 241–246; Bemessung von Arbeitsentgelt und allgemeinen Zuwendungen für freigestellte Betriebsräte, BB 1986, S. 936–941

Henssler, Martin/Strohn, Lutz: Gesellschaftsrecht, 1. Auflage 2011, München (zit.: Henssler/Strohn/*Bearbeiter*)

Henssler, Martin: Anmerkung zu LAG Düsseldorf v. 13.09.2001, BB 2002, S. 307–308

Hess, Harald/Schlochauer, Ursula/Worzalla, Michael/Glock, Dirk/Nicolai, Andrea/Rose, Franz-Josef: Betriebsverfassungsgesetz, 8. Auflage 2011, Köln (zit.: HSWGNR/*Bearbeiter*)

Hilbrandt, Christian: Sonderkündigungsschutz von Betriebsratsmitgliedern bei Massenänderungskündigungen, NZA 1997, S. 465–470

von Hoyningen-Huene, Gerrick: Betriebsverfassungsrecht, 6. Auflage 2007, München (zit.: *v. Hoyningen-Huene*)

Hromadka, Wolfgang/Maschmann, Frank: Arbeitsrecht, Band 2, 5. Auflage 2010, Heidelberg (zit.: *Hromadka/Maschmann*)

Hueck, Alfred/Nipperdey, Hans Carl: Lehrbuch des Arbeitsrechts, Zweiter Band: Kollektives Arbeitsrecht, 2. Halbband, 7. Auflage 1970, Berlin/Frankfurt a. M. (zit.: *Hueck/Nipperdey*)

Jaeger, Georg/Röder, Gerhard/Heckelmann, Günther: Praxishandbuch Betriebsverfassungsrecht, München 2003 (zit.: Jaeger/Röder/Heckelmann/*Bearbeiter*)

Jauernig, Othmar: Bürgerliches Gesetzbuch, 14. Auflage 2011, München (zit.: *Jauernig*)

Joecks, Holger/Miebach, Wulf: Münchener Kommentar zum Strafgesetzbuch, Band 1, 2. Auflage 2011; Band 6/1, 1. Auflage 2010, München (zit.: MüKo-StGB/*Bearbeiter*)

Kappenhagen, Markus: Lohnausfallprinzip und Bezugsmethode, Frankfurt a. M. 1991 (zit.: *Kappenhagen*)

Kehrmann, Karl: Pauschalierung von Vergütungs- und Kostenerstattungsansprüchen der Betriebsratsmitglieder, Festschrift für Otfried Wlotzke zum 70. Geburtstag, 1996, S. 357–379 (zit.: *Kehrmann*, FS Wlotzke)

Kindhäuser, Urs/Neumann, Ulfrid/Paeffgen, Hans-Ullrich: Strafgesetzbuch, 4. Auflage 2013, Baden-Baden (zit.: NK-StGB/*Bearbeiter*)

Kirchhof, Paul: Einkommensteuergesetz, 10. Auflage 2011, Köln (zit.: Kirchhof/*Bearbeiter*)

Klebe, Thomas: Die Zukunft der Betriebsratsarbeit, AiB 2006, S. 558–565

Klebe, Thomas/Ratayczak, Jürgen/Heilmann, Micha/Spoo, Sibylle: Betriebsverfassungsgesetz. 16. Auflage 2010, Frankfurt am Main (zit.: KRHS)

Klenter, Peter: Mehrarbeitspauschale und Pauschalaufwendungsersatz für Betriebsräte, Anm. zu ArbG Stuttgart v. 13.12.2012, juris-PR-ArbR 8/2012, Anm. 8

Knauer, Christoph: Die Kollegialentscheidung im Strafrecht, München 2001 (zit.: *Knauer*)

Knipper, Claudia: Das Arbeitsverhältnis des freigestellten Betriebsratsmitglieds, Baden-Baden 1992 (zit.: *Knipper*)

Kraatz, Erik: Zur Strafbarkeit der Finanzierung einer Arbeitgebervereinigung durch den Arbeitgeber – das „System Siemans-AUB“, wistra 2011, S. 447–452

Krieger, Gerd/Schneider, Uwe H.: Handbuch Managerhaftung, 2. Auflage 2010, Köln (zit.: Krieger/Schneider/*Bearbeiter*)

Krumm-Mauermann, Claudia: Rechtsgüterschutz durch die Straf- und Bußgeldbestimmungen des Betriebsverfassungsgesetzes, Konstanz 1990 (zit.: *Krumm-Mauermann*)

Lackner, Karl/Kühl, Kristian: Strafgesetzbuch, 27. Auflage 2011, München (zit.: *Lackner/Kühl*)

Laufhütte, Heinrich Wilhelm/Rissing-van Saan, Ruth/Tiedemann, Klaus: Leipziger Kommentar zum Strafgesetzbuch, 9. Band, 1. Teilband, 12. Auflage 2012, Berlin (zit.: LK/*Bearbeiter*)

Lelley, Jan Tibor: Compliance im Arbeitsrecht, Köln 2010 (zit.: *Lelley*)

Lipp, Heidrun: Honorierung und Tätigkeitsschutz von Betriebsratsmitgliedern, Passau 2008 (zit.: *Lipp*)

Löwisch, Manfred/Kaiser, Dagmar: Betriebsverfassungsgesetz, 6. Auflage 2010, München (zit.: *Löwisch/Kaiser*)

Löwisch, Manfred/Rügenhagen, Jens: Angemessene arbeitsvertragliche Vergütung von Betriebsratsmitgliedern mit Führungsfunktionen, DB 2008, S. 466–467

Mayer, Udo R.: Außendienstmitarbeiter im Betriebsrat – Vergütungsrechtliche Fragen, AiB 2011, S. 668–671

Moll, Wilhelm/Roebers, Dorothea: Pauschale Zahlungen an Betriebsräte?, NZA 2012, S. 57–62

Müller-Glöge, Rudi/Preis, Ulrich/Schmidt, Ingrid: Erfurter Kommentar zum Arbeitsrecht, 13. Auflage 2013, München (zit.: ErfK/*Bearbeiter*)

Natzel, Ivo: Rechtsstellung des freigestellten Betriebsratsmitglieds, NZA 2000, S. 77–81

Neef, Klaus: Vergütung und berufliche Entwicklung freigestellter Betriebsratsmitglieder, Sozialer Dialog in der Krise – Social dialogue in crises?, Liber amicorum Ulrike Wendeling-Schröder, 2009, S. 97–105 (zit.: *Neef*, Sozialer Dialog in der Krise?)

Niemeyer, Edzard/Rapp, Thomas: Betriebsratsarbeit als Co-Management, AiB 2001, S. 473–478

Nikisch, Arthur: Arbeitsrecht; III. Band: Betriebsverfassungsrecht, 2. Auflage 1966, Tübingen (zit.: *Nikisch*)

Oetker, Hartmut: Die Reichweite des Amtsschutzes betriebsverfassungsrechtlicher Organmitglieder – am Beispiel der Versetzung von Betriebsratsmitgliedern, RdA 1990, S. 343–356.

Pasewaldt, David: Straftaten gegen Betriebsverfassungsorgane und ihre Mitglieder gem. § 119 BetrVG, ZIS 2007, S. 75–81

Pflüger, Norbert: Vorschläge für ein Vergütungsmodell für Betriebsräte – Abschied vom Ehrenamt?, BB 2007, Editorial Heft 41, S. 1

Polzer, Alexandra/Helm, Rüdiger: Behinderung der Betriebsratstätigkeit, AiB 2000, S. 133–139

Preis, Ulrich: Der Arbeitsvertrag, 4. Auflage 2011, Köln (zit.: *Preis*, Arbeitsvertrag)

Preis, Ulrich: Arbeitsrecht, Kollektivarbeitsrecht, 3. Auflage 2012, Köln (zit.: *Preis*)

Preis, Ulrich/Genenger, Angie: Betriebliche Übung, freiwillige Leistungen und rechtgeschäftliche Bindung, Jahrbuch des Arbeitsrechts 2010, Band 47, S. 93–118

Prütting, Hanns/Wengen, Gerhard/Weinreich, Gerd: BGB Kommentar, 8. Auflage 2013, München (zit.: PWW/*Bearbeiter*)

Raiser, Thomas / Veil, Rüdiger: Mitbestimmungsgesetz und Drittelbeteiligungsgesetz, 5. Auflage 2009, Berlin (zit.: *Raiser/Veil*)

Richardi, Reinhard: Betriebsverfassungsgesetz, 13. Auflage 2012, München (zit.: Richardi/*Bearbeiter*)

Richardi, Reinhard / Wlotzke, Otfried / Wißmann, Hellmut / Oetker, Hartmut: Münchener Handbuch zum Arbeitsrecht, Band 1 und 2, 3. Auflage 2009, München (zit.: MünchArbR/*Bearbeiter*)

Rid, Claudia / Triemel, Martin: Vergütung von Betriebsräten, AuA 2011, S. 482–484

Rieble, Volker: Die Betriebsratsvergütung, NZA 2008, S. 276–280; Tickende Bombe, Wirtschaftswoche 5/2008, S. 44; Führungsrolle des Betriebsrats und Corporate Governance, Unternehmensführung und betriebliche Mitbestimmung (4. ZAAR-Kongress 2008, München), S. 10–34; Untreue durch Zahlung einer gesetzlich nicht vorgesehenen Vergütung an Betriebsratsmitglieder (Anm. zu LG Braunschweig v. 25.01.2007), CCZ 2008, S. 32–38; Gewerkschaftsbestechung?, CCZ 2008, S. 121–130; Gewerkschaftsnützige Leistungen an Betriebsräte, BB 2009, S. 1016–1022; Betriebsratsbegünstigung und Betriebsausgabenabzug, BB 2009, S. 1612–1619; Strafbare Arbeitgeberfinanzierung gelber Arbeitnehmervereinigungen, ZIP 2009, S. 1593–1600

Rieble, Volker / Klebeck, Ulf: Strafrechtliche Risiken der Betriebsratsarbeit, NZA 2006, S. 758–769

Rudolphi, Hans-Joachim / Horn, Eckhard / Samson, Erich / Günther, Hans-Ludwig: Systematischer Kommentar zum Strafgesetzbuch, Stand: 127. Ergänzungslieferung, April 2011 (zit.: SK/*Bearbeiter*)

Rüthers, Bernd: Zum Arbeitsentgelt des Betriebsrates, RdA 1976, S. 61–64; VW: Gemeinsamer Verrat an der Mitbestimmung?, NJW 2007, S. 195–197

Säcker, Franz Jürgen / Rixecker, Roland: Münchener Kommentar zum Bürgerlichen Gesetzbuch, Band 1, 6. Auflage 2012; Band 4, 6. Auflage 2012; Band 5, 5. Auflage 2009, München (zit.: MüKo/*Bearbeiter*)

Sax, Walter: Die Strafbestimmungen des Betriebsverfassungsrechts, Würzburg 1975 (zit.: *Sax*)

Schaub, Günter: Arbeitsrechts-Handbuch, 14. Auflage 2011, München (zit.: *Schaub*/Bearbeiter).

Schemmel, Alexander / Slowinski, Peter: Notwendigkeit von Criminal Compliance im Bereich der Betriebsratstätigkeit, BB 2009, S. 830–833

Schlösser, Jan: Zur Strafbarkeit des Betriebsrates nach § 199 BetrVG – ein Fall straffreier notwendiger Teilnahme?, NStZ 2007, S. 562–566

Schmidt, Ludwig: Einkommensteuergesetz, 31. Auflage 2012, München (zit.: Schmidt/*Bearbeiter*)

Schneider, Wolfgang: Arbeitsentgelt- und Berufsschutz freigestellter Betriebsratsmitglieder, NZA 1984, S. 21–24

Schnorr von Carolsfeld, Ludwig: Zu den Strafvorschriften des Betriebsverfassungsgesetzes, RdA 1962, S. 400–404

Schönke, Adolf/Schröder, Horst: Strafgesetzbuch, 28. Auflage 2010, München (zit.: S/S/*Bearbeiter*)

Schweibert, Ulrike/Buse, Sandra: Rechtliche Grenzen der Begünstigung von Betriebsratsmitgliedern – Schattenbosse zwischen „Macht und Ohnmacht", NZA 2007, S. 1080–1086

Sparchholz, Karsten/Trümner, Ralf: Die strafrechtliche Verantwortung von Betriebsratsmitgliedern, Arbeitspapier 173 der Hans-Böckler-Stifttung, 2009 (zit.: *Sparchholz/Trümner*)

Spindler, Gerald/Stilz, Eberhard: Kommentar zum Aktiengesetz, Band 1, 2. Auflage 2010, München (zit.: Spindler/Stilz/*Bearbeiter*)

Stahlhacke, Eugen: Außerordentliche betriebsbedingte Änderungskündigung von Betriebsratsmitgliedern, Arbeitsrecht und Sozialpartnerschaft, Festschrift für Peter Hanau, 1999, Köln, S. 281–294 (zit.: *Stahlhacke*, FS Hanau)

Stahlhacke, Eugen/Preis, Ulrich/Vossen, Reinhard: Kündigung und Kündigungsschutz im Arbeitsverhältnis, 10. Auflage 2010, München (zit.: SPV/*Bearbeiter*)

Staudinger, Julius von: Kommentar zum Bürgerlichen Gesetzbuch mit Einführungsgesetz und Nebengesetzen, Buch 2, Recht der Schuldverhältnisse, §§ 812–822, Ungerechtfertigte Bereicherung, Berlin 2007 (zit.: Staudinger/*Bearbeiter*)

Stege, Dieter/Weinspach, Friedrich Karl/Schiefer, Bernd: Betriebsverfassungsgesetz, 9. Auflage 2002, Köln (zit.: SWS)

Ulmer, Peter/Habersack, Mathias/Henssler, Martin: Mitbestimmungsrecht, 3. Auflage 2013, München (zit.: UHH/*Bearbeiter*)

Waas, Bernd: Betriebsrat und Arbeitszeit – Pauschale Abgeltung und Freistellung über das Gesetz hinaus, Saarbrücken 2012 (zit.: *Waas*)

Wazlawik, Thomas: § 817 Satz 2 BGB – Eine systemwidrige Vorschrift?, ZGS 2007, S. 336–334

Weber, Ulrich/Ehrich, Christian/Hörchens, Angela/Oberthür, Nathalie: Handbuch zum Betriebsverfassungsrecht, 2. Auflage 2003, Köln (zit.: *Weber/Ehrich/Hörchens/Oberthür*)

Weber, Ulrich/Lohr, Martin: Der Sonderkündigungsschutz von Betriebsratsmitgliedern, BB 1999, S. 2350–2356

Weinspach, Friedrich Karl: § 37 AbS. 1 BetrVG – ist das Ehrenamtsprinzip noch zeitgemäß?, Festschrift für Peter Kreutz zum 70. Geburtstag, 2010, S. 485–497 (zit.: *Weinspach*, FS Kreutz)

Weiss, Manfred/Weyand, Joachim: Betriebsverfassungsgesetz, 3. Auflage 1994, Baden-Baden (zit.: *Weiss/Weyand*)

Wiebauer, Bernd: Kosten der privaten Lebensführung als Kosten der Betriebsratsarbeit, BB 2011, S. 2104–2108

Wiese, Günther/Kreutz, Peter/Oetker, Hartmut/Raab, Thomas/Weber, Christoph/Franzen, Martin: Gemeinschaftskommentar zum Betriebsverfassungsgesetz, 9. Auflage 2010, Köln (zit.: GK-BetrVG/*Bearbeiter*)

Willemsen, Heinz Josef/Hohenstatt, Klaus-Stefan/Schweibert, Ulrike/Seibt, Christoph: Umstrukturierung und Übertragung von Unternehmen. 4. Auflage 2011, München (zit.: WHSS/*Bearbeiter*)

Wlotzke, Otfried/Preis, Ulrich/Kreft, Burghard: Betriebsverfassungsgesetz, 4. Auflage 2009, München (zit.: WPK/*Bearbeiter*)

Wlotzke, Otfried/Wißmann, Hellmut/Koberski, Wolfgang/Kleinsorge, Georg: Mitbestimmungsrecht, 4. Auflage 2011, München (zit.: WWKK/*Bearbeiter*)

Wolff, Alexander: Ein Fall für Compliance – Vergütung von Betriebsratsmitgliedern, AuA 2008, S. 534–535

Zwiehoff, Gabriele: Betriebsratsbegünstigung als strafbare Untreue? – Die VW-Affäre; Anm. zu LG Braunschweig v. 22.02.2008, jurisPR-ArbR 2/2009, Anm. 6

Abkürzungsverzeichnis

a.A.	anderer Ansicht
a.a.O.	am angegebenen Ort
Abs.	Absatz
a.F.	alte Fassung
AG	Aktiengesellschaft
AGG	Allgemeines Gleichbehandlungsgesetz
AiB	Arbeitsrecht im Betrieb
AktG	Aktiengesetz
Alt.	Alternative
Anm.	Anmerkung
AO	Abgabenordnung
AP	Arbeitsrechtliche Praxis
AR-Blattei	Arbeitsrecht-Blattei
ArbG	Arbeitsgericht
ArbGG	Arbeitsgerichtsgesetz
ArbRAktuell	Arbeitsrecht Aktuell
ArbuR	Arbeit und Recht
Art.	Artikel
AuA	Arbeit und Arbeitsrecht
Aufl.	Auflage
BAG	Bundesarbeitsgericht
BB	Betriebs-Berater
BetrVG	Betriebsverfassungsgesetz
BFH	Bundesfinanzhof
BGBl.	Bundesgesetzblatt
BGB	Bürgerliches Gesetzbuch
BGH	Bundesgerichtshof
BGHZ	Entscheidungen des BGH in Zivilsachen
BPersVG	Bundespersonalvertretungsgesetz
BRG	Betriebsrätegesetz
BStBl.	Bundessteuerblatt
BT-Drucks.	Drucksache des Deutschen Bundestages

BT-Protokoll	Stenografische Berichte des Deutschen Bundestages
BVerfG	Bundesverfassungsgericht
BVerwG	Bundesverwaltungsrecht
bzgl.	bezüglich
bzw.	beziehungsweise
CCZ	Corporate Compliance Zeitschrift
CDU	Christlich Demokratische Union
CSU	Christlich Soziale Union
DB	Der Betrieb
ders.	derselbe
d.h.	das heißt
DM	Deutsche Mark
DrittelbG	Drittelbeteiligungsgesetz
DStR	Deutsches Steuerrecht
EBRG	Europäische Betriebsräte-Gesetz
EFZG	Entgeltfortzahlungsgesetz
EStG	Einkommensteuergesetz
EStH	Hinweise zu den Einkommensteuerrichtlinien
EStR	Einkommensteuerrichtlinien
etc.	et cetera
EWiR	Entscheidungen zum Wirtschaftsrecht
EzA	Entscheidungen zum Arbeitsrecht
f.	folgende
ff.	fortfolgende
FAS	Frankfurter Allgemeine Sonntagszeitung
FAZ	Frankfurter Allgemeine Zeitung
FDP	Freie Demokratische Partei
Fn.	Fußnote
FS	Festschrift
gem.	gemäß
GG	Grundgesetz
ggf.	gegebenenfalls
ggü.	gegenüber
GK	Gemeinschaftskommentar
GmbH	Gesellschaft mit beschränkter Haftung
h.M.	herrschende Meinung
HRRS	Höchstrichterliche Rechtsprechung im Strafrecht
Hrsg.	Herausgeber

i.d.R.	in der Regel
i.S.d.	im Sinne des
i.S.v.	im Sinne von
JbArbR	Jahrbuch des Arbeitsrechts
jurisPR-ArbR	Juris Praxisreport Arbeitsrecht
JuS	Juristische Schulung
JVEG	Justizvergütungs- und entschädigungsgesetz
KSchG	Kündigungsschutzgesetz
LAG	Landesarbeitsgericht
LAGE	Entscheidungen der Landesarbeitsgerichte
LG	Landgericht
MitbestG	Mitbestimmungsgesetz
Mitbestimmung	Die Mitbestimmung
m.w.N.	mit weiteren Nachweisen
NJOZ	Neue Juristische Online Zeitschrift
NJW	Neue Juristische Wochenschrift
Nr.	Nummer
NStZ	Neue Zeitschrift für Strafrecht
NStZ-RR	NStZ-Rechtsprechungs-Report Strafrecht
n.v.	nicht amtlich veröffentlicht
NZA	Neue Zeitschrift für Arbeitsrecht
NZA-RR	NZA-Rechtsprechungs-Report Arbeitsrecht
o.g.	oben genannt
OLG	Oberlandesgericht
PersR	Der Personalrat
RAG	Reichsarbeitsgericht
RdA	Recht der Arbeit
Rn.	Randnummer
S.	Seite; Satz
SAE	Sammlung arbeitsrechtlicher Entscheidungen
SEBG	Gesetz über die Beteiligung der Arbeitnehmer in einer Europäischen Gesellschaft
SK	Systematischer Kommentar
Slg.	Sammlung
s.o.	siehe oben
sog.	sogenannte(r)
SPD	Sozialdemokratische Partei Deutschlands
SprAuG	Sprecherausschussgesetz
StGB	Strafgesetzbuch

StPO	Strafprozessordnung
SZ	Süddeutsche Zeitung
TzBfG	Teilzeit- und Befristungsgesetz
u.a.	unter anderem
usw.	und so weiter
v.	vom
vgl.	vergleiche
wistra	Zeitschrift für Wirtschafts- und Steuerstrafrecht
ZAAR	Zentrum für Arbeitsbeziehungen und Arbeitsrecht
z.B.	zum Beispiel
ZfA	Zeitschrift für Arbeitsrecht
ZGS	Zeitschrift für das gesamte Schuldrecht
Ziff.	Ziffer
ZIP	Zeitschrift für Wirtschaftsrecht
ZIS	Zeitschrift für Internationale Strafrechtsdogmatik
zit.	zitiert
z.T.	zum Teil
ZTR	Zeitschrift für Tarifrecht

Einleitung

„Einen Schnaps mehr.“ So zitiert die *FAZ* den Vorsitzenden des Gesamtbetriebsrats der *Daimler AG*, *Erich Klemm*, auf die Frage nach seiner Vergütung.[1] Dem sei ein Zitat des Arbeitsrechtlers *Volker Rieble* gegenübergestellt, der die Vergütungspraxis von Mitgliedern des Betriebsrats als „Edelwandglitzghetto mit viel Funktionärsplüsch“ beschreibt.[2]

Beide Zitate stammen aus einer Diskussion, die seit der sog. *Volkswagen-Affäre*[3] im Jahr 2005 stetig geführt wird und immer dann neuen Schwung erhält, wenn die Betriebsratsvergütungen größerer Unternehmen an die Öffentlichkeit gelangen, was zuletzt bei der *Adam Opel AG*[4] (im Folgenden: *Opel*) und der *Ferrostaal GmbH*[5] der Fall war. Die Konstellation ist meist ähnlich und schnell erklärt: Das Betriebsverfassungsgesetz schreibt vor, dass Mitglieder des Betriebsrats nicht begünstigt werden dürfen und ihr Amt ehrenamtlich zu führen haben. Gleichwohl zeigen die o.g. Beispiele aus der Praxis, dass offensichtlich viele Unternehmen die Arbeit ihrer Betriebsräte äußerst großzügig vergüten.[6] Dass durch diese Zahlungen nicht nur die Betriebsratstätigkeit honoriert, sondern die Betriebsräte gezielt „geschmiert“ werden sollten, konnte in den bekannt gewordenen Fällen indes nicht nachgewiesen werden. Dennoch halten Kritiker das deutsche System der Mitbestimmung

---

1 FAZ v. 20.08.2005, S. 12.

2 FAS v. 01.04.2007, S. 46.

3 Die Firmenleitung der *Volkswagen AG* (im Folgenden: *Volkswagen*) zahlte Mitgliedern des Betriebsrats zum Teil erhebliche Sonderboni und sog. „Lustreisen“. Einen Überblick liefert: SZ v. 10.11.2006, S. 20.

4 FAZ v. 16.10.2011, S. 41.

5 FAZ v. 13.03.2012, S. 14; SZ v. 02.04.2012, S. 20.

6 So wurden etwa Fälle bekannt, in denen ein Gesamtbetriebsratsvorsitzender als gelernter Lackierer ca. 500.00 Euro jährlich verdient (vgl. FAS v. 01.04.2007, S. 46) oder in denen ein Gesamtbetriebsratsvorsitzender sein Gehalt innerhalb von zehn Jahren verzehnfachen konnte (vgl. SZ v. 10.11.2006, S. 20). Auch wurde bekannt, dass Mehrarbeit von Betriebsratsmitgliedern mit Pauschalzahlungen von bis zu 1.500 Euro abgegolten wird (vgl. FAS v. 16.10.2011, S. 41).

für „strukturell korrupt“[7]. Der ehemalige Gesamtbetriebsratsvorsitzende bei *Opel*, *Klaus Franz*, verteidigt sich: „Die Berufung ist wichtiger als die Bezahlung. Aber so ganz umsonst geht das natürlich auch nicht.“[8]

Die Diskussion hat mittlerweile auch die juristische Praxis erreicht. Die nach der *Volkswagen-Affäre* offenbar verunsicherten Unternehmen und Betriebsräte haben zunehmend Beratungsbedarf: Arbeitsrechtler sind gefragt, wenn die Zulässigkeit des Vergütungssystems für Mitglieder des Betriebsrats zu beurteilen ist. Das ist eine betriebsverfassungsrechtliche Frage. Erweist sich das Vergütungssystem als unzulässig, stellt sich die Frage nach den Rechtsfolgen, zivilrechtlich insbesondere die nach einer Rückforderungsmöglichkeit überhöhter Vergütungen. Das ist im Wesentlichen eine Frage des Schuldrechts. Auch für Strafrechtler eröffnet sich ein neues Tätigkeitsfeld, weil sich die Beteiligten auch diversen strafrechtlichen Vorwürfen ausgesetzt sehen. Schließlich kann die Thematik auch steuerrechtlich relevant werden, wenn Unternehmen unzulässige Zahlungen als Betriebsausgaben steuerlich geltend machen.

Demgegenüber ist die rechtswissenschaftliche Aufarbeitung der Begünstigung von Betriebsratsmitgliedern noch zurückhaltend. *Weinspach* fasst insoweit zutreffend zusammen: „Das Thema sollte angesichts der Tatsache, dass die Vorschriften fast 55 Jahre alt sind, eigentlich geklärt sein. Ist es aber offensichtlich nicht.“[9] Jedenfalls hatte die Rechtsprechung bisher kaum Gelegenheit, zur „Klärung“ beizutragen, weil ihr die Problematik meist vorenthalten bleibt. Solange sich Unternehmen und Betriebsräte einig sind, bleiben die Arbeitsgerichte außen vor und die strafrechtliche Relevanz bleibt auf die „spektakulären“ Fälle beschränkt.[10] Im arbeitsrechtlichen Schrifttum dagegen haben sich bereits einzelne Autoren des Themas angenommen.[11] Politisch ist das Thema indes nicht unbekannt: Jedenfalls hat es Niederschlag in den Koalitionsverhandlungen im Jahr 2009 zwischen CDU, CSU und FDP gefunden. Dort wurde festgehalten, dass ein sog. „Ehrenkodex“ für Betriebsräte eingeführt werden

---

7 So zitiert die FAS den Wirtschaftsjuristen *Michael Adams* in ihrer Ausgabe vom 01.04.2007, S. 46.

8 SZ v. 19.01.2012, S. 22.

9 *Weinspach*, FS Kreutz, 485 (485).

10 So z.B. das Revisionsverfahren *Volkert/Gebauer*: BGH v. 17.09.2009 – 5 StR 521/08, NJW 2010, 92.

11 Siehe vor allem die Beiträge von *Rieble*, NZA 2008, 276; *ders.*, BB 2009, 1016; *ders.*, BB 2009, 1612; aber auch *Fischer*, NZA 2007, 484; *ders.*, BB 2007, 997; neuere Beiträge von *Moll/Roebers*, NZA 2012, 57; *Bittmann/Mujan*, BB 2012, 637 und 1604.

soll.[12] Trotz des näher rückenden Endes der Legislaturperiode wurde dieses Vorhaben aber bislang nicht konkretisiert.

Angesichts dieser juristischen Ausgangslage ist eine grundlegende Aufarbeitung der Begünstigung von Betriebsratsmitgliedern angezeigt. Aufgabe dieser Arbeit soll die Beantwortung zweier Kernfragen sein: Zum einen soll versucht werden, die Grenze zwischen einer zulässigen Behandlung von Mitgliedern des Betriebsrats und deren unzulässiger Begünstigung herauszuarbeiten. Kurz: Was ist (noch) zulässig und wo beginnt die unzulässige Begünstigung? Zum anderen soll in einem zweiten Schwerpunkt geklärt werden, welche Folgen sich für die Beteiligten aus einer unzulässigen Begünstigung ergeben können. Um sich diesen Kernfragen zu nähern, ist zunächst die betriebsverfassungsrechtliche Ausgangssituation zu untersuchen. Dabei soll die Rechtsstellung von Betriebsräten zunächst im Allgemeinen und sodann im Besonderen mit Blick auf deren Vergütung geklärt werden. Insbesondere das Ehrenamtsprinzip wird näher zu untersuchen sein. Die Frage der Begünstigung kann nur beantwortet werden, wenn feststeht, welche Leistungen das Betriebsratsmitglied von Gesetzes wegen verlangen kann. Der Blick darf daher nicht einseitig in die Richtung einer unzulässigen Begünstigung, sondern muss auch stets auf eine mögliche – ebenfalls unzulässige – Benachteiligung gerichtet werden. Im Anschluss soll auf dieser Grundlage anhand theoretischer, aber vor allem typischer Begünstigungsformen aus der betrieblichen Praxis die Kernfrage nach zulässigen Zuwendungen beantwortet werden. Sodann wird zunächst der Blick auf die zivilrechtlichen Rechtsfolgen einer unzulässigen Begünstigung zu richten sein. Anschließend werden strafrechtliche, aber auch steuerrechtliche Sanktionen zu untersuchen sein.

Die zu den Kernfragen erarbeiteten Ergebnisse werden jedoch Folgefragen aufwerfen: Zum einen wird der beratende Praktiker nach möglichen Vermeidungsstrategien fragen. Hierzu soll eine betriebliche Regelung in Form einer Richtlinie vorgeschlagen werden. Zum anderen wird schließlich die Frage zu stellen sein, ob gesetzgeberischer Handlungsbedarf besteht und welche Möglichkeiten sich für eine etwaige Reaktion des Gesetzgebers anbieten.

12 Koalitionsvertrag der 17. Legislaturperiode zwischen CDU, CSU und FDP, S. 23, abrufbar unter http://www.cdu.de/doc/pdfc/091026-koalitionsvertrag-cducsu-fdp.pdf (abgerufen am 01.01.2013).

A. Betriebsverfassungsrechtliche Grundkonzeption

I. Begünstigungsverbot und Ehrenamtsprinzip

Die Rechtsstellung des Betriebsrats und dessen Mitglieder bestimmt sich nach den Regelungen des Betriebsverfassungsgesetzes (BetrVG). Viele dieser Vorschriften bezwecken den Schutz der Betriebsratsmitglieder vor Nachteilen und wollen eine mögliche Benachteiligung dieser Mitglieder und eine Behinderung ihrer Arbeit für den Betriebsrat verhindern. Andererseits verbietet das Gesetz aber auch eine Besserstellung von Betriebsratsmitgliedern. Das BetrVG setzt damit sowohl Grenzen für Benachteiligungen als auch für Begünstigungen von Betriebsratsmitgliedern. Systematischer Ausgangspunkt der Begrenzung einer möglichen Besserstellung ist dabei § 78 Satz 2 BetrVG, welcher neben einem Benachteiligungsverbot auch ein umfassendes Begünstigungsverbot statuiert:

> § 78 Satz 2 BetrVG: *Sie dürfen wegen ihrer Tätigkeit nicht benachteiligt oder begünstigt werden; dies gilt auch für ihre berufliche Entwicklung.*

Dieser allgemeine Grundsatz erhält im Hinblick auf das Begünstigungsverbot eine ergänzende Flankierung durch § 37 Abs. 1 BetrVG, das sog. Ehrenamtsprinzip:

> § 37 Abs. 1 BetrVG: *Die Mitglieder des Betriebsrats führen ihr Amt unentgeltlich als Ehrenamt.*

Das Verhältnis beider Vorschriften zueinander wurde bislang weder im Schrifttum noch von der Rechtsprechung in ausreichender Präzision beleuchtet. Das BAG stellt immerhin fest, dass beide Vorschriften die innere und äußere Unabhängigkeit der Betriebsratsmitglieder sichern sollen.[13] Beide Normen verbindet daher der Regelungszweck. Das Schrifttum zieht zudem eine ältere Entscheidung des BAG[14] heran und meint, die gesamte Vorschrift des § 37 BetrVG konkretisiere den allgemeinen Grundsatz des § 78 Satz 2 BetrVG, weshalb die letztgenannte Vorschrift zur Auslegung der zuerst genannten herangezogen werden könne.[15]

---

13 BAG v. 25.02.2009 – 7 AZR 954/07, AP Nr. 146 zu § 37 BetrVG 1972; BAG v. 05.05.2010 – 7 AZR 728/08, NZA 2010, 1025 (1028).

14 BAG v. 03.06.1969 – 1 ABR 1/69, DB 1969, 1705.

15 *Fitting*, § 37, Rn. 1; GK-BetrVG/*Weber*, § 37, Rn. 6; DKKW/*Wedde*, § 37, Rn. 1.

Diese Aussagen sind in ihrer Allgemeinheit zwar zutreffend, lassen jedoch eine präzise Abgrenzung beider Vorschriften vermissen. Indes lässt sich eine solche an der Normcharakteristik ablesen: Das Begünstigungsverbot ist eine Verbotsnorm. Sie untersagt eine begünstigende Behandlung. Demgegenüber ist das Ehrenamtsprinzip eine Systemvorgabe für einen sachlich begrenzten Bereich, nämlich den der Vergütung der Betriebsratsmitglieder. Es spricht kein ausdrückliches Verbot aus. Es definiert positiv, wie das Betriebsratsamt zu führen ist.

Wenn es somit um die Frage geht, ob ein Betriebsratsmitglied durch eine etwaige Vergütung begünstigt wird, richtet sich die Beantwortung dieser Frage vor allem nach den Vorgaben des § 37 Abs. 1 BetrVG. Die Norm ist *lex specialis* gegenüber § 78 Satz 2 BetrVG,[16] soweit der Bereich der Vergütung betroffen ist. In diesem Bereich hat sich der Gesetzgeber entschieden, das allgemeine Begünstigungsverbot dergestalt zu konkretisieren, als dass er eine unentgeltliche Amtsführung als Leitbild vorgibt. Dieses Verhältnis beider Vorschriften hat zur Folge, dass eine dem Ehrenamtsprinzip zuwiderlaufende Zuwendung immer auch einen Verstoß gegen das Begünstigungsverbot darstellt. Der Gesetzgeber hat durch das Ehrenamtsprinzip eine unentgeltliche Amtsführung vorgegeben. Wird diese Vorgabe missachtet, erlangt das Betriebsratsmitglied einen gesetzlich nicht vorgesehenen Vorteil wegen seines Amtes, was – wie noch im Detail zu zeigen sein wird – den Tatbestand des Begünstigungsverbots erfüllt. Dieses Normverständnis führt dazu, dass jede Auseinandersetzung mit dem Begünstigungsverbot auch zwingend einer detaillierten Auseinandersetzung mit dem Ehrenamtsprinzip bedarf. Nach einer näheren Untersuchung des § 78 Satz 2 BetrVG, wird deshalb auch der Blick auf die Regelungen des § 37 BetrVG zu richten sein. Schließlich wird angesichts beider Grundprinzipien zu fragen sein, nach welchen Grundsätzen das Arbeitsentgelt von Betriebsratsmitgliedern zu bemessen ist.

II. Begünstigungsverbot, § 78 Satz 2 BetrVG

Die zwingende[17] Vorschrift des § 78 BetrVG schützt das Betriebsratsamt zweifach: Während § 78 Satz 1 BetrVG die Mitglieder des Betriebsrats in ihrer Amtsführung schützt,[18] ergibt sich das allgemeine Benachteiligungs- und Begünstigungsverbot aus § 78 Satz 2 BetrVG. Insoweit knüpft Satz 1 an die Funktionsfähigkeit

16 GK-BetrVG/*Weber*, § 37, Rn. 6; wohl auch: Richardi/*Thüsing*, § 78, Rn. 2.

17 *Fitting*, § 78, Rn. 4; GK-BetrVG/*Kreutz*, § 78, Rn. 20; HSWGNR/*Worzalla*, § 78, Rn. 3; DKKW/*Buschmann*, § 78, Rn. 1; WPK/*Preis*, § 78, Rn. 5; Düwell/*Lorenz*, § 78, Rn. 1.

18 *Fitting*, § 78, Rn. 1; GK-BetrVG/*Kreutz*, § 78, Rn. 2.

des Gremiums (Betriebsrat) an, wohingegen Satz 2 den persönlichen Schutz des einzelnen Mitglieds bezweckt. Anknüpfungspunkt für die Frage einer möglichen Begünstigung ist daher ausschließlich Satz 2.

1. Zweck des § 78 Satz 2 BetrVG

Das allgemeine Begünstigungsverbot dient der Sicherung der Unparteilichkeit und der persönlichen Unabhängigkeit der Betriebsratsmitglieder[19] und will dem Umstand Rechnung tragen, dass die Tätigkeit als Betriebsratsmitglied einem Spannungsverhältnis unterworfen ist. Dieses Spannungsverhältnis ergibt sich aus der Doppelstellung des Betriebsratsmitglieds: Es ist einerseits Arbeitnehmer, andererseits aber auch Amtsträger. Der Gesetzgeber hat sich, wie das Ehrenamtsprinzip des § 37 Abs. 1 BetrVG belegt, gegen eine Interessenvertretung durch Berufsbetriebsräte und für eine Koppelung des Amts an den Arbeitnehmerstatus entschieden. Nach dieser Grundentscheidung des Gesetzgebers ist das Betriebsratsmitglied in erster Linie Arbeitnehmer und nicht Mandatsträger.[20] Unumstritten ist dieser Weg nicht.[21] Ob an dieser Grundentscheidung *de lege ferenda* festzuhalten ist, wird jedoch erst am Ende dieser Untersuchung zu beantworten sein.[22]

Die Entscheidung des Gesetzgebers für eine Koppelung an den Arbeitnehmerstatus kann jedoch Zielkonflikte aufwerfen.[23] Einerseits sollen dem Betriebsratsmitglied aufgrund des Amtes keine Vorteile entstehen. Dies würde zu einer Zweiklassengesellschaft im Betrieb führen und den Rückhalt durch die Belegschaft gefährden. Eine solche Spaltung zwischen „normalen" Arbeitnehmern und Betriebsratsmitgliedern wäre unvermeidlich, wenn Betriebsratsmitglieder gegenüber der Belegschaft bessergestellt oder bevorzugt behandelt würden. Gleichzeitig darf dem Betriebsratsmitglied aufgrund seines Amtes auch kein Nachteil entstehen. Eine effektive Arbeitnehmervertretung setzt voraus, dass die jeweiligen Interessenvertreter im Hinblick auf ihre Amtsstellung persönlich unabhängig vom Arbeitgeber sind. Andernfalls wären die Arbeitnehmervertreter weder innerhalb der Belegschaft anerkannt und respektiert, noch würde überhaupt die

---

19 *Fitting*, § 78, Rn. 14; GK-BetrVG/*Kreutz*, § 78, Rn. 2, 18, 41; WPK/*Preis*, § 78, Rn. 1; Düwell/*Lorenz*, § 78, Rn. 11.

20 *Farthmann*, FS Stahlhacke, 115 (115, 116).

21 *Fischer*, NZA 2007, 484 (489); *Weinspach*, FS Kreutz, S. 485 (496); kritisch: *Farthmann*, FS Stahlhacke, 115 (127).

22 Siehe hierzu S. 205 ff.

23 *Preis*, § 148 VI. 1.

Bereitschaft bestehen, sich in Mitbestimmungsprozessen zu engagieren. Eine solche Bereitschaft dürfte indes bei drohenden Nachteilen kaum zu erwarten sein. Diese möglichen Zielkonflikte versucht der Gesetzgeber durch das Prinzip der Gleichbehandlung[24] zu vermeiden und untersagt deshalb in Gestalt von § 78 Satz 2 BetrVG sowohl die Benachteiligung als auch die Begünstigung von Betriebsratsmitgliedern gegenüber den anderen Arbeitnehmern.

Dieser Zielsetzung trägt das Begünstigungsverbot insoweit Rechnung, als dass nicht erst die *tatsächliche* Beeinflussung von Mitgliedern des Betriebsrats unzulässig ist, sondern bereits eine *potentielle* Beeinflussung. Dass das Betriebsratsmitglied tatsächlich „geschmiert" wird, setzt § 78 Satz 2 BetrVG nicht voraus.[25] Das Begünstigungsverbot setzt ausweislich des Wortlauts nicht erst auf der Ebene der Korruption, sondern früher, nämlich bei einer möglichen Gefährdung der Unabhängigkeit der Amtsträger an. Etwaige Gegenleistungen der Betriebsratsmitglieder sind deshalb für die Frage einer möglichen Begünstigung nicht relevant.

2. Benachteiligungs- und Begünstigungsverbot

Gemäß § 78 Satz 2 BetrVG ist jede nicht sachliche gerechtfertigte Benachteiligung oder Begünstigung wegen der Betriebsratstätigkeit verboten. Die Vorschrift ist zwingend und kann weder einzelvertraglich noch durch Kollektivvereinbarung abbedungen werden.[26] Das Benachteiligungsverbot steht nicht im Zentrum dieser Untersuchung. Es dient dem Zweck, dass jedes Betriebsratsmitglied ohne Furcht vor Maßregelungen und Sanktionen des Arbeitgebers sein Amt ausüben kann.[27] Gleichwohl darf das Benachteiligungsverbot bei einer Auseinandersetzung mit dem Begünstigungsverbots nicht völlig ausgeblendet werden. Denn § 78 Satz 2 BetrVG legt die Höchst-, zugleich aber auch Mindestarbeitsbedingungen fest.[28] Dies führt zu dem in der Praxis kaum zu bewältigenden Problem, dass wenn sowohl eine Benachteiligung als auch eine Begünstigung wegen des Amtes unzulässig ist, nur die absolute Gleichbehandlung die einzige zulässige Lösung ist. Der Spielraum ist damit nicht nur sehr

---

24 *Fitting*, § 78, Rn. 14; *Bachner*, Mitbestimmung 2007, Heft 1+2, 66 (67).

25 *Rieble*, NZA 2008, 276 (278).

26 ErfK/*Kania*, § 78 BetrVG, Rn. 6; *Fitting*, § 78, Rn. 4; GK-BetrVG/*Kreutz*, § 78, Rn. 20; Düwell/*Lorenz*, § 78, Rn. 1.

27 BAG v. 12.02.1975 – 5 AZR 79/74, BB 1975, 701.

28 *Lelley*, Rn. 150.

gering,[29] er ist bei strenger Gesetzesanwendung nicht vorhanden, weil jede noch so geringe Abweichung wegen der Betriebsratstätigkeit entweder gegen das eine oder das andere Verbot verstößt. Die Praxis steht daher vor der schwierigen Aufgabe, diesen einzig zulässigen Punkt genau zu treffen.

Daraus folgt, dass sich eine isolierte Betrachtung von Benachteiligungsverbot und Begünstigungsverbot verbietet. Dies zeigt bereits eine typische Fallkonstellation: Der Arbeitgeber entzieht dem Betriebsratsmitglied einen bisher zur Verfügung gestellten Dienstwagen. Das Betriebsratsmitglied meint, es liege eine unzulässige Benachteiligung vor. Der Arbeitgeber argumentiert, er müsse den Dienstwagen schon deshalb zurückfordern, weil er sonst das Betriebsratsmitglied gegenüber anderen Arbeitnehmern unzulässig begünstige. Bereits dieses – stark vereinfachte – Beispiel zeigt, dass stets beide Alternativen des § 78 Satz 2 beachtet werden müssen, weil in diesem Fall rechtliche Gegensätze faktisch sehr nahe beieinanderliegen können. Die Prüfung des einen Verbots erfordert deshalb regelmäßig auch die Prüfung des anderen Verbots.

3. Anwendungsbereich

a) Persönlicher Anwendungsbereich

Adressat des Begünstigungsverbots ist nicht nur der Arbeitgeber, sondern grundsätzlich jedermann.[30] Zwar verhält sich weder Satz 2 noch der in Bezug genommene Satz 1 ausdrücklich zu der Frage des Normadressaten. Zu berücksichtigen ist jedoch, dass § 78 Satz 2 BetrVG die allgemeine und umfassende Gleichbehandlung mit der Belegschaft bezweckt. Nach der Wertung der Vorschrift ist jede Benachteiligung oder Begünstigung wegen des Amtes grundsätzlich geeignet, diese Gleichstellung zu gefährden. Es kann deshalb keine Rolle spielen, wer das Betriebsratsmitglied benachteiligt oder begünstigt. Entscheidend ist allein die Anknüpfung der Maßnahme an die Amtstätigkeit.

Die Vorschrift schützt ausdrücklich nur die Mitglieder der in Satz 1 aufgeführten Gremien. Das sind die Mitglieder des Betriebsrats, des Gesamtbetriebsrats, des Konzernbetriebsrats, der Jugend- und Auszubildendenvertretung, der Gesamt-Jugend- und Auszubildendenvertretung, der Konzern-, Jugend- und Auszubildendenvertretung,

29 So etwa *Farthmann*, FS Stahlhacke, 115 (122); *Bittmann/Mujan*, BB 2012, 637 (637) sprechen von „sehr engen Grenzen".

30 *Fitting*, § 78, Rn. 14; GK-BetrVG/*Kreutz*, § 78, Rn. 19, 41; ErfK/*Kania*, § 78 BetrVG, Rn. 6.

des Wirtschaftsausschusses, der Bordvertretung, des Seebetriebsrats, der in § 3 Abs. 1 BetrVG genannten Vertretungen der Arbeitnehmer, der Einigungsstelle, einer tariflichen Schlichtungsstelle gemäß § 76 Abs. 8 BetrVG und einer betrieblichen Beschwerdestelle nach § 86 BetrVG sowie Auskunftspersonen gemäß § 80 Abs. 2 Satz 3. Auch wird mit Blick auf den Schutzzweck des § 78 Satz 2 BetrVG, nämlich dem Schutz der Wahrnehmung betriebsverfassungsrechtlicher Aufgaben, über den Wortlaut hinaus eine analoge Anwendung für Mitglieder einer Arbeitsgruppe (§ 28a BetrVG) überwiegend zu Recht bejaht.[31] Mitglieder eines Europäischen Betriebsrates werden über den Verweis in § 40 Satz 1 EBRG entsprechend geschützt. Für Mitglieder des Personalrates gelten die §§ 8 bzw. 107 BPersVG und für leitende Angestellte § 2 Abs. 2 SprAuG.

Ob § 78 Satz 2 BetrVG auch für Ersatzmitglieder des Betriebsrats nach § 25 BetrVG gilt, regelt die Vorschrift nicht ausdrücklich. Soweit das Ersatzmitglied aber gemäß § 25 Abs. 1 Satz 1 BetrVG für ein ausscheidendes Betriebsratsmitglied nachrückt, es sich mithin um ein amtierendes Ersatzmitglied handelt, ist es als Vollmitglied des Betriebsrats zu behandeln. Insoweit erfasst die Norm unstreitig auch Ersatzmitglieder, soweit es sich dabei um amtierende Mitglieder handelt.[32] Für nicht amtierende Ersatzmitglieder gilt die Vorschrift dagegen, ausgehend vom Wortlaut, nicht. Insoweit handelt es sich um Ersatzmitglieder, die entweder noch nicht Mitglied des Betriebsrats sind, weil noch kein Nachrückbedarf besteht oder um Ersatzmitglieder, die wieder aus dem Betriebsrat ausgeschieden sind. Richtigerweise handelt es sich bei diesen Fallkonstellationen aber nicht um eine Frage der Einbeziehung von Ersatzmitgliedern in den persönlichen Anwendungsbereich, sondern vielmehr um die Frage der zeitlichen Reichweite des § 78 Satz 2 BetrVG.[33]

Das Begünstigungsverbot bezieht sich ausweislich des Wortlauts nicht auf das Gremium in seiner Gesamtheit, sondern auf die einzelnen Mitglieder. Dass folglich eine Begünstigung des Gremiums vom Gesetz nicht untersagt wird, mag zwar überraschen. Dieser Umstand ist jedoch der fehlenden Rechts-[34] und der beschränkten Vermögensfähigkeit[35] des Gremiums geschuldet, sodass Besserstellungen nur

---

31 *Fitting*, § 78, Rn. 1; HSWGNR/*Worzalla*, § 78, Rn. 1; nur bei Schutzbedürfnis: GK-BetrVG/*Kreutz*, § 78, Rn. 13; noch weiter einschränkend: Düwell/*Lorenz*, § 78, Rn. 3.

32 GK-BetrVG/*Kreutz*, § 78, Rn. 11; WPK/*Preis*, § 78, Rn. 3; *Löwisch/Kaiser*, § 78, Rn. 3.

33 Siehe dazu den folgenden Abschnitt.

34 BAG v. 24.04.1986 – 6 AZR 607/83, NZA 1987, 100; *Fitting*, § 1, Rn. 194; GK-BetrVG/*Franzen*, § 1, Rn. 71; WPK/*Preis*, § 1, Rn. 44.

35 BAG v. 24.10.2001 – 7 ABR 20/00, NZA 2003, 53 (54); *Fitting*, § 1, Rn. 197; GK-BetrVG/*Franzen*, § 1, Rn. 72; ErfK/*Koch*, § 1 BetrVG, Rn. 19.

begrenzt möglich sind. Zudem besteht kein Schutzbedürfnis, weil das Gremium seine institutionelle Unabhängigkeit von der Unabhängigkeit seiner Mitglieder ableitet. Die Gefahr einer Beeinflussung des Gremiums ist deshalb nur über seine Mitglieder möglich, während das Gremium selbst nicht beeinflusst werden kann. Das Gesetz knüpft entsprechend auch nur an die Mitglieder und nicht an das Gremium selbst an.

b) Zeitliche Reichweite

Das Begünstigungsverbot ist an das betriebsverfassungsrechtliche Amt geknüpft und besteht ausweislich des Wortlauts in zeitlicher Hinsicht jedenfalls für die Dauer dieses Amtes.

(1) Nachwirkung

Darüber hinaus wird überwiegend auch eine Wirkung des § 78 Satz 2 BetrVG für die Zeit nach Beendigung des Mandates angenommen.[36] Das Ziel der Gleichbehandlung würde nahezu vollständig unterlaufen werden, wenn die Benachteiligung oder die Begünstigung nach dem Ende der Amtszeit in Gestalt einer „Retourkutsche“ zulässigerweise vorgenommen werden könnte. Mögliches Beispiel sind zusätzliche Pensionszahlungen, die als Gegenleistung für eine arbeitgeberfreundliche Betriebsratsarbeit nach Ende des Mandats ausgezahlt werden. Ein solches vom Sinn und Zweck ausgehendes Normverständnis ist ohne Weiteres vom Wortlaut gedeckt, weil dieser in zeitlicher Hinsicht keine Einschränkung enthält. Die Vorschrift knüpft an den Zusammenhang zum Amt an und lässt zeitliche Gesichtspunkte außer Betracht. Deshalb ist der nachwirkende Schutz – wenn man ihn zeitlich umschreiben möchte – im Grundsatz zeitlich unbegrenzt.[37]

(2) Vorwirkung

Umstritten ist dagegen, ob das Begünstigungsverbot auch für die Zeit vor dem Betriebsratsamt Anwendung findet. Dies wird überwiegend bejaht.[38] Gegen eine

---

36 *Fitting*, § 78, Rn. 16; DKKW/*Buschmann*, § 78, Rn. 10; GK-BetrVG/*Kreutz*, § 78, Rn. 47; WPK/*Preis*, § 78, Rn. 11; *Bittmann/Mujan*, BB 2012, 1604 (1605); **a.A.** HSWGNR/*Worzalla*, § 78, Rn. 16.

37 *Fitting*, § 78, Rn. 16; GK-BetrVG/*Kreutz*, § 78, Rn. 47.

38 *Fitting*, § 78, Rn. 16; DKKW/*Buschmann*, § 78, Rn. 10; WPK/*Preis*, § 78, Rn. 11; Düwell/*Lorenz*, § 78, Rn. 12; *Lipp*, S. 21; **a.A.** GK-BetrVG/*Kreutz*, § 78, Rn. 47; HSWGNR/*Worzalla*, § 78, Rn. 16.

solche Vorwirkung spricht demgegenüber der Wortlaut: Nur „Sie“, nämlich die amtierenden Mitglieder des Betriebsrats sind in § 78 Satz 2 BetrVG genannt. Folglich wären u.a. Ersatzmitglieder, die (noch) nicht Mitglied des Betriebsrats sind, nicht vom Anwendungsbereich des § 78 Satz 2 BetrVG erfasst. Diese Ansicht ist zudem der Auffassung, das zukünftige Betriebsratsmitglied sei wegen anderweitiger Vorschriften nicht völlig schutzlos.[39]

Gleichwohl muss § 78 Satz 2 BetrVG mit Blick auf Sinn und Zweck der Norm auch Vorwirkungen entfalten können. Eine Benachteiligung oder eine Begünstigung eines zukünftigen Betriebsratsmitglieds darf nicht allein deshalb zulässig sein, weil das begünstigte Ersatzmitglied noch nicht Mitglied des Betriebsrats ist. Es kann keinen Unterschied machen, ob ein Amtsträger wegen eines aktuellen oder eines zukünftigen Amts begünstigt wird. Entscheidend ist allein der objektive Zusammenhang mit der Amtstätigkeit. Dem steht der Wortlaut nicht entgegen. Denn dieser enthält keine zeitliche Einschränkung auf die Mitgliedschaft,[40] sondern ist vielmehr als zweckmäßige Einschränkung („wegen ihrer Tätigkeit“) zu verstehen. Es ist daher nicht relevant, inwieweit sich eine zukünftige Mitgliedschaft bereits konkretisiert hat. Zahlt beispielsweise der Arbeitgeber einem Arbeitnehmer ein zusätzliches Arbeitsentgelt mit Blick auf eine mögliche künftige Betriebsratstätigkeit, so ist eine solche Zahlung unzulässig, unabhängig davon, ob der begünstigte Arbeitnehmer Ersatzmitglied oder Wahlbewerber ist oder ob er aktuell gar keinen Bezug zum Betriebsrat hat. Das Begünstigungsverbot kann deshalb auch vor dem Amtsantritt Wirkungen entfalten.

(3) Folgeproblem: Versuchte Begünstigung

Nach der hier vertretenen zeitlich weitreichenden Wirkung des Begünstigungsverbots stellt sich die Folgefrage, wie begünstigende Leistungen des Arbeitgebers zu bewerten sind, welche dieser gegenüber einem Arbeitnehmer in der Hoffnung erbringt, dieser werde alsbald Mitglied des Betriebsrats werden. Dies ist vor allem dann problematisch, wenn die Wahl in den Betriebsrat ausbleibt. Strafrechtlich gesprochen handelt es sich dann um eine im Versuchsstadium steckengebliebene Tat. Dann nämlich geht die Begünstigung durch den Arbeitgeber wegen der Nichtwahl des Begünstigten ins Leere. Ist bereits eine solche „versuchte Begünstigung“ unzulässig?

---

39 So verweist HSWGNR/*Worzalla* a.a.O. auf § 75 BetrVG, §§ 242, 612a BGB und das AGG.

40 WPK/*Preis*, § 78, Rn. 11.

Ausgehend vom Wortlaut des § 78 Satz 2 BetrVG ist ein solcher Vorgang betriebsverfassungsrechtlich nicht zu beanstanden. Denn es wurde kein Betriebsratsmitglied, sondern ein „normaler“ Arbeitnehmer begünstigt. Dieses Ergebnis hält auch teleologischen Erwägungen stand. Die Vorschrift bezweckt die Gleichbehandlung, um die Unabhängigkeit der Betriebsratsmitglieder zu sichern. Erreicht der Arbeitnehmer aber ein solches Amt nicht, ist die Unabhängigkeit auch nicht gefährdet. Das führt praktisch zu dem Ergebnis, dass die Zulässigkeit einer begünstigenden Handlung in diesen Fällen erst dann beurteilt werden kann, wenn feststeht, ob der Arbeitnehmer Mitglied des Betriebsrats geworden ist. Bleibt das Amt aus, ist das Vorgehen nicht zu beanstanden. Wird das Amt erreicht, kann die Leistung unzulässig sein, wenn ein Zusammenhang zwischen Leistung und Amt besteht. Das ist folgerichtig, weil § 78 Satz 2 BetrVG nicht auf das Zeitmoment, sondern auf den Kausalzusammenhang abstellt. Es ist daher nicht relevant, wann eine Leistung gewährt wurde, sondern ob sie wegen des Amtes gewährt wurde.

§ 78 Satz 2 BetrVG entfaltet somit seine Wirkung über den Wortlaut hinaus bereits vor Übernahme des Betriebsratsamtes. Begünstigungen im Vorfeld sind aber erst dann (und nur dann) unzulässig, wenn der begünstigte Arbeitnehmer tatsächlich das Betriebsratsamt erlangt. Bleibt das Amt aus, bleibt die Begünstigung im Versuchsstadium stecken. § 78 Satz 2 BetrVG erfasst derartige Handlungen im Versuchsstadium nicht.

4. Tatbestandsvoraussetzungen des Begünstigungsverbots

Eine subsumtionsfähige Definition einer unzulässigen Begünstigung ist nur vereinzelt in Schrifttum und Rechtsprechung zu finden. Verbreiteter sind beispielhafte Aufzählungen von unzulässigen Begünstigungen aus der Rechtsprechung.[41]

Zum Teil finden sich auch den Wortlaut der Norm wiedergebende Definitionen, wonach jede Besserstellung wegen des Amtes eine Begünstigung darstelle.[42] Derartige Definitionen überzeugen nicht. Bereits die Norm selbst stellt klar, dass nur Begünstigungen unzulässig sind, die wegen der Betriebsratstätigkeit erfolgen. Eine subsumtionsfähige Definition liefert demgegenüber *Thüsing*, der alle Zuwendungen als Begünstigung erfassen will, die dem Betriebsratsmitglied nicht aufgrund seines Arbeitsverhältnisses zustehen.[43] Indes gebietet das Benachteiligungsverbot,

41 So etwa *Fitting*, § 78, Rn. 22; GK-BetrVG/*Weber*, § 78, Rn. 65; Düwell/*Lorenz*, § 78, Rn. 20.

42 HSWGNR/*Worzalla*, § 78, Rn. 23.

43 Richardi/*Thüsing*, § 78, Rn. 26; so auch: HWK/*Schrader*, § 78 BetrVG, Rn. 11.

dass dem Betriebsratsmitglied auch Ansprüche zustehen können, die gerade nicht auf dem Arbeitsverhältnis beruhen, etwa der Ersatz betriebsverfassungsrechtlicher Aufwendungen oder Freistellungsansprüche. Diese sind nicht unzulässig, sondern dem Betriebsratsmitglied zwingend zu gewähren. Eine präzisere Definition liefert *Preis*, wonach eine Begünstigung jede Besserstellung im Vergleich zu anderen Arbeitnehmern ist, die wegen der Amtstätigkeit und nicht aus sachlichen Erwägungen erfolgt.[44] Ähnlich subsumiert das BAG eine unzulässige Begünstigung, wenn es von einer „ungerechtfertigten Besserstellung" ohne „sachlichen Grund" spricht.[45]

Richtigerweise sollte die Frage, ob überhaupt eine Begünstigung vorliegt, von der zweiten Tatbestandsvoraussetzung, ob diese wegen der Betriebsratstätigkeit erfolgte, getrennt werden. Der Tatbestand des § 78 Satz 2 BetrVG setzt sich aus zwei Voraussetzungen zusammen: Dem Vorliegen einer Begünstigung und dem Kausalzusammenhang mit dem Betriebsratsamt.

a) Vorliegen einer Begünstigung

Eine Begünstigung im Sinne von § 78 Satz 2 BetrVG ist jede Zuwendung oder die Vereinbarung einer solchen, welche das Betriebsratsmitglied bei objektiver Betrachtung gegenüber anderen vergleichbaren Arbeitnehmern besserstellt und dem Betriebsratsmitglied nicht aufgrund gesetzlicher Vorschriften zusteht.

(1) Rein objektive Betrachtungsweise

Maßgeblich für das Vorliegen einer Begünstigung sind allein objektive Gesichtspunkte.[46] Es kommt nicht darauf an, ob der Begünstigende das Betriebsratsmitglied tatsächlich besserstellen möchte oder gar von dem Betriebsratsmitglied eine Gegenleistung für die Zuwendung erwartet.[47] Entsprechend soll es nach übereinstimmender Meinung in Rechtsprechung und Literatur auf ein subjektives Element, also eine Begünstigungsabsicht oder ein Verschulden, nicht ankommen.[48]

---

44 WPK/*Preis*, § 78, Rn. 17; so auch: DKKW/*Buschmann*, § 78, Rn. 33.

45 BAG v. 28.03.2007 – 7 ABR 33/06 – juris, Rn. 10.

46 BAG v. 16.02.2005 – 7 AZR 95/04, NZA-RR 2005, 556; BAG v. 20.01.2010 – 7 ABR 68/08, NJW 2010, 2077; BVerwG v. 01.02.2010 – 6 PB 36/09, ZTR 2010, 213; DKKW/*Buschmann*, § 78, Rn. 23; ErfK/*Kania*, § 78 BetrVG, Rn. 6; GK-BetrVG/*Kreutz*, § 78, Rn. 44, 46; HSWGNR/*Worzalla*, § 78, Rn. 15; WPK/*Preis*, § 78, Rn. 12; **a.A.** *Oetker*, RdA 1990, 343 (352) (Benachteiligung).

47 *Rieble*, NZA 2008, 276 (277).

48 BAG v. 12.11.1997 – 7 ABR 14/97, NZA 1998, 559 (560); BAG v. 16.11.2011 – 7 AZR 458/10, PersR 2012, 176 (177); GK-BetrVG/*Kreutz*, § 78, Rn. 46; Richardi/

Dem ist uneingeschränkt zuzustimmen. Der Wortlaut der Vorschrift setzt weder eine Absicht noch ein Verschulden des Begünstigenden voraus. Auch eine Auslegung der Vorschrift, konkret der Voraussetzung „wegen ihrer Tätigkeit", führt mit Blick auf den Normzweck zu keinem anderen Ergebnis. Die Norm bezweckt die objektive Gleichbehandlung von Betriebsratsmitgliedern und den anderen Arbeitnehmern. Die Motive der Zuwendung können dabei keine Rolle spielen. Streng zu trennen sind in diesem Zusammenhang der Anlass der Besserstellung und die Absicht der Besserstellung. Der Anlass bzw. der Zweck ist eine Frage der Kausalität und Tatbestandsvoraussetzung des § 78 Satz 2 BetrVG. Dagegen kommt es auf das subjektive Element der Absicht nicht an. Denkbar ist insoweit, dass der Arbeitgeber dem Betriebsratsmitglied bestimmte Aufwendungen in dem Glauben ersetzt, er sei hierzu gesetzlich verpflichtet. In diesem Fall fehlt die Begünstigungsabsicht. Der Arbeitgeber beabsichtigt vielmehr einen Ausgleich erbrachter Aufwendungen. Die Absicht entspricht aber nicht dem Zahlungsgrund. Anlass der Zahlung ist im obigen Beispiel allein die Betriebsratstätigkeit des Begünstigten. Würde man zusätzlich eine Begünstigungsabsicht fordern, wäre der Begünstigte hier zulässigerweise bessergestellt, was § 78 Satz 2 BetrVG jedoch gerade verhindern will. Auf eine Begünstigungsabsicht kommt es deshalb nicht an. Auch führt der Nachweis einer Benachteiligungs- oder Begünstigungsabsicht nicht zu einer „Verstärkung" des Verstoßes gegen § 78 Satz 2 BetrVG.[49] Weder der Tatbestand differenziert zwischen „schwachen" und „starken" Verstößen, noch ergeben sich dadurch unterschiedliche Rechtsfolgen.

(2) Vergleichsmaßstab

Die Feststellung einer Begünstigung setzt stets voraus, dass eine etwaige Besserstellung zu einer Gleichbehandlung in Relation gesetzt werden kann. Die Frage nach dem anzuwendenden Vergleichsmaßstab wird in Rechtsprechung und Literatur nicht einheitlich beantwortet. Nach einer Auffassung soll es auf einen Vergleich des Betriebsratsmitglieds mit und ohne Amt ankommen.[50] Die Gegenauffassung

Thüsing, § 78, Rn. 20; *Weiss/Weyand*, § 78, Rn. 5; *Bachner*, Mitbestimmung 2007, Heft 1+2, 66 (66).

49 So aber DKKW/*Buschmann*, § 78, Rn. 23.

50 GK-BetrVG/*Kreutz*, § 78, Rn. 43; *Galperin/Löwisch*, § 78, Rn. 13.

will „andere Arbeitnehmer"[51] bzw. „andere vergleichbare Arbeitnehmer" als Maßstab heranziehen.[52]

Ein Beispiel soll die Relevanz dieser Streitfrage deutlich machen: Einem Betriebsratsmitglied wird mit Aufnahme seiner Betriebsratstätigkeit erstmals ein Dienstwagen zur Verfügung gewährt. Vergleichbaren Arbeitnehmern wurde bereits zuvor ein Dienstwagen gewährt. Wer nun bei der Frage einer objektiven Begünstigung auf das Betriebsratsmitglied selbst mit oder ohne Amt abstellt, gelangt zu dem Ergebnis, dass im obigen Beispiel eine Begünstigung vorliegt, weil dem Betriebsratsmitglied vor Amtsantritt kein Dienstwagen gewährt wurde. Wer demgegenüber das Betriebsratsmitglied mit anderen Arbeitnehmern vergleicht, wird zunächst keine Begünstigung, sondern vielmehr eine Gleichbehandlung festzustellen haben.

Der Wortlaut des § 78 Satz 2 BetrVG deutet auf einen Vergleich des Betriebsratsmitglieds selbst mit und ohne Amt hin. Das ergibt sich aus der Formulierung „wegen der Tätigkeit". Gleichwohl dürfen an dieser Stelle zwei Prüfungspunkte nicht vermischt werden: Zunächst ist zu fragen, ob überhaupt eine Begünstigung vorliegt. Die zweite Frage ist die nach der Unzulässigkeit der Begünstigung. Dies ist nur der Fall, wenn sie wegen der Betriebsratstätigkeit erfolgte. Das Tatbestandsmerkmal „wegen der Tätigkeit" bezieht sich daher ausschließlich auf die Frage der Kausalität und sagt nichts über den Vergleichsmaßstab aus. Demgegenüber spricht die Vorschrift des § 37 Abs. 4 BetrVG, welche im Rahmen der Entwicklung des Arbeitsentgelts auf vergleichbare Arbeitnehmer mit betriebsüblicher Entwicklung abstellt, dafür, auch im Rahmen des § 78 Satz 2 BetrVG auf diese Arbeitnehmer abzustellen. Andernfalls würde das Gesetz bei der Behandlung von Betriebsratsmitgliedern auf zwei unterschiedliche Vergleichsmaßstäbe abstellen, was zu erheblichen Wertungswidersprüchen führen würde. Ob eine Begünstigung vorliegt, ist deshalb mit Blick auf andere vergleichbare Arbeitnehmer festzustellen. Der Vergleich des Betriebsratsmitglieds selbst – mit und ohne Amt – hat lediglich Bedeutung bei der Frage, ob die Begünstigung wegen der Betriebsratstätigkeit erfolgte.

---

51 BAG v. 20.01.2010 – 7 ABR 68/08, NJW 2010, 2077 (2078); BAG v. 12.08.2009 – 7 AZR 218/08 NZA 2009, 1284 (1285); BAG v. 25.02.2009 – 7 AZR 954/07, AP Nr. 146 zu § 37 BetrVG; *Fitting*, § 78, Rn. 14; DKKW/*Buschmann*, § 78, Rn. 23; *Löwisch/Kaiser*, § 78, Rn. 13; *Etzel*, Rn. 1126; *Bachner*, Mitbestimmung 2007, Heft 1+2, 66 (67).

52 WPK/*Preis*, § 78, Rn. 17; ErfK/*Kania*, § 78 BetrVG, Rn. 7; MünchArbR/*Joost*, § 220, Rn. 129; nicht eindeutig: HSWGNR/*Worzalla*, § 78, Rn. 15.

Im obigen Beispiel wird jedoch auch der Vergleich des Betriebsratsmitglieds mit anderen Arbeitnehmern bei umfassender Betrachtung zur Feststellung einer Begünstigung führen. Der Vergleich des Betriebsratsmitglieds mit vergleichbaren anderen Arbeitnehmern beschränkt sich nicht auf einen Vergleich des status-quo. Wie dem zweiten Halbsatz des § 78 Satz 2 BetrVG zu entnehmen ist, gilt das Benachteiligungs- und Begünstigungsverbot auch für die berufliche Entwicklung. Nimmt somit das Betriebsratsmitglied, gemessen am Faktor Dienstwagen, eine im Vergleich zu anderen Arbeitnehmern schnellere berufliche Entwicklung, kann auch darin eine Begünstigung gesehen werden.[53] Die Frage der Zulässigkeit einer solchen Entwicklung hängt dann davon ab, ob sie „wegen" der Betriebsratstätigkeit erfolgte.

(3) Zulässige Besserstellung aufgrund gesetzlicher Vorschriften

Keine Begünstigung im Sinne des § 78 Satz 2 BetrVG liegt vor, wenn das Betriebsratsmitglied aufgrund gesetzlicher Vorschriften bessergestellt wird.[54] Zulässig sind deshalb solche Leistungen, welche dem Betriebsratsmitglied aufgrund betriebsverfassungsrechtlicher Vorschriften, insbesondere zur Vermeidung einer unzulässigen Benachteiligung, zwingend zu gewähren sind.[55] Das BetrVG verbietet keine Zuwendungen durch § 78 Satz 2 BetrVG, welche es durch andere Regelungen ausdrücklich vorsieht. Das Begünstigungsverbot kommt es dort zum Zuge, wo der Leistungskatalog des BetrVG endet.

Auch außerhalb des BetrVG existieren gesetzliche Regelungen, welche eine Besserstellung des Betriebsratsmitglieds ausdrücklich vorsehen oder eine Sonderbehandlung des Amtsträgers anordnen. Dies ist beispielsweise beim besonderen Kündigungsschutz der Mitglieder des Betriebsrats der Fall. Gemäß § 15 Abs. 1 KSchG i.V.m. § 103 Abs. 1 BetrVG sind die Mitglieder des Betriebsrates grundsätzlich ordentlich unkündbar. Hinzu kommt, dass die Zustimmung des Betriebsrats grundsätzlich erforderlich ist. Beide Vorschriften privilegieren die Mitglieder des Betriebsrats ganz erheblich und begründen eine Besserstellung gegenüber anderen Arbeitnehmern. Das ist jedoch mit Blick auf § 78 Satz 2 BetrVG nicht zu beanstanden. Die besonderen kündigungsschutzrechtlichen Vorschriften sind spezieller und gehen der allgemeinen Schutznorm des § 78 BetrVG vor.[56] Eine unzulässige Begünstigung scheidet in diesen Fällen aus.

---

53 Vgl. dazu S. 34 ff.

54 WPK/*Preis*, § 78, Rn. 18.

55 Richardi/*Thüsing*, § 78, Rn. 30.

56 GK-BetrVG/*Kreutz*, § 78, Rn. 5; Richardi/*Thüsing*, § 78, Rn. 2; HSWGNR/*Worzalla*, § 78, Rn. 3; WPK/*Preis*, § 78, Rn. 4; *Besgen*, § 4, Rn. 45; *Etzel*, Rn. 1126.

(4) Versprechen einer Begünstigung

Nach den bisherigen Ausführungen steht fest, dass die Zuwendung eines Vorteils gegenüber einem Betriebsratsmitglied objektiv eine Begünstigung darstellen kann. Erfasst werden mithin Fälle, in denen das Betriebsratsmitglied die Zuwendung tatsächlich erhält. Das Schrifttum stellt indes auch die Frage, ob nicht schon Handlungen vor der tatsächlichen Zuwendung eine Begünstigung darstellen können. Konkret wird danach gefragt, ob bereits das Versprechen von Vorteilen eine unzulässige Begünstigung darstellt. Nach *Kreutz* sei dies ausdrücklich nicht der Fall.[57] Demgegenüber geht *Thüsing* davon aus, dass jedenfalls „das Versprechen eines höheren Lohnes" eine Bevorzugung im Sinne des § 78 Satz 2 BetrVG darstelle.[58] Eine Begründung liefert keine dieser Auffassungen.

Bei der Klärung dieser Streitfrage ist zunächst festzustellen, dass die Frage des Versprechens von Vorteilen in der Kommentarliteratur nur vereinzelt im Rahmen des Begünstigungsverbots angesprochen wird. Allerdings wird die Frage nahezu ausnahmslos im Rahmen des Ehrenamtsprinzips in der Weise dargestellt, als dass offenbar unstreitig ist, dass das Versprechen von Vorteilen nach § 37 Abs. 1 BetrVG unzulässig ist.[59] Diese Feststellung wirft Fragen auf: Zum einen erschließt sich nicht, weshalb das Versprechen von Vorteilen einen Verstoß gegen das Ehrenamtsprinzip darstellen, nicht jedoch auch den Tatbestand einer unzulässigen Begünstigung erfüllen soll. Zum anderen stellt sich die entscheidende Vorfrage, welche Konstellation überhaupt das „Versprechen von Vorteilen" erfassen soll. Weder der Wortlaut des § 78 Satz 2 BetrVG, noch der des § 37 Abs. 1 BetrVG verwendet diese Formulierung. Sofern damit rechtsgeschäftliche Vereinbarungen gemeint sein sollen, welche noch nicht erfüllt wurden, wären zivilrechtlich präzisere Begriffe wie „Vereinbarung", „Rechtsgeschäft" oder „schuldrechtlicher Vertrag" naheliegender. *Fitting* formuliert insoweit präziser, wonach auch die „Vereinbarung einer unzulässigen Begünstigung" unzulässig sein soll.[60] Weshalb greift der überwiegende Teil des Schrifttums auf den mehrdeutigen Begriff des „Versprechens" zurück? Woher stammt dieser?

Die Antwort lässt sich dem Strafrecht entnehmen: Die Amtsdelikte des 30. Abschnitts (§§ 331 ff. StGB) stellen u.a. das Versprechen bzw. das Versprechenlassen

---

57 GK-BetrVG/*Kreutz*, § 78, Rn. 45.

58 Richardi/*Thüsing*, § 78, Rn. 26; ebenso: MünchArbR/*Joost*, § 220, Rn. 131.

59 *Fitting*, § 37, Rn. 11; GK-BetrVG/*Weber*, § 37, Rn. 9; Richardi/*Thüsing*, § 37, Rn. 9; DKKW/*Wedde*, § 37, Rn. 7; WPK/*Kreft*, § 37, Rn. 6; *Farthmann*, FS Stahlhacke, 115 (119).

60 *Fitting*, § 78, Rn. 23.

von Vorteilen unter Strafe. Die einschlägigen Bestechungsdelikte nehmen eine dreistufige Einteilung möglicher Handlungen vor, welche sich in rechtsgeschäftliche Kategorien einordnen lassen. Auf der ersten Stufe steht das Fordern bzw. das Anbieten von Vorteilen, im rechtsgeschäftlichen Sinne die Abgabe einer einseitigen Erklärung, mithin eines Angebots.[61] Auf der nächsten Stufe stellt das Strafrecht das Versprechen bzw. das Versprechenlassen unter Strafe. Welche Konstellationen hier erfasst werden, ist im strafrechtlichen Schrifttum umstritten. Nach einer Auffassung stellt das Versprechen eine einseitige Erklärung dar, einen Vorteil gewähren zu wollen.[62] Nach der vorzuziehenden Gegenauffassung erfordert das Versprechen indes mehr, nämlich einen Konsens der Beteiligten, mithin den Abschluss einer Vereinbarung.[63] Andernfalls würde sich jede Abgrenzung zwischen dem Anbieten und dem Versprechen eines Vorteils erübrigen. Diese Stufe wird sodann von der dritten Stufe übertroffen, nämlich der Konstellation des Annehmens bzw. des Gewährens eines Vorteils. Dies ist die tatsächliche Zuwendung,[64] zivilrechtlich gesprochen die dingliche Übereignung, mithin das Verfügungsgeschäft.

Überträgt man diese vom strafrechtlichen Schrifttum entwickelten rechtsgeschäftlichen Grundsätze auf das betriebsverfassungsrechtliche Begünstigungsverbot, gilt Folgendes:

Die einseitige Erklärung, begünstigende Zuwendungen erbringen zu wollen, wird von § 78 Satz 2 BetrVG nicht erfasst. Es liegt (noch) keine Begünstigung des Betriebsratsmitglieds vor, wenn etwa der Arbeitgeber das Angebot unterbreitet, einen „Amtsbonus" zu zahlen. Dies wäre mit dem Wortlaut der Vorschrift nicht vereinbar, weil keine Besserstellung des Betriebsratsmitglieds vorliegt. In diesem Stadium ist die Unabhängigkeit noch nicht gefährdet, weil zwar die Möglichkeit einer Begünstigung besteht, sie aber noch nicht vorliegt.

Feststehen dürfte zugleich, dass Verfügungsgeschäfte, welche begünstigende Leistungen zum Gegenstand haben, den Tatbestand des § 78 Satz 2 BetrVG erfüllen. Das sind jene Fälle, in denen etwa der Arbeitgeber den Amtsbonus tatsächlich auszahlt. Das will das Begünstigungsverbot gerade nicht zulassen.

Offen bleiben die im Ausgangspunkt diskutierten Fälle des „Versprechens von Vorteilen". Fraglich ist deshalb, ob bereits der Abschluss einer Vereinbarung, welche die Zuwendung begünstigender Leistungen zum Gegenstand hat, den Tatbestand des § 78 Satz 2 BetrVG erfüllt. Insoweit spricht zwar der Wortlaut des § 78

61 NK-StGB/*Kuhlen*, § 333, Rn. 4.

62 MüKo-StGB/*Korte*, § 333, Rn. 12; LK/*Jescheck*, § 333, Rn. 4.

63 NK-StGB/*Kuhlen*, § 333, Rn. 5; S/S/*Heine*, § 333, Rn. 5; SK/*Rudolphi/Stein*, § 333, Rn. 7; *Fischer*, StGB, § 333, Rn. 4; *Lackner/Kühl*, § 333, Rn. 3.

64 NK-StGB/*Kuhlen*, § 333, Rn. 6; S/S/*Heine*, § 333, Rn. 4.

Satz 2 BetrVG („begünstigt werden“) dafür, derartige Konstellationen, in welchen die begünstigende Leistung noch nicht zugewendet wurde, nicht zu erfassen. Indes darf nicht verkannt werden, dass das Betriebsratsmitglied aufgrund einer begünstigenden Vereinbarung – vorbehaltlich des Schicksals einer solchen Vereinbarung auf der Rechtsfolgenebene[65] – eine schuldrechtliche Forderung gegenüber dem Begünstigenden erwirbt. Jedenfalls im Bereicherungsrecht ist anerkannt, dass auch der Erwerb von Forderungen rechtserheblich ist.[66] Auch ist zu beachten, dass die Unabhängigkeit des Betriebsratsmitglieds im Gegensatz zur einseitigen Erklärung des Begünstigenden bereits gefährdet ist, weil sich das Betriebsratsmitglied auf die begünstigende Vereinbarung eingelassen hat. Mithin erfasst § 78 Satz 2 BetrVG nicht nur die tatsächliche Gewährung von Vorteilen, sondern bereits das Versprechen solcher Vorteile im Sinne einer rechtsgeschäftlichen Vereinbarung.

b) „Wegen“ der Betriebsratstätigkeit

Nicht jede Begünstigung der Mitglieder des Betriebsrats ist unzulässig. Maßgebliches Kriterium und weitere Voraussetzung des § 78 Satz 2 BetrVG ist der Grund bzw. der Anlass der Begünstigung. Nur eine Begünstigung „wegen“ der Betriebsratstätigkeit ist unzulässig. Erforderlich ist ein Kausalzusammenhang zwischen der Begünstigung und der Betriebsratstätigkeit.[67] Richtigerweise kann es dabei nur auf den tatsächlichen Kausalzusammenhang ankommen. Eine etwaige formelle Zweckbestimmung lässt den faktischen Kausalzusammenhang nicht entfallen. Ob ein solcher Ursachenzusammenhang gegeben ist, lässt sich mit Hilfe der *conditio-sine-qua-non*-Formel im Sinne der sog. Äquivalenztheorie ermitteln: Danach liegt der erforderliche Kausalzusammenhang vor, wenn die Besserstellung entfallen würde, wenn man die Amtstätigkeit hinweg denkt.[68] Der Erkenntnisgewinn ist nach dieser Vorgehensweise indes gering. Die Beurteilung der Frage, ob die Besserstellung entfallen würde, wenn man die Amtstätigkeit hinweg denkt, hängt schon entscheidend davon ab, ob die Besserstellung wegen der Amtstätigkeit erfolgte. Deutlich wird dieser Einwand an folgendem Beispiel: Stellt der Arbeitgeber dem Betriebsratsmitglied mit dessen Amtsantritt einen Dienstwagen zur Verfügung, mag es so sein, dass die Begünstigung (Dienstwagen) entfällt, wenn

65 Vgl. zu den Rechtsfolgen: S. 143 ff.

66 Erman/*Buck-Heeb*, § 812, Rn. 5; MüKo/*Schwab*, § 812, Rn. 7; Palandt/*Sprau*, § 812, Rn. 15.

67 BAG v. 16.02.2005 – 7 AZR 95/04, NZA-RR 2005, 556; *Fitting*, § 78, Rn. 22; GK-BetrVG/*Kreutz*, § 78, Rn. 42, 44; WPK/*Preis*, § 78, Rn. 12.

68 GK-BetrVG/*Kreutz*, § 78, Rn. 44.

man das Amt hinweg denkt. Das gilt aber nur, wenn die Begünstigung *wegen* der Amtstätigkeit gewährt wurde. Es wäre ebenso gut denkbar, dass die Gewährung des Dienstwagens zufällig zeitlich mit dem Amtsantritt zusammen gefallen ist. Die *conditio-sine-qua-non*-Formel bestätigt daher nur einen Zusammenhang, welcher bereits zuvor vorausgesetzt wurde.

Argumentativ überzeugender ist es, den objektiven Grund der Besserstellung möglichst präzise herauszuarbeiten. Erst dann kann die hypothetische Frage gestellt werden, ob die Besserstellung auch ohne Amt erfolgt wäre. Dieser Grund wird nicht selten offensichtlich sein: Das gilt jedenfalls für Leistungen, die im unmittelbaren Zusammenhang mit der Betriebsratstätigkeit stehen, wie beispielsweise bei Sitzungsgeldern oder Funktionszulagen.[69] Ist der Zusammenhang nicht ohne Weiteres erkennbar, sind Indizien heranzuziehen. Maßgeblich kann dann ein Vergleich des Betriebsratsmitglieds vor und nach Aufnahme seiner Amtstätigkeit sein. Ebenso kann die Behandlung vergleichbarer Arbeitnehmer als Indiz herangezogen werden. Konkret wäre im oben gebildeten Beispiel des Dienstwagens im Rahmen des Kausalzusammenhangs zu fragen, ob der Dienstwagen mit Amtsantritt erstmals überlassen wurde und ob er nach dem Mandatsende wieder zurückgegeben werden soll. Ganz entscheidend wird zudem sein, ob auch vergleichbare Arbeitnehmer einen Dienstwagen zur Verfügung gestellt bekommen. Derartige Überlegungen dürfen aber nicht mit der – insoweit ähnlichen – Beurteilung der Frage verwechselt werden, ob überhaupt eine Besserstellung vorliegt. Diese Frage muss bereits geklärt sein, bevor der Grund der Zuwendung ermittelt wird.

5. Das Betriebsratsmitglied als Adressat des Begünstigungsverbots

Weitestgehend unbehandelt lassen Rechtsprechung und Literatur die Frage, ob sich das Begünstigungsverbot ausschließlich an den Begünstigenden richtet, oder ob § 78 Satz 2 BetrVG auch dem Betriebsratsmitglied die Annahme unzulässiger Zuwendungen untersagt. Relevant wird dies etwa bei der noch zu stellenden Frage, ob das Betriebsratsmitglied dadurch eine grobe Pflichtverletzung i.S.d. § 23 Abs. 1 BetrVG begeht.[70] Zu dieser Frage existieren zwei Entscheidungen des LAG München[71], wobei insbesondere in der jüngeren Entscheidung ohne nähere

69 Vgl. zu diesen Vergütungsbestandteilen S. 61 f.

70 S. 155 ff.

71 LAG München v. 15.11.1977 – 5 TaBV 34/77, DB 1978, 894 (895); LAG München v. 05.02.2009 – 3 TaBV 107/08, juris, Rn. 37.

Begründung festgestellt wird, dass die Annahme einer unzulässigen Begünstigung ohne Weiteres eine grobe Pflichtverletzung darstelle. Dieser Ansicht ist das Schrifttum überwiegend gefolgt,[72] wenngleich nicht hinreichend zum Ausdruck kommt, ob dies generell für die Annahme von Vorteilen gelten soll oder lediglich für Verstöße gegen das Ehrenamtsprinzip. Einzig *Rieble* zweifelt dies mit der Begründung an, dass das Betriebsratsmitglied gerade nicht Adressat des Begünstigungsverbots sei.[73]

Zweifel an der überwiegenden Meinung im Schrifttum ergeben sich vor allem aufgrund des Wortlauts des § 78 Satz 2 BetrVG. Die Formulierung „dürfen nicht begünstigt werden“, lässt darauf schließen, dass allein die begünstigende Handlung unzulässig ist. Hätte der Gesetzgeber auch die Annahme einer Begünstigung verbieten wollen, hätte er zusätzlich formulieren können, dass sich Betriebsratsmitglieder auch nicht „begünstigen lassen dürfen“ oder dass die Begünstigung schlicht „unzulässig ist“. Ausgehend vom Sinn und Zweck der Norm ließe sich zwar argumentieren, die Unabhängigkeit der Betriebsratsmitglieder lasse sich nur sichern, wenn auch eine Pflicht des Betriebsratsmitglieds statuiert wird, begünstigende Leistungen nicht anzunehmen. Dies würde indes die Grenzen des vom Gesetzgeber verwendeten Wortlauts überspannen, weil dieser erkennbar an der begünstigenden Handlung und nicht erst an der Annahme des Vorteils ansetzt. Auch die Systematik des § 78 BetrVG spricht insoweit dagegen, das Betriebsratsmitglied als Normadressaten anzusehen. So zeigt bereits die Überschrift „Schutzbestimmungen“, dass die Handlungsfähigkeit des Gremiums und seiner Mitglieder vor Eingriffen geschützt werden soll. Schutzvorschriften sind regelmäßig einseitig, d.h. sie richten sich an denjenigen, der auf die Rechtsposition des Geschützten einwirkt. Sie richten sich aber nicht auch an den Geschützten selbst.

Es bleibt damit festzuhalten, dass das Begünstigungsverbot ausschließlich die begünstigende Handlung, nicht aber auch die Annahme der Begünstigung verbietet.

6. Zwischenergebnis

Das Begünstigungsverbot dient der Sicherung der Unabhängigkeit der Mitglieder des Betriebsrats. Damit soll bereits die Gefahr einer möglichen Einflussnahme und nicht erst die tatsächliche Beeinflussung der Betriebsratsmitglieder (=Korruption)

72 GK-BetrVG/*Weber*, § 37, Rn. 16; Düwell/*Düwell*, § 23, Rn. 17; *Fitting*, § 23, Rn. 19; DKKW/*Trittin*, § 23, Rn. 53; HSWGNR/*Schlochauer*, § 23, Rn. 29; *Fischer*, BB 2007, 997 (997); *Schweibert/Buse*, NZA 2007, 1080 (1084).

73 *Rieble*, NZA 2008, 276 (278).

verhindert werden. Die Norm verbietet nur die aktive Begünstigung. Das bloße Annehmen einer Begünstigung durch das Betriebsratsmitglied verstößt nicht gegen § 78 Satz 2 BetrVG.

Der Anwendungsbereich ist insbesondere in zeitlicher Hinsicht umfassend: Auch Besserstellungen vor und nach der Amtsausübung können unzulässig sein. Tatbestandlich setzt § 78 Satz 2 BetrVG eine Begünstigung wegen der Betriebsratstätigkeit voraus. Bei der Feststellung der Begünstigung kommt es allein auf eine objektive Besserstellung gegenüber vergleichbaren Arbeitnehmern an. Einer Begünstigungsabsicht bedarf es ebensowenig wie einer Korruptionsabsicht. Unzulässig ist eine Begünstigung indes nur, wenn ein Kausalzusammenhang zur Betriebsratstätigkeit festgestellt werden kann.

III. Ehrenamtsprinzip, § 37 Abs. 1 BetrVG

Als „fundamentaler Grundsatz des Betriebsverfassungsrechts"[74] findet sich das in § 37 Abs. 1 BetrVG ausdrücklich statuierte Ehrenamtsprinzip. Der Wortlaut der Vorschrift ist denkbar eindeutig und unmissverständlich: „Die Mitglieder des Betriebsrats führen ihr Amt unentgeltlich als Ehrenamt". Es richtet sich als gesetzliches Leibild – anders als § 78 Satz 2 BetrVG – auch an das Betriebsratsmitglied selbst.

Der Begriff des Ehrenamts ist dabei als privatrechtliches Amt zu verstehen.[75] Seine Ausgestaltung richtet sich nach dem Betriebsverfassungsrecht, welches in seiner Gesamtheit dem Privatrecht zuzuordnen ist. Die Vorschrift ist zwingend und kann nicht abbedungen werden.[76] Das Ehrenamtsprinzip gilt über die entsprechenden Verweisungen in § 40 Abs. 1 EBRG und § 42 SEGB auch für Mitglieder des Europäischen Betriebsrates und des SE-Betriebsrates. Demgegenüber gilt es nicht im Bereich der Unternehmensmitbestimmung.

Das Ehrenamtsprinzip ist keine Erfindung des BetrVG. Bereits im Betriebsrätegesetz aus dem Jahr 1920, welches auf Grundlage von Artikel 165 der Weimarer Reichsverfassung geschaffen wurde, war eine nahezu gleichlautende Regelung enthalten. In § 35 Satz 1 des Betriebsrätegesetzes war eine Amtsführung „unentgeltlich als Ehrenamt" vorgeschrieben. Bereits damals erkannte der Gesetzgeber die Gefahr von Zielkonflikten, welche die Doppelstellung von Betriebsratsmitgliedern, nämlich einerseits als Arbeitnehmer, andererseits als Amtsträger, mit

74 *Preis*, § 148 IV. 1.

75 *Fitting*, § 37, Rn. 6; ErfK/*Koch*, § 37 BetrVG, Rn. 1; *Nikisch*, S. 155.

76 *Fitting*, § 37, Rn. 4; *Rüthers*, NJW 2007, 195 (196); *Schweibert/Buse*, NZA 2007, 1080 (1080).

sich bringt.[77] Seit dem Betriebsverfassungsgesetz 1952 ist § 37 Abs. 1 BetrVG unverändert geblieben.

1. Zweck des Ehrenamtsprinzips: Innere und äußere Unabhängigkeit

Die Vorschrift soll die Unabhängigkeit und die Unparteilichkeit der Betriebsratstätigkeit garantieren.[78] Unabhängigkeit im Sinne des Ehrenamtsprinzips meint zunächst die innere Unabhängigkeit des Betriebsratsmitglieds. Die Sicherung der äußeren Unabhängigkeit obliegt ergänzend den Regelungen in § 37 Abs. 4 und 5 BetrVG sowie den Kündigungsschutzvorschriften (§ 103 BetrVG, § 15 KSchG).[79]

Das BAG hat die innere Unabhängigkeit wie folgt definiert: „Das Ehrenamtsprinzip wahrt die innere Unabhängigkeit der Betriebsräte. Sie können sich stets vergegenwärtigen, dass besondere Leistungen des Arbeitgebers auf ihr Votum keinen Einfluß genommen haben können."[80] Daraus folgt, dass die innere Unabhängigkeit in erster Linie die Meinungsbildung der einzelnen Mitglieder des Betriebsrats betrifft. Sachfremde Erwägungen dürfen keinen Einfluss auf ihre Amtstätigkeit haben. Eine Beeinflussung dieser Tätigkeit, insbesondere durch die Vergütungsleistung des Arbeitgebers, soll durch das Ehrenamtsprinzip verhindert werden.

Dagegen soll die äußere Unabhängigkeit dazu beitragen, dass „die vom Betriebsrat vertretenen Arbeitnehmer davon ausgehen können, dass die Vereinbarungen zwischen Betriebsrat und Arbeitgeber nicht durch die Gewährung oder den Entzug materieller Vorteile für die Mitglieder des Betriebsrats beeinflußbar sind"[81]. Die äußere Unabhängigkeit betrifft die ordnungsgemäße Wahrnehmung der Mitbestimmungsrechte durch den Betriebsrat nach Außen. Hier steht die Anerkennung als unabhängiges Vertretungsgremium im Vordergrund.

Eine präzise Abgrenzung im Einzelfall ist anhand der Definitionen des BAG kaum möglich, weil die äußere Unabhängigkeit typischerweise ganz erheblich durch die innere Unabhängigkeit geprägt wird. Die Unterscheidung dient im Übrigen auch nicht dem Zweck, eine Abgrenzung zu treffen. Das BAG verdeutlicht hiermit lediglich, ein umfassendes Verständnis der Unabhängigkeitsanforderungen,

---

77 Fn. 23.

78 BAG v. 21.06.1957 – 1 AZR 465/56, NJW 1957, 1454 (1454).

79 *Fitting*, § 37, Rn. 7; Richardi/*Thüsing*, § 37, Rn. 3.

80 BAG v. 05.03.1997 – 7 AZR 581/92; NZA 1997, 1242 (1244).

81 BAG v. 05.03.1997 – 7 AZR 581/92; NZA 1997, 1242 (1244).

nämlich sowohl mit Blick auf die innere Einstellung der Betriebsratsmitglieder, als auch im Hinblick auf deren innerbetriebliche Akzeptanz gegenüber der Belegschaft.

2. Unentgeltliche Amtsführung

Nach Auffassung des BAG bedeutet die unentgeltliche Führung des Betriebsratsamts, „dass kein Arbeitnehmer, der im Betriebsrat ist, daraus finanzielle Vorteile erlangen darf.“[82] Das Mitglied des Betriebsrats darf deshalb für die Betriebsratstätigkeit keine Vergütung oder sonstige Gegenleistungen erhalten, welche nicht ausdrücklich gesetzlich vorgesehen sind,[83] und zwar weder vom Arbeitgeber selbst, noch von einem Dritten,[84] beispielsweise einer Gewerkschaft oder einem Arbeitgeberverband. Soweit es vereinzelt für „immer vertretbar“ gehalten wird, eine an die Position und Verantwortung des Betriebsratsmitglieds und dem dahinter stehenden tatsächlichen Arbeitsaufwand anknüpfende Vergütung zu zahlen,[85] ist dies mit § 37 Abs. 1 BetrVG nicht zu vereinbaren. Denn das Ehrenamtsprinzip untersagt jede an die Betriebsratstätigkeit anknüpfende Vergütung.[86]

a) Strenger Maßstab

Durchweg plädiert das Schrifttum für eine strikte Anwendung und der Anlegung eines strengen Maßstabs.[87] Es stützt sich dabei vor allem auf eine BAG-Entscheidung[88] aus dem Jahr 1993. Dort heißt es: „Wegen dieser Zielsetzung ist der Begriff der Unentgeltlichkeit strikt anzuwenden und ein strenger Maßstab anzulegen“. Bereits das Reichsarbeitsgericht vertrat im Jahr 1928 bei der Anwendung von § 35 des Betriebsrätegesetzes die Auffassung, der Normzweck erfordere

---

82 BAG v. 09.11.1971 – 1 AZR 417/70, DB 1972, 686 (687).

83 GK-BetrVG/*Weber*, § 37, Rn. 9; Richardi/*Thüsing*, § 37, Rn. 6.

84 GK-BetrVG/*Weber*, § 37, Rn. 9; HSWGNR/*Glock*, § 37, Rn. 12; DKKW/*Wedde*, § 37, Rn. 3; Düwell/*Wolmertah*, § 37, Rn. 4.

85 *Bachner*, Mitbestimmung 2007, Heft 1+2, 66 (68).

86 *Weispach*, FS Kreutz, 485 (487); **a.A.** *Gamillscheg*, S. 567 f., der vorschlägt, die Betriebsratsvergütung an der Betriebsratstätigkeit zu messen.

87 *Hueck/Nipperdey*, S. 1161; *Fitting*, § 37, Rn. 7; GK-BetrVG/*Weber*, § 37, Rn. 8; Richardi/*Thüsing*, § 37, Rn. 6; HSWGNR/*Glock*, § 37, Rn. 12; DKKW/*Wedde*, § 37, Rn. 3; WPK/*Kreft*, § 37, Rn. 6; Düwell/*Wolmertah*, § 37, Rn. 4; ErfK/*Koch*, § 37 BetrVG, Rn. 1; *Moll/Roebers*, NZA 2012, 57 (57).

88 BAG v. 20.10.1993 – 7 AZR 581/92, NZA 1994, 278 (281).

eine „strenge Anwendung“ dieser Vorschrift.[89] Nimmt man die Terminologie von Rechtsprechung und Literatur ernst, darf im Hinblick auf die Einhaltung des Ehrenamtsprinzips auch bei Kleinstbeträgen keine Ausnahme zugelassen werden. Erinnert sei an das einleitende Zitat: „Einen Schnaps mehr“. Eine strenge Anwendung des Ehrenamtsprinzips steht auch solchen, kaum nennenswerten Zuwendungen entgegen, wenn sie zur Honorierung der Betriebsratstätigkeit zugewendet werden. Auf die Höhe oder den Umfang einer etwaigen Betriebsratsvergütung kommt es zu Recht nicht an, weil das Ehrenamtsprinzip nicht nur den Verlust der Unabhängigkeit, sondern bereits deren Gefährdung verhindern will.

Praktisch hat ein solches Normverständnis zur Folge, dass das Ehrenamtsprinzip nicht nur eine Vergütung in Geld, sondern die Verschaffung jedes geldwerten Vorteils ausschließt. Wie weitreichend die Gestaltungsphantasie der Beteiligten ist, wird im zweiten Teil dieser Arbeit zu zeigen und zu überprüfen sein. Besonders verbreitet ist in der Praxis die Zahlung eines höheren Arbeitsentgelts,[90] die Zahlung von Sitzungsgeldern,[91] Ersatzzahlungen für nicht erforderliche Aufwendungen,[92] die Überlassung eines Dienstwagens[93] und allgemeine Zuwendungen in Form von Geschenken.[94]

b) Immaterielle Vorteile

Das Ehrenamtsprinzip untersagt unstreitig die Gewährung materieller Vorteile, also Geld- und Sachvergütungen.[95] Fraglich ist, wie sich die Norm zu immateriellen Vorteilen verhält. Denkbar ist insoweit, dass der Arbeitgeber dem nicht freigestellten Betriebsratsmitglied besonders angenehme Tätigkeiten zuweist. Ebenfalls vorstellbar, wenngleich innerbetrieblich nur schwer zu rechtfertigen wäre auch eine Ausklammerung des Betriebsratsmitglieds bei ggf. unbeliebten Nachtschichten. Im Hinblick auf solche immateriellen Vorteile ist zu beachten, dass der Wortlaut des § 37 Abs. 1 BetrVG „unentgeltlich“, immaterielle Vorteile grundsätzlich nicht erfasst. Daran ändert auch eine strenge Anwendung nichts, weil diese nicht zur Folge hat, dass der Begriff der Unentgeltlichkeit über seinen über seinen Wortlaut anzuwenden oder auszulegen

---

89 RAG v. 08.02.1928, Bensheimer Slg., Band 2, Nr. 11, S. 38.
90 S. 51 ff.
91 S. 61 f.
92 S. 62 ff.
93 S. 119 ff.
94 S. 129 ff.
95 BAG v. 20.10.1993 – 7 AZR 581/92, NZA 1994, 278 (281); GK-BetrVG/*Weber*, § 37, Rn. 9; *Fitting*, § 37, Rn. 8.

ist. Richtigerweise ist die Frage immaterieller Vorteile deshalb nach § 78 Satz 2 BetrVG zu beurteilen.[96] Das ergibt sich nicht zuletzt auch aus dem hier vertretenen systematischen Verständnis, dass § 78 Satz BetrVG den allgemeinen Grundsatz bildet, der im Hinblick auf das Entgelt durch § 37 Abs. 1 BetrVG konkretisiert wird.[97] Da das allgemeine Begünstigungsverbot nicht auf Entgeltbestandteile beschränkt ist, erfasst es auch immaterielle Vorteile, die zwar wertmäßig nicht beziffert, gleichwohl aber als Vorteil qualifiziert werden können. Das Ehrenamtsprinzip beschränkt sich dagegen als Spezialnorm für den Bereich der Vergütung auf materielle Vorteile.

c) Vergütung durch Dritte

§ 37 Abs. 1 BetrVG untersagt die Gewährung einer Betriebsratsvergütung ohne die Person des Begünstigenden einzuschränken. Unzulässig ist deshalb nicht nur die Zahlung einer Betriebsratsvergütung durch den Arbeitgeber. Auch die Zahlung einer Vergütung von anderen Quellen ist unzulässig. Es ist nicht relevant, ob die Vergütung vom Arbeitgeber, einem Verband oder einer Stiftung stammt. Entscheidend ist der Zweck der Zahlung, nämlich die Honorierung der Betriebsratstätigkeit.

Dabei wird nicht verkannt, dass sich der Wortlaut von § 37 Abs. 1 BetrVG nicht ausdrücklich zu dem Fall der Betriebsratsvergütung durch einen Dritten verhält. Das Schrifttum geht insoweit – im Ergebnis zu Recht – davon aus, dass Normadressat des Ehrenamtsprinzips „jedermann" ist.[98] Zur Begründung zieht die Literatur den umfassenden Anwendungsbereich des § 78 Satz 2 BetrVG heran. Das ist dogmatisch nicht zu beanstanden, wenn man mit der überwiegenden Auffassung davon ausgeht, dass das allgemeine Begünstigungsverbot bei der Auslegung des § 37 Abs. 1 BetrVG herangezogen werden kann.[99]

Daneben sprechen auch weitere gewichtige Gründe für einen – im Hinblick auf die Normadressaten – umfassenden Anwendungsbereich des Ehrenamtsprinzips. Dies ergibt sich bereits aus dem streng anzulegenden Maßstab bei der Anwendung des § 37 Abs. 1 BetrVG. Der Schutzzweck liefe völlig leer, wenn eine Vergütung des Betriebsratsmitglieds durch einen Dritten zulässig wäre. Die bloße Zwischenschaltung einer betriebsfremden Person würde dann eine einfache Umgehung des Ehrenamtsprinzips ermöglichen. Dafür spricht auch, dass der Gesetzgeber die Person des Begünstigenden ausdrücklich offen gelassen hat, um jede Umgehung

96 *Farthmann*, FS Stahlhacke, 115 (119); *Franzen*, ZAAR 2008, S. 49 f.

97 S. 5 f.

98 GK-BetrVG/*Weber*, § 37, Rn. 9; HSWGNR/*Glock*, § 37, Rn. 12; DKKW/*Wedde*, § 37, Rn. 3; Düwell/*Wolmertah*, § 37, Rn. 4.

99 *Fitting*, § 37, Rn. 1; GK-BetrVG/*Weber*, § 37, Rn. 6; DKKW/*Wedde*, § 37, Rn. 1.

des Ehrenamtsprinzips zu verhindern. Hätte der Gesetzgeber eine auf bestimmte Personen beschränkte Anwendung beabsichtigt, hätte er diese Einschränkung im Wortlaut zum Ausdruck bringen können.

Festzuhalten bleibt, dass nicht nur Betriebsratsvergütungen durch den Arbeitgeber unzulässig sind. Das Ehrenamtsprinzip unterscheidet nicht nach der Person des Begünstigenden, sondern stellt ausschließlich auf den Leistungszweck ab.

d) Versprechen eines Vorteils

Nach der überwiegenden Auffassung in der Literatur soll bereits das Versprechen einer vorteilhaften Leistung aufgrund des Ehrenamtsprinzips unzulässig sein.[100] Dies entspricht auch der Auffassung des Reichsarbeitsgerichts[101], welches indes seine Auffassung auf § 35 Satz 3 des Betriebsrätegesetzes stützen konnte. Die Vorschrift lautete:

„Vertragsbestimmungen, die dieser Vorschrift zuwiderlaufen, sind nichtig."

Mit „dieser Vorschrift" war das Ehrenamtsprinzip in § 35 Satz 1 Betriebsrätegesetz gemeint. Diese Rechtsfolge dürfte heute über § 134 BGB erreicht werden.[102] Die mögliche Rechtsfolge der Nichtigkeit sagt jedoch nichts darüber aus, ob nicht nur die tatsächliche Gewährung einer Betriebsratsvergütung unzulässig ist, sondern bereits die Vereinbarung einer solchen. Denn nichts anderes meint das Schrifttum, wenn es – rechtsgeschäftlich unpräzise – von dem „Versprechen" einer Vergütung spricht. Insoweit kann auf die Ausführungen ihm Rahmen des Begünstigungsverbots verwiesen werden.[103] Auch hier gilt, dass die Unabhängigkeit des Betriebsratsmitglieds bereits mit Abschluss einer gegen das Ehrenamtsprinzips verstoßenden Vereinbarung gefährdet ist. Auch der Wortlaut des § 37 Abs. 1 BetrVG gibt keinen Hinweis darauf, dass nur tatsächlich zugewendete Vergütungen, welche gegen das Ehrenamtsprinzip verstoßen, nichtig sein sollen. Deshalb ist nicht erst die Zahlung einer Betriebsratsvergütung unzulässig, sondern bereits deren Vereinbarung. Ob diese letztlich auch gewährt wird, ist nicht von Bedeutung.

---

100 *Fitting*, § 37, Rn. 11; GK-BetrVG/*Weber*, § 37, Rn. 9; Richardi/*Thüsing*, § 37, Rn. 9; DKKW/*Wedde*, § 37, Rn. 7; WPK/*Kreft*, § 37, Rn. 6; *Farthmann*, FS Stahlhacke, 115 (119).

101 RAG v. 08.02.1928, Bensheimer Slg., Band 2, Nr. 11, S. 38.

102 S. 143 ff.

103 S. 18 ff.

3. § 37 Abs. 3 BetrVG als Ausnahme vom Ehrenamtsprinzip?

Nach der vorstehenden Darstellung des Ehrenamtsprinzips wird deutlich, dass dem BetrVG jegliche Vergütung von Betriebsratsmitgliedern wegen ihrer Betriebsratstätigkeit fremd ist. Umso überraschender ist es, wenn das Gesetz in § 37 Abs. 3 Satz 3 BetrVG davon spricht, dass unter bestimmten Voraussetzungen die Tätigkeit des Betriebsratsmitglieds wie Mehrarbeit zu „vergüten" ist. Offensichtlich kennt das BetrVG doch Fälle, in denen Betriebsratstätigkeit zu vergüten ist. Macht das Gesetz insoweit von seinem eigenen Grundsatz eine Ausnahme?

Betrachtet man die von § 37 Abs. 3 BetrVG erfasste Konstellation, kann terminologisch nicht von einer Ausnahme vom Ehrenamtsprinzip gesprochen werden.[104] Vielmehr hat der Gesetzgeber eine Regelung für diejenigen Fälle treffen wollen, in denen das Betriebsratsmitglied aus betriebsbedingten Gründen die Betriebsratstätigkeit außerhalb seiner regulären Arbeitszeit erbringt. Für diesen Fall will das BetrVG dem Betriebsratsmitglied aber keine Vergütung für die konkret erbrachte Betriebsratsarbeit gewähren. Vielmehr bezweckt es mit dieser Regelung die Vermeidung einer unzulässigen Benachteiligung. Deshalb stellt es für diesen Fall nicht vergütungsfähige Betriebsratsarbeit mit betrieblicher Mehrarbeit gleich, welche einer Vergütung zugänglich ist. Der Grundgedanke des Ehrenamtsprinzips, dass keine Vergütung für Betriebsratsarbeit gewährt werden darf, wird dadurch weder verletzt, noch in Frage gestellt. § 37 Abs. 3 Satz 3 BetrVG ist somit keine gesetzliche Ausnahme des Ehrenamtsprinzips, sondern Ausfluss des allgemeinen Benachteiligungsverbots.

IV. Die Vergütung von Mitgliedern des Betriebsrats

Eine Vergütung der Betriebsratsmitglieder für die Tätigkeit als Betriebsratsmitglied ist wegen des Ehrenamtsprinzips nicht zulässig. Eine reguläre Vergütung aufgrund ihrer beruflichen Tätigkeit scheidet indes auch aus, weil die Mitglieder des Betriebsrats für ihre Betriebsratstätigkeit vorübergehend oder dauerhaft nach den §§ 37 Abs. 2, 38 Abs. 1 BetrVG von ihrer beruflichen Tätigkeit freizustellen sind. Betriebsratsmitglieder sollen nach dem betriebsverfassungsrechtlichen Leitbild ihr Amt während der Arbeitszeit und nicht in ihrer Freizeit

104 Zum Regelungsgehalt des § 37 Abs. 3 BetrVG: S. 82 f.

ausüben.[105] Dass für diese Zeiten bereits aufgrund des allgemeinen Benachteiligungsverbots des § 78 Satz 2 BetrVG der Grundsatz „ohne Arbeit kein Lohn" nicht gelten kann, liegt auf der Hand. Wenn jedoch die Vergütung der Mitglieder des Betriebsrats weder nach der Betriebsratstätigkeit noch nach ihrer beruflichen Tätigkeit bemessen werden kann und zugleich die Betriebsratsmitglieder weder benachteiligt, noch begünstigt werden dürfen, stellt sich die Frage, nach welchen Grundsätzen Betriebsratsmitglieder zu vergüten sind.

1. Überblick

Das allgemeine Benachteiligungs- und Begünstigungsverbot des § 78 Satz 2 BetrVG wird im Hinblick auf das Arbeitsentgelt, aber auch bezüglich Freistellungen und beruflicher Entwicklung durch § 37 BetrVG konkretisiert. Bei der Auswertung der einschlägigen Literatur ist vereinzelt festzustellen, dass die einzelnen Regelungen des § 37 BetrVG nicht immer präzise voneinander getrennt werden. Ganz entscheidende Begriffe wie „hypothetische Betrachtungen" und der Bezugspunkt der „vergleichbaren Arbeitnehmer mit betriebsüblicher Entwicklung" werden einzelfallbezogen miteinander vermengt. Gelegentlich ist dann die Rede vom Zusammenspiel einzelner Absätze.[106] Eine sorgfältige Aufarbeitung der jeweiligen Regelungsgehalte der §§ 37 Abs. 2 bis 4 BetrVG ist deshalb für die Ermittlung der Vergütungsgrundsätze für Mitglieder des Betriebsrats angezeigt.

§ 37 Abs. 2 BetrVG trifft zwei für die Betriebsratstätigkeit entscheidende Aussagen: Zunächst regelt die Vorschrift, unter welchen Voraussetzungen ein Betriebsratsmitglied von seiner beruflichen Tätigkeit freizustellen ist. Sie enthält somit eine Freistellungsregelung. Die Vorschrift regelt darüber hinaus, wie das Betriebsratsmitglied für die Zeit der Freistellung zu vergüten ist, nämlich ohne Minderung des Arbeitsentgelts. Die überwiegende Auffassung leitet daraus die Anwendung des sog. Lohnausfallprinzips ab.[107] § 37 Abs. 3 BetrVG regelt den

---

105 BAG v. 31.10.1985 – 6 AZR 175/83, DB 1986, 1026 (1026); BAG v. 05.05.2010 – 7 AZR 728/08, NZA 2010, 1025 (1027); GK-BetrVG/*Weber*, § 37, Rn. 17; Richardi/*Thüsing*, § 37, Rn. 23; *Bittmann/Mujan*, BB 2012, 637 (638); *Moll/Roebers*, NZA 2012, 57 (59).

106 So etwa *Lipp*, S. 42.

107 BAG v. 18.09.1973 – AZR 102/73, NJW 1974, 335 (335); BAG v. 31.07.1986 – AZR 298/84, NZA 1987, 528 (528); BAG v. 05.05.2010 – 7 AZR 728/08, NZA 2010, 1025 (1027); *Fitting*, § 37, Rn. 59; GK-BetrVG/*Weber*, § 37, Rn. 53; Richardi/*Thüsing*, § 37, Rn. 31; DKKW/*Wedde*, § 37, Rn. 50; HSWGNR/*Glock*, § 37, Rn. 55; Jaeger/Röder/Heckelmann/*Schuster*, S. 173; *Moll/Roebers*, NZA 2012, 57 (57).

Ausnahmefall, dass das Betriebsratsmitglied entgegen dem Grundsatz, wonach die Betriebsratstätigkeit während der Arbeitszeit erfolgt, ausnahmsweise außerhalb der Arbeitszeit für den Betriebsrat tätig ist. § 37 Abs. 4 BetrVG stellt keine Ergänzung des § 37 Abs. 2 BetrVG dar.[108] Während Absatz 2 vermeiden will, dass das Betriebsratsmitglied Entgeltnachteile aufgrund der Freistellung erleiden kann, will Absatz 4 die berufliche Entwicklung des Betriebsratsmitglieds sichern. Beide Vorschriften verlangen eine hypothetische Betrachtungsweise. Während Absatz 2 jedoch danach fragt, was das Betriebsratsmitglied hypothetisch *verdient* hätte, fragt Absatz 4 danach, wie sich das Betriebsratsmitglied hypothetisch *entwickelt* hätte und ob deshalb das Entgelt anzupassen ist. Die häufig herangezogenen vergleichbaren Arbeitnehmer mit betriebsüblicher Entwicklung sind nur bei der Beurteilung der zweiten Frage relevant. Deutlich wird dies anhand des folgenden Beispiels:

Die Arbeitnehmer A und B sind vergleichbar im Sinne von § 37 Abs. 4 BetrVG. Aus nicht näher bekannten Gründen erhält A ein Jahresgehalt von 50.000 Euro und B ein Jahresgehalt von 40.000 Euro. Wird B nun in den Betriebsrat gewählt orientiert sich seine Vergütung trotz § 37 Abs. 4 BetrVG nicht an der des A, sodass er nun mindestens die gleiche Vergütung erhalten würde. Lediglich seine weitere Entwicklung wird sich an der des A orientieren.

2. Regelungsgehalt des § 37 Abs. 2 BetrVG

a) Freistellung

Gemäß § 37 Abs. 2 BetrVG hat der Arbeitgeber die Mitglieder des Betriebsrats von ihrer beruflichen Tätigkeit ohne Minderung des Arbeitsentgelts zu befreien, wenn dies der Durchführung von Aufgaben des Betriebsrats dient und nach Umfang und Art des Betriebs zur ordnungsgemäßen Durchführung der Aufgaben des Betriebsratsmitglieds erforderlich ist.[109] Maßgebliches Kriterium für eine Freistellung nach § 37 Abs. 2 BetrVG ist somit die Erforderlichkeit. Unabhängig von der Möglichkeit der Befreiung nach § 37 Abs. 2 BetrVG wird das Vorliegen der Erforderlichkeit in unterschiedlichem Umfang nach § 38 Abs. 1 BetrVG je nach Größe der Belegschaft unwiderleglich vermutet.[110] So wird in Betrieben mit mehr als

108 HSWGNR/*Glock*, § 38, Rn. 56.

109 GK-BetrVG/*Weber*, § 37, Rn. 21, 33.

110 BAG v. 22.05.1973 – 1 ABR 26/72; BB 1973, 1305 (1306); BAG v. 26.06.1996 – 7 ABR 48/95, NZA 1997, 58 (59); *Fitting*, § 38, Rn. 7; GK-BetrVG/*Weber*, § 38, Rn. 7; DKKW/*Wedde*, § 38, Rn. 4

1.500 Arbeitnehmern beispielsweise vermutet, dass die Freistellung von mindestens vier Betriebsratsmitgliedern erforderlich ist. Terminologisch sind deshalb im Folgenden mit dauerhaft freigestellten Betriebsratsmitgliedern jene gemeint, die nach § 38 Abs. 1 BetrVG freigestellt sind. Demgegenüber ist bei den nach § 37 Abs. 2 BetrVG freigestellten Mitgliedern von vorübergehend Freigestellten die Rede.

Faktisch ist die Freistellungsregelung des § 37 Abs. 2 BetrVG für dauerhaft freigestellte Betriebsratsmitglieder nicht von Bedeutung.[111] Hintergrund ist die Überlegung, dass § 37 Abs. 2 BetrVG die Mitglieder des Betriebsrats unter den oben genannten Voraussetzungen von der Arbeitspflicht befreien soll. Dies setzt jedoch denknotwendig voraus, dass eine Arbeitspflicht überhaupt besteht.[112] Ist ein Betriebsratsmitglied aber bereits gemäß § 38 Abs. 1 BetrVG dauerhaft von der Arbeitspflicht befreit, ist die Anwendung des § 37 Abs. 2 BetrVG als Freistellungsnorm überflüssig. Die Freistellungsregelung ist daher nur für die nicht dauerhaft freigestellten Betriebsratsmitglieder von Relevanz.

b) Lohnausfallprinzip

Neben der Freistellung ist der Vorschrift des § 37 Abs. 2 BetrVG eine weitere Kernaussage zu entnehmen: Das Arbeitsentgelt des freigestellten Betriebsratsmitglieds bemisst sich nach dem Lohnausfallprinzip.[113] Dem Betriebsratsmitglied steht demnach während der Arbeitsbefreiung dasjenige Arbeitsentgelt zu, welches es nach § 611 Abs. 1 BGB ohne Freistellung verdient hätte.[114] Das bedeutet, dass das Betriebsratsmitglied mit Hilfe einer hypothetischen Betrachtung so gestellt wird, als ob es ganz normal gearbeitet hätte.[115] Weil die Vergütung unmittelbar an die – fiktive – berufliche Tätigkeit anknüpft, wird sie entgegen einzelner Ansichten auch nicht für die Betriebsratstätigkeit,[116] sondern als Gegenleistung für die Arbeitsleistung

---

111 *Fitting*, § 37, Rn. 17; GK-BetrVG/*Weber*, § 37, Rn. 18; DKKW/*Wedde*, § 37, Rn. 11; *Lipp*, S. 45; *Kehrmann*, FS Wlotzke, S. 357 (362).

112 *Natzel*, NZA 2000, 77 (77).

113 BAG v. 18.09.1973 – AZR 102/73, NJW 1974, 335 (335); BAG v. 31.07.1986 – AZR 298/84, NZA 1987, 528 (528); BAG v. 05.05.2010 – 7 AZR 728/08, NZA 2010, 1025 (1027); *Fitting*, § 37, Rn. 59; GK-BetrVG/*Weber*, § 37, Rn. 53; Richardi/*Thüsing*, § 37, Rn. 31; DKKW/*Wedde*, § 37, Rn. 50; HSWGNR/*Glock*, § 37, Rn. 55; Jaeger/Röder/Heckelmann/*Schuster*, S. 173; *Moll/Roebers*, NZA 2012, 57 (57); dagegen hält MünchArbR/*Joost*, § 220, Rn. 19, den Ausdruck für missverständlich und will vom „Lohnweiterzahlungsprinzip" sprechen.

114 BAG v. 23. 6. 2004 – 7 AZR 514/03, NZA 2004, 1287 (1288).

115 BAG v. 13.07.1994 – 7 AZR 477/93, NZA 1995, 588 (589).

116 So jedoch *Kehrmann*, FS Wlotzke, S. 357 (359).

gezahlt. Die Betriebsratstätigkeit ist keine „Ersatzleistung“, sondern unentgeltliche ehrenamtliche Tätigkeit. Dass faktisch keine Arbeitsleistung erbracht wird, macht die Lohnfortzahlung nicht zur Betriebsratsvergütung.

Dieser Regelungsaspekt des § 37 Abs. 2 BetrVG entfaltet, anders als die Freistellungmöglichkeit, auch Wirkung bezüglich der dauerhaft freigestellten Betriebsratsmitglieder. § 38 BetrVG trifft selbst keine Aussage darüber, wie freigestellte Betriebsratsmitglieder zu vergüten sind. Hier muss aus systematischen Erwägungen ebenfalls das Lohnausfallprinzip gelten,[117] weil das BetrVG keine Ungleichbehandlung zwischen vorübergehend und dauerhaft freigestellten Betriebsratsmitgliedern vorsieht. Die Literatur stellt mitunter Schwierigkeiten bei der Anwendung des Lohnausfallprinzips im Hinblick auf dauerhaft freigestellte Betriebsratsmitglieder fest, weil die exakte Feststellung des individuellen Arbeitsentgelts mangels tatsächlicher Arbeitsleistung praktisch kaum möglich sei.[118] Das überrascht. Auch vorübergehend freigestellte Betriebsratsmitglieder erbringen keine tatsächliche Arbeitsleistung. Hier jedoch soll das Lohnausfallprinzip unproblematisch anzuwenden sein. Richtigerweise ist die Beantwortung der hypothetischen Frage, was das Betriebsratsmitglied während der Freistellung verdient hätte, unabhängig vom Grad der Freistellung zu beantworten. Beispiel: B1 und B2 sind Mitglieder des Betriebsrats. B1 ist Vorsitzender und dauerhaft nach § 38 BetrVG freigestellt. B2 ist sein Stellvertreter und wird gelegentlich nach § 37 Abs. 2 freigestellt. Beide sind in der Buchhaltung für eine monatliche Vergütung von 3.000 Euro beschäftigt. Beide erhalten diese Vergütung grundsätzlich weiter, unabhängig von etwaigen Freistellungen.

Die Anwendung des Lohnausfallprinzips ist in diesem Beispiel für beide Betriebsratsmitglieder gleich schwierig bzw. gleich einfach. Anhaltspunkte für eine unterschiedliche Betrachtung sind nicht ersichtlich. Probleme ergeben sich jedoch, wenn die Vergütungsstruktur komplexer ausgestaltet ist. Werden B1 und B2 beispielsweise nach Leistung vergütet, fehlt je nach Umfang der Freistellung der Entgeltbezugspunkt für das Lohnausfallprinzip. B2 mag hier noch Bezugspunkte liefern: Ist er beispielsweise an einem Tag in der Woche von der beruflichen

117 BAG v. 18.09.1991 – 7 AZR 41/90, NZA 1992, 936 (937); *Fitting*, § 38, Rn. 85; GK-BetrVG/*Weber*, § 38, Rn. 84; Richardi/*Thüsing*, § 38, Rn. 53; DKKW/*Wedde*, § 38, Rn. 73; MünchArbR/*Joost*, § 220, Rn. 70; WPK/*Kreft*, § 37, Rn. 41; *Löwisch/Kaiser*, § 38, Rn. 29; für eine entsprechende Anwendung: *Lipp*, S. 46; **a.A.** *Aden*, RdA 1980, 256 (258); der § 37 Abs. 2 BetrVG nicht anwenden will; für eine analoge Anwendung: *Chen*, S. 77.

118 *Fitting*, § 38, Rn. 86; GK-BetrVG/*Weber*, § 38, Rn. 84; Richardi/*Thüsing*, § 38, Rn. 53; DKKW/*Wedde*, § 38, R. 73; WPK/*Kreft*, § 37, Rn. 41.

Tätigkeit befreit, könnten die Leistungswerte der verbleibenden Werktage als Maßstab herangezogen werden. Beim dauerhaft freigestellten B1 funktioniert das nicht. Dieser liefert keinerlei Anknüpfungspunkte mehr, die für eine Entgeltbemessung herangezogen werden könnten. Diese Problematik meint das Schrifttum, wenn es von „Schwierigkeiten" spricht. Ob an dieser Stelle mit guten Gründen die Leistung vergleichbarer Arbeitnehmer herangezogen werden kann, wird noch zu klären sein.[119] Daraus darf jedoch nicht geschlossen werden, dass für die Frage des hypothetischen Entgelts der dauerhaft freigestellten Betriebsratsmitglieder ergänzend § 37 Abs. 4 BetrVG heranzuziehen ist. Das Lohnausfallprinzip und die Regelung des § 37 Abs. 4 BetrVG dürfen nicht miteinander vermischt werden.[120] § 37 Abs. 4 BetrVG beschäftigt sich nicht mit der hypothetischen Frage, was das Betriebsratsmitglied während der Freistellung verdient hätte (Lohnausfallprinzip), sondern nur, wie sich das Entgelt des Betriebsratsmitglied entwickelt hätte. Das Lohnausfallprinzip des § 37 Abs. 2 BetrVG gilt deshalb unabhängig vom Grad der Freistellung. Ein Abstellen auf § 37 Abs. 4 ist systematisch verfehlt.

3. Entgeltentwicklung: § 37 Abs. 4 BetrVG

Gemäß § 37 Abs. 4 BetrVG darf das Arbeitsentgelt von Betriebsratsmitgliedern nicht geringer bemessen werden, als das Arbeitsentgelt vergleichbarer Arbeitnehmer mit betriebsüblicher Entwicklung. Auch diese Vorschrift ist eine Ausprägung des allgemeinen Benachteiligungsverbots, was auch durch den zweiten Halbsatz des § 78 Satz 2 BetrVG deutlich wird. Das Betriebsratsmitglied soll so gestellt werden, als ob es das Amt nicht übernommen hätte, sondern seiner beruflichen Tätigkeit weiterhin nachgegangen wäre und eine übliche berufliche Entwicklung genommen hätte.[121] Die Bemessungsgrundlage für die weitere Entwicklung des Arbeitsentgelts darf sich nach § 37 Abs. 4 BetrVG nicht deshalb verschlechtern, weil das Betriebsratsmitglied unter Umständen nicht wie andere Arbeitnehmer seine berufliche Entwicklung vorantreiben konnte. Ebenso wie bei der Anwendung des Lohnausfallprinzips ist auch bei der Frage der beruflichen Entwicklung eine hypothetische Betrachtung vorzunehmen. Diese bereitet bei dauerhaft freigestellten Betriebsratsmitgliedern zum Teil erhebliche Schwierigkeiten. Während sich bei vorübergehend freigestellten Betriebsratsmitgliedern aufgrund ihrer zumindest zeitweise geleisteten beruflichen Tätigkeit noch Bezugspunkte für ihre

---

119 S. 73 ff.

120 HSWGNR/*Glock*, § 37, Rn. 56.

121 *Moll/Roebers*, NZA 2012, 57 (58); *Hennecke*, BB 1986, 936 (936).

Entwicklung ermitteln lassen, sind dauerhaft freigestellte Betriebsratsmitglieder faktisch vollständig vom ihrem ursprünglichen Arbeitsverhältnis abgekoppelt. Die Bestimmung der hypothetischen Entwicklung wird deshalb mit zunehmender Dauer des Betriebsratsamtes höchst spekulativ[122]. Der Arbeitgeber kann hier regelmäßig nur fehlerhaft handeln.[123] Setzt er die Vergütung zu niedrig an, droht eine Benachteiligung, setzt er sie zu hoch an, droht eine Begünstigung.

Aber auch vorübergehend freigestellte Betriebsräte können sich regelmäßig nicht mit der gleichen Nachhaltigkeit ihrer beruflichen Tätigkeit und Karriere widmen wie andere Arbeitnehmer.[124] Das BetrVG behandelt beide Arten von Betriebsratsmitgliedern grundsätzlich gleich, auch im Hinblick auf deren Vergütung. Dem Gesetz lässt sich kein Anhaltspunkt dafür entnehmen, dass es unterschiedliche Vergütungsmaßstäbe für freigestellte und nicht freigestellte Betriebsratsmitglieder anlegen will.[125] Dafür gibt es im Übrigen auch keinen Grund, weil nicht freigestellte Betriebsratsmitglieder nicht mehr oder weniger schutzbedürftig sind als freigestellte Betriebsratsmitglieder. Hinzu kommen praktische Bedenken: So müsste etwa die Frage beantworten werden, ab welchem Zeitpunkt sich das nicht freigestellte Betriebsratsmitglied seiner beruflichen Entwicklung nicht mehr so widmen kann wie bisher. Der Gesetzgeber hat diese Gefahr der Abkoppelung von der beruflichen Tätigkeit unabhängig vom Grad der Freistellung erkannt und dem Rechtsanwender mit der Regelung des § 37 Abs. 4 BetrVG eine verbindliche Bemessungsgrundlage vorgegeben: Den vergleichbaren Arbeitnehmer mit betriebsüblicher Entwicklung.

a) Vergleichbare Arbeitnehmer

Ein Arbeitnehmer ist nach der Rechtsprechung dann mit dem Betriebsratsmitglied vergleichbar im Sinne von § 37 Abs. 4 BetrVG, wenn er zum maßgeblichen Zeitpunkt eine wesentlich gleichwertige Tätigkeit wie das Betriebsratsmitglied ausübt und er dafür in ähnlicher Art und Weise wie das Betriebsratsmitglied fachlich und persönlich qualifiziert ist.[126] Räumlich kommen dabei nur Arbeitnehmer desselben

---

122 *Rüthers*, RdA 1976, 61 (62).

123 *Neef*, Sozialer Dialog in der Krise, S. 100.

124 *Rid/Triemel*, AuA 2011, 482 (483).

125 *Weinspach*, FS Kreutz, 485 (490).

126 BAG v. 17.05.1977 – 1 AZR 458/74, DB 1977, 1562; BAG v. 13.11.1987 – 7 AZR 550/86, NZA 1988, 403 (405); BAG v. 19.01.2005 – 7 AZR 208/04, AuA 2005, 436; BAG v. 14.07.2010 – 7 AZR 359/09, ZTR 2011, 56; DKKW/*Wedde*, § 37, Rn. 89; ErfK/*Koch*, § 37 BetrVG, Rn. 9.

Betriebs in Betracht.[127] Maßgebliche Kriterien sind einerseits die Tätigkeit und andererseits die Qualifikation. Bevor diese Kriterien näher beleuchtet werden, ist zunächst festzustellen, zu welchem Zeitpunkt ein etwaiger Vergleich anzustellen ist.

(1) Vergleichszeitpunkt

Zur Frage des für den anzustellenden Vergleich maßgeblichen Zeitpunkts gibt der Gesetzeswortlaut keine Auskunft. Die Rechtsprechung hierzu hat sich im Laufe der Zeit gewandelt. Während zunächst auf den Zeitpunkt der Wahl in den Betriebsrat abgestellt wurde,[128] legt die jüngere Rechtsprechung den Zeitpunkt der Amtsübernahme zugrunde.[129]

Im Schrifttum werden maßgebliche Zeitpunkte von der Wahlaufstellung,[130] der Wahl selbst,[131] über den Zeitpunkt der Freistellung[132] bis zum letzten Tag vor der ausschließlichen Betriebsratstätigkeit[133] vorgeschlagen. Zum Teil wird aus Gründen der Einheitlichkeit auf den Zeitpunkt der Mandatsübernahme abgestellt.[134] Eine neuere Ansicht will es auf den Zeitpunkt ankommen lassen, in dem das Betriebsratsmitglied nicht mehr an der betriebsüblichen Entwicklung teilnimmt.[135]

Richtigerweise wird man den maßgeblichen Zeitpunkt mit Blick auf den Schutzzweck des § 37 Abs. 4 BetrVG bestimmen müssen. Danach soll die Vorschrift einen objektiven Vergleichsmaßstab bieten, um im Bereich des Arbeitsentgelts eine Abkoppelung vom Arbeitsverhältnis zu verhindern.[136] Vor diesem Hintergrund können weder der Zeitpunkt der Wahlaufstellung noch der Zeitpunkt der Wahl maßgeblich sein. Zu dieser Zeit übt das Betriebsratsmitglied seine berufliche

---

127 *Fitting*, § 37, Rn. 116; GK-BetrVG/*Weber*, § 37, Rn. 112; DKKW/*Wedde*, § 37, Rn. 87; HSWGNR/*Glock*, § 37, Rn. 106; *Bittmann/Mujan*, BB 2012, 637 (638); *Cox*, AiB 2010, 452 (453); nicht uneingeschränkt: *Lipp*, S. 69; offenlassend: LAG Hamm v. 24.02.2006 – 13 Sa 1897/05, Rn. 46 (juris).

128 BAG v. 17.05.1977 – 1 AZR 458/74, DB 1977, 1562; BAG v. 13.11.1987 – 7 AZR 550/86, NZA 1988, 403.

129 BAG v. 19.01.2005 – 7 AZR 208/04, AuA 2005, 436; BAG v. 14.07.2010 – 7 AZR 359/09, ZTR 2011, 56.

130 *Chen*, S. 72.

131 *Kehrmann*, FS Wlotzke, S. 357 (363).

132 *Schneider*, NZA 1984, 21 (22).

133 GK-BetrVG/*Weber*, § 37, Rn. 118; DKKW/*Wedde*, § 37, Rn. 88; Düwell/*Wolmerath*, § 37, Rn. 25; ErfK/*Koch*, § 37 BetrVG, Rn. 9; *Hennecke*, RdA 1986, 241 (242); *Denecke*, AuA 2006, 24 (25).

134 *Knipper*, S. 27.

135 *Lipp*, S. 57.

136 *Schweibert/Buse*, NZA 2007, 1080 (1080).

Tätigkeit ohne Einschränkungen aus, sodass keine Abkoppelungsgefahr besteht. Zu spät ist dagegen der Zeitpunkt der Amtsübernahme, weil je nach Begriffsverständnis die berufliche Tätigkeit unter Umständen bereits zum Erliegen gekommen ist und ein Vergleich dann kaum noch möglich ist. Wenn die Rechtsprechung auf den Zeitpunkt der Amtsübernahme abstellt, ist diese Begrifflichkeit nicht präzise genug. Gemeint ist offenbar der letzte Zeitpunkt, in dem noch die berufliche Tätigkeit ausgeübt wird. Das Schrifttum formuliert präziser.[137] Dieser Zeitpunkt stimmt im Übrigen mit dem überein, in welchem das Betriebsratsmitglied nicht mehr an der beruflichen Entwicklung teilnimmt. Die unterschiedlichen Ansichten trennen insoweit nur Nuancen und unterscheiden sich weniger inhaltlich als vielmehr terminologisch. Nach der hier vertretenen Auffassung muss der Vergleich zu dem Zeitpunkt stattfinden, in welchem das Betriebsratsmitglied seine berufliche Tätigkeit erstmalig zumindest teilweise zurückstellt. Das ist sowohl bei freigestellten, als auch bei nicht dauerhaft freigestellten Mitgliedern des Betriebsrats der Zeitpunkt, in welchem sie zuletzt uneingeschränkt ihrer beruflichen Tätigkeit nachgehen, also in der Regel der Zeitpunkt vor der ersten Freistellung. Das gilt ebenso für Ersatzmitglieder, bei denen der maßgebliche Zeitpunkt deshalb auf den Zeitpunkt des Nachrückens fällt.[138]

(2) Kriterien

Die Vergleichbarkeit ist anhand der Tätigkeit sowie der fachlichen und persönlichen Qualifikation zu bestimmen. Der ermittelte Vergleichsmaßstab kann sich auch auf einen einzigen vergleichbaren Arbeitnehmer beschränken.[139] Insbesondere bei höheren Positionen wird sich kaum eine ganze Gruppe von Vergleichspersonen bestimmen lassen. Die Verwendung des Plurals in § 37 Abs. 4 BetrVG beinhaltet lediglich das Erfordernis einer einheitlichen Betrachtungsweise, falls auf eine Vergleichsgruppe abgestellt wird.[140]

Beim Vergleich der Tätigkeit ist ein objektiver Maßstab anzulegen, welcher sich an der tatsächlichen Tätigkeit und nicht an der vertraglich vereinbarten Tätigkeit orientiert.[141] Der Vergleichsmaßstab soll die tatsächliche Vertragsdurchführung und nicht die formelle vertragliche Tätigkeitsbeschreibung widerspiegeln.

---

137 So etwa *Lipp*, S. 57.

138 BAG v. 15.01.1992 – 7 AZR 194/91, DB 1993, 1379; DKKW/*Wedde*, § 37, Rn. 88.

139 BAG v. 21.04.1983 – 6 AZR 407/80, DB 1983, 2253; *Fitting*, § 37, Rn. 188; DKKW/*Wedde*, § 37, Rn. 88; ebenso für Extremfälle: *Schneider*, NZA 1984, 21 (22); *Denecke*, AuA 2006, 24 (24).

140 *Hennecke*, RdA 1986, 241 (243).

141 *Lipp*, S. 58.

Die fachliche Qualifikation ist anhand der Berufsausbildung und dem bisherigen beruflichen Werdegang[142] zu ermitteln, während im persönlichen Bereich Eigenschaften wie Denk-, Urteils- und Ausdrucksfähigkeit[143], aber auch Entwicklungspotenzial und Arbeitserfolge[144] zu vergleichen sind. Teilweise werden auch Charaktereigenschaften wie Mut, klare Prinzipien, Standfestigkeit und Widerspruchsgeist herangezogen.[145] Deshalb sind auch individuelle Stärken und Schwächen des Betriebsratsmitglieds beim Vergleich zu berücksichtigen.[146] Es ist demnach nicht auf einen durchschnittlichen, sondern auf einen vergleichbaren Arbeitnehmer abzustellen. Nicht zu berücksichtigen sind dagegen Leistungen des Mitglieds im Betriebsratsamt.[147] Schon der maßgebliche Zeitpunkt steht dem entgegen, weil dieser vor etwaigen Verdiensten im Betriebsratsamt liegt. Denkbar wären insoweit allenfalls vorherige Betriebsratsleistungen aus früheren Amtszeiten. Aber auch diese müssen außer Betracht bleiben, um nicht auf diesem Wege das Ehrenamtsprinzip zu umgehen. Im Übrigen würde eine Berücksichtigung von im Amt erworbenen Leistungen eine Begünstigung gegenüber Arbeitnehmern darstellen, die keine Chance hatten, sich in einem solchen Amt zu bewähren.

(3) Kein vergleichbarer Arbeitnehmer vorhanden

Insbesondere bei höheren und leitenden Positionen kann es vorkommen, dass kein vergleichbarer Arbeitnehmer im Betrieb existiert. Gleiches gilt für den Fall, dass das Betriebsratsmitglied ein herausragendes „Ausnahmetalent" ist, mit dem schlicht kein anderer Arbeitnehmer zu vergleichen ist.

Fraglich ist, wie in derartigen Fällen vorzugehen ist. Teilweise wird vertreten, es sei dann auf den „am ehesten vergleichbaren" Arbeitnehmer abzustellen.[148] Andere wollen als Maßstab die abstrakt-hypothetische Entwicklung von fingierten

---

142 *Weismann*, JuS 1987, 971 (973).

143 *Hennecke*, RdA 1986, 241 (242).

144 *Schweibert/Buse*, NZA 2007, 1080 (1080).

145 *Cox*, AiB 2010, 452 (454).

146 BAG v. 13.11.1987 – 7 AZR 550/86, NZA 1988, 403; HSWGNR/*Glock*, § 37, Rn. 108; DKKW/*Wedde*, § 37, Rn. 90; ErfK/*Koch*, § 37 BetrVG, Rn. 9.

147 DKKW/*Wedde*, § 37, Rn. 90; *Rieble*, NZA 2008, 276 (277); *Bittmann/Mujan*, BB 2012, 637 (638); **a.A.** *Kehrmann*, FS Wlotzke, S. 357 (364); dagegen will *Cox*, AiB 2010, 452 (454) solche Leistungen als „entscheidendes Indiz" berücksichtigen.

148 *Fitting*, § 37, Rn. 118; DKKW/*Wedde*, § 37, Rn. 88; ErfK/*Koch*, § 37 BetrVG, Rn. 9; *Denecke*, AuA 2006, 24 (24).

vergleichbaren Arbeitnehmern zu Grunde legen,[149] die ggf. über eine analoge Anwendung zu ermitteln sind.[150] Teilweise wird eine unternehmensbezogene Ausweitung des räumlichen Anwendungsbereichs vorgeschlagen.[151]

Dazu ist anzumerken, dass die Fiktion von vergleichbaren Arbeitnehmern kein tauglicher Maßstab im Sinne von § 37 Abs. 4 BetrVG sein kann. Das ergibt schon der Blick auf das Ausgangsproblem: Bei der Anwendung des Lohnausfallprinzips droht bei einer Abkoppelung des Betriebsratsmitglieds vom Arbeitsverhältnis eine spekulative Vergütungsbeurteilung. Deshalb gibt das Gesetz vergleichbare Arbeitnehmer als Maßstab vor. Werden diese nun hypothetisch ermittelt und letztlich fingiert, ist nichts gewonnen. Dann läge es sogar näher, über die Vergütung des Betriebsratsmitglieds selbst zu spekulieren.

Zutreffender ist es, auf den oder die am ehesten vergleichbaren Arbeitnehmer abzustellen. Das kann beispielsweise in der Form geschehen, als dass entweder auf das Kriterium der Tätigkeit oder aber das Kriterium der Qualifikation verzichtet wird. Nicht jedoch, und hier dürfte eine Grenze zu ziehen sein, darf auf beide Kriterien verzichtet werden. Eine solche Vorgehensweise kann im Extremfall zu einer Vergleichbarkeit zweier völlig unterschiedlicher Arbeitnehmer führen, welcher nicht mehr sachgerecht wäre. Denkbar ist insoweit auch eine räumliche Ausweitung auf das gesamte Unternehmen. Welche Methode im Einzelfall vorzugswürdiger ist, ist danach zu entscheiden, welche unter Einbeziehung der betrieblichen Besonderheiten den am ehesten vergleichbaren Arbeitnehmer liefert.

Eine hypothetische Betrachtung kann nur als ultima-ratio zum Zuge kommen, wenn der ermittelte Arbeitnehmer unter keinen Umständen mit dem Betriebsratsmitglied vergleichbar ist. Das wiederum dürfte nur der Fall sein, wenn das Betriebsratsmitglied weder im Hinblick auf die Tätigkeit, noch im Hinblick auf die Qualifikation mit einem anderen Arbeitnehmer des Betriebs oder ggf. des Unternehmens vergleichbar ist.

b) Betriebsübliche berufliche Entwicklung

Ein vergleichbarer Arbeitnehmer ist nur dann ein Maßstab für die berufliche Entwicklung des Betriebsratsmitglieds, wenn er eine betriebsübliche Entwicklung genommen hat. Diese Voraussetzung verhindert, dass sich die berufliche Entwicklung

149 BAG v. 17.05.1977 – 1 AZR 458/74, DB 1977, 1562; GK-BetrVG/*Weber*, § 37, Rn. 112; HSWGNR/*Glock*, § 37, Rn. 106; Düwell/*Wolmerath*, § 37, Rn. 25; *Bittmann/Mujan*, BB 2012, 637 (638).

150 *Hennecke*, RdA 1986, 241 (244).

151 *Lipp*, S. 69.

des Betriebsratsmitglieds an einer ggf. untypischen oder individuellen beruflichen Laufbahn anderer Arbeitnehmer orientiert. Dies sei an folgendem Beispiel verdeutlicht: Das Betriebsratsmitglied B ist mit den Arbeitnehmern A und C im Sinne des § 37 Abs. 4 BetrVG vergleichbar. Da A jedoch in der Folge den Arbeitgeber beleidigt und zudem bei einem Diebstahl im Betrieb erwischt wird, verzichtet der Arbeitgeber auf ansonsten typische Beförderungen. In diesem Fall würde B benachteiligt werden, wenn sich seine Entwicklung weiterhin an der des Arbeitnehmers A orientieren würde. Umgekehrt würde B begünstigt werden, wenn sich seine berufliche Entwicklung an der des Arbeitnehmers C orientieren würde, der es aufgrund einer Affäre mit der Personalleiterin in kürzester Zeit auf eine gehobene Position gebracht hat. Diese Beispiele machen deutlich, dass es zusätzlich zur Vergleichbarkeit eines Korrektivs, nämlich der betriebsüblichen Entwicklung, bedarf.

Betriebsüblich im Sinne von § 37 Abs. 4 BetrVG ist die Entwicklung, die bei objektiv vergleichbarer Tätigkeit Arbeitnehmer mit vergleichbarer fachlicher und persönlicher Qualifikation bei Berücksichtigung der normalen betrieblichen und personellen Entwicklung in beruflicher Hinsicht genommen haben.[152] Betriebsüblich ist daher die Entwicklung, die ein vergleichbarer Arbeitnehmer unter Berücksichtigung der betrieblichen Gegebenheiten typischerweise im Betrieb genommen hat.[153] Der Begriff der Üblichkeit grenzt somit den Normalfall vom Ausnahmefall[154] in Gestalt einer Sonderkarriere[155] ab. *Neef* beschreibt dies anschaulich mit dem Begriff der „Karawane".[156] Es komme insoweit darauf an, wie sich die allgemeine Entwicklung im Betrieb vollzieht. Die Grenze zu einer untypischen Entwicklung ist dann überschritten, wenn sie durch eine individuelle Behandlung durch den Arbeitgeber geprägt ist.[157] Deshalb profitiert das Betriebsratsmitglied auch von Sonderleistungen, beispielsweise aufgrund von Mehrarbeit, wenn diese Sonderleistung betriebsüblich ist.[158] Dann nämlich hätte das Betriebsratsmitglied, hätte es das Amt nicht übernommen, höchstwahrscheinlich auch selbst diese Sonderleistung erreicht. Umgekehrt gebietet das Verbot der Begünstigung aber auch, dass ein Betriebsratsmitglied Nachteile, die jeden anderen

---

152 BAG v. 13.11.1987 – 7 AZR 550/86, NZA 1988, 403 (405); *Fitting*, § 37, Rn. 121; DKKW/*Wedde*, § 37, Rn. 91.

153 DKKW/*Wedde*, § 37, Rn. 91; ErfK/*Koch*, § 37 BetrVG, Rn. 9.

154 BAG v. 15.01.1992 – 7 AZR 194/91, DB 1993, 1379.

155 *Rieble*, NZA 2008, 276 (277).

156 *Neef*, Sozialer Dialog in der Krise, S. 98.

157 *Fitting*, § 37, Rn. 121; GK-BetrVG/*Weber*, § 37, Rn. 116; HSWGNR/*Glock*, § 37, Rn. 109.

158 **A.A.** *Denecke*, AuA 2006, 24 (26).

Arbeitnehmer in gleicher Lage treffen, gleichfalls auf sich nehmen muss[159] und es muss auch Verdienstminderungen hinnehmen, die eingetreten wären, wenn es nicht von der Arbeit freigestellt worden wäre.[160]

Nach dem BAG setzt die Üblichkeit zudem ein gleichförmiges Verhalten des Arbeitgebers und die Ausübung einer bestimmten Regel voraus.[161] Dabei müsse der Geschehensablauf so typisch sein, dass aufgrund der betrieblichen Gegebenheiten und Gesetzmäßigkeiten zumindest in der überwiegenden Anzahl der vergleichbaren Fälle mit dieser Entwicklung gerechnet werden könne. Entgegen vereinzelter Hinweise des Schrifttums[162] stellt das BAG damit aber keine strengeren Anforderungen an die Betriebsüblichkeit. Es beschreibt damit lediglich die Abgrenzung von Normal- und Ausnahmefall. Nur eine gleichförmige, von einer gewissen Regel geprägte Entwicklung ist typisch. Bisher nicht vorgekommene oder durch individuelle Ausschläge geprägte Entwicklungen sind demgegenüber untypisch und nicht betriebsüblich. Solche Arbeitnehmer scheiden aus der ursprünglichen Vergleichsgruppe aus.[163] Ist es jedoch das Betriebsratsmitglied selbst, welches – abgesehen von seinem Amt – eine untypische Entwicklung nimmt, ist fraglich, wie sich solche Umstände auf den Vergleichsmaßstab auswirken. Diese Frage bedarf einer differenzierten Betrachtung.

(1) Untypische negative Entwicklung des Betriebsratsmitglieds

Nimmt die Entwicklung des dem Betriebsratsmitglied vergleichbaren Arbeitnehmers einen besonderen untypischen Verlauf, scheidet dessen Entwicklung als Vergleichsmaßstab aus. Eine andere Frage ist jedoch, wie eine untypische Entwicklung des Betriebsratsmitglieds selbst zu berücksichtigen ist. Diese stellt sich etwa, wenn die Entwicklung des vergleichbaren Arbeitnehmers A typisch verläuft, die des Betriebsratsmitglieds B jedoch – beispielsweise wegen einer schweren Erkrankung – einen untypischen negativen Einschlag erleidet. Orientiert sich die Entwicklung des B trotzdem an der des A oder ist nun ein neuer vergleichbarer Arbeitnehmer zu ermitteln?

159 *Nikisch*, S. 157.

160 *Etzel*, Rn. 1129.

161 BAG v. 17.08.2005 – 7 AZR 528/04, NZA 2006, 448 (449); BAG v. 19.01.2005 – 7 AZR 208/04, AuA 2005, 436; BAG v. 15.01.1992 – 7 AZR 194/91, DB 1993, 1379; GK-BetrVG/*Weber*, § 37, Rn. 116.

162 DKKW/*Wedde*, § 37, Rn. 91.

163 BAG v. 11.12.1991 – 7 AZR 75/91, NZA 1993, 909 (910).

Die Literatur beurteilt die Berücksichtigung solcher persönlicher Umstände nicht einheitlich. Nach überwiegender Auffassung sind solche Umstände nicht zu berücksichtigen.[164] Danach solle sich die berufliche Entwicklung des Betriebsratsmitglieds weiterhin an den ursprünglich vergleichbaren Arbeitnehmern orientieren. Nach anderer Auffassung sind auch solche Umstände zu berücksichtigen.[165] Diese Ansicht will andernfalls eine unzulässige Begünstigung annehmen.

Das Argument einer unzulässigen Begünstigung überzeugt nicht. Denkbar ist etwa, dass die beispielhaft genannte Krankheit gerade auf der Betriebsratstätigkeit beruht, zum Beispiel Burnout oder Stress, weil sich das Mitglied den neuen Aufgaben oder der ständigen Konfrontation mit dem Arbeitgeber nicht gewachsen sieht. In diesem Fall würde das Betriebsratsmitglied unzulässig benachteiligt werden, weil es ohne Betriebsratsamt möglicherweise gar nicht erkrankt wäre und eine normale Entwicklung genommen hätte. Es drängt sich deshalb ein vermittelnder Lösungsansatz auf, welcher nach der Ursache der Erkrankung fragt. Ein solcher Lösungsansatz würde indes die Problematik auf die Beweislastebene verlagern. Der Nachweis, dass im obigen Beispiel die Krankheit durch den „Betriebsratsstress" und nicht etwa durch die alltägliche normale Arbeitsbelastung verursacht wurde, wird praktisch kaum zu erbringen sein. Neben diesen praktischen Schwierigkeiten ist diese Lösung aber auch nicht mit dem Rechtsgedanken des § 37 Abs. 4 BetrVG in Einklang zu bringen. Denn die Koppelung an vergleichbare Arbeitnehmer mit betriebsüblicher Entwicklung will den Entwicklungsstand des Betriebsratsmitglieds ab dem maßgeblichen Zeitpunkt an die Entwicklung der vergleichbaren Arbeitnehmer anhängen. Gerade weil nur schwer nachvollzogen werden kann, ob die Entwicklung des Betriebsratsmitglieds im Einzelfall auf dem Amt beruht, hat sich das Gesetz für die Orientierung an vergleichbaren Arbeitnehmern entschieden.

Persönliche Umstände in Form einer negativen Entwicklung des Betriebsratsmitglieds sind deshalb nicht bei der beruflichen Entwicklung zu berücksichtigen. Das Arbeitsentgelt orientiert sich damit weiterhin an den ursprünglich vergleichbaren Arbeitnehmern. Eine unzulässige Begünstigung liegt hierin nicht, da das Gesetz den Vergleichsmaßstab durch § 37 Abs. 4 BetrVG verbindlich vorgibt.

---

164 *Fitting*, § 37, Rn. 122; DKKW/*Wedde*, § 37, Rn. 90; ErfK/*Koch*, § 37 BetrVG, Rn. 9; WPK/*Kreft*, § 37, Rn. 38; *Cox*, AiB 2010, 452 (455).

165 GK-BetrVG/*Weber*, § 37, Rn. 114; *Lipp*, S. 77.

(2) Untypische positive Entwicklung des Betriebsratsmitglieds

Die gleiche Problematik stellt sich bei untypischen positiven Entwicklungen des Betriebsratsmitglieds. Denkbar ist beispielsweise ein „Spätzünder-Phänomen“: Nachdem das zur Hälfte von seiner beruflichen Tätigkeit freigestellte Betriebsratsmitglied ein halbes Jahr für den Betriebsrat tätig war, hat es sein Arbeitsverhalten so angepasst, dass es den Arbeitsanfall vor seiner Freistellung nunmehr in der halben Arbeitszeit bewältigt. Kurz: Gleiche Leistung trotz halbierter Arbeitszeit. Es hebt sich insoweit deutlich von den ursprünglich mit ihm vergleichbaren Arbeitnehmern ab. Fraglich ist, ob sich die Entgeltbemessung weiterhin nach den vergleichbaren Arbeitnehmern richtet oder ob nicht eine neue Vergleichsgruppe gebildet werden muss, welche der aktuellen persönlichen Leistungsfähigkeit entspricht.

Mit Blick auf die hier vertretene Nichtberücksichtigung negativer Entwicklungen liegt es nahe, spiegelbildlich auch positive Entwicklungen nicht zu berücksichtigen. Ein solches Vorgehen wird sich freilich dem Vorwurf der Benachteiligung des Betriebsratsmitglieds ausgesetzt sehen, da ohne das Betriebsratsamt das Betriebsratsmitglied möglicherweise von seiner gesteigerten Effektivität profitieren würde. Diesen Profit würde es, müsste es sich an den ursprünglich vergleichbaren Arbeitnehmern messen lassen, einbüßen. Dieser Vergleichsmaßstab würde deshalb solchen Betriebsratsmitgliedern, die erst in ihrer Amtszeit eine hervorragende Eignung für verantwortungsvolle Führungsaufgaben zeigen oder entwickeln, erhebliche Härten zufügen.[166]

Was jedoch, wenn die Effektivitätssteigerung nur deshalb zustande kam, weil sich der Amtsträger diese gerade wegen der Betriebsratstätigkeit aneignen konnte? Dann wäre nicht von einer Benachteiligung die Rede, sondern ggf. sogar über eine Begünstigung nachzudenken. Denn andere Arbeitnehmer hatten kein Amt, welches ihnen eine solche Entwicklung ermöglicht hätte. Auch hier wird wiederum deutlich: Benachteiligung und Begünstigung liegen nah beieinander.

Entscheidend gegen eine Benachteiligung spricht jedoch folgende Überlegung: Das Betriebsratsmitglied wird durch § 37 Abs. 4 BetrVG insoweit geschützt, als dass sich die Entgeltentwicklung an vergleichbaren Arbeitnehmern orientiert. Wie dargelegt, greift dieser Schutz sogar bei untypischen negativen Entwicklungen wie beispielsweise einer Krankheit. Dann muss aber im Gegenzug auch eine untypische positive Entwicklung unberücksichtigt bleiben. Denn ein einseitiger Schutz vor Entgelteinbußen, bei verbleibender Möglichkeit von Entgeltsteigerungen würde gegenüber anderen Arbeitnehmern eine Begünstigung darstellen. Deshalb muss auch hier die konsequente Anwendung des § 37 Abs. 4 BetrVG

166 *Rüthers*, RdA 1976, 61 (63).

gelten. Danach richtet sich auch im Falle untypisch positiver Entwicklungen die Entgeltentwicklung des Betriebsratsmitglieds nach den vergleichbaren Arbeitnehmern mit betriebsüblicher Entwicklung.[167]

(3) Entwicklung durch Fortbildung

Ein ähnliches Problem stellt sich schließlich bei der Berücksichtigung von Fortbildungsmaßnahmen. Dies wird an folgendem Beispiel deutlich:

Die Entwicklung des Betriebsratsmitglieds B orientiert sich gemäß § 37 Abs. 4 BetrVG an den vergleichbaren Arbeitnehmern A und C. Arbeitnehmer A absolviert in seiner Freizeit ein Fachhochschulstudium und schließt dieses erfolgreich ab. Arbeitnehmer C besucht auf Wunsch des Arbeitgebers während der Arbeitszeit einen qualifizierten Sprachkurs. A und C erhalten aufgrund ihrer höherwertigen Qualifikationen unterschiedliche Gehaltserhöhungen. Betriebsratsmitglied B verlangt vom Arbeitgeber ebenfalls entsprechende Gehaltserhöhungen.

Hier ist danach zu unterscheiden, ob es sich um eine private Fortbildung in der Freizeit oder eine betriebliche Fortbildung während der Arbeitszeit handelt. Von in der Freizeit auf Eigeninitiative durchgeführten Fortbildungen kann das Betriebsratsmitglied schon deshalb nicht profitieren, weil es ihm freisteht, selbst seine Freizeit für derartige Veranstaltungen zu nutzen.[168] Das muss im Übrigen unabhängig davon Geltung beanspruchen, ob die Fortbildung üblich war oder nicht. War im obigen Beispiel der Fachhochschulabschluss nicht betriebsüblich, scheidet nämlich Arbeitnehmer A ohnehin aus der Vergleichsgruppe aus. Ist das Studium derart üblich, dass jeder Mitarbeiter ein solches absolviert, kann das Betriebsratsmitglied gleichwohl keine Teilhabe verlangen, da es sich um private Freizeitaufwendungen handelte. Das Gleiche gilt aber auch im umgekehrten Fall: Absolviert das Betriebsratsmitglied in seiner Freizeit die Meisterprüfung, muss es sich auch nicht mehr an den ursprünglich vergleichbaren Arbeitnehmern messen lassen. Vielmehr muss dann eine neue, der gesteigerten Qualifikation angemessene, Vergleichsgruppe gebildet werden.

Anders zu beurteilen sind dagegen allgemeine betriebliche Fortbildungsmaßnahmen während der Arbeitszeit. Haben vergleichbare Arbeitnehmer an einer solchen Veranstaltung teilgenommen, ist dies auch bei der Entgeltentwicklung des Betriebsratsmitglieds zu berücksichtigen, wenn dem Betriebsratsmitglied wegen

---

167 Ebenso: *Rid/Triemel*, AuA 2011, 482 (483).

168 *Fitting*, § 37, Rn. 121; GK-BetrVG/*Weber*, § 37, Rn. 117; HSWGNR/*Glock*, § 37, Rn.111.

seiner Amtstätigkeit die Teilnahme nicht möglich war.[169] Andernfalls würde es wegen seiner Tätigkeit unzulässig benachteiligt werden. Das Schrifttum diskutiert in diesem Zusammenhang weiter die Frage, ob das Betriebsratsmitglied auch dann von einer erfolgreichen Fortbildungsteilnahme vergleichbarer Arbeitnehmer profitieren kann, wenn das Betriebsratsmitglied selbst zwar teilgenommen hat, die abschließende Prüfung aber nicht bestanden hat. Zum Teil wird vertreten, dass Betriebsratsmitglied profitiere unabhängig von seinem persönlichen Erfolg.[170] Andere wollen danach differenzieren, ob die Erfolglosigkeit auf der Amtstätigkeit beruht.[171] Vereinzelt wird schließlich vertreten, dem Betriebsratsmitglied sei seine Erfolglosigkeit stets anzurechnen.[172]

Richtigerweise ist das persönliche Abschneiden des Betriebsratsmitglieds bei Fortbildungsveranstaltungen auszublenden. Bei konsequenter Anwendung des § 37 Abs. 4 BetrVG kommt es auf die Entwicklung des Betriebsratsmitglieds selbst nicht an, sondern ausschließlich auf die berufliche Entwicklung vergleichbarer Arbeitnehmer. Die differenzierende Ansicht, welche danach fragt, ob die Erfolglosigkeit auf der Betriebsratstätigkeit beruht, mag von Gerechtigkeitserwägungen, vor allem aber von der Überlegung geprägt sein, der Maßstab des vergleichbaren Arbeitnehmers sei lediglich ein „Hilfskonstrukt“[173]. Zugleich räumt diese Ansicht aber auch ein, dass die Beantwortung der Frage, welche Umstände letztlich zur Erfolglosigkeit geführt haben, in der Praxis nur schwer zu beantworten sein wird. Diese Ansicht verkennt zudem, dass § 37 Abs. 4 BetrVG gerade aufgrund dieser Erwägung einen objektivierten Maßstab vorgegeben hat. Das Abstellen auf den vergleichbaren Arbeitnehmer ist kein Hilfskonstrukt zur Ermittlung der Entwicklung des Betriebsratsmitglieds. Vielmehr ersetzt die Entwicklung des vergleichbaren Arbeitnehmers die Entwicklung des Betriebsratsmitglieds.

Bei der Entgeltbemessung des Betriebsratsmitglieds ist somit unerheblich, ob es an einer Fortbildung mit oder ohne Erfolg teilgenommen hat. Das gleiche gilt auch für den umgekehrten Fall: Scheitern die vergleichbaren Arbeitnehmer bei einer Fortbildung, während das Betriebsratsmitglied diese mit Erfolg absolviert, richtet sich auch in diesem Fall die Entgeltbemessung nach den vergleichbaren Arbeitnehmern. Auch hier greift der Schutz des § 37 Abs. 4 BetrVG nicht einseitig, sondern

---

169 *Fitting*, § 37, Rn. 121; GK-BetrVG/*Weber*, § 37, Rn. 117; Richardi/*Thüsing*, § 37, Rn. 66b; HSWGNR/*Glock*, § 37, Rn. 110; DKKW/*Wedde*, § 37, Rn. 92; *Lipp*, S. 74, 75.

170 *Fitting*, § 37, Rn. 122; HSWGNR/*Glock*, § 37, Rn. 87; DKKW/*Wedde*, § 37, Rn. 92; *Cox*, AiB 2010, 452 (455).

171 GK-BetrVG/*Weber*, § 37, Rn. 117; *Lipp*, S. 75–77.

172 *Hennecke*, RdA 1986, 241 (244); *ders.*, BB 1986, 939 (938).

173 *Lipp*, S. 76.

legt einen verbindlichen Bezugspunkt fest. Diesem Ergebnis kann schließlich nicht entgegengehalten werden, dass dann eine Teilnahme des Betriebsratsmitglieds an der Fortbildung sinnlos wäre. Denn die dort zu erwerbenden Kenntnisse sind ggf. für die Zeit nach dem Betriebsratsamt erforderlich.

c) Minimalregelung oder verbindlicher Maßstab?

§ 37 Abs. 4 BetrVG verbietet ausdrücklich nur eine geringere Entgeltbemessung gegenüber vergleichbaren Arbeitnehmern. Ist dann im Rückschluss aber eine höhere Vergütung gegenüber vergleichbaren Arbeitnehmern zulässig? Mit Blick auf den Wortlaut („nicht geringer") ist dieser Rückschluss sehr naheliegend.[174] Dies dürfte auch der Grund sein, weshalb die einschlägige Kommentarliteratur im Rahmen von § 37 Abs. 4 BetrVG ausschließlich die Benachteiligung von Betriebsratsmitgliedern behandelt.[175] Die Frage der Begünstigung scheint in der Kommentarliteratur ausschließlich eine Frage des § 78 Satz 2 BetrVG zu sein. Einer Positivregelung könnte zudem entgegengehalten werden, dass der Gesetzgeber, wenn er zugleich mit § 37 Abs. 4 BetrVG eine Begrenzung nach „oben" habe treffen wollen, dies auch im Wortlaut deutlich gemacht hätte. Dass die Gefahr seiner Begünstigung besteht, hat der Gesetzgeber grundsätzlich erkannt und in § 78 Satz 2 BetrVG ausdrücklich untersagt. Wenn er darauf in § 37 Abs. 4 BetrVG verzichtet, kann die Norm nur als Minimalregelung verstanden werden.

Eine systematische Herangehensweise führt indes zu einem anderen Ergebnis. Bereits oben wurde herausgearbeitet, dass § 37 Abs. 4 BetrVG lediglich eine Konkretisierung des allgemeinen Benachteiligungsverbots des § 78 Satz 2 BetrVG darstellt.[176] Die allgemeine Regel, dass Betriebsratsmitglieder wegen ihrer Betriebsratstätigkeit weder benachteiligt noch begünstigt werden dürfen, ist neben § 37 Abs. 4 BetrVG weiterhin zu beachten. Dafür spricht auch der zweite Halbsatz des § 78 Satz 2 BetrVG, wonach das Begünstigungsverbot auch für die berufliche Entwicklung gilt. § 37 Abs. 4 BetrVG ist daher weder eine abschließende Sonderregelung noch aus anderen Gründen vorrangig anzuwenden.[177] Passt der Arbeitgeber das Arbeitsentgelt des Betriebsratsmitglieds über die Vorgabe des § 37 Abs. 4 BetrVG hinaus an, so kann darin ein Verstoß gegen das Begünstigungsverbot nach § 78 Satz 2 BetrVG liegen. Wenn das BetrVG in Gestalt von

---

174 So etwa *Kehrmann*, FS Wlotzke, S. 357 (364).

175 *Fitting*, § 37, Rn. 114 ff.; GK-BetrVG/*Weber*, § 37, Rn. 110 ff.; DKKW/*Wedde*, § 37, Rn. 87 ff.

176 S. 5 f.

177 BAG v. 15.01.1992 – 7 AZR 194/91, DB 1993, 1379; *Fitting*, § 37, Rn. 114.

§ 78 Satz 2 BetrVG eine Grenze nach „unten" wie nach „oben" zieht, darf dies nicht den Eindruck vermitteln, es bestünde ein Gestaltungsspielraum zwischen Benachteiligung und Begünstigung. Dies ist nicht der Fall. Das BetrVG regelt die Rechte und Pflichten der Betriebsparteien abschließend. Erhält das Betriebsratsmitglied aufgrund seiner Tätigkeit Zuwendungen, welche das BetrVG nicht vorsieht, liegt eine unzulässige Begünstigung vor. Wenn das Gesetz somit den Umfang der Rechte festlegt, legt es gleichzeitig wegen § 78 Satz 2 BetrVG auch eine Obergrenze fest.

§ 37 Abs. 4 BetrVG ist daher grundsätzlich als Minimalregelung zu verstehen. Das Betriebsratsmitglied darf demnach nicht weniger erhalten, als vergleichbare Arbeitnehmer mit betriebsüblicher Entwicklung. Erhält es aber mehr als § 37 Abs. 4 BetrVG dem Betriebsratsmitglied zubilligt, handelt es sich um eine Begünstigung des Betriebsratsmitglieds, welche nach § 78 Satz 2 BetrVG unzulässig sein kann. § 37 Abs. 4 BetrVG definiert damit das Minimum der beruflichen Entwicklung, zugleich definiert die Vorschrift aber auch das gesetzliche Leitbild.[178]

4. Leitfaden zur Bemessung der Vergütung

Zusammenfassend sollen die Grundstrukturen der Vergütung von Mitgliedern des Betriebsrats festgehalten werden. Dieses Zwischenergebnis soll zugleich als Leitfaden für die Bemessung einer Vergütung für Betriebsratsmitglieder dienen. Folgende Gesichtspunkte sollten daher beachtet werden:

Eine „Betriebsratsvergütung", welche an die Betriebsratstätigkeit anknüpft, ist gemäß § 37 Abs. 1 BetrVG unzulässig. Sie verstößt gegen das Ehrenamtsprinzip und würde das Betriebsratsmitglied unzulässig nach § 78 Satz 2 BetrVG begünstigen. Je nach Umfang der Freistellung kann das Betriebsratsmitglied seiner eigentlichen Arbeitsleistungspflicht nicht nachkommen. Nach § 37 Abs. 2 BetrVG gilt deshalb das Lohnausfallprinzip, wonach die Vergütung so zu bemessen ist, wie wenn das Betriebsratsmitglied seiner Arbeitsleistungspflicht nachgekommen wäre (= hypothetisches Arbeitsentgelt). Je nach Umfang der Freistellung kann das Betriebsratsmitglied darüber hinaus sein berufliches Fortkommen nicht uneingeschränkt vorantreiben. Seine berufliche Entwicklung orientiert sich deshalb an der eines oder mehrerer vergleichbarer Arbeitnehmer mit betriebsüblicher Entwicklung (= hypothetische Entwicklung). Bei der Ermittlung von einem oder mehreren vergleichbaren Arbeitnehmern sind individuelle Stärken und Schwächen

178 *Neef*, Sozialer Dialog in der Krise, § 98.

des Betriebsratsmitglieds zu berücksichtigen. Eine Orientierung findet nur an betriebsüblichen beruflichen Entwicklungen statt. Untypisch geprägte berufliche Entwicklungen von vergleichbaren Arbeitnehmern werden mangels Betriebsüblichkeit nicht bei der Entgeltbemessung des Betriebsratsmitglieds berücksichtigt. Umgekehrt haben auch untypische Umstände des Betriebsratsmitglieds keine Auswirkungen auf die Entgeltbemessung.

V. Ergebnis zum ersten Kapitel

Zum Abschluss des ersten Kapitels sollen die wichtigsten Erkenntnisse für den weiteren Verlauf der Untersuchung festgehalten werden.

1. Das BetrVG reagiert auf das Spannungsverhältnis, welchem die Betriebsratsmitglieder aufgrund ihrer Amtsstellung einerseits und ihrem Arbeitsverhältnis andererseits unterworfen sind mit dem allgemeinen Benachteiligungs- und Begünstigungsverbot des § 78 Satz 2 BetrVG, um die Unabhängigkeit der Betriebsratsmitglieder sicherzustellen.
2. Eine isolierte Betrachtung des Begünstigungsverbots des § 78 Satz 2 BetrVG ist verfehlt. Zum einen konkretisiert das Ehrenamtsprinzip (§ 37 Abs. 1 BetrVG) das Begünstigungsverbot für den Bereich der Vergütung der Betriebsratsmitglieder. Nach der hier vertretenen Auffassung stellt deshalb jede dem Ehrenamtsprinzip zuwiderlaufende Zuwendung zugleich einen Verstoß gegen das Begünstigungsverbot dar. Zum anderen muss auch stets das Benachteiligungsverbot beachtet werden. Insbesondere folgt aus dem Zusammenspiel von Benachteiligungs- und Begünstigungsverbot, dass nur die Gleichbehandlung von Betriebsratsmitgliedern und anderen Arbeitnehmern rechtlich zulässig ist. Dies hat zur Folge, dass Zuwendungen, welche dem Betriebsrat aufgrund gesetzlicher Vorschriften nicht gewährt werden müssen, grundsätzlich auch nicht gewährt werden dürfen. Benachteiligungs- und Begünstigungsverbot gehen regelmäßig ohne Gestaltungsspielraum ineinander über.
3. Das bloße Annehmen einer unzulässigen Begünstigung durch das Betriebsratsmitglied verstößt nicht gegen § 78 Satz 2 BetrVG. Das Verbot richtet sich ausschließlich an den Begünstigenden und nicht auch an den Begünstigten. Etwas anderes gilt im Anwendungsbereich des Ehrenamtsprinzips, weil sich das von § 37 Abs. 1 BetrVG vorgegebene Leitbild der unentgeltlichen Amtsführung auch an das Betriebsratsmitglied richtet, welches die Einhaltung dieses betriebsverfassungsrechtlichen Grundsatzes sicherstellen muss.

4. Unzulässig ist die Begünstigung von Mitgliedern des Betriebsrats nur, wenn diese wegen der Betriebsratstätigkeit erfolgt. An einer Begünstigung fehlt es bereits, wenn gesetzliche Vorschriften eine Besserstellung des Betriebsratsmitglieds ausdrücklich anordnen. Dazu gehört insbesondere das Benachteiligungsverbot. Für die Einzelfallprüfung ist deshalb zu fragen, ob dem Betriebsratsmitglied die in Rede stehende Zuwendung gewährt werden muss. Nur wenn dies nicht der Fall ist, stellt sich die zweite Frage, ob die Zuwendung trotz des Begünstigungsverbots gewährt werden darf.
5. Die Frage einer möglichen Begünstigung stellt sich überwiegend als Gestaltungsfrage einer rechtlich zulässigen Vergütung des Betriebsratsmitglieds dar. Neben dem stets zu beachtenden Ehrenamtsprinzip muss dabei insbesondere die hypothetische Frage nach der eigentlichen Vergütung (Lohnausfallprinzip), aber auch die Frage einer hypothetischen beruflichen Entwicklung (§ 37 Abs. 4 BetrVG) so beantwortet werden, dass es weder zu einer Benachteiligung noch zu einer Begünstigung des Betriebsratsmitglieds kommt.

B. Mögliche Erscheinungsformen unzulässiger Begünstigungen

Nachdem im ersten Kapitel die betriebsverfassungsrechtliche Ausgangssituation abstrakt untersucht wurde, sollen die dort erarbeiteten Grundsätze im Folgenden auf die in der Praxis typischen Erscheinungsformen möglicher unzulässiger Begünstigungen übertragen werden. Es sollen jeweils für konkrete Einzelfälle Zulässigkeit und Grenzen einer etwaigen Besserstellung von Betriebsratsmitgliedern ermittelt werden. Ein Schwerpunkt wird dabei auf den Bereich der Vergütung zu legen sein. Aber auch weitere, insbesondere von der Rechtsprechung entschiedene Konstellationen sollen in diesem Kapitel aufgegriffen und untersucht werden.

In diesem Zusammenhang ist auf die zentrale These des ersten Kapitels hinzuweisen, welche bei jeder Prüfung heranzuziehen ist: Das BetrVG regelt verbindlich, welche Leistungen der Arbeitgeber dem Betriebsratsmitglied wegen seines Amtes gewähren *muss*. Damit ist regelmäßig wegen § 78 Satz 2 BetrVG zugleich verbindlich festgelegt, was der Arbeitgeber dem Betriebsratsmitglied zuwenden *darf*, weil Benachteiligungs- und Begünstigungsverbot grundsätzlich ohne Spielraum ineinander übergehen. Die Prüfung muss daher stets nach einem zweistufigen Muster verlaufen. Zunächst ist zu prüfen, inwieweit das Betriebsratsmitglied eine bestimmte Zuwendung beanspruchen kann. Verneinendenfalls ist zu prüfen, ob und in welchen Fällen auch darüber hinaus gehende Zuwendungen mit Blick auf die §§ 37 Abs. 1, 78 Satz 2 BetrVG erbracht werden dürfen.

I. Vergütung

Nach § 37 Abs. 2 BetrVG ist das Arbeitsentgelt eines Betriebsratsmitglieds so zu bemessen, wie wenn es nicht für den Betriebsrat freigestellt worden wäre, sondern seiner beruflichen Tätigkeit nachgegangen wäre.[179] Gleichwohl wird das Arbeitsentgelt des Betriebsratsmitglieds nicht auf diesem Niveau „eingefroren". Vielmehr sieht § 37 Abs. 4 BetrVG vor, dass sich die Entwicklung des Betriebsratsmitglieds auch mit Blick auf das Arbeitsentgelt an der Entwicklung vergleichbarer Arbeitnehmer mit betriebsüblicher Entwicklung orientiert. Tritt ein Betriebsratsmitglied

179 S. 32 ff.

mit einem Jahresgehalt von 40.000 Euro in den Betriebsrat ein, ist es durchaus denkbar, dass dieses Gehalt nach acht Jahren Betriebsratsarbeit 50.000 Euro beträgt, weil auch das Gehalt der vergleichbaren Arbeitnehmer in diesem Verhältnis gestiegen ist.

Die Praxis bringt hingegen zum Teil bemerkenswerte berufliche Laufbahnen hervor, welche sich auch im Entgelt niedergeschlagen haben. So begann beispielsweise der Gesamtbetriebsratsvorsitzende der *Porsche AG* als Lackierer mit einer entsprechenden Vergütung, während über das heutige Gehalt in Regionen von etwa 500.000 Euro jährlich spekuliert wird.[180] Ähnlich verlief die Gehaltsentwicklung des *Volkswagen*-Gesamtbetriebsratsvorsitzenden *Volkert*: 1990 verdiente dieser knapp 60.000 Euro jährlich, zehn Jahre später waren es insgesamt über 600.000 Euro pro Jahr.[181] Solche Gehaltsentwicklungen werden teilweise als klare Gesetzesverstöße gewertet.[182] Es kann davon ausgegangen werden, dass die im Jahre 1990 mit *Volkert* vergleichbaren Arbeitnehmer heute bei weitem nicht auf ein solches Einkommen blicken können. Ähnlich bewertet *Rieble* derartige Gehälter: „Wenn führende Betriebsräte ohne Studium auf Einkommen von weit über 100.000 Euro kommen, ist etwas faul.“[183]

Wie aber kommen solche „wunderbaren Lohnvermehrungen“[184] zustande? Ein Faktor ist die Grundvergütung. Mindestens gleichwertig wirken sich jedoch erhebliche Sonderzahlungen aus. Das kann in Gestalt von Gratifikationen oder Prämien geschehen. Denkbar ist aber auch eine erhebliche Einkommenssteigerung durch Leistungs- und Erfolgsvergütungen. Bei *Opel* haben Betriebsräte jüngst durch Zulagen für Mehrarbeit ihr Entgelt steigern können. Pauschal kann deshalb ein hohes Arbeitsentgelt eines Betriebsratsmitglieds nicht für unzulässig erklärt werden. Vielmehr müssen die zulässigen Grenzen der einzelnen Entgeltbestandteile jeweils im Detail herausgearbeitet werden.

1. Grundvergütung

Die Grundvergütung eines Betriebsratsmitglieds ist der Teil des Arbeitsentgelts, welcher unabhängig von etwaigen Leistungen oder Mehrarbeit für einen bestimmten Zeitraum gezahlt wird. Charakteristisch handelt es sich um einen Zeitlohn.

---

180 FAS v. 01.04.2007, S. 46.

181 SZ v. 10.11.2006, S. 20.

182 *Weinspach*, FS Kreutz, 485 (487).

183 *Rieble*, Wirtschaftswoche 5/2008, 44.

184 *Rüthers*, NJW 2007, 195 (195).

Dessen Ermittlung ist auch bei hypothetischer Arbeitsleistung in Anwendung des Lohnausfallsprinzips unproblematisch: Erhält ein Arbeitnehmer ein Monatsgehalt von 3.000 Euro, so erhält er auch als Betriebsratsmitglied ein Monatsgehalt von 3.000 Euro, unabhängig ob er einmal wöchentlich, monatlich oder vollständig von seiner beruflichen Tätigkeit freigestellt wird. Das ist Folge des Lohnausfallprinzips gemäß § 37 Abs. 2 BetrVG. Wird die Grundvergütung des Betriebsratsmitglieds aufgrund der Betriebsratstätigkeit erhöht, ist dies unzulässig. Die Differenz zwischen dem erhöhten Entgelt und dem ursprünglichen Entgelt ist nichts anderes als eine Vergütung für die Betriebsratstätigkeit. Dies verstößt gegen das Ehrenamtsprinzip und das Begünstigungsverbot.[185] Gleichwohl neigen einige Unternehmen dazu, die Vergütung von Mitgliedern des Betriebsrats an deren Funktion zu knüpfen oder ihnen eine überdurchschnittliche Entgeltentwicklung zu gewähren:

a) Funktionsvergütung

Eine Vergütung, welche an die konkrete Funktion des Mitglieds im Betriebsrat anknüpft, ist aufgrund des Ehrenamtsprinzips unzulässig. Zum Teil haben Unternehmen jedoch Vergütungssysteme entwickelt, die eine Vergütung in Anlehnung an die Funktion als Betriebsratsmitglied oder an die Rolle des Mitglieds innerhalb des Gremiums vorsehen.[186]

Eine Verpflichtung des Arbeitgebers, die Funktion als Betriebsratsmitglied durch eine Vergütung zu honorieren, besteht nicht. Das Lohnausfallprinzip knüpft ausschließlich an die berufliche Tätigkeit an. Eine solche Vergütung darf aufgrund des Ehrenamtsprinzips auch nicht gewährt werden. Daher sind Systeme, bei welchen die Funktion als Betriebsrat vergütet wird, wegen § 37 Abs. 1 BetrVG unzulässig.[187] Ein derartiges Vergütungssystem verstößt zugleich gegen § 78 Satz 2 BetrVG, weil das Betriebsratsmitglied aufgrund des Amtes eine Vergütung erreicht, welche anderen Arbeitnehmern verwehrt ist. Ähnlich sind Vergütungssysteme zu bewerten, welche an die konkrete Rolle im Gremium anknüpfen. So hat ein Automobilhersteller beispielsweise folgenden Orientierungsrahmen für die Betriebsratsvergütung festgelegt:[188] Betriebsratsmitglieder mit „besonderer Verantwortung", etwa weil sie Vorsitzende eines Fachausschusses sind, sollen auf

185 BAG v. 16.11.2011 – 7 AZR 458/10, PersR 2012, 176 (177).

186 FAZ v. 20.08.2005, S. 12.

187 *Graf/Link*, NJW 2009, 409 (409); zu einem ähnlichen System mit dem gleichen Ergebnis: ArbG Bielefeld v. 11.05.2011 – 3 Ca 2633/10, juris, Rn. 37–39.

188 Beispiel nach FAZ v. 20.08.2005, S. 12.

dem Vergütungsniveau eines Facharbeiters vergütet werden.Betriebsratsmitglieder mit „herausragender Verantwortung“, etwa der Vorsitzende und sein Stellvertreter sollen eine Vergütung auf dem Niveau eines Meisters erhalten. Differenziert wird zusätzlich nach Belegschaftsgröße: Vorsitzende von kleinen Werken sollen eine monatliche Mindestvergütung zwischen 4.500 und 6.000 Euro erhalten, während Vorsitzende großer Werke monatlich mindestens zwischen 6.000 und 8.000 Euro erhalten sollen.

Ein solches Vergütungssystem ist unzulässig.[189] Zum einen knüpft die Betriebsratsvergütung nach diesem System an die Betriebsratstätigkeit selbst an. Dies ist in diesem Fall besonders offensichtlich, weil die Vergütung nach dem Grad der Verantwortung bemessen wird. Die Anknüpfung an den Grad der Verantwortung aufgrund der Betriebsratstätigkeit ist unzulässig, weil das Tragen einer mehr oder weniger herausragenden Verantwortung stets ehrenamtlich und unentgeltlich erfolgt. Das ist ein Verstoß gegen § 37 Abs. 1 BetrVG. Zum anderen führt ein solches System zu unzulässigen Begünstigungen nach § 78 Satz 2 BetrVG. Das oben beschriebene System kann einen Facharbeiter, wenn er denn Vorsitzender des Betriebsrats wird, im Hinblick auf die Vergütung zum Meister befördern. Ein solcher Karrieresprung ist eine unzulässige Begünstigung gegenüber anderen Arbeitnehmern. Daran würde auch ein Verzicht auf eine nähere Differenzierung nach Verantwortung nichts ändern. Selbst wenn für alle Betriebsratsmitglieder ein einheitlicher „Mindestlohn“ vorgesehen wäre, würde damit die Amtstätigkeit vergütet und das Betriebsratsmitglied unzulässig begünstigt.

b) Entgeltentwicklung

Eine Erhöhung des Grundgehalts mit Eintritt in den Betriebsrat ist grundsätzlich nicht zulässig (s.o.). Das schließt gleichwohl nicht aus, dass Betriebsratsmitglieder eine betriebliche Weiterentwicklung erfahren und sich dies auch in dem Entgelt niederschlägt. Nach § 37 Abs. 4 BetrVG sollen die Mitglieder des Betriebsrats ausdrücklich an der beruflichen Weiterentwicklung teilnehmen. Konnten beispielsweise alle mit dem Betriebsratsmitglied vergleichbaren Arbeitnehmer mit betriebsüblicher Entwicklung in den letzten drei Jahren ihr Arbeitsentgelt um 20% steigern, so hat auch das Betriebsratsmitglied Anspruch auf eine Anpassung seines Arbeitsentgelts in dieser Höhe. Fraglich ist, ob auch über das Maß des § 37 Abs. 4 BetrVG hinausgehende Entgeltsteigerungen zulässig sind. Dies ist grundsätzlich mit Blick auf den oben erarbeiteten Grundsatz, dass § 37 Abs. 4 BetrVG nicht nur

189 *Rüthers*, NJW 2007, 195 (196).

eine Minimalregelung darstellt, sondern mit Blick auf das Begünstigungsverbot zugleich auch das gesetzliche Leitbild zum Ausdruck bringt,[190] zu verneinen. Aus diesem Grund sind Entgeltsteigerungen, die allein aufgrund des Amtes erfolgen, wegen § 78 Satz 2 BetrVG unzulässig. Insbesondere scheiden Gehaltserhöhungen, die aufgrund der persönlichen betrieblichen Entwicklung des Betriebsratsmitglieds selbst erfolgen, aus. Diesbezüglich ist das Betriebsratsmitglied in seiner Entwicklung an die Entwicklung vergleichbarer Arbeitnehmer gebunden. Da es vom Aufstieg vergleichbarer Arbeitnehmer profitiert, darf seine eigene Entwicklung, selbst wenn diese die vergleichbaren Arbeitnehmer übertrifft, nicht zusätzlich honoriert werden.[191] Möglich bleiben Gehaltserhöhungen aufgrund anderer Umstände. So steht es dem Arbeitgeber grundsätzlich frei, beispielsweise Arbeitnehmern mit Kindern aus sozialen Erwägungen eine Gehaltserhöhung zu gewähren. Eine daraus resultierende Besserstellung ist zulässig, weil sie nicht wegen der Betriebsratstätigkeit erfolgt. Dies ist indes anders zu bewerten, wenn die Leistung faktisch nur Betriebsratsmitgliedern gewährt wird. Dann liegt die Vermutung nahe, dass der soziale Zweck nur vorgeschoben ist, um Betriebsratsmitgliedern eine zusätzliche Leistung gewähren zu können. Jedoch wurde bereits dargelegt, dass es ausschließlich auf den tatsächlichen Leistungszweck und nicht auf einen etwaig formell bezeichneten Zweck ankommt.[192]

2. Sonderzahlungen

Ein weiterer bedeutender Vergütungsbestandteil sind sog. Sonderzahlungen. Je nach Begriffsdefinition zählen hierzu Zulagen, Prämien, Gratifikationen und Provisionen.[193] Derartige Vergütungsbestandteile sind nach dem Lohnausfallprinzip auch dem Betriebsratsmitglied zu gewähren.[194] Eine unzulässige Begünstigung liegt darin nicht. Etwas anderes kann sich im Einzelfall für bestimmte Zulagen[195] und für leistungs- und erfolgsabhängige Sonderzahlungen[196] ergeben. Klassische

---

190 S. 46 f.
191 S. 43.
192 S. 20.
193 Überblick über Grundtypen von Sonderzahlungen: *Preis*, Arbeitsvertrag, II S 40, Rn. 3.
194 BAG v. 21.04.1983 – 6 AZR 407/80, DB 1983, 2253; *Fitting*, § 37, Rn. 64; GK-BetrVG/*Weber*, § 37, Rn. 61; DKKW/*Wedde*, § 37, Rn. 54; WPK/*Kreft*, § 37, Rn. 21; ErfK/*Koch*, § 37 BetrVG, Rn. 6.
195 S. 56 ff.
196 S. 73 ff.

Sonderzahlungen wie Weihnachts- oder Jubiläumsgelder sind unabhängig vom Betriebsratsamt zu gewähren und begünstigen das Betriebsratsmitglied nicht unzulässig. Der entsprechende Zahlungsanspruch des Betriebsratsmitglieds ergibt sich aus § 37 Abs. 2 BetrVG. Dieser Anspruch auf unverminderte Gewährung etwaiger Sonderzahlungen ist nicht mit dem Anspruch auf „allgemeine Zuwendungen" aus § 37 Abs. 4 Satz 2 BetrVG zu verwechseln. Beide Regelungen betreffen zwar sämtliche Arten von Sonderzahlungen. Während Absatz 2 aber die Fortzahlung von Sonderzahlungen regelt, welche das Betriebsratsmitglied ohne die Tätigkeit für den Betriebsrat erhalten hätte, betrifft Absatz 4 jene Sonderzahlungen, die der Arbeitgeber vergleichbaren Arbeitnehmern im Rahmen derer beruflichen Entwicklung gewährt, an welcher auch das Betriebsratsmitglied teilhaben soll. Für einen möglichen Anspruch aus § 37 Abs. 4 Satz 2 BetrVG ist demnach nur dann Raum, wenn die konkrete Sonderzahlung nicht bereits zum hypothetischen Arbeitsentgelt nach § 37 Abs. 2 BetrVG zu zählen ist.

In jedem Fall unzulässig sind dagegen Sonderzahlungen, die ausdrücklich an die Betriebsratstätigkeit anknüpfen, wie beispielsweise ein „Betriebsratsbonus". Darin läge ein Verstoß gegen das Ehrenamtsprinzip, da es sich um ein zusätzliches Entgelt für die Betriebsratstätigkeit handelt. Auch andere Sonderzahlungen, die ohne einen bestimmten Zweck faktisch nur Betriebsratsmitgliedern gewährt werden, sind, wenn sie nicht schon als Vergütung gegen das Ehrenamtsprinzip verstoßen, jedenfalls eine unzulässige Begünstigung, weil andere Arbeitnehmer mangels Betriebsratsamt nicht in den Genuss einer solchen Sonderzahlung kommen können.

3. Zulagen

a) Anwendung des Lohnausfallprinzips

Die Grundvergütung wird häufig durch Zuschläge und Zulagen ergänzt. Das können Erschwernis- oder Schmutzzulagen, aber auch Zuschläge für Mehr-, Nacht-, Sonn- oder Feiertagsarbeit sein. Aus § 37 Abs. 2 BetrVG ergibt sich, dass der Amtsträger Anspruch auf alle Zuschläge hat, die ihm bisher zur Abgeltung seiner Arbeitsleistung gewährt wurden.[197] Auch hier gilt das Lohnausfallprinzip, sodass dem Betriebsratsmitglied sämtliche Lohnzuschläge zu gewähren

197 BAG v. 21.06.1957 – 1 AZR 465/56, SAE 1959, 2; BAG v. 29.07.1980 – 6 AZR 231/78, NJW 1981, 1287; BAG v. 16.11.2011 – 7 AZR 458/10, PersR 2012, 176 (177); *Fitting*, § 37, Rn. 63; GK-BetrVG/*Weber*, § 37, Rn. 60; Richardi/*Thüsing*, § 37, Rn. 31; DKKW/*Wedde*, § 37, Rn. 48; WPK/*Kreft*, § 37, Rn. 21; ErfK/*Koch*, § 37 BetrVG, Rn. 6.

sind, die es hypothetisch erarbeitet hätte.[198] Die Rechtsprechung hat die Frage, welche Zuschläge dem Betriebsratsmitglied zustehen, für diverse Einzelfälle entschieden: Fortzuzahlen ist beispielsweise eine Antrittsgebühr für Sonntagsarbeit[199], eine Mehrflugstundenprämien[200], eine IT-Funktionszulage,[201] Inkassoprämien[202] und Nachtarbeitszuschläge[203]. Dabei kommt es nicht darauf an, ob das Betriebsratsmitglied tatsächlich den Zuschlag erarbeitet hat. Entscheidend ist allein, ob es hypothetisch, wenn es nicht Betriebsratsarbeit geleistet hätte, die Zulage erarbeitet hätte. Dies folgt aus dem Lohnausfallprinzip als Ausprägung des Benachteiligungsverbots.

Die Beantwortung der hypothetischen Entgeltfrage darf jedoch die tatsächlichen Begebenheiten nicht außer Acht lassen. Dies machen zwei BAG-Entscheidungen zur Zahlung eines Schlechtwettergeldes deutlich.[204] Beiden Entscheidungen lag die Konstellation zugrunde, dass ein Betriebsratsmitglied Betriebsratsaufgaben nachging, während die jeweils vergleichbaren Arbeitnehmer wegen schlechten Wetters freigestellt wurden. Den freigestellten Arbeitnehmern wurde deshalb nur ein reduziertes sog. Schlechtwettergeld gezahlt. Das Betriebsratsmitglied verlangte demgegenüber das reguläre Entgelt.

In beiden Entscheidungen hat das BAG zu Recht die reguläre Vergütung nicht zugesprochen. Es hat dabei auf die konsequente Anwendung des Lohnausfallprinzips verwiesen. Danach hätte das Betriebsratsmitglied, wenn es nicht seiner Betriebsratstätigkeit nachgegangen wäre, wegen des schlechten Wetters nicht arbeiten müssen. Es hätte deshalb auch nur das sog. Schlechtwettergeld verdient.

Beide Entscheidungen zeigen, dass das Lohnausfallprinzip nicht zur Fiktion der Arbeitsleistung führt, sondern nach dem Zustand fragt, der ohne Betriebsratstätigkeit eingetreten wäre. Demgegenüber würde ein Verständnis des Lohnausfallprinzips, welches die Arbeitsleistung fingiert, zu unzulässigen Begünstigungen führen. Auf diese Weise würde das Betriebsratsmitglied – im Fall des Schlechtwettergeldes – vom Risiko des Schlechtwettergeldes allein aufgrund seiner Betriebsratstätigkeit befreit werden. Dies ist unzulässig.

---

198 *Aden*, RdA 1980, 256 (257); *Farthmann*, FS Stahlhacke, 115 (120); *Kehrmann*, FS Wlotzke, 357 (360); *Frahm/Koch*, ArbRAktuell 2010, 468 (468).

199 BAG v. 13.07.1994 – 7 AZR 477/93, NZA 1995, 588 (589).

200 BAG v. 16.08.1995 – 7 AZR 103/95, NZA 1996, 552 (553).

201 BAG v. 16.11.2011 – 7 AZR 458/10, PersR 2012, 176 (177).

202 BAG v. 11.01.1978 – 5 AZR 829/76, BB 1978, 502.

203 LAG Niedersachsen v. 01.08.1979 – 4 Sa 29/79, LAGE § 37 BetrVG 1972 Nr. 14.

204 BAG v. 31.07.1986 – 6 AZR 298/84, NZA 1987, 528; BAG v. 23.04.1974 – 1 AZR 139/73, BB 1974, 1119.

Der in diesem Zusammenhang vorgebrachte Einwand der Betriebsratsmitglieder, sie hätten doch – wenn auch für den Betriebsrat – gearbeitet, während die Kollegen wegen schlechten Wetters freigestellt waren, greift nicht durch. Dies wäre eine Berücksichtigung der Betriebsratstätigkeit, welche aufgrund des Ehrenamtsprinzips ausgeschlossen ist.

b) Abgrenzung zu Zulagen und Leistungen mit Aufwendungscharakter

Von den oben beschriebenen Zulagen abzugrenzen sind nach der Rechtsprechung solche Leistungen des Arbeitgebers, welche einen reinen Aufwendungscharakter haben.[205] Darunter fallen etwa Wegegelder, Schmutzzulagen oder Beköstigungszulagen. Die Prüfungsfrage der Rechtsprechung lautet daher stets, ob die Zulage dem Ersatz tatsächlich entstandener Kosten dient oder es sich um Arbeitsentgelt für besonders schwere Arbeit handelt.[206] Nur im letzteren Fall könne die Zulage weiter gewährt werden. Auch das Schrifttum ist dieser Leitlinie gefolgt.[207] Ersatzleistungen des Arbeitgebers für kongruente und nicht getätigte Aufwendungen des Betriebsratsmitglieds zählen nicht zum Arbeitsentgelt.[208] Erstattet der Arbeitgeber solche Aufwendungen dennoch, wäre das eine Bevorzugung.[209]

Dem ist mit Blick auf das Begünstigungsverbot zuzustimmen. Derartige Leistungen des Arbeitgebers sollen die getätigten Aufwendungen des Arbeitnehmers ausgleichen. Das Betriebsratsmitglied jedoch tätigt diese Aufwendung im Falle einer Freistellung nicht. Würde es gleichwohl die Zulage erhalten, führt dies zu einer unmittelbaren Entgeltsteigerung und erfolgt nicht zum Zwecke des Ausgleichs. Dann wäre das Betriebsratsmitglied nach § 78 Satz 2 BetrVG unzulässig begünstigt, weil andere Arbeitnehmer aufgrund der tatsächlichen Aufwendungen keine Entgeltsteigerung verzeichnen können. Zulagen mit reinem Aufwendungscharakter dürfen daher nicht gezahlt werden, wenn das Betriebsratsmitglied entsprechende Aufwendungen tatsächlich nicht getätigt hat.

---

205 BAG v. 18.09.1991 – 7 AZR 41/90, NZA 1992, 936 (937); BAG v. 05.04.2000 – 7 AZR 213/99, NZA 2000, 1174 (1174).

206 BAG v. 16.11.2011 – 7 AZR 458/10, PersR 2012, 176 (178).

207 *Fitting*, § 37, Rn. 66; GK-BetrVG/*Weber*, § 37, Rn. 62; Richardi/*Thüsing*, § 37, Rn. 33; DKKW/*Wedde*, § 37, Rn. 51; HSWGNR/*Glock*, § 37, Rn. 59; WPK/*Kreft*, § 37, Rn. 21; *Lipp*, S. 104.

208 *Aden*, RdA 1980, 256 (257); *Natzel*, NZA 2000, 77 (80); *Rieble*, NZA 2008, 276 (277); *Rid/Triemel*, AuA 2011, 482 (483); *Farthmann*, FS Stahlhacke, 115 (120).

209 *Natzel*, NZA 2000, 77 (80).

Etwas anderes gilt richtigerweise für Zulagen, die unmittelbar an dieTätigkeit anknüpfen. Diese dienen nicht dem Ersatz von Aufwendungen, sondern der Honorierung der Arbeitsleistung. Zwar hat das Betriebsratsmitglied im Falle der Freistellung auch diese Arbeitsleistung nicht erbracht. Das hat jedoch gemäß § 37 Abs. 2 BetrVG keine Auswirkungen auf das Entgelt für diese Tätigkeit. Sofern darin einen Vorteil gesehen wird, dass sich das Betriebsratsmitglied die Anstrengung der besonders vergüteten Tätigkeit „erspart“, wird dieser Vorteil über § 37 Abs. 2 BetrVG gerechtfertigt.

Die unterschiedliche Beurteilung von Zulagen mit und ohne Aufwendungscharakter ist somit eine Folge der Reichweite des § 37 Abs. 2 BetrVG. Die Reichweite des Lohnausfallsprinzips ist auf das Arbeitsentgelt beschränkt. Es regelt nicht die Zahlung von Zulagen mit Aufwendungscharakter. Überträgt man diese Leitlinien etwa auf die Zahlung einer Schmutzzulage, hängt die Beurteilung maßgeblich von dem konkreten Zweck der Zulage ab. Dient sie als Ausgleich für den Umstand, dass die Arbeitnehmer aufgrund der besonders schmutzigen Arbeit hohe Reinigungskosten aufwenden müssen, darf sie einem Betriebsratsmitglied, welches diese Aufwendungen tatsächlich nicht hat, nicht gezahlt werden. Dient die Zulage demgegenüber als zusätzliches Entgelt für die besonders schmutzige und unangenehme Arbeit, muss die Zulage auch dem Betriebsratsmitglied gewährt werden.

c) Grenzfall: Trinkgelder

Nicht einheitlich beurteilt wird der Umgang mit Trinkgeldern. Nach der Rechtsprechung und dem überwiegenden Teil der Literatur sind Trinkgelder einem Betriebsratsmitglied regelmäßig nicht weiter zu gewähren, weil Trinkgelder nicht zum Arbeitsentgelt zu zählen seien.[210] Die Gegenauffassung will Trinkgelder zum fortzuzahlenden Arbeitsentgelt zählen und dem Betriebsratsmitglied einen Fortzahlungsanspruch einräumen.[211] Diese Ansicht beruft sich auf die erhebliche Bedeutung der Trinkgelder für die in den betroffenen Branchen tätigen Arbeitnehmer.

Für eine sachgerechte Beurteilung ist eine zweistufige Prüfung vorzunehmen: Zunächst ist mit Blick auf eine mögliche Benachteiligung zu fragen, ob der Arbeitgeber die aufgrund von Betriebsratstätigkeit nicht eingenommenen Trinkgelder ersetzen muss. Falls nicht, ist zu fragen, ob er sie mit Blick auf eine mögliche Begünstigung ersetzen darf. Bei der Frage derFortzahlungspflicht

210 BAG v. 28.06.1995 – 7 AZR 1001/94, NJW 1996, 1012 (1013); *Fitting*, § 37, Rn. 65; GK-BetrVG/*Weber*, § 37, Rn. 60; Richardi/*Thüsing*, § 37, Rn. 31; HSWGNR/*Glock*, § 37, Rn. 49a; WPK/*Kreft*, § 37, Rn. 21; ErfK/*Koch*, § 37 BetrVG, Rn. 6.

211 DKKW/*Wedde*, § 37, Rn. 51; *Grimberg*, AiB 1996, 319 (320).

ist zunächst zu bedenken, dass der Arbeitgeber vertraglich die Zahlung von Trinkgeldernwgrundsätzlich nicht schuldet. Nach § 37 Abs. 2 BetrVG soll vom Arbeitgeber aber nur das gezahlt oder ersetzt werden, was der Arbeitgeber schulden würde, wenn das Betriebsratsmitglied keine Betriebsratsarbeit ausgeübt hätte. Die Vorschrift dient demgegenüber nicht dazu, jede durch Betriebsratstätigkeit verursachte Vermögenseinbuße auszugleichen.[212] Darin liegt richtigerweise auch keine unzulässige Benachteiligung nach § 78 Satz 2 BetrVG. Die Argumentation des BAG, wonach eine Benachteiligung schon deshalb nicht vorliege, weil auch andere Arbeitnehmer bei einer Verhinderung durch Urlaub und Krankheit keinen Anspruch auf Trinkgelder hätten,[213] ist nicht überzeugend. Nur weil das Betriebsratsmitglied von der Arbeit freigestellt ist, sind aus anderen Gründen nicht zur Arbeitsleistung verpflichtete andere Arbeitnehmer nicht der heranzuziehende Vergleichsmaßstab. Die Freistellung beruht auf § 37 Abs. 2 oder § 38 Abs. 1 BetrVG. Gerade dies darf aber nicht zu Nachteilen für das Betriebsratsmitglied führen. Im Ergebnis ist dem BAG dennoch zuzustimmen. Entscheidend ist nämlich, dass das Benachteiligungsverbot nicht zu einer Garantiehaftung des Arbeitgebers führen darf. Dies wäre jedoch der Fall, wenn der Arbeitgeber für den Bestand sämtlicher Einkommensquellen des Betriebsratsmitglieds haften müsste. Eine solche Sichtweise würde den Schutzzweck des Benachteiligungsverbots überspannen. Das Benachteiligungsverbot wird durch die Rechtsbeziehungen der jeweils Beteiligten begrenzt. Trinkgelder liegen aber regelmäßig außerhalb der Rechtsbeziehungen zwischen Arbeitgeber und Arbeitnehmer, solange keine besondere Absprache existiert. Überwiegend wird der Arbeitgeber gar nicht erfahren, ob und in welchem Umfang der Arbeitnehmer Trinkgelder erhalten hat. Der Arbeitnehmer wirtschaftet beim Trinkgeld vielmehr in die eigene Kasse.

Noch deutlicher wird dies an folgendem Beispiel: In einem Autohaus gestattet der Arbeitgeber den angestellten Verkäufern, dass diese den Kunden zusätzlich „in eigener Sache“ auch Kfz-Haftpflichtversicherungen verkaufen dürfen. In diesem Fall führt auch das Benachteiligungsverbot nicht dazu, dass der Arbeitgeber den Betriebsratsmitgliedern etwaig erzielte Einkünfte aus den Versicherungsverkäufen zahlen müsste, weil die zusätzliche Verkaufstätigkeit nicht Bestandteil des Arbeitsverhältnisses ist.

Eine unzulässige Benachteiligung scheidet deshalb bei Trinkgeldern aus, weil diese außerhalb des Pflichtenkreises der Beteiligten liegen. Dies grenzt das

212 BAG v. 28.06.1995 – 7 AZR 1001/94, NJW 1996, 1012 (1013).
213 BAG v. 28.06.1995 – 7 AZR 1001/94, NJW 1996, 1012 (1013).

Benachteiligungsverbot von einer Garantiehaftung des Arbeitgebers ab. Der Arbeitgeber darf das Betriebsratsmitglied nicht schlechter behandeln als andere Arbeitnehmer. Daraus folgt aber keine Pflicht, auch etwaige Nachteile außerhalb seines Einflussbereichs vom Betriebsratsmitglied abzuwenden oder diese auszugleichen. Etwas anderes wird indes anzunehmen sein, wenn das Erzielen von Trinkgeldern bei der Vergütung des Arbeitnehmers ausdrücklich oder konkludent einkalkuliert ist.[214] Dann geht der Arbeitgeber von zusätzlichen Einkünften aus, die er dann auch einem freigestellten Betriebsratsmitglied zu erstatten hat. Gleichfalls sind Trinkgelder zu erstatten, wenn diese zentral gesammelt und anschließend unter der Belegschaft verteilt werden. Dies ist beispielsweise in der Gastronomie durchaus üblich, um auch Mitarbeiter in der Küche an etwaigen Trinkgeldern teilhaben zu lassen. Im Grundsatz jedoch muss der Arbeitgeber einem Betriebsratsmitglied Trinkgelder nicht erstatten.

Fraglich bleibt, ob er diese gleichwohl erstatten darf. Grundsätzlich ist dies wegen § 78 Satz 2 BetrVG zu verneinen, weil es sich um eine Zuwendung wegen der Betriebsratstätigkeit handeln würde. Dem steht auch nicht entgegen, dass eine etwaige Erstattung finanziell nur zu einer Angleichung und nicht zu einer Besserstellung führt, weil nach der hier vertretenen Auffassung Trinkgelder nicht im Einflussbereich des Arbeitgebers liegen. Für die Frage der Besserstellung ist nicht ein „Netto-Vergleich" zwischen einem Betriebsratsgehalt und einem Arbeitnehmergehalt entscheidend, sondern die Behandlung durch den Arbeitgeber. Gewährt er einem Betriebsratsmitglied zusätzliche Leistungen, die andere Arbeitnehmer in „Eigenregie" außerhalb des vertraglichen Entgelts erzielen, liegt darin eine unzulässige Begünstigung nach § 78 Satz 2 BetrVG. Etwas anderes gilt nur in den oben beschriebenen Ausnahmen, in welchen das Trinkgeld Teil des Arbeitsvertrages geworden ist. Das ist der Fall, wenn Trinkgelder geteilt werden oder aber als zusätzliche Vergütung fest einkalkuliert sind.

d) Funktionszulagen und Sitzungsgelder

Auch bei Zulagen, welche dem Betriebsratsmitglied allein aufgrund seiner Betriebsratstätigkeit gewährt werden, ist danach zu unterscheiden, ob diese für konkrete Mehrbelastungen aufgrund der Betriebsratstätigkeit oder als Ersatz für getätigte Aufwendungen gezahlt werden. Handelt es sich um Aufwendungsersatz, beurteilt sich die Erstattungspflicht und der Erstattungsumfang nach § 40 Abs. 1 BetrVG. Soll die Zahlung hingegen als Ausgleich für die besonders

214 *Fitting*, § 37, Rn. 65; WPK/*Kreft*, § 37, Rn. 21.

aufwendige oder anspruchsvolle Betriebsratstätigkeit erfolgen, sind auch solche Zulagen als Arbeitsentgelt zu qualifizieren. Die Zulässigkeit derartiger Zulagen wird regelmäßig zu verneinen sein, weil weder das Ehrenamtsprinzip noch das Begünstigungsverbot zwischen Grundvergütung und Zulagen differenzieren. Eine „Funktionszulage", die dem Betriebsratsmitglied allein wegen seiner Betriebsratstätigkeit gewährt wird, honoriert ebenso wie eine Gehaltserhöhung wegen des Betriebsratsamtes allein diese Tätigkeit. Wegen Verstoßes gegen § 37 Abs. 1 BetrVG und § 78 Satz 2 BetrVG sind solche Zulagen unzulässig,[215] selbst wenn damit tatsächlich vorhandene Mehrbelastungen oder erhöhte Anforderungen ausgeglichen werden sollen.[216]

Keine andere Bewertung gilt im Hinblick auf sog. „Sitzungsgelder". Erhält das Betriebsratsmitglied als Ausgleich für die Teilnahme an Sitzungen, sei es als Ausgleich für etwaige aufgeopferte Freizeit oder als Ausgleich für etwaige erhöhte Anforderungen, die eine Teilnahme an einer solchen Sitzung mit sich bringen kann, ist darin eine Vergütung für Betriebsratstätigkeit zu sehen, die nach dem Ehrenamtsprinzip unzulässig ist. Da das Betriebsratsmitglied auf diese Weise zudem gegenüber anderen Arbeitnehmern wegen seines Amtes bevorteilt wird, liegt auch ein Verstoß gegen § 78 Satz 2 BetrVG vor.[217]

4. Aufwandsentschädigung

Von den soeben untersuchten Zulagen, deren Fortzahlung sich überwiegend nach dem Anwendungsbereich des Lohnausfallprinzips richtet, sind solche Leistungen zu unterscheiden, welche tatsächlich entstandene Aufwendungen des Betriebsratsmitglieds ersetzen sollen. Es stellt sich die Frage, wie mit solchen Aufwendungen zu verfahren ist, welche dem Betriebsratsmitglied entstehen, weil sie gerade durch die Betriebsratstätigkeit verursacht wurden. Diesen Fall regelt das Gesetz in § 40 Abs. 1 BetrVG, indem es die Kosten der Betriebsratstätigkeit dem Arbeitgeber auferlegt. Voraussetzung ist jedoch, dass diese Kosten erforderlich sind. Dies ist der Fall, wenn die Aufwendung im Zeitpunkt der Verursachung bei gewissenhafter Abwägung aller Umstände als erforderlich angesehen werden konnte, weil der Betriebsrat andernfalls in der Ausübung seiner Aufgaben nicht unbeträchtlich behindert worden

---

215 ArbG Bielefeld v. 11.05.2011 – 3 Ca 2633, juris, Rn. 49; *Fitting*, § 78, Rn. 22; *Bittmann/Mujan*, BB 2012, 637 (638).

216 *Moll/Roebers*, NZA 2012, 57 (57).

217 LAG Tübingen v. 30.07.1960 – 4 Sa 27/60, BB 1660, 982; *Nikisch*, S. 155; *Bittmann/Mujan*, BB 2012, 637 (638).

wäre.[218] Welche Kosten im Einzelfall erforderlich sind und welche nicht, würde den Umfang dieser Arbeit sprengen und im Übrigen keine wesentlichen Erkenntnisse für die Frage der Begünstigung hervorbringen. Entscheidend ist allein, wie der Ersatz jener Aufwendungen zu beurteilen ist, die der Arbeitgeber nicht nach § 40 Abs. 1 BetrVG erstatten muss. Für unzulässige Begünstigungen ist nur dort Raum, wo nicht ohnehin eine Leistungspflicht des Arbeitgebers besteht.[219] Zu prüfen ist deshalb, ob der Arbeitgeber Aufwendungen des Betriebsratsmitglieds über den Umfang des § 40 Abs. 1 BetrVG hinaus erstatten darf. Dies wird zunächst im Grundsatz und sodann anhand der in der betrieblichen Praxis häufig gewählten Methode der Pauschalierung solcher Leistungen zu untersuchen sein.

a) Grundsatz

Die Zulässigkeit zusätzlicher Leistungen als Ersatz für Aufwendungen außerhalb von § 40 Abs. 1 BetrVG beurteilt sich allein nach § 78 Satz 2. Es handelt sich nicht um Arbeitsentgelt, sodass weder das Ehrenamtsprinzip noch das Lohnausfallprinzip einschlägig sind. Zu klären ist, ob der Ersatz von Aufwendungen, die § 40 Abs. 1 BetrVG nicht vorsieht, das Betriebsratsmitglied wegen seiner Betriebsratstätigkeit unzulässig begünstigt. Dabei ist nach dem Entstehungsgrund der Aufwendungen zu differenzieren. Denkbar sind zum einen Aufwendungen, die unabhängig vom Betriebsratsamt entstehen, weshalb § 40 Abs. 1 BetrVG nicht einschlägig ist. Zum anderen können Aufwendungen gerade wegen der Betriebsratstätigkeit entstanden sein, welche aber wegen Art oder Umfang nicht nach § 40 Abs. 1 BetrVG erstattet werden.

(1) Aufwendungen unabhängig vom Betriebsratsamt

Entstehen dem Betriebsratsmitglied unabhängig von seiner Betriebsratstätigkeit Kosten, hat es keinen Anspruch gegen den Arbeitgeber auf Erstattung etwaiger Aufwendungen.[220] Dazu zählen etwa die Fahrtkosten zum Betrieb oder Kinderbetreuungskosten während der Arbeit, welche dem Betriebsratsmitglied ohnehin aufgrund der Erfüllung seiner arbeitsvertraglichen Pflichten entstanden wären. Mangels Zusammenhang mit dem Betriebsratsamt besteht keine Verpflichtung des Arbeitgebers, solche Aufwendungen, etwa nach § 40 BetrVG, zu erstatten.

---

218 BAG v. 24.06.1969 – 1 ABR 6/69, BB 1969, 1037, *Fitting*, § 40, Rn. 9; GK-BetrVG/*Weber*, § 40, Rn. 10; DKKW/*Wedde*, § 40, Rn. 5; WPK/*Kreft*, § 40, Rn. 9.

219 S. 17 ff.

220 BAG v. 28.08.1991 – 7 ABR 46/90, NZA 1992, 72 (73).

Nach der Rechtsprechung des BAG darf der Arbeitgeber solche Aufwendungen auch nicht erstatten, weil das Betriebsratsmitglied ansonsten unzulässig begünstigt werden würde.[221]

Diese Sichtweise der Rechtsprechung ist nicht zu beanstanden. Werden dem Betriebsratsmitglied Kosten erstattet, die es unabhängig von seiner Betriebsratstätigkeit aufgewendet hat, liegt darin ein Verstoß gegen das Begünstigungsverbot des § 78 Satz 2 BetrVG, wenn diese Erstattung wegen des Betriebsratsamtes erfolgt. Soweit diese Kosten aus einem anderen Grund erstattet werden, würde es am Kausalzusammenhang zur Betriebsratstätigkeit fehlen. Ob ein Zusammenhang zwischen Vorteil und Amt besteht, ist zwar grundsätzlich eine Frage des Einzelfalls. Soweit jedoch das Betriebsratsmitglied diese Kosten als Kosten des Betriebsrats abrechnen will und sich auf § 40 Abs. 1 BetrVG beruft und der Arbeitgeber diese deshalb erstattet, liegt jedoch der Ursachenzusammenhang ohne Zweifel vor. Etwas anderes gilt jedoch, wenn sich der Arbeitgeber bereiterklärt, solche Aufwendungen stets, also unabhängig vom Betriebsratsamt, zu übernehmen. Es ist deshalb nicht zu beanstanden, wenn Arbeitgeber und Betriebsratsmitglied unabhängig vom Amt eine entsprechende (vertragliche) Abrede treffen. Wird diese Abrede indes anlässlich der Wahl des Arbeitnehmers in den Betriebsrat getroffen, liegt eine Besserstellung wegen der Betriebsratstätigkeit nahe. Andererseits wird man eine unzulässige Begünstigung verneinen müssen, wenn der Arbeitgeber allen Mitarbeitern die in Rede stehenden Aufwendungen ersetzt. Dann nämlich fehlt es bereits an der Besserstellung. Erst recht liegt dann keine Besserstellung wegen des Amtes vor.

(2) Aufwendungen wegen des Betriebsratsamts

Entstehen dem Betriebsratsmitglied Aufwendungen wegen seiner Tätigkeit im Betriebsrat, sind diese nach § 40 Abs. 1 BetrVG zu erstatten, wenn diese Aufwendungen erforderlich sind.[222] Fehlt es an der Erforderlichkeit, hat das Betriebsratsmitglied keinen Anspruch auf Ersatz etwaiger Aufwendungen. Erstattet der Arbeitgeber gleichwohl entsprechende Aufwendungen, liegt darin grundsätzlich ein Verstoß gegen das Begünstigungsverbot nach § 78 Satz 2 BetrVG. Der erforderliche Ursachenzusammenhang liegt dabei vor, weil gerade ein Ersatz von betriebsratsbezogenen Aufwendungen erfolgt. Der Kausalzusammenhang ist solchen Zuwendungen immanent. Auch erlangt das Betriebsratsmitglied einen Vorteil,

221 BAG v. 23.06.2010 – 7 ABR 103/08, NZA 2010, 1298 (1300).

222 BAG v. 18.01.1989 – 7 ABR 89/87, NZA 1989, 641; *Fitting*, § 40, Rn. 40; GK-BetrVG/*Weber*, § 40, Rn. 33; Richardi/*Thüsing*, § 40, Rn. 10; DKKW/*Wedde*, § 40, Rn. 36.

wenn anderen Arbeitnehmern solche Aufwendungen nicht erstattet werden. Der mögliche Einwand des Arbeitgebers, er habe die Erstattung vorgenommen, weil er die konkrete Aufwendung für erforderlich gehalten habe, wird regelmäßig nicht durchgreifen. Die Frage der Erforderlichkeit beurteilt sich nach objektiven gesetzlichen Maßstäben, welche die Beteiligten bei verständiger Würdigung anzuwenden haben. Unabhängig von einem etwaigen einzuräumenden Beurteilungsspielraum[223] spielen subjektive Maßstäbe bei der Frage der Begünstigung keine Rolle.[224]

(3) Ausnahmen

Von der grundsätzlichen Unterscheidung zwischen erstattungsfähigen Kosten der Betriebsratsarbeit und nicht erstattungsfähigen Kosten, welche unabhängig vom Betriebsratsamt aufgewendet wurden, lassen Rechtsprechung und Literatur im Einzelfall Ausnahmen zu. Es gibt danach bestimmte Kosten, welche grundsätzlich der persönlichen Lebensführung zuzuordnen sind, aber gleichwohl – entgegen des oben beschriebenen Grundsatzes – vom Arbeitgeber nach § 40 Abs. 1 BetrVG zu erstatten sind. Das BAG hatte dies etwa für den Fall eines alleinerziehenden Betriebsratsmitglieds entschieden, welches die Erstattung von Kinderbetreuungskosten vom Arbeitgeber verlangte.[225]

Die in diesem Fall klagende Betriebsrätin beauftragte für eine zehntägige Abwesenheit wegen Betriebsratssitzungen und Betriebsräteversammlungen außerhalb ihrer regulären Arbeitszeit eine Tagesmutter, welche die zwei minderjährigen Kinder der Betriebsrätin in dieser Zeit betreute. Obwohl es sich bei den daraus entstandenen Kosten um solche der persönlichen Lebensführung handelte, gelangte das BAG im Wege einer verfassungskonformen Auslegung zu dem Ergebnis, dass der Arbeitgeber der Betriebsrätin diese Kosten erstatten muss.

Ganz entscheidend ist hier zunächst der im Sachverhalt vorgegebene Umstand, dass es ausschließlich um Zeiten der Betriebsratsarbeit ging, die außerhalb der persönlichen Arbeitszeit der Betriebsrätin lagen. Wendet ein Betriebsratsmitglied Kinderbetreuungskosten in einem Zeitraum auf, in welchem es normalerweise seiner beruflichen Tätigkeit nachgegangen wäre, werden diese Kosten nicht von § 40 Abs. 1 BetrVG erfasst.[226] Während der Arbeitszeit muss das Betriebsratsmitglied wie jeder andere Arbeitnehmer die Betreuung seiner Kinder grundsätzlich

223 BAG v. 09.06.1999 – 7 ABR 66/97, NZA 1999, 1292 (1293).

224 S. 14.

225 BAG v. 23.06.2010 – 7 ABR 103/08, NZA 2010, 1298.

226 BAG v. 28.08.1991 – 7 ABR 46/90, NZA 1992, 72 (73); BAG v. 23.06.2010 – 7 ABR 103/08, NZA 2010, 1298 (1300); *Wiebauer*, BB 2011, 2104 (2104).

auf eigene Kosten gewährleisten. Etwaige Kollisionen zwischen familiären und arbeitsvertraglichen Pflichten sollen durch ein mögliches Leistungsverweigerungsrecht einerseits (§ 275 Abs. 3 BGB) und staatliche Unterstützungsleistungen andererseits (Elternzeit, Kindergeld, Betreuungsgeld) gelöst oder ausgeglichen werden. Handelt es sich jedoch um Betriebsratstätigkeit außerhalb der Arbeitszeit, kollidieren familiäre Pflichten nicht mit dem Arbeitsverhältnis, sondern mit dem Betriebsratsamt. In diesem Fall sei die Kollision im Rahmen einer verfassungskonformen Auslegung mit Blick auf die grundlegende Wertentscheidung in Art. 6 Abs. 2 Satz 1 GG dergestalt aufzulösen, dass das Betriebsratsmitglied nach § 40 Abs. 1 BetrVG die Kosten der Kinderbetreuung vom Arbeitgeber verlangen kann, wenn diese Kollision nicht in zumutbarer Weise anders gelöst werden könne.[227]

Diese Kollisionslösung des BAG überzeugt nicht. Zwar geht das BAG im Ausgangspunkt zutreffend davon aus, dass jeder Arbeitnehmer, der Betriebsratsaufgaben übernimmt, wissen muss, dass deren Erfüllung mit persönlichen Verpflichtungen kollidieren kann und dass die Kollisionsauflösung grundsätzlich nicht dem Arbeitgeber obliegt. Zutreffend ist auch der Verweis auf die verfassungsgerichtliche Rechtsprechung, wonach der Staat dafür Sorge zu tragen hat, dass Familientätigkeit und Erwerbstätigkeit miteinander verbunden werden können.[228] Dass dies jedoch einem Verständnis von § 40 Abs. 1 BetrVG entgegenstünde, wonach das Betriebsratsmitglied auf eigene Kosten die Kollision zwischen betriebsverfassungsrechtlichen und familiären Pflichten auflösen muss, überzeugt nicht. Der Gesetzgeber hat u.a. dieser Kollisionsgefahr dadurch Rechnung getragen, dass er in § 25 Abs. 1 Satz 2 BetrVG dem Betriebsratsmitglied die Möglichkeit einräumt, sich zeitweilig von einem Ersatzmitglied vertreten zu lassen. Dem tritt das BAG mit dem Argument entgegen, die Betriebsratsaufgaben stünden nicht im Belieben des einzelnen Mitglieds, sondern diese seien zur Wahrnehmung dieser Aufgaben verpflichtet.[229] Diese Auffassung geht indes zu weit, denn sofern zwei Pflichten miteinander kollidieren, ist anhand einer Interessenabwägung zu beurteilen, welcher Pflicht Vorrang einzuräumen ist. Sofern aus nachvollziehbaren Erwägungen den familiären Pflichten Vorrang eingeräumt wird, führt dies dazu, dass das Betriebsratsmitglied für diese Zeit von seinen betriebsverfassungsrechtlichen

227 BAG v. 23.06.2010 – 7 ABR 103/08, NZA 2010, 1298 (1300); LAG Hessen v. 22.07.1997 – 4/12 TaBV 146/96, NZA-RR 1998, 121; *Fitting*, § 40, Rn. 40; ErfK/*Koch*, § 40, Rn. 7; Richardi/*Thüsing*, § 40 Rn. 10; DKKW/*Wedde*, § 40, Rn. 39; *Löwisch/Kaiser*, § 40, Rn. 36; *Moll/Roebers*, NZA 2012, 57 (59); **a.A.** SWS, § 40, Rn. 24a; *Wiebauer*, BB 2011, 2104 (2104).

228 BVerfG v. 10.11.1998 – 2 BvR 1057/91, NJW 1999, 557 (558).

229 BAG v. 23.06.2010 – 7 ABR 103/08, NZA 2010, 1298 (1300).

Pflichten zu befreien ist, was § 25 BetrVG zulässt. Das BAG jedoch wägt nicht die eine Verpflichtung zu Gunsten der anderen Verpflichtung ab, sondern will die Erfüllung beider Verpflichtungen zu Lasten des Arbeitgebers sicherstellen. Die dogmatischen Grenzen der Pflichtenkollision werden damit jedoch überstrapaziert.[230] Wenn das Bundesverfassungsgericht nicht nur einen Vorrang von familiären Pflichten, sondern auch ein Nebeneinander von familiären und betriebsverfassungsrechtlichen Pflichten gewährleisten möchte, ist Adressat dieser Forderung der Gesetzgeber, aber nicht der Arbeitgeber. *Wiebauer* stellt in diesem Zusammenhang zutreffend fest, dass es nicht Sache der Gerichte sei, anstelle des Gesetzgebers sozialpolitische Entscheidungen zu treffen.[231] Das BetrVG löst insoweit die oben beschriebene Kollision durch die Möglichkeit, den familiären Pflichten Vorrang einzuräumen. Ein Nebeneinander auf Kosten des Arbeitgebers sieht das Gesetz jedoch nicht vor.

Die Sichtweise des BAG wirft zudem die Frage auf, weshalb das Abwägungsergebnis nur dann gelten soll, wenn es sich um Betriebsratstätigkeit außerhalb der Arbeitszeit handelt. Hätte die Betriebsrätin die Tagesmutter während der Betriebsratstätigkeit während der regulären Arbeitszeit beauftragt, dürfte das BAG wohl einen Erstattungsanspruch verneint haben. Die Pflichtenkollision ist aber in beiden Fällen vergleichbar.

Nachvollziehbar wäre es gewesen, eine mögliche Erstattungspflicht mit Blick auf eine mögliche Benachteiligung des Betriebsratsmitglieds zu beurteilen.[232] Denn nach der hier vertretenen Auffassung hätte die Betriebsrätin die Kosten der Kinderbetreuung selbst zu tragen und würde einen entsprechenden Vermögensverlust nur deshalb erleiden, weil sie ihren betriebsverfassungsrechtlichen Pflichten nachgekommen ist. Indes führt auch dieser Gesichtspunkt nicht zu einem anderen Ergebnis. Die obige Interessenabwägung führt dazu, dass die Betriebsrätin ihren familiären Pflichten Vorrang einräumen konnte, sodass sie nicht verpflichtet war, an den Betriebsratsterminen teilzunehmen. Wenn sie selbst der Betriebsratsarbeit Vorrang gegenüber der persönlichen Betreuung ihrer Kinder einräumt, kann darin keine Benachteiligung liegen, welche der Arbeitgeber ausgleichen müsste.

Es bleibt damit festzuhalten, dass auch bei der Wahrnehmung von Betriebsratsaufgaben außerhalb der Arbeitszeit keine Erstattung von Aufwendungen der persönlichen Lebensführung in Betracht kommt. Das gilt trotz Art. 6 GG auch

---

230 *Wiebauer*, BB 2011, 2104 (2106).

231 *Wiebauer*, BB 2011, 2104 (2106).

232 So etwa in einem ähnlichen Fall: LAG Hessen v. 22.07.1997 – 4/12 TaBV 146/96, NZA-RR 1998, 121 (122).

für Kinderbetreuungskosten. Diese Kosten werden nicht von § 40 Abs. 1 BetrVG erfasst. Erfolgt dennoch eine Erstattung durch den Arbeitgeber, liegt darin eine unzulässige Begünstigung nach § 78 Satz 2 BetrVG, sofern nicht der Arbeitgeber diese Kosten generell und insbesondere nicht nur Betriebsratsmitgliedern erstattet. Das Betriebsratsmitglied erlangt durch diese Erstattung eine Besserstellung gegenüber anderen Arbeitnehmern. Nicht überzeugend ist der diesbezügliche Hinweis des LAG Hessen, das Betriebsratsmitglied habe gar keinen Vorteil durch die Kinderbetreuung, da lediglich die beauftragte Person von der Kinderbetreuung profitiere.[233] Faktisch kommt das Betriebsratsmitglied auf Kosten des Arbeitgebers in den Genuss einer Dienstleistung, nämlich die der Kinderbetreuung. Vorteile im Sinne des § 78 Satz 2 BetrVG sind nicht nur – wie offenbar das LAG Hessen meint – finanzielle Zuwendungen, die nicht an anderer Stelle wieder abfließen, sondern auch Dienstleistungen.

b) Pauschalierung von Aufwendungen

Zur Vereinfachung einer zum Teil komplizierten und aufwendigen Nachweisführung[234] und zur Vermeidung von übermäßigem Verwaltungsaufwand[235] ist denkbar, den Mitgliedern des Betriebsrats für deren Aufwendungen eine Pauschale zu gewähren. Je nach Zweck der konkreten Pauschale sollen damit die entsprechenden Aufwendungen abgegolten werden. Dies hat für beide Betriebspartner den Vorteil, dass einzelne Aufwendungen nicht gesondert eingereicht und erstattet werden müssen. Das BetrVG sieht eine solche Pauschale nicht vor, weshalb es grundsätzlich einer Vereinbarung der Betriebspartner zur pauschalen Abgeltung bedarf. Gleichwohl – und darauf findet sich bereits ein Hinweis im Lehrbuch von *Hueck/Nipperdey* – sind solche Vereinbarungen über die Aufwandsentschädigung nur gültig, soweit sie sich im Rahmen des Gesetzes bewegen.[236]

Mit Blick auf das Verbot der Benachteiligung und der Begünstigung von Betriebsratsmitgliedern ist die pauschale Abgeltung von Aufwendungen nicht unproblematisch. Typischerweise liegt der tatsächliche Aufwand mal über, mal unter dem pauschal erstatteten Betrag. Insoweit sind beide Erscheinungsformen gleichsam problematisch: Ist die Pauschale zu großzügig bemessen, könnte eine Begünstigung vorliegen, weil dem Betriebsratsmitglied etwas erstattet wird, was es tatsächlich nicht aufgewendet hat. Ist die Pauschale zu knapp bemessen, könnte

233 LAG Hessen v. 22.07.1997 – 4/12 TaBV 146/96, NZA-RR 1998, 121 (122).
234 *Waas*, S. 25.
235 *Kehrmann*, FS Wlotzke, 357 (357).
236 *Hueck/Nipperdey*, S. 1165.

das Betriebsratsmitglied benachteiligt sein, weil es seine Aufwendungen entgegen § 40 Abs. 1 BetrVG nicht ersetzt bekommt.

Entsprechend umstritten ist die Zulässigkeit solcher Pauschalierungen. Das BAG erachtet eine Pauschalierung grundsätzlich für zulässig, wenn die Pauschale im Wesentlichen dem Durchschnitt der wirklichen Aufwendungen entspricht und sich darin keine „versteckte Vergütung" verbirgt, d.h. die Pauschale müsse so bemessen sen, dass sie, im „Großen und Ganzen" gesehen, den tatsächlichen Aufwendungen entspricht.[237] Versteckte Vergütungen sind vor allem verschleierte Zahlungen in Gestalt von Entschädigungen für einen Aufwand, der gar nicht in dieser Höhe entstanden ist oder entstehen wird.[238] Danach scheiden bereits solche Pauschalen aus, welche in ihrer Höhe für alle Betriebsratsmitglieder gleich bemessen sind, da die Annahme gleicher Aufwendungen aller Betriebsratsmitglieder in gleicher Höhe aller Erfahrung widerspricht.[239] Dabei hat das BAG die Gefahr einer Begünstigung gleichwohl erkannt, diese aber mit dem Argument in Kauf genommen, dass das Betriebsratsmitglied auf der anderen Seite auch eine gewisse Benachteiligung in Kauf nehmen müsse, wenn die Pauschale die wirklichen Aufwendungen nicht in jedem Falle vollständig deckt.

Das Schrifttum ist dieser Ansicht weitestgehend gefolgt, will aber gleichwohl den Arbeitgeber verpflichten, über den Pauschalbetrag hinausgehende Aufwendungen zu ersetzen.[240] Rechtlich handelt es sich nach dieser Auffassung aber nicht um eine pauschale Abgeltung, sondern um einen einseitigen Vorschuss. Einseitig deshalb, weil nur bei einem zu geringen Pauschbetrag eine weitere Erstattung gefordert wird, nicht jedoch bei einem zu hohen Pauschbetrag. Soweit der Abgeltungscharakter ernst genommen wird, sollen nach einer Auffassung Aufwandspauschalen grundsätzlich zulässig sein, wenn nach allgemeinen Erfahrungssätzen bestimmte Pauschbeträge den tatsächlichen Aufwendungen entsprechen und daher angemessen sind, sodass eine Einzelabrechnung unzweckmäßig wäre.[241]

---

237 BAG v. 09.11.1955 – 1 AZR 329/54, NJW 1956, 158 (159).

238 *Nikisch*, S. 155.

239 ArbG Stuttgart v. 13.12.2012 – 24 Ca 5430/12, NZA-RR 2013, 140 (142); Richardi/*Thüsing*, § 40, Rn. 46; **a.A.** *Klenter*, jurisPR-ArbR 8/2013, Anm. 8, wonach eine versteckte Vergütung nur bei einer „nennenswerten" Relation zum Lohn in Betracht komme.

240 *Fitting*, § 40, Rn. 41; DKKW/*Wedde*, § 40, Rn. 57; ErfK/*Koch*, § 40 BetrVG, Rn. 7; *Weinspach*, FS Kreutz, 485 (488); *Etzel*, Rn. 1135; *Weber/Ehrich/Hörchens/Oberthür*, S. 276.

241 GK-BetrVG/*Weber*, § 40, Rn. 20; *Kehrmann*; FS Wlotzke, 358 (375 f.); *Schweibert/Buse*, NZA 2007, 1080 (1083); *Moll/Roebers*, NZA 2012, 57 (58 f.); *Bittmann/Mujan*, BB 2012, 637 (639).

Die Gegenauffassung hält solche Pauschalen grundsätzlich für unzulässig,[242] will jedoch Fallgruppen zulassen, in denen eine Pauschalierung zulässig sein soll, wenn Aufwendungen nach der Verkehrsanschauung abgegolten werden können, ohne dass darin die Gewährung eines Sondervorteils liegt.[243] *Rüthers* will demgegenüber eine Pauschalierung nur zulassen, wenn der Pauschbetrag einer regelmäßigen Überprüfung unterzogen wird.[244]

Im Allgemeinen hat sich *Waas* für die grundsätzliche Zulässigkeit von Pauschalen ausgesprochen.[245] Nach seiner Auffassung könne eine Pauschalierung zulässig sein, wenn diese an keine „realitätsfremden Grenzen"[246] anknüpfe und die Vorteile der Pauschalierung in einem „rechten Verhältnis" zu den Nachteilen stünden.[247] Zur Begründung wird auf die Existenz von zulässigen Pauschalierungen in anderen Rechtsgebieten, etwa im Steuerrecht, im Entschädigungsrecht (insbesondere bzgl. der Entschädigung ehrenamtlicher Richter gemäß § 16 JVEG), aber auch bei der Abgeltung von Mehrarbeit im Arbeitsverhältnis verwiesen.

Mit Blick auf die o.g. praktischen Vorteile einer Pauschalierung ist der Wunsch nach der Zulässigkeit einer solchen Regelung nachvollziehbar. Rechtsdogmatische Erwägungen sprechen jedoch grundsätzlich gegen die Zulässigkeit von Pauschalierungen bei Mitgliedern des Betriebsrats im Allgemeinen und insbesondere im Hinblick auf die pauschale Abgeltung ihrer Aufwendungen.

Im Allgemeinen kann aus der Zulässigkeit von Pauschalierungen in anderen Rechtsgebieten kein „Indiz"[248] für eine betriebsverfassungsrechtliche Zulässigkeit abgeleitet werden. In den von *Waas* genannten Fällen ist eine Pauschalierung aufgrund der gesetzlichen Vorschriften ausdrücklich möglich. Dies spricht dafür, dass der Gesetzgeber, wenn er Pauschalierungen für zulässig hält, dies ausdrücklich klarstellt. Dies ist weder bei § 78 Satz 2 BetrVG, noch bei den Regelungen des § 37 BetrVG der Fall. Es mag stets Gründe für eine Pauschalierung geben. Ob diese in der konkreten Konstellation aber unbedenklich sind,

---

242 *Frahm/Koch*, ArbRAktuell 2010, 468; ähnlich Düwell/*Wolmerath*, § 40, Rn. 2, der in pauschalen Kostenregelungen ein Missbrauchspotential sieht; wohl auch: *Rieble*, NZA 2008, 276 (278).

243 Richardi/*Thüsing*, § 40, Rn. 46; MünchArb/*Joost*, § 221, Rn. 24; WPK/*Kreft*, § 40, Rn. 23; Schaub/*Koch*, § 221, Rn. 4; *Franzen*, FS Adomeit, 173 (178); *Rieble*, NZA 2008, 276 (277).

244 *Rüthers*, RdA 1976, 61 (63); ähnlich *Schweibert/Buse*, NZA 2007, 1080 (1083), die Stichproben und eine Abrede bzgl. nicht verwendeter Mittel empfehlen.

245 *Waas*, S. 21 ff.

246 Unter Hinweis auf BVerfG v. 22.02.1984 – 1 BvL 10/80, NJW 1984, 2453 (2454).

247 *Waas*, S. 29.

248 *Waas*, S. 26 f.

entscheiden im privatrechtlichen Rechtsverhältnis die Vertragsparteien selbst und bei einer Überschreitung dieses Rechtskreises (wie im Betriebsverfassungsrecht) der Gesetzgeber. Da sich der Gesetzgeber jedenfalls nicht ausdrücklich für die Zulässigkeit von Pauschalierungen im Bereich der Behandlung von Betriebsratsmitgliedern entschieden hat, kann allgemein auch nicht von deren Zulässigkeit ausgegangen werden.

Speziell mit Blick auf die Pauschalierung des Aufwendungsersatzes ist dem BAG im Ausgangspunkt zuzustimmen, wenn es in zu geringen Pauschalen eine Benachteiligung und in zu hohen Pauschalen eine Begünstigung für möglich hält. Die Auffassung, eine mögliche Begünstigung werde durch eine mögliche Benachteiligung ausgeglichen, überzeugt jedoch nicht. Das Unrecht einer Benachteiligung kann nicht durch das Unrecht einer späteren Begünstigung ausgeglichen werden.[249] Das gilt auch für den umgekehrten Fall. Die Unabhängigkeit des Betriebsratsmitglieds wird durch beide Erscheinungsformen gefährdet. Wenn die Beeinträchtigung der Amtstätigkeit zunächst durch eine Benachteiligung behindert wird, kann dieser Effekt nicht durch eine erneute Gefährdung der Unabhängigkeit aufgrund einer Begünstigung wieder ausgeglichen werden. Kurz: Benachteiligendes Unrecht wird nicht durch begünstigendes Unrecht rechtmäßig. Der Auffassung des BAG kann somit nicht gefolgt werden. Gleiches gilt für diejenigen Stimmen der Literatur, die eine Pauschale für zulässig halten, aber im Falle eines zu geringen Pauschbetrages eine Erstattungspflicht des Arbeitgebers vorsehen.[250] Nach dieser Auffassung wird zwar eine Benachteiligung des Betriebsratsmitglieds vermieden. Eine Begünstigung durch zu hohe Zahlungen soll aber offensichtlich in Kauf genommen werden. Durch diesen einseitigen Schutz der Betriebsratsmitglieder ist die Gefahr einer Begünstigung noch höher als nach der Lösung des BAG, weil die Mitglieder des Betriebsrats durch einen zu hohen Pauschbetrag allein wegen ihrer Amtstätigkeit gegenüber anderen Arbeitnehmern bessergestellt werden. Genau das will § 78 Satz 2 BetrVG jedoch vermeiden.

Der Einwand von *Kehrmann*, wonach eine der Verwaltungsvereinfachung dienende Pauschalvergütung nicht in sachwidriger Weise Einfluss auf die Betriebsratstätigkeit nehme,[251] überzeugt nicht. Ob eine Begünstigung tatsächlich Einfluss auf die Betriebsratstätigkeit nimmt, ist im Rahmen von § 78 Satz 2 BetrVG nicht relevant. Nicht erst der tatsächliche Verlust der Unabhängigkeit, sondern bereits die Gefahr dieses Verlustes soll durch das Begünstigungsverbot verhindert werden.

---

249 ArbG Essen v. 03.12.2010 – 5 Ca 2260/10, juris, Rn. 41.

250 Fn. 240.

251 *Kehrmann*, FS Wlotzke, 357 (377).

Soweit darauf verwiesen wird, dass die betriebliche Praxis schwerer wiege als formaljuristische Gesichtspunkte,[252] ist dem entgegenzuhalten, dass es sich bei dem Benachteiligungs- und Begünstigungsverbot um einen elementaren betriebsverfassungsrechtlichen Grundsatz handelt, der keine bloße Verfahrens- oder Ordnungsvorschrift darstellt, sondern dessen Schutzgut für eine effektive Mitbestimmung unerlässlich ist.

Zutreffend ist daher die Ansicht, wonach Pauschalabgeltungen grundsätzlich unzulässig sind. Zu prüfen bleibt, ob entsprechend einzelner Literaturstimmen unter engen Voraussetzungen Ausnahmen zuzulassen sind. Erwägenswert ist beispielsweise der Vorschlag von *Rüthers*, die Höhe des Pauschbetrages ständig zu überprüfen.[253] Eine solche Vorgehensweise ist indes wenig sinnvoll. Zum einen wird die Gefahr von Benachteiligungen und Begünstigungen durch eine ständige Kontrolle zwar vermindert, nicht jedoch verhindert. Zum anderen gehen bei diesem Vorgehen die praktischen Vorteile einer Pauschalierung verloren,[254] weil eine ständige Kontrolle gegenüber einer Einzelabrechnung kaum Verwaltungsaufwand einspart. Auch unter Beachtung der von *Waas* herausgearbeiteten Zulässigkeitsvoraussetzungen,[255] welche insbesondere eine Abwägung der Vor- und Nachteile einer Pauschale berücksichtigen, kann nicht von einer Zulässigkeit von Pauschalierungen ausgegangen werden. Den möglichen praktischen Vorteilen steht mit der Unabhängigkeit der Betriebsratsmitglieder und der damit verbundenen Funktionalität der Mitbestimmung ein derart hohes Schutzgut gegenüber, sodass selbst immense praktische Vorteile die drohenden Nachteile nicht rechtfertigen könnten.

Konsequent ist es daher, Pauschalabgeltungen für Betriebsratsmitglieder durchweg für unzulässig zu erachten. Das Bedürfnis der betrieblichen Praxis, das Abrechnungsverfahren zu vereinfachen, muss hinter dem Benachteiligungs- und Begünstigungsverbot zurücktreten. Werden hingegen im Betrieb grundsätzlich, d.h. an alle Arbeitnehmer Aufwandspauschalen gezahlt, ist eine pauschalierte Erstattung auch für Betriebsratsmitglieder zulässig. Dies gilt indes nur für die unter (1) beschriebenen Aufwendungen, welche unabhängig vom Betriebsratsamt gewährt werden. Für Aufwendungen wegen des Betriebsratsamtes bleibt es bei der Unzulässigkeit, da anderen Arbeitnehmern schon denknotwendig keine betriebsratsbedingten Aufwendungen entstehen, welche pauschal erstattet werden könnten.

---

252 *Kehrmann*, FS Wlotzke, 357 (379).
253 *Rüthers*, RdA 1976, 61 (63).
254 *Schweibert/Buse*, NZA 2007, 1080 (1083).
255 *Waas*, S. 29.

5. Leistungs- und erfolgsbezogene Vergütungssysteme

Von der beruflichen Tätigkeit vorübergehend befreite oder dauerhaft freigestellte Betriebsratsmitglieder erhalten nach dem Lohnausfallprinzip gemäß § 37 Abs. 2 BetrVG das Arbeitsentgelt, welches sie ohne die Befreiung oder die Freistellung erhalten hätten. Erforderlich ist somit eine hypothetische Betrachtung.[256] Diese mag bei einer Vergütung nach Zeit unproblematisch vorzunehmen sein. Weitaus problematischer stellt sich die Anwendung des Lohnausfallprinzips bei leistungs- und erfolgsabhängigen Vergütungssystemen dar. Das gilt insbesondere, wenn die individuelle Leistung oder der individuelle Erfolg des Arbeitnehmers die Vergütung bestimmt, weil ein freigestelltes Betriebsratsmitglied Betriebsratsarbeit leistet und keine arbeitsvertragliche Leistung erbringt. Es wird insoweit keinen Arbeitserfolg erreichen. Dann jedoch entfällt der Maßstab für die Vergütung des freigestellten Betriebsratsmitglieds.

Das Schrifttum will bei solchen Vergütungssystemen vom zuletzt verdienten Entgelt des Betriebsratsmitglieds in dem entsprechenden Zeitraum ausgehen[257] und hilfsweise den Durchschnitt der anderen vergleichbaren Arbeitnehmer während der Arbeitsbefreiung heranziehen.[258] Andere wollen nicht auf das zuletzt erzielte Entgelt, sondern auf das durchschnittlich erzielte Entgelt des Betriebsratsmitglieds,[259] und hilfsweise den Durchschnitt vergleichbarer Arbeitnehmer heranziehen.[260] Zusammengefasst kommt demnach ein Abstellen auf die individuelle zuletzt erbrachte Leistung oder ein Abstellen auf den individuellen Durchschnitt, hilfsweise ein Abstellen auf den kollektiven Durchschnitt in Betracht. Methodisch wird dabei in allen vorgeschlagenen Varianten das Lohnausfallprinzip durch die Bezugsmethode ergänzt,[261] weil die Frage des hypothetischen Arbeitsentgelts nicht wie beim Zeitlohn präzise bestimmt, sondern nur durch die Bezugnahme auf frühere oder fremde Leistungen geschätzt werden kann.

---

256 S. 32 f.

257 Richardi/*Thüsing*, § 37, Rn. 31; *Galperin/Löwisch*, § 37, Rn. 35; *Löwisch/Kaiser*, § 37, Rn. 21.

258 GK-BetrVG/*Weber*, § 37, Rn. 59; SWS, § 37, Rn. 17; *Kappenhagen*, S. 132 f.; *Rid/Triemel*, AuA 2011, 482 (482).

259 WPK/*Kreft*, § 37, Rn. 21; *Natzel*, NZA 2000, 77 (79); *Rieble*, NZA 2008, 276 (276); *Göpfert/Fellenberg/Klarmann*, DB 2009, 2041 (2044); *Mayer*, AiB 2011, 668 (669).

260 *Fitting*, § 37, Rn. 68; HSWGNR/*Glock*, § 37, Rn. 56; DKKW/*Wedde*, § 37, Rn. 52; ErfK/*Koch*, § 37 BetrVG, Rn. 6; *Gaul*, BB 1998, 101 (101); *Däubler*, Rn. 427; *Lipp*, S. 113; **a.A.** *Knipper*, S. 47, die allein auf den Durchschnitt vergleichbarer Arbeitnehmer abstellen will.

261 *Kappenhagen*, S. 132; *D. Gaul*, Rn. 19.

a) Individueller oder kollektiver Maßstab?

Für ein individuelles Element spricht, dass die Berücksichtigung der individuellen persönlichen Leistung bei leistungs- und erfolgsabhängigen Vergütungssystemen immanent ist, wenn das System nicht auf den kollektiven Erfolg aller Arbeitnehmer oder des gesamten Unternehmens ausgerichtet ist. § 37 Abs. 2 BetrVG gibt keinen Hinweis darauf, dass sich das individuelle Arbeitsentgelt des Betriebsratsmitglieds nach dem vergleichbarer Arbeitnehmer richtet. Ein Abstellen auf den Durchschnitt der anderen vergleichbaren Arbeitnehmer ist daher nicht angezeigt. Liegen Leistungsindikatoren des Betriebsratsmitglieds selbst vor, würde es § 37 Abs. 2 BetrVG widersprechen, stattdessen auf den Durchschnitt vergleichbarer Arbeitnehmer abzustellen. Die hypothetische Frage, was das Betriebsratsmitglied selbst verdient hätte, lässt sich am ehesten durch das Betriebsratsmitglied selbst und nur hilfsweise durch den Blick auf vergleichbare Arbeitnehmer beantworten. Deshalb stellt auch das EFZG in § 4 Abs. 1a Satz 2 auf die Leistung des Arbeitnehmers selbst ab. Etwas anderes ergibt sich auch nicht aus § 37 Abs. 4 BetrVG, da dieser lediglich die Entgeltentwicklung, nicht jedoch die Entgeltermittlung regelt.[262] Der Rechtsgedanke des § 37 Abs. 4 BetrVG, wonach sich die Entgeltentwicklung an vergleichbaren Arbeitnehmern mit betriebsüblicher Entwicklung zu orientieren hat, kann nur herangezogen werden, wenn individuelle Leistungsfaktoren keinen Rückschluss auf die hypothetische Leistung zulassen.[263] Dies kann beispielsweise der Fall sein, wenn ein leistungsabhängiges Vergütungssystem erst nach der Freistellung des Betriebsratsmitglieds eingeführt wurde. Selbst in diesem Fall ist jedoch vorrangig zu prüfen, ob nicht die bisherige Leistung des Betriebsratsmitglieds auf das neue System übertragen werden kann. Nur wenn die erforderlichen Daten nicht existieren, kann hilfsweise auf andere Arbeitnehmer abgestellt werden. Davon zu unterscheiden ist jedoch die Frage der Leistungsentwicklung des Betriebsratsmitglieds. Diese orientiert sich gleichwohl an vergleichbaren Arbeitnehmern mit betriebsüblicher Entwicklung. Konnten beispielsweise vergleichbare Arbeitnehmer wegen neuer Geräte ihre Leistung um 20% steigern, ist auch die hypothetische Leistung des Betriebsratsmitglieds entsprechend anzupassen. Auch hier bleibt es bei der klaren Trennung zwischen Entgeltermittlung und Entgeltentwicklung. Der Literatur ist deshalb zuzustimmen, wenn sie vorrangig auf die individuelle Leistung des Betriebsratsmitglieds abstellt.

---

262 S. 34 ff.

263 **A.A.** *Rieble*, NZA 2008, 276 (276), der § 37 Abs. 4 BetrVG generell heranziehen will.

Demgegenüber könnten bei einem vorrangigen Abstellen auf vergleichbare Arbeitnehmer im Rahmen der Entgeltermittlung Verstöße gegen § 78 Satz 2 BetrVG – und zwar in beiden Varianten – nicht ausgeschlossen werden. Insbesondere für den Fall, dass das Betriebsratsmitglied Leistungen unter dem Durchschnitt der anderen Arbeitnehmer erbringt, würde bei einer vorrangigen Orientierung an vergleichbaren Arbeitnehmern mit besseren Leistungen eine unzulässige Begünstigung vorliegen, weil § 37 Abs. 2 BetrVG nach der hier vertretenen Auffassung einen individuellen Maßstab vorgibt. Die Begünstigung ergibt sich dann aus der fehlerhaften Anwendung des Lohnausfallprinzips zu Gunsten des Betriebsratsmitglieds.

b) Letzte Leistung oder Durchschnittsleistung?

Offen bleibt, ob als Maßstab die zuletzt in dem entsprechenden Zeitraum erbrachte Leistung des Betriebsratsmitglieds oder ein Durchschnitt früherer Leistungen des Betriebsratsmitglieds heranzuziehen ist. Sinn und Zweck des § 37 Abs. 2 BetrVG ist es, die hypothetische Leistung des Betriebsratsmitglieds möglichst genau zu bestimmen. Für die zuletzt erbrachte Leistung spricht insoweit, dass sie das aktuellste Leistungsbild widerspiegelt. Hingegen kann durch eine am Durchschnitt orientierte Bemessung ausgeschlossen werden, dass gerade die letzte Leistung des Betriebsratsmitglieds, die besonders stark, aber auch besonders schwach gewesen sein könnte, ein verfälschtes Leistungsbild erzeugt. Es gibt keinen allgemeinen Erfahrungssatz, wonach der Verdienst der vorhergehenden Lohnperiode auch demjenigen der folgenden Lohnperiode entspricht.[264] Auch hier bestätigt der Blick in § 4 Abs. 1a Satz 2 EFZG, dass der Durchschnittsverdienst der präzisere Maßstab ist. Die besseren Gründe sprechen daher für die Ermittlung eines individuellen Durchschnitts, der bei monatlichen Lohnperioden die letzten zwölf Monate einbeziehen sollte. Ein längerer Bezugszeitraum würde zu Lasten der Aktualität des Leistungsbildes, ein kürzerer zu Lasten der Repräsentativität des ermittelten Durchschnitts gehen. Wird demgegenüber auf die zuletzt erbrachte Leistung des Betriebsratsmitglieds abgestellt, kann darin eine Begünstigung liegen. War nämlich die zuletzt erbrachte Leistung des Betriebsratsmitglieds außergewöhnlich gut und nimmt man diese herausragende Leistung als Maßstab für die Vergütung während der Freistellung, wird das Betriebsratsmitglied wegen seiner Betriebsratstätigkeit gegenüber den anderen Arbeitnehmern bessergestellt. Ob diese Besserstellung beabsichtigt ist oder nicht, ist nicht relevant, da es allein auf das Vorliegen einer objektiven

264 So aber: Schaub/*Koch*, § 221, Rn. 12.

Begünstigung ankommt.[265] Dagegen liegt in einer solchen Vorgehensweise kein Verstoß gegen § 37 Abs. 1 BetrVG, weil keine Vergütung für die Betriebsratstätigkeit gezahlt wird, sondern ein Entgelt für hypothetische Arbeitsleistung.

Festzuhalten bleibt, dass das Arbeitsentgelt eines Betriebsratsmitglieds bei leistungs- und erfolgsabhängigen Vergütungssystemen anhand der durchschnittlichen Leistungen des Betriebsratsmitglieds selbst, nach der hier vertretenen Auffassung der letzten zwölf Monate, zu bemessen ist. Nur wenn eine Ermittlung der bisherigen Leistung des Betriebsratsmitglieds selbst nicht möglich ist, kann hilfsweise auf die Leistung vergleichbarer Arbeitnehmer mit betriebsüblicher Entwicklung zurückgegriffen werden. Eine hiervon abweichende Entgeltermittlung kann zu unzulässigen Benachteiligungen oder Begünstigungen führen.

c) Zielvereinbarungen

Für die Bemessung einer leitsungs- oder erfolgsabhängigen Vergütung freigestellter Betriebsratsmitglieder wurde die Grundregel herausgearbeitet, dass hierfür die bisherige durchschnittliche Leistung des Betriebsratsmitglieds maßgeblich ist. Im Schrifttum wird zum Teil die Auffassung vertreten, ein solches Vorgehen könne im Bereich von leistungs- und erfolgsbezogenen Jahressonderzahlungen, insbesondere bei Zielvereinbarungen, zu unbefriedigenden Ergebnissen führen.[266] Eine Orientierung an einer durchschnittlichen Leistung lasse bei jahresbezogenen Zielvereinbarungen konjunkturelle Schwankungen unberücksichtigt. Eine präzise Ermittlung eines hypothetischen Entgelts sei dann nicht möglich.

Diese Auffassung überrascht. Der Gefahr konjunktureller Schwankungen kann ohne Weiteres durch einen entsprechend erweiterten Durchschnittszeitraum Rechnung getragen werden. Jeder Durchschnittsberechnung ist immanent, dass bei einer Ausweitung des Bezugszeitraumes der ermittelte Durchschnitt umso präziser widergespiegelt wird, je weiter der Bezugszeitraum gefasst ist. Gleichzeitig entfernt sich aber auch der ermittelte Durchschnitt umso weiter von dem aktuellen Leistungsbild, je weiter der Bezugszeitraum gefasst ist. Ziel der hypothetischen Entgeltermittlung ist indes nicht die möglichst präzise Ermittlung eines Durchschnitts, sondern die möglichst präzise Ermittlung des aktuellen Leistungsbildes, um das hypothetische Entgelt zu bestimmen. Der Bezugszeitraum sollte daher nur begrenzt ausgeweitet werden. Im Übrigen berücksichtigt das BetrVG bereits konjunkturelle Schwankungen, wenn sich diese auf die Entwicklung der

---

265 S. 14.

266 *Gaul*, BB 1998, 101 (102); *Lipp*, S. 114.

Arbeitnehmer auswirken, indem sich die berufliche Entwicklung der Betriebsratsmitglieder gemäß § 37 Abs. 4 BetrVG an derjenigen vergleichbarer Arbeitnehmer mit betriebsüblicher Entwicklung orientiert. Steigern etwa vergleichbare Arbeitnehmer ihr leistungsabhängiges Entgelt, weil sich die Konjuktur in einer Hochphase befindet, ist auch das leistungsabhängige Entgelt des Betriebsratsmitglied anzupassen. Ein jahresbezogener Bezugszeitraum vermag daher keine Abkehr von der erarbeiteten Grundregel zu begründen. Nach der hier vertretenen Auffassung ist lediglich der für den Durchschnitt maßgebliche Zeitraum zu erweitern, wobei für eine jahresbezogene Sonderzuwendung ein Bezugszeitraum von drei Jahren angemessen ist.

Für freigestellte Betriebsratsmitglieder ist daher auch im Bereich von Zielvereinbarungen die oben erarbeitete Grundregel anzuwenden: Hat das Betriebsratsmitglied etwa vor seiner Freistellung aufgrund einer Zielvereinbarung in den letzten drei Jahren ein durchschnittliches zusätzliches Entgelt von 5.000 Euro im Jahr erhalten, erhält es dieses zusätzliche Entgelt auch im Falle einer Freistellung. Dies muss indes nicht so bleiben. Steigern etwa vergleichbare Arbeitnehmer ihre Leistung, so stellt dies eine berufliche Entwicklung dar, an welcher das Betriebsratsmitglied teilnimmt.

d) Sonderfall: Zielvereinbarungen bei teilweise freigestellten Betriebsratsmitgliedern

Der Umstand, dass insbesondere bei Zielvereinbarungen die Höhe der Sonderzahlung nicht stets proportional zur aufgewendeten Arbeitszeit ist, sondern oftmals auch andere Faktoren die Zielerreichung beeinflussen,[267] führt zu Schwierigkeiten bei der Entgeltbemessung solcher Betriebsratsmitglieder, welche nicht dauerhaft, sondern nur teilweise von ihrer beruflichen Tätigkeit freigestellt werden. Dies wird an folgendem Beispiel deutlich: Der Arbeitgeber definiert für alle Mitarbeiter einen bestimmten persönlichen Umsatz als Jahresziel, bei dessen Erreichen er eine Sonderzahlung gewährt. Wird der Zielumsatz unterschritten, reduziert sich die Zahlung, wird er überschritten, erhöht sich die Zahlung. Ein Betriebsratsmitglied hat vor seiner Freistellung dieses Umsatzziel mehrere Jahre genau erreicht. Wird das Betriebsratsmitglied nun vollständig freigestellt, hat es nach der o.g. Grundregel auch weiterhin einen Zahlunganspruch, als ob es den Zielumsatz erreicht hätte.

267 Vgl. zu möglichen anderen Faktoren: LAG Berlin v. 28.06.1996 – 6 Sa 37/96, NZA 1997, 224.

Wird das Betriebsratsmitglied indes nur halbtags freigestellt, ist fraglich, wie dies im Hinblick auf seine Zielerreichung zu bewerten ist:

Denkbar ist, das Ziel unter Berücksichtigung des Freistellungsumfangs entsprechend anzupassen. Im o.g. Fall würde dies bedeuten, dass das Betriebsratsmitglied – da es zur Hälfte freigestellt ist – nur noch die Hälfte des Umsatzes erzielen muss, um die Sonderzahlung zu erhalten. Eine solche Vorgehensweise unterstellt jedoch, dass das Betriebsratsmitglied während seiner Freistellung die gleiche Leistung erbracht hätte, wie wenn es seiner beruflichen Tätigkeit nachgegangen wäre. Faktisch wird dabei die zuletzt erbrachte Leistung des Betriebsratsmitglieds zugrunde gelegt. Wie bereits dargelegt, ist es jedoch sachgerechter, auf eine durchschnittliche Leistung abzustellen.[268] Leistungs- und Konjunkturschwankungen werden bei diesem Vorgehen nicht berücksichtigt, was sich sowohl zum Vorteil (Begünstigung) als auch zum Nachteil (Benachteiligung) des Betriebsratsmitglieds auswirken kann.

Andererseits würde ein Abstellen auf die durchschnittliche Leistung des Betriebsratsmitglieds unberücksichtigt lassen, dass bei Zielvereinbarungen nicht zwingend eine Proportionaltität zwischen Arbeitszeit und Arbeitserfolg besteht. Um dies angemessen zu berücksichtigen, hat das LAG Berlin[269] in einem Fall eines Pharmavertreters eine Formel vorgeschlagen, wonach nur der vom Betriebsratsmitglied tatsächlich beeinflussbare Teil der Vorgabe entsprechend seines Freistellungumfangs reduziert wird.[270] Eine weitere Modifizierung will *Gaul* vornehmen: Er weist darauf hin, dass eine effektive und geschickte Arbeitsorganisation eines Arbeitnehmers dazu führen könne, dass ein umsatzbezogener Erfolg überhaupt nicht durch die Betriebsratstätigkeit beeinflusst würde. Das sei immer dann der Fall, wenn sich die für den Betriebsrat aufgewendete Arbeitszeit auch ohne Betriebsratsarbeit nicht umsatzsteigernd ausgewirkt hätte. Ließe man diesen „Leerlauf" unberücksichtigt, würde das Betriebsratsmitglied begünstigt. Er schlägt deshalb vor, neben dem Einfluss des Betriebsratsmitglieds auch dessen Effektivität und Organisation zu berücksichtigen.[271]

Der Vorgehensweise des LAG ist zuzustimmen. Andernfalls würde das Betriebsratsmitglied unzulässig begünstigt werden. Würde die Zielvorgabe ohne Berücksichtigung des tatsächlichen Einflusses des Betriebsratsmitglieds reduziert werden, würde es wegen seiner Tätigkeit gegenüber anderen Arbeitnehmern, die

---

268 S. 75 ff.

269 LAG Berlin v. 28.06.1996 – 6 Sa 37/96, NZA 1997, 224.

270 LAG Berlin v. 28.06.1996 – 6 Sa 37/96, NZA 1997, 224 (225).

271 *Gaul*, BB 1998, 101 (104); **a.A.** *Lipp*, S. 116.

zum Erreichen des Anspruchs auf die Sonderzahlung die ungekürzte Vorgabe erreichen müssen, bessergestellt werden. Gleichwohl ist die vom LAG verwendete Formel nicht allgemein verbindlich. Je nach Branche können auch andere Faktoren in unterschiedlichem Umfang zu berücksichtigen sein.

Zweifelhaft ist demgegenüber, ob zur Vermeidung einer unzulässigen Begünstigung auch eine Berücksichtigung der jeweiligen Effektivität erforderlich ist. Dafür müsste zunächst der „Leerlauf" im konkreten Einzelfall näher bestimmt werden. Handelt es sich dabei um tatsächliche Freizeit, liegt Betriebsratsarbeit außerhalb der Arbeitszeit gemäß § 37 Abs. 3 BetrVG vor, welche nur unter strengen Voraussetzungen zu vergüten ist. Handelt es sich um Arbeitszeit, die das Betriebsratsmitglied faktisch „absitzt", darf in der Tat die Ermittlung der neuen Vorgabe nicht dazu führen, dass dieser Leerlauf nur deshalb vergütet wird, weil während dieser Zeit Betriebsratsarbeit erbracht wird. Darin läge dann ein Verstoß gegen § 78 Satz 2 BetrVG. Praktisch führt der Vorschlag von *Gaul* aber nur weiter, wenn der „Leerlauf" bestimmt werden kann. Es wäre also eine „Effektivitätsquote" zu ermitteln. Dass dies tatsächlich möglich ist, darf bezweifelt werden.[272]

Sachgerecht ist es daher, die beruflichen Zeiten von den Freistellungszeiten zu trennen. Die beruflichen Zeiten fließen ohne jede Besonderheit in die Zielbewertung ein. Solange das Betriebsratsmitglied faktisch eine Arbeitsleistung erbringt, besteht kein Grund, diese Leistung durch eine hypothetische Betrachtungsweise zu verändern. Ausgangspunkt für die Bemessung der Freistellungszeit im Rahmen einer Vergütung aufgrund einer Zielvereinbarung ist demgegenüber die durchschnittliche Leistung des Betriebsratsmitglieds. Besteht indes keine Proportionalität zwischen Arbeitszeit und Arbeitserfolg, muss bei der Bemessung des Erfolgs die Einflussmöglichkeit des Betriebsratsmitglied berücksichtigt werden.

e) Ermessensboni

Offen bleibt die Bemessung der Vergütung von Betriebsratsmitgliedern, wenn ein sog. Ermessensbonus Teil der Vergütung ist. Bei dieser Art von Sonderzahlungen wird dem Arbeitnehmer zwar ein Bonus zugesagt, die Festlegung der Höhe wird indes in das Ermessen des Arbeitgebers gestellt.[273] Der Anspruch des Arbeitnehmers ist dann auf eine Entscheidung über die Höhe des Bonus nach billigem

---

272 Ähnlich: *Lipp*, S. 116.

273 BAG v. 12.11.2011 – 10 AZR 746/10, NZA 2012, 450; BAG v. 29.08.2012 – 10 AZR 385/11, NZA 2013, 148.

Ermessen gerichtet, weil dem Arbeitgeber insoweit ein einseitiges Leistungsbestimmungsrecht i.S.v. § 315 BGB zukommt.[274]

Da es sich bei dieser Art von Sonderzahlungen um eine Ermessensleistung des Arbeitgebers handelt, kann nicht stets von einer leistungs- oder erfolgsbezogenen Vergütungsform gesprochen werden. Ein Bezug zur Leistung oder zum Erfolg des Arbeitnehmers wird jedoch mittelbar dann hergestellt, wenn wie in den zitierten vom BAG entschiedenen Konstellationen die Ermessensausübung an die Leistung des Arbeitnehmers oder das Erreichen bestimmter Ziele geknüpft ist. Die Frage, welche Leistung oder welche Zielerreichung des Betriebsratsmitglieds dann zugrunde zu legen ist, beurteilt sich nach den o.g. Grundsätzen, d.h. der durchschnittlichen Leistung des Betriebsratsmitglieds und ggf. einer Berücksichtigung weiterer Faktoren. Dieser Ermessensentscheidung geht jedoch eine weitere Ermessensentscheidung des Arbeitgebers voraus, nämlich ob und in welcher Höhe er ein Gesamtvolumen für den Ermessensbonus zur Verfügung stellt. Würde man dabei an die durchschnittliche Höhe des dem Betriebsratsmitglieds zuvor gewährten Ermessensbonus anknpüfen, wäre dies aus zwei Gründen verfehlt. Zum einen würde der Arbeitgeber an ein bestimmtes Volumen gebunden werden, obwohl ihm gerade diesbezüglich ein einseitiges Leistungsbestimmungsrecht zusteht. Zum anderen würde das Betriebsratsmitglied bei einer späteren Ausweitung des Volumens gegenüber anderen Arbeitnehmers benachteiligt oder bei einer späteren Reduzierung des Volumens begünstigt werden. Eine „Ermessensbindung" des Arbeitgebers im Hinblick auf Ermessensboni für Betriebsratsmitglieder scheidet daher aus.

Richtigerweise ist die Frage der Höhe eines vom Gesamtvolumen abhängigen Ermessensbonus keine Frage des Lohnausfallprinzips, sondern eine Frage der betriebsüblichen Entwicklung gemäß § 37 Abs. 4 BetrVG. Schränkt der Arbeitgeber das Volumen ein, nimmt das Betriebsratsmitglied an dieser Entwicklung ebenso teil, wie wenn der Arbeitgeber den Ermessensbonus ausweitet. Geht es an die Verteilung des Gesamtvolumens, welche typischerweise nach Leistung erfolgt, gilt das Lohnausfallprinzip: Der Arbeitgeber hat bei der Ausübung seines Ermessens die durchschnittliche Leistung des Betriebsratsmitglieds zugrunde zu legen.

6. Mehrarbeit

Ein in der betrieblichen Praxis äußerst relevanter Problemkreis im Hinblick auf mögliche Begünstigungen von Betriebsratsmitgliedern ist die Abgeltung

274 BAG v. 29.08.2012 – 10 AZR 385/11, NZA 2013, 148 (150).

von Mehrarbeit. So soll beispielsweise die *Adam Opel AG* ihren freigestellten Betriebsratsmitgliedern je nach Position im Betriebsrat monatlich zwischen 300 und 1000 Euro als pauschale Überstundenabgeltung zahlen.[275] Nach Recherchen der *FAZ* entspreche das zweieinhalb bzw. zehn Stunden Mehrarbeit, die pauschal abgegolten werden.[276] Aufgrund dieser Vergütungspraxis hatte die Staatsanwaltschaft Darmstadt Ermittlungen gegen den Gesamtbetriebsratsvorsitzenden aufgenommen, diese aber unter Hinweis auf einen erforderlichen Strafantrag[277] wieder eingestellt.[278] Auch *Volkswagen* soll seinen Betriebsräten offenbar eine Überstundenpauschale zahlen, die allerdings jeden Monat neu berechnet werde und der Summe entspreche, die allen Mitarbeitern am jeweiligen Standort im Schnitt gezahlt würde.[279]

Rechtlich müssen hier indes zwei Bereiche auseinander gehalten werden: So ist tatsächliche Mehrarbeit, die ein Betriebsratsmitglied für den Betriebsrat leistet, nach § 37 Abs. 3 BetrVG zu beurteilen. Davon zu trennen ist Mehrarbeit, welche dem Betriebsratsmitglied aufgrund des Lohnausfallprinzips nach § 37 Abs. 2 BetrVG vergütet wird, weil das Betriebsratsmitglied, wenn es nicht für den Betriebsrat tätig gewesen wäre, diese Mehrarbeit geleistet hätte. Mit Blick auf die oben zitierten Fälle aus der Praxis stellt sich sodann jeweils die Frage, ob eine Pauschalierung für die Abgeltung von Mehrarbeit zulässig ist.

a) Mehrarbeit für den Betriebsrat

Leistet das Betriebsratsmitglied Mehrarbeit für den Betriebsrat, handelt es sich nach der Terminologie des BetrVG um Betriebsratstätigkeit außerhalb der Arbeitszeit. Das Lohnausfallprinzip des § 37 Abs. 2 BetrVG greift hier nicht. Dieses regelt nur den betriebsverfassungsrechtlichen Grundfall, nämlich dass das Betriebsratsmitglied die Betriebsratstätigkeit während der Arbeitszeit verrichtet. Das Gebot der vertrauensvollen Zusammenarbeit verpflichtet den Arbeitgeber, durch entsprechende organisatorische Vorkehrungen dafür zu sorgen, dass Betriebsratsmitglieder regelmäßig nur während der Arbeitszeit für Betriebsratstätigkeiten in

---

275 SZ v. 19.01.2012, S. 22; in FAS v. 16.10.2011, S. 41 ist sogar von bis zu 1.500 Euro die Rede.

276 FAZ v. 18.10.2011, S. 17.

277 Dazu S. 174 ff.

278 http://www.faz.net/aktuell/wirtschaft/betriebsratsverguetung-staatsanwaelte-warnen-opel-11725981.html (zuletzt abgerufen am 01.01.2013).

279 FAS v. 23.10.2011, S. 37.

Anspruch genommen werden.[280] Gleichwohl hat der Gesetzgeber für den Fall, dass ausnahmsweise Betriebsratstätigkeit außerhalb der Arbeitszeit geleistet werden muss, eine Sonderregelung in § 37 Abs. 3 BetrVG geschaffen. Diese regelt wiederum in Satz 1 einen Grundsatz und in Satz 3 eine Ausnahme.

(1) Regelungsgehalt des § 37 Abs. 3 BetrVG

Nach dem Grundsatz des § 37 Abs. 3 Satz 1 BetrVG hat das Betriebsratsmitglied als Ausgleich für die Betriebsratstätigkeit außerhalb der Arbeitszeit einen Anspruch auf Arbeitsbefreiung unter Fortzahlung des Arbeitsentgelts, wenn die Betriebsratsarbeit aus betriebsbedingten Gründen außerhalb der Arbeitszeit geleistet wurde.

§ 37 Abs. 3 BetrVG setzt Betriebsratstätigkeit voraus. Das bedeutet, dass es sich um eine Tätigkeit handeln muss, die zur ordnungsgemäßen Durchführung der Aufgaben des Betriebsrats erforderlich ist. Die Vorschrift setzt somit voraus, dass das Betriebsratsmitglied für diese Tätigkeit grundsätzlich nach § 37 Abs. 2 BetrVG freizustellen wäre. Voraussetzung ist weiter, dass die Betriebsratstätigkeit aus betriebsbedingten Gründen außerhalb der Arbeitszeit durchgeführt werden muss. Betriebsbedingte Gründe liegen vor, wenn bestimmte Gegebenheiten und Sachzwänge innerhalb der Betriebssphäre dazu geführt haben, dass die Betriebsratstätigkeit nicht während der Arbeitszeit durchgeführt werden kann.[281] Die Inanspruchnahme von Freizeit muss auf den betrieblichen Verhältnissen, also der Eigenart des Betriebes oder den Arbeitsabläufen beruhen.[282] Jedenfalls soweit eine Durchführung der Betriebsratstätigkeit auch während der Arbeitszeit in Betracht gekommen wäre, beruht deshalb ihre Durchführung außerhalb der Arbeitszeit nur dann auf betriebsbedingten Gründen, wenn der Arbeitgeber zumindest darauf Einfluss genommen hat, dass sie nicht während der Arbeitszeit verrichtet werden soll.[283] Betriebsbedingte Gründe liegen demnach auch vor, wenn der Arbeitgeber die Betriebsratstätigkeit außerhalb der Arbeitszeit veranlasst.[284] Hingegen reicht es nicht aus, wenn das Betriebsratsmitglied die Geltendmachung des Anspruchs auf Freizeitausgleich unterlässt.[285]

---

280 BAG v. 27.08.1982 – 7 AZR 30/80, NJW 1983, 2835 (2835).

281 BAG v. 11.07.1978 – 6 AZR 387/75, DB 1978, 2177.

282 *Fitting*, § 37, Rn. 79; GK-BetrVG/*Weber*, § 37, Rn. 76; Richardi/*Thüsing*, § 37, Rn. 40; DKKW/*Wedde*, § 37, Rn. 58; WPK/*Kreft*, § 37, Rn. 29; ErfK/*Koch*, § 37 BetrVG, Rn. 7.

283 BAG v. 26.01.1994 – 7 AZR 593/92, NZA 1994, 765 (766).

284 BAG v. 21.05.1974 – 1 AZR 477/73, BB 1974, 1163; BAG v. 26.01.1994 – 7 AZR 593/92, NZA 1994, 765 (766); GK-BetrVG/*Weber*, § 37, Rn. 78.

285 *Moll/Roebers*, NZA 2012, 57 (60).

Primäre Rechtsfolge des § 37 Abs. 3 BetrVG ist Arbeitsbefreiung. Das bedeutet, dass das Betriebsratsmitglied für die aufgewendete Zeit der Betriebsratstätigkeit von der Arbeit entsprechend freizustellen ist. Die Vergütung ist dabei fortzuzahlen. Zu Recht wird ein etwaiger Mehrarbeitszuschlag abgelehnt,[286] weil gerade nicht die zusätzliche Arbeit für den Betriebsrat vergütet wird. Dies würde dem Ehrenamtsprinzip des § 37 Abs. 1 BetrVG zuwiderlaufen. Die Gegenauffassung[287] verweist demgegenüber auf die Mehrbelastung des Betriebsratsmitglieds, verkennt jedoch, dass eine etwaige zusätzliche Belastung aufgrund des Ehrenamtsprinzips nicht vergütet werden darf. Eine zusätzliche Mehrarbeitsvergütung würde das Betriebsratsmitglied zudem gegenüber anderen Arbeitnehmern begünstigen, weil diese mangels Amt keine Möglichkeit zur Erbringung von Mehrarbeit haben. Die Zahlung einer Mehrarbeitsvergütung ist im Rahmen der Freistellung nach § 37 Abs. 3 Satz 1 BetrVG mithin unzulässig.

Eine Ausnahme vom Grundsatz der Arbeitsbefreiung macht § 37 Abs. 3 Satz 3 BetrVG. Danach ist die vom Betriebsratsmitglied für die Betriebsratsarbeit aufgewendete Zeit ausnahmsweise wie Mehrarbeit zu vergüten, wenn die Arbeitsbefreiung gemäß § 37 Abs. 3 Satz 1 BetrVG aus betriebsbedingten Gründen innerhalb eines Monats nicht möglich war. Den Abgeltungsanspruch in Geld setzt das Gesetz der Höhe nach betriebsüblicher Mehrarbeit gleich („wie Mehrarbeit"). Im Gegensatz zur bezahlten Freistellung nach Satz 1 muss der Arbeitgeber bei der Abgeltung auch einen etwaigen Mehrarbeitszuschlag zahlen. Die Höhe des Mehrarbeitszuschlags richtet sich dann nach den entsprechenden tariflichen oder einzelvertraglichen Regelungen.[288] Zu beachten ist jedoch, dass sich der Anspruch auf Freizeit nicht nach einem Monat „automatisch" in einen Abgeltungsanspruch wandelt. Der Anspruch setzt vielmehr voraus, dass der Arbeitgeber den Freizeitausgleich aus betriebsbedingten Gründen verweigert.[289] Weder das Betriebsratsmitglied noch der Arbeitgeber haben ein Wahlrecht, wie Betriebsratsarbeit außerhalb der Arbeitszeit abgegolten werden soll.[290] Der Begriff der betriebsbedingten Gründe ist hier enger zu fassen als im Rahmen von § 37 Abs. 3 Satz 1 BetrVG. Während dort auch der Wunsch des Arbeitgebers berücksichtigt werden

286 BAG v. 19.07.1977 – 1 AZR 376/74, DB 1977, 2101 (2102); *Fitting*, § 37, Rn. 102; GK-BetrVG/*Weber*, § 37, Rn. 100; Richardi/*Thüsing*, § 37, Rn. 51; *Moll/Roebers*, NZA 2012, 57 (60).

287 DKKW/*Wedde*, § 37, Rn. 81.

288 *Fitting*, § 37, Rn. 112.

289 BAG v. 25.08.1999 – 7 AZR 713/97, NZA 2000, 554 (555).

290 BAG v. 11.01.1995 – 7 AZR 543/94, NZA 1996, 105 (106); GK-BetrVG/*Weber*, § 37, Rn. 102.

kann, darf dieser Gesichtspunkt bei Satz 3 keine Rolle spielen. Andernfalls würde das gesetzlich vorgesehene Rangverhältnis, welches nicht zuletzt der Wahrung des Ehrenamtsprinzips dient, stets unterlaufen werden können. Im Interesse der persönlichen Unabhängigkeit der Betriebsratsmitglieder soll verhindert werden, dass Betriebsratsmitglieder entgegen dem Ehrenamtsprinzip durch ihre Betriebsratstätigkeit zusätzliche Vergütungsansprüche erwerben.[291] Vielmehr ist die Rechtsfolge der Arbeitsbefreiung vorrangig und die Abgeltung subsidiär.[292]

(2) Pauschalierung

Wie im Bereich des Aufwendungsersatzes, so kann auch im Bereich von Mehrarbeit nicht allgemein von einer Zulässigkeit von Pauschalierungen ausgegangen werden.[293] Entgegen der Ansicht von *Waas* kann der Umstand, dass im Arbeitsverhältnis eine pauschale Vergütung von Mehrarbeit vereinbart werden kann, nicht als „Indiz" für eine zulässige Abgeltung betriebsratsbedingter Mehrarbeit gesehen werden.[294] Im Arbeitsverhältnis besteht kein Begünstigungsverbot. Hier können die Parteien frei darüber verhandeln, ob eine Pauschale – trotz der Gefahr einer Besser- oder einer Schlechterstellung – sinnvoll ist. Bei Betriebsratsmitgliedern muss hingegen die Unabhängigkeit gewahrt werden. Die arbeitsvertraglichen Grundsätze können deshalb nicht ohne Weiteres übertragen werden. Ergänzend ist zu berücksichtigen, dass nach der Konzeption des § 37 Abs. 3 BetrVG der Umgang mit Mehrarbeit im Rahmen der Betriebsratstätigkeit in zweierlei Hinsicht vorgegeben ist: Zum einen ist nach der Vorschrift vorrangig bezahlter Freizeitausgleich und erst nachrangig Mehrarbeitsvergütung zu leisten. Zum anderen setzen beide Abgeltungsmöglichkeiten eine präzise Abrechnung der Mehrarbeit voraus, weil sonst weder Umfang der Freizeit noch Umfang einer Mehrarbeitsvergütung ermittelt werden können. Richtigerweise ist deshalb danach zu differenzieren, welcher Regelungsaspekt des § 37 Abs. 3 BetrVG konkret pauschaliert werden soll.

In Betracht kommen zwei Arten von Mehrarbeitspauschalen. Zum einen ist eine Abrede zwischen dem Betriebsratsmitglied und dem Arbeitgeber denkbar, wonach pauschal vereinbart wird, dass sämtliche betriebsratsbedingte Mehrarbeit wie betriebliche Mehrarbeit abgegolten wird (Pauschalierung der Art der Abgeltung). Zum anderen ist eine Pauschalierung denkbar, wonach

291 BAG v. 25.08.1999 – 7 AZR 713/97, NZA 2000, 554 (555).

292 BAG v. 25.08.1999 – 7 AZR 713/97, NZA 2000, 554 (555); *Bittmann/Mujan*, BB 2012, 637 (638); *Moll/Roebers*, NZA 2012, 57 (60).

293 Bzgl. des Aufwendungsersatzes: S. 68 ff.

294 *Waas*, S. 26 f.

sämtliche betriebsratsbedingte Mehrarbeit der Höhe nach abgegolten sein soll (Pauschalierung des Mehrarbeitsumfangs).

In diesem Zusammenhang ist die Pauschalierung des Mehrarbeitsumfangs nicht zulässig. Pauschale Abgeltungsbeträge kommen grundsätzlich nur bei stets wiederkehrenden, gleichförmigen Sachverhalten in Betracht, bei denen die Zahlung einer Pauschale eine Richtigkeitsvermutung in sich trägt.[295] Dies ist jedoch gerade bei Betriebsratsarbeit außerhalb der Arbeitszeit nicht der Fall. Diese tritt typischerweise spontan und unregelmäßig auf. Hinzu kommt, dass einer Pauschalierung des Mehrarbeitsumfangs – wie jeder Pauschale – immanent ist, dass sie entweder zu einer Benachteiligung des Betriebsratsmitglieds führt, nämlich wenn die tatsächliche betriebsratsbedingte Mehrarbeit über die Pauschale hinausgeht, oder aber zu einer Begünstigung führt, wenn die Pauschale über die tatsächliche Mehrarbeit hinausgeht. In beiden Fällen liegt ein Verstoß gegen § 78 Satz 2 BetrVG vor. Was im Arbeitsverhältnis aufgrund der dort grundsätzlich geltenden Vertragsfreiheit zulässig sein mag, kann aufgrund des Schutzzwecks des Begünstigungsverbots nicht auf das betriebsverfassungsrechtliche Amtsverhältnis übertragen werden. Vor diesem Hintergrund ist es nicht nachvollziehbar, weshalb angesichts dieser schwerwiegenden Schutzzwecke eine präzise Dokumentation und eine entsprechend präzise Abrechung betriebsratsbedingter Mehrarbeit nicht zumutbar sein soll.

Gleiches gilt für das oben genannte System bei *Volkswagen*, soweit es sich dort um Pauschalen für betriebsratsbedingte Mehrarbeit handeln sollte. Auch hier wird Mehrarbeit pauschal abgegolten, einzig mit dem Unterschied, dass sich die Pauschale am Durchschnitt anderer Arbeitnehmer orientiert. Auch darin liegt aus zwei Gründen ein Verstoß gegen § 78 Satz 2 BetrVG: Erstens ist für die betriebsratsbedingte Mehrarbeit nur die des Betriebsratsmitglieds selbst maßgeblich. Anders als bei betrieblicher Mehrarbeit greift hier auch nicht mit Blick auf die Entwicklung § 37 Abs. 4 BetrVG ein, weil andere Arbeitnehmer mangels Betriebsratsamt überhaupt keine betriebsratsbedingte Mehrarbeit leisten. Zum anderen führt auch hier die Pauschale je nach tatsächlicher Mehrarbeit entweder zu einer Benachteiligung oder einer Begünstigung des Betriebsratsmitglieds. Somit sind beide oben erwähnten Pauschalsysteme wegen § 78 Satz 2 BetrVG unzulässig.

Auch eine Pauschalierung der Abgeltungsart begegnet sowohl im Hinblick auf das Ehrenamtsprinzip, als auch im Hinblick auf das Begünstigungsverbot erheblichen Bedenken. In einem vom LAG Köln zu entscheidenden Fall hatten die Betriebspartner eine Vereinbarung getroffen, „wonach im Falle des § 37 Abs. 3

295 *Moll/Roebers*, NZA 2012, 57 (60 f.).

BetrVG *betriebsratsbedingte* Gründe für die Betriebsratsmehrarbeit ausreichen sollen, um unmittelbar einen Vergütungsanspruch zu begründen".[296] Das LAG Köln sah hierin einen Verstoß gegen das Begünstigungsverbot.[297] Dem ist zuzustimmen, weil die dem LAG Köln zur Entscheidung vorliegende Vereinbarung gleich mehrfach zu einer gesetzesübersteigenden Kompensation führt. Erstens entsteht der Ausgleichsanspruch nur, wenn die Betriebsratsarbeit aus betriebsbedingten Gründen außerhalb der Arbeitszeit erbracht werden musste. Diese Voraussetzung kann nicht durch die Betriebspartner modifiziert werden, um den Betriebsratsmitgliedern die Tätigkeit außerhalb der Arbeitszeit zu erleichtern. Gleiches gilt für den Vorrang des Freizeitausgleichs gegenüber der Abgeltung in Geld. Eine solche Abgeltung in Geld führt faktisch zu einer zusätzlichen Vergütung für Betriebsratsarbeit, welche das Ehrenamtsprinzip grundsätzlich nicht vorsieht. Die gesetzlich vorgesehene „Ausnahme"[298] vom Ehrenamtsprinzip hat der Gesetzgeber nur unter engen Voraussetzungen zugelassen. Diese kann nicht durch die Betriebsparteien mittels einer pauschalen Abgeltung durch eine Mehrarbeitsvergütung ersetzt werden. Auf diese Weise könnte das Betriebsratsmitglied eine mehr als 100%ige Vergütung erreichen, die es ohne sein Betriebsratsamt nicht erreicht hätte.[299] Dies führt nicht nur zu einer Umgehung des Ehrenamtsprinzips, sondern auch zu einer unzulässigen Begünstigung des Betriebsratsmitglieds. Pauschale Abreden, welche die Voraussetzungen des § 37 Abs. 3 Satz 1 BetrVG erleichtern oder das Verhältnis der Sätze 1 und 3 zueinander verändern, sind somit wegen Verstoßes gegen die §§ 37 Abs. 1, 78 Satz 2 BetrVG unzulässig.

b) Hypothetische Mehrarbeit

Unter dem Begriff der hypothetischen Mehrarbeit soll an dieser Stelle der Fall untersucht werden, dass ein Betriebsratsmitglied wegen seiner Betriebsratstätigkeit Mehrarbeit nicht leisten konnte, die es ohne das Amt erbracht hätte. Auch in dieser Konstellation stellt sich zunächst die Frage, ob der Arbeitgeber verpflichtet ist, diese hypothetische Mehrarbeit zu vergüten und falls nicht, ob er sie gleichwohl – ggf. pauschaliert – vergüten darf.

---

296 LAG Köln v. 16.03.1998 – 11 (9) Sa 383/97, NZA-RR 1999, 247.
297 Zustimmend: Richardi/*Thüsing*, § 37, Rn. 45; *Moll/Roebers*, NZA 2012, 57 (59).
298 S. 29.
299 Richardi/*Thüsing*, § 37, Rn. 45.

(1) Grundsatz: Mehrarbeitsvergütung ist Arbeitsentgelt

Das Schrifttum geht ohne Weiteres von einer Verpflichtung des Arbeitgebers zur Vergütung von hypothetischer Mehrarbeit aus.[300] Auch die Rechtsprechung hatte sich bereits mit der Überstundenvergütung freigestellter Amtsträger zu befassen. So hat das BAG für ein Mitglied eines Personalratswahlvorstandes entschieden, dass auch Überstundenvergütungen, die der Arbeitnehmer ohne seine Freistellung erzielt hätte, zum Arbeitsentgelt gehören.[301] Dabei sei es unerheblich, ob die Überstundenvergütung regelmäßig oder unregelmäßig anfalle, weil das Gesetz hier keine Einschränkungen mache. Auch nach einer Entscheidung des LAG Hamburg ist hypothetische Mehrarbeit stets zu vergüten, unabhängig ob diese Mehrarbeit regelmäßig oder üblicherweise anfällt.[302]

Dem ist mit Blick auf § 37 Abs. 2 BetrVG zuzustimmen. Eine Vergütung wegen Mehrarbeit ist als Arbeitsentgelt zu qualifizieren. Dieses ist auch bei einer Freistellung unvermindert fortzuzahlen. Ob diese Überstunden regelmäßig anfallen, kann nach richtiger Ansicht nicht entscheidend sein. Im Sinne des Lohnausfallprinzips ist ausschließlich danach zu fragen, ob das Betriebsratsmitglied, wenn es gearbeitet hätte, auch Mehrarbeit geleistet hätte. Auf eine Regelmäßigkeit stellt § 37 Abs. 2 BetrVG nicht ab. Vergütet demnach der Arbeitgeber ein Betriebsratsmitglied für hypothetische Mehrarbeit, kann hierin grundsätzlich keine Begünstigung liegen, weil er hierzu nach dem Lohnausfallprinzip verpflichtet ist.

Eine andere Frage ist, wie der Umfang der hypothetisch geleisteten Mehrarbeit konkret ermittelt werden kann. Auch hier droht bei einer großzügigen Bemessung der Mehrarbeit eine Begünstigung des Betriebsratsmitglieds, weil dieses dann für Mehrarbeit vergütet werden würde, welche es ohne die Betriebsratstätigkeit nie geleistet hätte. Ein pauschales Abstellen auf vergleichbare Arbeitnehmer oder gar alle Arbeitnehmer in der Abteilung des Betriebsratsmitglieds wäre hier verfehlt. Es gilt das zu leistungs- und erfolgsabhängigen Vergütungen Gesagte, wonach vorrangig nur das Betriebsratsmitglied selbst als Vergütungsmaßstab dient.[303] § 37 Abs. 4 BetrVG und die dort in Bezug genommenen vergleichbaren Arbeitnehmer sind nur im Hinblick auf die Entwicklung der Mehrarbeit relevant. Leisten vergleichbare Arbeitnehmer beispielsweise nur noch halb so viel Mehrarbeit

300 *Fitting*, § 37, Rn. 59, 63; GK-BetrVG/*Weber*, § 37, Rn. 60; Richardi/*Thüsing*, § 37, Rn. 31; DKKW/*Wedde*, § 37, Rn. 51; HSWGNR/*Glock*, § 37, Rn. 57; WPK/*Kreft*, § 37, Rn. 21; *Kappenhagen*, S. 123; *Knipper*, S. 41 ff.; differenzierend: *Lipp*, S. 108 ff.

301 BAG v. 29.06.1988 – 7 AZR 651/87, AiB 1989, 164.

302 LAG Hamburg v. 24.01.1977 – 2 Sa 119/76, DB 1977, 1097 (1097).

303 S. 73 ff.

wie zuvor, ist auch die hypothetische Mehrarbeit des Betriebsratsmitglieds zu reduzieren. Geschieht dies nicht, wird es unzulässig begünstigt.

Das Schrifttum diskutiert im Zusammenhang mit Mehrarbeit die besondere Konstellation, dass andere Arbeitnehmer gerade deshalb Mehrarbeit leisten, weil diese die Freistellung des Betriebsratsmitglieds ausgleichen müssen. Eine strenge Anwendung des Lohnausfallprinzips führt hier dazu, dass dem Betriebsratsmitglied keine hypothetische Mehrarbeit vergütet wird. Gesetzt den Fall, das Betriebsratsmitglied wäre nicht freigestellt worden, sondern hätte seine Arbeitsleistung erbracht, wäre die Mehrarbeit gar nicht erst angefallen. Ohne Anfall der Mehrarbeit hätte das Betriebsratsmitglied auch denknotwendig keine Mehrarbeit geleistet. Andererseits würde dies zu dem Ergebnis führen, dass andere Arbeitnehmer von Mehrarbeitszuschlägen profitieren, welche dem freigestellten Betriebsratsmitglied vorenthalten werden. Einige Stimmen in der Literatur wollen hierin eine Benachteiligung des Betriebsratsmitglieds sehen.[304] Die Gegenauffassung hält eine Partizipation des Betriebsratsmitglieds an freistellungsbedingter Mehrarbeit für „völlig ungerechtfertigt" und sieht darin eine Begünstigung.[305]

Richtig ist, dass das Betriebsratsmitglied die Mehrarbeitsvergütung bei freistellungsbedingter Mehrarbeit nicht nach § 37 Abs. 2 BetrVG verlangen kann. Wenn es gearbeitet hätte, wäre diese Mehrarbeit nicht angefallen. Die Konstellation ist indes über § 37 Abs. 4 BetrVG zu lösen: Denn zeitgleich mit der Freistellung steigt die Mehrarbeit für vergleichbare Arbeitnehmer an. An dieser Entwicklung partizipiert auch das Betriebsratsmitglied über § 37 Abs. 4 BetrVG, sodass seine Vergütung entsprechend anzupassen ist. Das gilt gleichwohl nur, wenn es tatsächlich die vergleichbaren Arbeitnehmer sind, welche die Freistellung des Betriebsratsmitglieds auszugleichen haben. Das wird am folgenden Beispiel deutlich: In einem Betrieb wird die Sekretärin wegen Betriebsratsarbeit freigestellt. Müssen die anderen Sekretärinnen nun wegen der Freistellung Mehrarbeit leisten, muss davon auch die freigestellte Sekretärin profitieren. Leistet aber der Vorgesetzte der Sekretärin wegen ihrer Freistellung Mehrarbeit, weil er an diesem Tag die Sekretariatstätigkeiten selbst übernehmen muss, darf die Vergütung der freigestellten Sekretärin nicht angepasst werden. In diesem Fall wäre sie unzulässig begünstigt, weil § 37 Abs. 4 BetrVG nur eine Teilhabe an der Entwicklung vergleichbarer Arbeitnehmer vorsieht und nicht auch eine Teilhabe an der Entwicklung der jeweils betroffenen Arbeitnehmer. Die Partizipation an freistellungsbedingter Mehrarbeit hängt somit davon ab, ob diese durch vergleichbare oder andere Arbeitnehmer geleistet wird.

---

304 *Knipper*, S. 44; *Lipp*, S. 112.

305 *Aden*, RdA 1980, 256 (257); *Gamillscheg*, S. 569.

Festzuhalten bleibt, dass Mehrarbeit, welche das Betriebsratsmitglied ohne Freistellung erbracht hätte, im Falle einer Freistellung nach dem Lohnausfallprinzip zu zahlen ist. Entscheidend ist dabei nicht der Mehrarbeitsumfang vergleichbarer Arbeitnehmer, sondern der hypothetische Mehrarbeitsumfang des Betriebsratsmitglieds selbst. Vergleichbare Arbeitnehmer können jedoch die Entwicklung der Mehrarbeitsvergütung für das Betriebsratsmitglied beinflussen.

(2) Pauschalierung

Zu klären bleibt, ob die Vergütung der hypothetischen Mehrarbeit in Gestalt einer Pauschale gezahlt werden kann. Auch hier droht für den Fall, dass der Pauschbetrag die tatsächliche Mehrarbeit übersteigt, eine unzulässige Begünstigung nach § 78 Satz 2 BetrVG. Die Besonderheit, insbesondere im Vergleich zum pauschalierten Aufwendungsersatz, liegt bei der Vergütung von Mehrarbeit darin, dass diese nicht für tatsächliche, sondern nur hypothetische Mehrarbeit erfolgt. Differenzen zwischen Wirklichkeit und Pauschale können daher denknotwendig nicht auftreten. Für eine Pauschalierung spricht deshalb, dass für die Mehrarbeit, die ohnehin hypothetisch ermittelt – also letztlich geschätzt – werden muss, auch eine Pauschale zulässig sein muss, da diese ebenfalls auf einer Schätzung beruht. Dem ist entgegenzuhalten, dass die Schätzung einer Pauschale stets *ex ante* erfolgt, während die Mehrarbeitsvergütung *ex post* geschätzt wird. Die nächtragliche Ermittlung der hypothetischen Mehrarbeit hat eine höhere Richtigkeitsgewähr als eine Schätzung im Voraus. Es besteht daher kein sachlicher Grund, entgegen dem Lohnausfallprinzip die hypothetische Mehrarbeit zu pauschalieren. Deshalb muss auch hier der Grundsatz gelten, wonach Mehrarbeitsvergütungen, die über § 37 Abs. 2 BetrVG hinausgehen, das Betriebsratsmitglied unzulässig begünstigen. Eine Pauschale kann daher nur als Vorschuss geleistet werden, welcher nach Ermittlung der hypothetischen Mehrarbeit exakt abgerechnet wird. Eine pauschale Abgeltung von hypothetischer Mehrarbeit ist dagegen mit dem Benachteiligungs- und Begünstigungsverbot nicht vereinbar.

Etwas anderes gilt, wenn die betriebliche Mehrarbeit des Betriebsratsmitglieds schon vor der Übernahme des Amtes pauschal abgerechnet wurde oder wenn sich der Arbeitgeber entschließt, auch für vergleichbare Arbeitnehmer eine pauschale Abgeltung einzuführen. Im zweiten Fall fehlt es bereits an einer Besserstellung des Betriebsratsmitglieds, weil eine Gleichbehandlung vorliegt, während im ersten Fall jedenfalls keine Besserstellung wegen des Amtes vorliegt. Pauschalen sind insoweit zulässig. Auch hier gilt: Pauschalen sind nur dann unzulässig, wenn sie *wegen* der Betriebsratstätigkeit zur Anwendung kommen.

7. Ausgleichszahlungen

Ein weiteres Feld möglicher Betriebsratsbegünstigungen in Gestalt der Vergütung liegt in sog. Ausgleichszahlungen. Hintergrund solcher Zahlungen ist die Absicht des Arbeitgebers, etwaige dem Betriebsratsmitglied durch seine Amtstätigkeit entstehende Nachteile durch eine Geldleistung auszugleichen. Dahinter dürfte nur selten die Absicht stehen, das Betriebsratsmitglied zu begünstigen, sondern vielmehr, eine ebenso unzulässige Benachteiligung des Betriebsratsmitglieds zu verhindern. Eine typische Fallgruppe sind dabei Zahlungen, die steuerrechtliche Nachteile des Betriebsratsmitglieds ausgleichen sollen. Praxisrelevant sind daneben Ausgleichszahlungen, die als Kompensation für eine versäumte berufliche Entwicklung gezahlt werden. Eine allgemeinere Fragestellung zu diesem Problemkreis hat das Arbeitsgericht Essen[306] in einer jüngeren Entscheidung aufgeworfen, nämlich, ob Begünstigungen im Einzelfall zulässig sein können, weil sie eine vorangegangene Benachteiligung ausgleichen sollen. Diesen Fragestellungen soll im folgenden Abschnitt nachgegangen werden.

a) Ausgleich von Steuernachteilen

Nach der hier vertretenen Ansicht sind Mitgliedern des Betriebsrats grundsätzlich auch dann Zulagen zu gewähren, wenn sie die daran anknüpfende Tätigkeit tatsächlich nicht erbracht haben.[307] Das gilt beispielsweise für Nachtschichtzulagen: Hätte das Betriebsratsmitglied ohne seine betriebsratsbedingte Freistellung in einer Nachschicht gearbeitet und gewährt der Arbeitgeber für diese besondere Arbeit eine Zulage, so ist dem Betriebsratsmitglied auch im Falle einer Freistellung diese Zulage zu gewähren. Dies ist Folge des Lohnausfallprinzips. Gleichwohl können dem Betriebsratsmitglied im Hinblick auf eine solche Nachtschichtzulage Nachteile entstehen, weil für Arbeitnehmer, die eine Nachtschichtzulage erhalten, diese ausweislich des Wortlauts des § 3b Abs. 1 EStG nur dann steuerfrei ist, wenn sie tatsächlich in einer Nachtschicht gearbeitet haben.[308] Dies jedoch ist bei freigestellten Betriebsratsmitgliedern nicht der Fall, weil sie für den Betriebsrat tätig sind und die Zulage nur aufgrund des Lohnausfallprinzips erhalten. Das ausschließlich an die tatsächliche Arbeitsleistung anknüpfende Steuerrecht kann damit mittelbar zu Einkommenseinbußen für das Betriebsratsmitglied führen.

---

306 ArbG Essen v. 03.12.2010 – 5 Ca 2260/10, juris.

307 S. 56 ff.

308 BFH v. 03.05.1974, DB 1974, 1991 (1992); **a.A.** MünchArbR/*Joost*, § 220, Rn. 27, 71 f.

Es stellt sich deshalb zunächst die Frage, ob der Arbeitgeber – etwa zur Vermeidung einer Benachteiligung – etwaige Steuernachteile des Betriebsratsmitglieds ausgleichen muss. Falls nicht, stellt sich die im Hinblick auf eine Begünstigung relevante Frage, ob er etwaige Nachteile ausgleichen darf. Ist dies der Fall, ist schließlich zu prüfen, ob dieser Ausgleich auch durch eine Pauschalzahlung erfolgen kann.

(1) Erstattungspflicht

Nach der Auffassung des BAG und einem Teil des Schrifttums ist der Arbeitgeber nicht verpflichtet, etwaige Nachteile aus einer nunmehr anfallenden Steuer auszugleichen.[309] § 37 Abs. 2 BetrVG diene nicht dazu, dem Betriebsratsmitglied einen bestimmten Lebensstandard zu garantieren. Eine Benachteiligung des Betriebsratsmitglieds scheide aus, weil die Veränderung des Lebensstandards nicht auf einer Handlung des Arbeitgebers, sondern auf steuerrechtlichen Regelungen und ihrer Anwendung beruhe. Es sei daher auch nicht einzusehen, den Arbeitgeber mit einem Ausgleichsanspruch des Betriebsratsmitglieds für die aufgrund steuerrechtlicher Vorschriften eintretenden Folgen zu belasten.[310] Nach der Gegenauffassung, insbesondere nach der älteren Rechtsprechung des BAG, muss der Arbeitgeber solche Nachteile ausgleichen, weil das Betriebsratsmitglied andernfalls unzulässig benachteiligt werde.[311]

Die besseren Gründe sprechen gegen eine Ausgleichspflicht des Arbeitgebers. Zwar ist bei der Anwendung des § 37 Abs. 2 BetrVG stets auch das Benachteiligungsverbot des § 78 Satz 2 BetrVG zu berücksichtigen. Indes verbietet die Vorschrift nur eine benachteiligende *Behandlung*. Das ergibt sich aus dem Wortlaut („dürfen … nicht … benachteiligt werden“). Der Arbeitgeber ist insoweit nicht verpflichtet, etwaige Nachteile aus anderen Gründen dadurch zu verhindern, dass er diese ausgleicht. Dass das reine Nettoarbeitsentgelt des Betriebsratsmitglieds bei Verlust der Steuerfreiheit faktisch durch die Betriebsratstätigkeit gemindert wird, liegt nicht im Einflussbereich des Arbeitgebers, sondern ist Folge der Anwendung

---

309 BAG v. 29.07.1980 – 6 AZR 231/78, NJW 1981, 1287; BAG v. 22.08.1985 – 6 AZR 504/83, NZA 1986, 263 (263); LAG Berlin-Brandenburg v. 12.03.2009 – 20 Sa 34/09, juris, Rn. 18; *Fitting*, § 37, Rn. 71; GK-BetrVG/*Weber*, § 37, Rn. 64; Richardi/*Thüsing*, § 37, Rn. 35; HSWGNR/*Glock*, § 37, Rn. 70; WPK/*Kreft*, § 37, Rn. 25; SWS, § 37, Rn. 13; *Gamillscheg*, S. 569; *Etzel*, Rn. 1134; *Knipper*, S. 50 f.; *Moll/Roebers*, NZA 2010, 57 (61).

310 BAG v. 29.07.1980 – 6 AZR 231/78, NJW 1981, 1287.

311 BAG v. 10.06.1969 – 1 AZR 203/68, DB 1969, 1755; DKKW/*Wedde*, § 37, Rn. 58; *Schneider*, NZA 1984, 21 (23); *Becker-Schaffner*, BB 1982, 498 (502).

des Steuerrechts. Ebenso würde den Arbeitgeber keine Ausgleichspflicht treffen, wenn sich der Gesetzgeber dazu entscheidet, Betriebsratsmitglieder insgesamt höher zu besteuern. Auch § 78 Satz 2 BetrVG führt nicht dazu, dass der Arbeitgeber für sämtliche Vermögenseinbußen aufgrund der Betriebsratstätigkeit haftet. Eine Ausgleichspflicht für etwaige Steuernachteile bei Zuschlägen trifft den Arbeitgeber deshalb nicht.

(2) Erstattungsmöglichkeit

Zu prüfen bleibt, ob der Arbeitgeber trotz Nichtbestehens einer Verpflichtung, etwaige Steuernachteile des Betriebsratsmitglieds ausgleichen darf. Ausgehend von dem hier vertretenen Grundsatz, wonach Zuwendungen, die nicht gewährt werden müssen, grundsätzlich auch nicht gewährt werden dürfen, müsste diese Frage grundsätzlich verneint werden. Soweit sich die Rechtsprechung und das Schrifttum mit dieser Problematik überhaupt auseinandersetzt, wird gleichwohl eine Erstattungsmöglichkeit bejaht.[312] Fraglich ist, ob darin nicht eine unzulässige Begünstigung nach § 78 Satz 2 BetrVG liegt. Ein Kausalzusammenhang zwischen Ausgleichszahlung und Amt liegt vor. Schwierigkeiten bereitet die Feststellung einer Besserstellung des Betriebsratsmitglieds. Mit Blick auf das Nettoarbeitsentgelt steht das Betriebsratsmitglied im Vergleich zu anderen Arbeitnehmern gerade nicht besser. Indes: Es liegt eine des freiwilligen Ausgleichs von Trinkgeldern vergleichbare Konstellation vor.[313] Es kommt nicht auf einen „Netto-Vergleich" an. Entscheidend ist allein, welche Leistungen der Arbeitgeber dem Betriebsratsmitglied zuwendet. Auch wenn sich eine Zuwendung „netto" nicht auswirkt, so liegt doch ein „mehr" an Leistung des Arbeitgebers, mithin eine günstigere Behandlung vor. Insoweit gilt, dass der Arbeitgeber eine Ausgleichszahlung für etwaige steuerrechtliche Nachteile weder leisten muss noch leisten darf.

b) Ausgleich für berufliche Entwicklung

Eine weitere Erscheinungsform von Ausgleichszahlungen ergibt sich aus folgender Konstellation: Freigestellte Betriebsratsmitglieder eines Unternehmens sollen als Ausgleich für die als Folge des Betriebsratsamtes versäumte berufliche Entwicklung einen festgelegten monatlichen Geldbetrag neben ihrem Arbeitsentgelt erhalten.

---

312 LAG Berlin-Brandenburg v. 12.03.2009 – 20 Sa 34/09, juris, Rn. 20; *Fitting*, § 37, Rn. 71; *Moll/Roebers*, NZA 2012, 57 (61); ebenso GK-BetrVG/*Weber*, § 37, Rn. 64, allerdings nur für den Fall, dass eine ausdrückliche Regelung diesbezüglich getroffen wurde.

313 S. 59 ff.

Die Frage einer etwaigen Verpflichtung des Arbeitgebers zur Leistung einer solchen Zahlung ist schnell geklärt. Eine Verpflichtung ergibt sich nicht aus § 37 Abs. 2 BetrVG, da diese Regelung die Fortzahlung des hypothetischen Entgelts, nicht jedoch eines zusätzlichen Betrages vorsieht, den das Betriebsratsmitglied sonst auch nicht erhalten hätte. Auch aus § 37 Abs. 4 BetrVG ergibt sich eine solche Verpflichtung nicht. Zwar ergibt sich aus dieser Vorschrift eine Entgeltsicherung des Betriebsratsmitglieds. Sie dient daher auch dem Zweck, berufliche Nachteile aufgrund des Amts auszugleichen. Die Norm sieht jedoch eine Angleichung des Arbeitsentgelts nach einem konkreten Maßstab, nämlich vergleichbaren Arbeitnehmern mit betriebsüblicher Entwicklung, und nicht wie im obigen Beispiel eine prophylaktische Ausgleichszahlung ohne jeden Vergleichsmaßstab vor. Die Gewährung einer solchen Ausgleichszahlung ist daher gesetzlich nicht vorgesehen.

Darüber hinaus darf der Arbeitgeber mit Blick auf das Ehrenamtsprinzip eine solche pauschale Ausgleichszahlung auch nicht gewähren.[314] Selbst wenn der Arbeitgeber mit einer solchen Zahlung den Zweck verfolgt, etwaige Nachteile des Betriebsratsmitglieds bei der beruflichen Entwicklung auszugleichen, ist eine Zahlung wie im obigen Beispiel dazu ungeeignet. Berufliche Nachteile werden ausschließlich gemäß § 37 Abs. 4 BetrVG ausgeglichen, als dass die Entwicklung des Arbeitsentgelts an die vergleichbarer Arbeitnehmer mit betriebsüblicher Entwicklung gekoppelt wird. Auf diese Weise wird sichergestellt, dass das Betriebsratsmitglied hinsichtlich seiner beruflichen Entwicklung keine Nachteile erleidet. Diese Entgeltsicherung kann weder vom Arbeitgeber durch eine pauschale Ausgleichszahlung ersetzt noch durch eine solche Zahlung ergänzt werden. Im Falle einer Ersetzung droht je nach Bemessung der Pauschale eine Benachteiligung oder eine Begünstigung. Im Falle einer Ergänzung handelt es sich um ein zusätzliches Entgelt, dass nach § 37 Abs. 1 BetrVG unzulässig ist.

c) Ausgleich einer Benachteiligung durch Begünstigung?

Eine neuere – nicht veröffentlichte – Entscheidung zu diesem Problemkreis stammt vom Arbeitsgericht Essen.[315] Der dort gegenständliche Sozialplan sah ein Ausscheiden aller Arbeitnehmer unter Zahlung einer Abfindung vor, während den drei Betriebsratsmitgliedern ein Altersteilzeitangebot bei einer Tochtergesellschaft des Unternehmens unterbreitet wurde. Der Vertrag sah u.a. eine Klausel vor, wonach die Betriebsratsmitglieder auch im Falle einer vorzeitigen

---

314 *Rüthers*, RdA 1976, 61 (62).

315 ArbG Essen v. 03.12.2010 – 5 Ca 2260/10, juris.

Beendigung des Altersteilzeitverhältnisses einen Anspruch auf die Differenz zwischen den ausgezahlten Leistungen und dem Entgelt haben, welches ihnen bis zum 63. Lebensjahr zugestanden hätte. In der Folge wurden die Betriebsratsmitglieder von der Tochtergesellschaft ohne jede Arbeitsleistung vergütet. Nachdem die Tochtergesellschaft durch ein externes Unternehmen übernommen worden war, wurden die Zahlungen eingestellt, woraufhin eines der Betriebsratsmitglieder auf weitere Zahlung aus dem Altersteilzeitverhältnis klagte.

Das Arbeitsgericht wies die Klage ab, weil das Betriebsratsmitglied insbesondere durch die Differenzklausel unzulässig begünstigt sei. Der Anspruch auf die Leistungen bis zum 63. Lebensjahr begründe einen erheblichen wirtschaftlichen Vorteil im Vergleich zu den anderen Arbeitnehmern.[316] Den Ursachenzusammenhang zwischen Begünstigung und Amt leitete das Arbeitsgericht aus dem Umstand ab, dass alle drei Betriebsratsmitglieder ein entsprechendes Vertragsangebot erhalten hatten, während keinem der anderen Arbeitnehmer ein solches Angebot zugetragen wurde.

Besonders interessant ist die Entscheidung im Hinblick auf die Begründung des klagenden Betriebsratsmitglieds: Eine Begünstigung liege nicht vor, weil der zugesagte wirtschaftliche Vorteil nur ein Ausgleich für frühere Benachteiligungen gewesen sei. Die Betriebsratsmitglieder waren nämlich im Rahmen einer früheren Umstrukturierung wegen ihrer Ämter keinem derjenigen Tochterunternehmen zugeordnet worden, welche nun im Gegensatz zur ursprünglichen Gesellschaft nicht von einer Schließung betroffen waren. Die frühere Benachteiligung sei nun durch die Begünstigung wieder ausgeglichen worden. Dieser Argumentation folgte das Arbeitsgericht nicht. Es stellte vielmehr fest, dass das Unrecht einer Benachteiligung nicht durch das Unrecht einer späteren Begünstigung neutralisiert werden könne.[317]

Diese These des Arbeitsgerichts gilt es zu überprüfen. Der Wortlaut des § 78 Satz 2 BetrVG hilft hier nicht weiter, da sich dieser auf das Merkmal einer Begünstigung oder einer Benachteiligung beschränkt. Die Vorschrift enthält auch nicht etwa eine Ausnahmeregelung, welche etwa so lauten könnte: „Eine Begünstigung liegt nicht vor, wenn darin der Ausgleich einer Benachteiligung liegt.“ Ob der Gesetzgeber bewusst auf eine derartige Ausnahme verzichtet hat, darf bezweifelt werden. Es verbleibt als Auslegungskriterium der Sinn und Zweck des Begünstigungsverbots, nämlich die Sicherung der Unabhängigkeit der Mitglieder des Betriebsrats. Fraglich ist, ob dieser Zweck eine Ausgleichsmöglichkeit erfordert.

---

316 ArbG Essen v. 03.12.2010 – 5 Ca 2260/10, juris, Rn. 40.

317 ArbG Essen v. 03.12.2010 – 5 Ca 2260/10, juris, Rn. 41.

Dies sei an folgendem Beispiel verdeutlicht: Der Arbeitgeber zahlt den beiden Mitgliedern des Betriebsrats im Gegensatz zu allen anderen Arbeitnehmern über drei Jahre kein Weihnachtsgeld. Im Rahmen einer arbeitsrechtlichen Beratung wird dem Arbeitgeber die Unzulässigkeit seines Handelns bewusst und entschließt sich, Betriebsratsmitglied B1 im Wege einer einmaligen Ausgleichszahlung die drei nicht gewährten Weihnachtsgelder zu erstatten. Gegenüber B2 soll der Nachteil durch einen luxuriösen Dienstwagen ausgeglichen werden.

Fraglich ist, ob in diesen Fällen eine unzulässige Begünstigung zu sehen ist. Schließlich wird den Betriebsratsmitgliedern nur das erstattet, was ihnen zuvor zu Unrecht verwehrt wurde. Eine solche Sichtweise greift jedoch zu kurz. Der empfindliche Schutzzweck des § 78 Satz 2 BetrVG gebietet es, derartige Erstattungen nach „Gutdünken" nur in klar abgegrenzten Ausnahmefällen zuzulassen. Das obige Beispiel zeigt aber auch, dass es eine Ausgleichsmöglichkeit geben muss. Andernfalls wäre das Benachteiligungsverbot für das Betriebsratsmitglied wertlos, weil jeder Anspruch auf Ausgleich zugleich eine unzulässige Begünstigung darstellen würde. Im Folgenden sollen deshalb Voraussetzungen für einen zulässigen Benachteiligungsausgleich vorgeschlagen werden.

In zeitlicher Hinsicht muss ein etwaiger Benachteiligungsausgleich durch die gesetzlichen und vertraglichen Verjährungsregeln begrenzt werden. Im obigen Fall haben die Betriebsratsmitglieder Ansprüche auf die Weihnachtsgelder der vergangenen Jahre aus dem Arbeitsvertrag oder betrieblicher Übung. Lassen sie diese Ansprüche verjähren, darf ein Ausgleich nicht erfolgen. Dieser würde das Betriebsratsmitglied rechtlich besserstellen, weil es auf den Ausgleich keinen durchsetzbaren Anspruch hat.

In sachlicher Hinsicht müssen sich Benachteiligung und Ausgleich spiegelbildlich gegenüberstehen. Deshalb ist zum einen eine Gleichwertigkeit zu fordern. Ein nicht gewährtes Weihnachtsgeld in Höhe von 500 Euro kann insoweit nicht durch eine Zahlung von 600 Euro in zulässigerweise ausgeglichen werden. Der überschüssige Teil stellt dann eine unzulässige Begünstigung dar. Zum anderen ist eine Gleichartigkeit zu fordern. Der Ausgleich einer Benachteiligung durch eine andersartige Leistung würde eine Umgehung des Begünstigungsverbots erheblich erleichtern. Zugespitzt formuliert: Ein weniger an Äpfeln kann nicht durch ein mehr an Birnen ausgeglichen werden, nur weil das Betriebsrastmitglied Birnen lieber isst als Äpfel. Deshalb scheidet im obigen Fall ein Ausgleich für das nicht gewährte Weihnachtsgeld durch Gewährung eines Dienstwagens aus, selbst wenn durch die Gewährung exakt der Nachteil des nicht gewährten Weihnachtsgeldes wertmäßig ausgeglichen würde. Das Weihnachtsgeld hat mit dem Dienstwagen nichts zu tun. Etwas anderes kann allenfalls dann gelten, wenn ein Ausgleich durch eine gleichartige Leistung nicht mehr möglich ist.

Damit bleibt festzuhalten, dass dem Arbeitsgericht im Grundsatz darin zuzustimmen ist, dass das Unrecht einer Benachteiligung nicht durch das Unrecht einer späteren Begünstigung neutralisiert werden kann. In engen Ausnahmen ist indes ein Ausgleich zuzulassen, weil das Benachteiligungsverbot sonst leerlaufen würde. Nach der hier vertretenen Auffassung ist ein Ausgleich möglich, wenn der Anspruch aus der Benachteiligung durchsetzbar ist und die Ausgleichsleistung gleichwertig und gleichartig ist.

8. Erhöhung der Arbeitszeit

Es wurde bereits festgestellt, dass aufgrund des Ehrenamtsprinzips eine Erhöhung der Vergütung eines Betriebsratsmitglieds allein wegen seines Amtes nicht zulässig ist.[318] Das BAG hatte indes eine Konstellation zu entscheiden, in welcher die Vergütung – in diesem Fall eines Personalratsmitglieds – nicht unmittelbar, sondern nur mittelbar über eine Erhöhung der regelmäßigen Arbeitszeit gesteigert wurde.[319] Das in diesem Fall teilzeitbeschäftigte Personalratsmitglied konnte die Personalratstätigkeit nicht in seiner regelmäßigen Arbeitszeit bewältigen. Der Arbeitgeber erhöhte daraufhin die wöchentliche Arbeitszeit von 19, 25 auf 30 Stunden, damit das Personalratsmitglied mehr Zeit für die Personalratsarbeit zur Verfügung hat. Das BAG hat im Hinblick auf eine mögliche Begünstigung des Personalratsmitglieds klargestellt, dass „nicht nur Gehaltserhöhungen wegen der Personalratstätigkeit (…), sondern auch die ausschließlich auf den zeitlichen Umfang der Personalratstätigkeit beruhende Erhöhung der zu vergütenden wöchentlichen Arbeitszeit teilzeitbeschäftigter Personalratsmitglieder“ unzulässig sei.[320]

Diese Rechtsprechung ist auch auf Betriebsratsmitglieder zu übertragen. Das Ehrenamtsprinzip und das Begünstigungsverbot des Personalvertretungsrechts[321] unterscheiden sich grundsätzlich nicht von den Regelungen des BetrVG. Der rechtliche Rahmen für die Beurteilung der Zulässigkeit der Erhöhung der Arbeitszeit ist identisch. Davon ausgehend ist es zwar grundsätzlich nicht zu beanstanden, wenn die regelmäßige vertragliche Arbeitszeit von Betriebsratsmitgliedern (einvernehmlich) erhöht wird. Dies gilt auch, wenn die Arbeitszeit indiviudell erhöht wird und

---

318 S. 51 ff.

319 BAG v. 16.02.2005 – 7 AZR 95/04, NZA-RR 2005, 556.

320 BAG v. 16.02.2005 – 7 AZR 95/04, NZA-RR 2005, 556 (557).

321 Vgl. das dort geltende Ehrenamtsprinzip in § 46 Abs. 1 BPersVG sowie das Begünstigungsverbot in § 8 BPersVG.

anderen Arbeitnehmern keine Erhöhrung ihrer Arbeitszeit angeboten wird. Dies ergibt sich aus dem Grundsatz der Vertragsfreiheit. Anders als im Rahmen der beruflichen Entwicklung kommt es hier nicht auf die Arbeitszeit vergleichbarer Arbeitnehmer an. Die Festlegung der Arbeitszeit ist keine berufliche Entwicklung, sondern eine typischerweise individuell geprägte Entscheidung der Arbeitsvertragsparteien. Hinzu kommt, dass dem Betriebsratsmitglied wie anderen teilzeitbeschäftigten Arbeitnehmern ggf. ein gesetzlicher Anspruch (vgl. § 9 TzBfG) auf eine Erhöhung der Arbeitszeit zusteht, welcher schon aufgrund des Benachteiligungsverbots nicht verwehrt werden darf. Weiter ist zu beachten, dass eine mögliche Begünstigung aufgrund einer Erhöhung der Arbeitszeit insoweit untypisch ggü. anderen hier dargestellten Fallgestaltungen ist, als dass der Vergütungserhöhung hier eine ggf. äquivalente Gegenleistung gegenübersteht.

Stellt sich die Konstellation jedoch so dar, dass ein teilzeitbeschäftigtes Betriebsratsmitglied im Rahmen seiner regelmäßigen Arbeitszeit die Betriebsratsarbeit nicht bewältigen kann und der Arbeitgeber dem Mitglied deshalb eine Vollzeitstelle anbietet, so stellt dies eine unzulässige Begünstigung dar. Dem Betriebsratsmitglied eröffnet sich in diesem Fall allein aufgrund des Amtes eine erhebliche Steigerung seines Arbeitsentgelts, welche anderen Arbeitnehmern vorenthalten bleibt. Der Zusammenhang zwischen Besserstellung und Amt ist in einem solchen Fall besonders offensichtlich. An dem Vorliegen einer Besserstellung ändert auch die hier vom Betriebsratsmitglied zu erbingende Gegenleistung nichts, weil die Besserstellung nicht aus dem Äquivalenzverhältnis zwischen Leistung und Gegenleistung, sondern aus der Möglichkeit folgt, ein Teilzeitarbeitsverhältnis in ein umfangreicheres Vollzeitarbeitsverhältnis auszuweiten.

Für die Praxis folgt daraus, dass Erhöhungen der Arbeitszeit grundsätzlich zulässig sind, solange der Grund hierfür nicht allein in der Betriebsratstätigkeit liegt. Für den Fall, dass ein teilzeitbeschäftigtes Betriebsratsmitglied im Rahmen seiner regelmäßgen Arbeitszeit die Betriebsratsaufgaben nicht bewältigen kann, eröffnen sich daher folgende Optionen für den Arbeitgeber: Er kann dem Betriebsratsmitglied ermöglichen, betriebsratsbedingte Mehrarbeit zu leisten[322] oder er stellt ein weiteres Betriebsratsmitglied von der beruflichen Tätigkeit frei.[323] Die Erforderlichkeit dürfte in einer solchen Konstellation nicht zu bezweifeln sein. Dass in dem vom BAG entschiedenen Fall die Parteien eine Erhöhung der Arbeitszeit vorgenommen haben, war einer Besonderheit des Personalvertretungsrechts geschuldet, weil dort anders als im BetrVG nicht vorgesehen ist, dass unter bestimmten Voraussetzungen

322 Vgl. hierzu S. 82 ff.
323 Zu den Grenzen vgl. S. 106 ff.

die über die persönliche Arbeitszeit hinaus für Personalratsangelegenheiten aufgewendete Zeit wie Mehrarbeit vergütet werden kann.[324] Hier wäre allein die Möglichkeit verblieben, ein zusätzliches Personalratsmitglied freizustellen.

9. Ausschlussfristen

Das Begünstigungsverbot gilt nicht nur im Hinblick auf die Höhe der Vergütung. Auch bei der Geltendmachung der Vergütung darf das Betriebsratsmitglied nicht wegen seines Amtes begünstigt werden. Dies kann etwa im Rahmen von Ausschlussfristen relevant werden. In einer vom BAG entschiedenen Konstellation wurde das tarifliche Arbeitsentgelt eines freigestellten Betriebsratsmitglieds rückwirkend nach § 37 Abs. 4 BetrVG angepasst. Das Betriebsratsmitglied verlangte zudem für die Vergangenheit – trotz abgelaufener tarifvertraglicher Ausschlussfrist – die Zahlung des Anpassungsbetrages. Dem stand nach Auffassung des BAG das Begünstigungsverbot entgegen.[325] Das gelte jedenfalls soweit der Anspruch, selbst wenn er durch § 37 Abs. 2 BetrVG oder § 37 Abs. 4 BetrVG begründet werde, inhaltlich von tariflichen Ansprüchen abhänge. Würden tarifvertragliche Ausschlussfristen für Betriebsratsmitglieder nicht gelten, stelle dies eine unzulässige Begünstigung dar.[326]

Das BAG hat sich mit der Frage einer Begünstigung jedoch nur am Rande beschäftigt, wenngleich der Fall die interessante Frage aufwirft, ob im Hinblick auf Ausschlussfristen für Ansprüche von Betriebsratsmitgliedern und anderen Arbeitnehmern unterschiedliche Regeln vereinbart werden können. Eine individual- oder kollektivvertragliche Klausel könnte beispielsweise dahingehend formuliert werden, dass Ansprüche aus dem Arbeitsvertrag innerhalb von drei Monaten und Ansprüche aus einem etwaigen betriebsverfassungsrechtlichen Amt nach den allgemeinen Verjährungsregeln geltend zu machen sind.

Das BAG dürfte einer solchen Klausel mit seiner Schlussbemerkung zu Recht eine klare Absage erteilt haben. Die zeitlich erweiterte Möglichkeit der Geltendmachung des Anspruchs führt zu einer Besserstellung der Mitglieder des Betriebsrats, weil die Durchsetzbarkeit rechtlich vorteilhafter Positionen in zeitlicher Hinsicht erweitert wird. Da die Klausel zudem ausdrücklich an das betriebsverfassungsrechtliche Amt anknüpft, erfolgt diese Besserstellung auch wegen des Amtes im Sinne von § 78 Satz 2 BetrVG. Die betriebsverfassungsrechtliche Prägung

324 BAG v. 22.05.1986 – 6 AZR 557/85, DB 1987, 282 (283).
325 BAG v. 08.09.2010 – 7 AZR 513/09, NZA 2011, 159 (160).
326 BAG v. 08.09.2010 – 7 AZR 513/09, NZA 2011, 159 (160).

eines etwaigen Anpassungsanspruchs ändert nichts an dem Umstand, dass es sich um einen arbeitsvertraglichen Anspruch aus § 611 BGB handelt. Der betriebsverfassungsrechtliche Schutzzweck des § 37 Abs. 2 und 4 BetrVG rechtfertigt dabei keine Besserstellung im Hinblick auf die Geltendmachung des Anspruchs.

II. Honorierung für Tätigkeiten in anderen Gremien

Das Ehrenamtsprinzip untersagt jede Art der Vergütung für die Tätigkeit des Betriebsratsmitglieds in Ausübung des Betriebsratsamtes. Häufig sind jedoch Betriebsratsmitglieder auch in anderen Gremien aktiv. Sie sind nicht selten Gewerkschaftsmitglied und bekleiden häufig einen Posten im Aufsichtsrat des Unternehmens, in welchem sie zugleich als Arbeitnehmer beschäftigt sind. Auch in Einigungsstellen handelt es sich zumeist um Betriebsratsmitglieder, die als Beisitzer für den Betriebsrat benannt werden. Schließlich sind der Kreativität des Unternehmens keine Grenzen gesetzt, wenn es andere Gremien bildet und Betriebsratsmitglieder in diese Gremien beruft. In allen diesen Fällen stellt sich die Frage, ob Betriebsratsmitgliedern aufgrund anderer Gremientätigkeiten ein Honorar oder eine Aufwandsentschädigung gezahlt werden kann oder ob auch hier die §§ 37 Abs. 1, 78 Satz 2 BetrVG Grenzen setzen.

1. Betriebsräte als gewerkschaftliche Funktionsträger

Jedes Betriebsratsmitglied unterliegt dem oben beschriebenen Spannungsverhältnis zwischen Arbeitsverhältnis und Betriebsratsamt.[327] Bei einigen Betriebsratsmitgliedern kommt hinzu, dass diese zugleich auch gewerkschaftliche Funktionsträger sind. Ein solches „Doppelamt“[328] ist mit Blick auf die §§ 2 Abs. 1 und 3, 74 Abs. 3 BetrVG zulässig. *Rieble*[329] hat in diesem Zusammenhang die Frage aufgeworfen, ob das Begünstigungsverbot auch Leistungen an Betriebsräte verbietet, welche faktisch der Gewerkschaft zugutekommen.

Dabei ist zu beachten, dass das Betriebsratsmitglied beide Ämter im funktionellen Sinn stets voneinander trennen muss. Es kann niemals für beide Ämter gleichzeitig handeln, sondern stets nur für das Betriebsrats- oder das Gewerkschaftsamt.[330] Leistungsansprüche nach dem BetrVG kann das Betriebsratsmitglied daher nur geltend

---

327 S. 6 f.

328 *Rieble*, BB 2009, 1016 (1017).

329 *Rieble*, BB 2009, 1016 (1017).

330 *Rieble*, BB 2009, 1016 (1017).

machen, wenn es für den Betriebsrat tätig war. Handelte es für die Gewerkschaft, scheiden solche Ansprüche aus. Werden dem Betriebsratsmitglied solche Leistungen zum Zwecke der Gewerkschaftsarbeit gleichwohl gewährt, stellt sich die Frage einer unzulässigen Begünstigung. Dazu folgendes Beispiel: Dem Betriebsratsmitglied wird vom Arbeitgeber ein Büro mit EDV- und Kommunikationsausstattung für die Betriebsratsarbeit zur Verfügung gestellt. Tatsächlich nutzt das Betriebsratsmitglied die Einrichtung im Wesentlichen für seine Gewerkschaftsarbeit.

Hier stellt sich zunächst die Frage, ob darin überhaupt ein Vorteil für das Betriebsratsmitglied liegt. Der Profiteur der zur Verfügung gestellten Ausstattung ist vor allem die Gewerkschaft, die sich die entsprechenden Leistungen spart. Diese Sichtweise greift indes zu kurz: Es ist überhaupt nicht gesagt, ob die Gewerkschaft dem Betriebsratsmitglied entsprechende Leistungen überhaupt gewährt hätte.[331] Falls dies nicht der Fall ist, wäre allein das Betriebsratsmitglied begünstigt. Die Frage der Begünstigung kann aber nicht vom Innenverhältnis zwischen Mitglied und Gewerkschaft abhängig gemacht werden. Entscheidend ist somit, ob das Betriebsratsmitglied betriebsintern einen Vorteil erlangt. Ob darin zugleich oder überwiegend ein Vorteil für die Gewerkschaft liegt, muss für die betriebsverfassungsrechtliche Beurteilung außer Betracht bleiben.

Der oben gebildete Fall wirft zudem die Frage auf, ob die umfangreiche Ausstattung für die Betriebsratsarbeit überhaupt erforderlich im Sinne von § 40 BetrVG ist. Nutzt das Betriebsratsmitglied die Einrichtung nämlich im Wesentlichen für die Gewerkschaftsarbeit, vernachlässigt es entweder unzulässig seine betriebsverfassungsrechtlichen Pflichten oder aber die Ausstattung ist jedenfalls in diesem Ausmaß nicht erforderlich. Dann besteht aber auch kein Anspruch auf diese Ausstattung, sodass eine unzulässige Begünstigung vorliegen würde.

Festzuhalten bleibt, dass Betriebsratsmitglieder, welche sich zugleich gewerkschaftlich engagieren, beide Ämter streng voneinander zu trennen haben, da eine Vermischung unter dem Deckmantel der Gewerkschaftsunterstützung eine unzulässige Betriebsratsbegünstigung darstellen kann.

2. Betriebsratsmitglieder im Aufsichtsrat

Es ist in der Praxis nicht unüblich, dass Betriebsratsmitglieder zugleich als Arbeitnehmervertreter im Aufsichtsrat des Unternehmens tätig sind.[332] Das liegt insoweit

---

331 *Rieble*, BB 2009, 1016 (1018).

332 Zu den Gründen: *Fischer*, NZA 2007, 484 (487).

auch nahe, weil beide Ämter die Interessen der Belegschaft, wenngleich auf unterschiedlichen Ebenen, vertreten sollen. Auch den Arbeitnehmervertretern im Aufsichtsrat muss unter bestimmten Voraussetzungen Aufwendungsersatz (§§ 675, 670 BGB) geleistet werden. Zudem kann auch eine Vergütung gezahlt werden (vgl. § 113 Abs. 1 Satz 1 AktG). In der Unternehmensmitbestimmung gilt das Prinzip der professionellen Bezahlung. Verschwiegen werden soll indes nicht, dass Aufsichtsratsmitglieder, wenn sie zugleich auch Gewerkschaftsmitglied sind, regelmäßig den Großteil dieser Vergütung an die *Hans-Böckler-Stiftung* abführen.[333] *Rieble* erblickt darin zutreffend eine „Realsatire".[334] Durch die Abführungspflicht im Aufsichtsrat wird das Professionalitätsamt zum Ehrenamt, während das Ehrenamtsprinzip im Betriebsverfassungsrecht in der Praxis gelegentlich als Professionalitätsamt verstanden wird.

Erhält nun das Betriebsratsmitglied für seine Tätigkeit im Aufsichtsrat eine Vergütung, stellt sich die Frage, inwieweit diese Vergütung mit den betriebsverfassungsrechtlichen Grundsätzen, konkret Ehrenamt und Begünstigungsverbot, zu vereinbaren ist. Dazu ist zunächst anzumerken, dass die Aufsichtsratstätigkeit rechtlich völlig unabhängig vom Betriebsratsamt ist. Es macht daher keinen Unterschied, ob das Betriebsratsmitglied neben dem Arbeitsverhältnis beispielsweise als Künstler tätig ist und auf diese Weise zu erheblichen Nebeneinkünften gelangt oder ob es diese durch eine Tätigkeit im Aufsichtsrat erzielt. Es ist vor diesem Hintergrund deshalb nicht zu beanstanden, wenn das Einkommen des Betriebsratsmitglieds weit über das vergleichbarer Arbeitnehmer mit betriebsüblicher Entwicklung hinausgeht. Erhält beispielsweise ein Betriebsratsmitglied, dessen Entwicklung sich an dem eines vergleichbaren Arbeitnehmers orientiert, ein monatliches Entgelt von 4.000 Euro und erhält es zudem für seine Aufsichtsratstätigkeit eine weitere Vergütung von 3.000 Euro monatlich, so liegt darin kein Verstoß gegen das Ehrenamtsprinzip, weil die Aufsichtsratsvergütung für die Tätigkeit im Aufsichtsrat und unabhängig von der Betriebsratsarbeit gezahlt wird. Auch liegt kein Verstoß gegen das Begünstigungsverbot vor, jedenfalls soweit der Posten im Aufsichtsrat unabhängig vom Betriebsratsamt erreicht wurde. Gleichwohl ist auch im oben gebildeten Fall ein Risiko festzustellen: Durch die Aufsichtsratsvergütung entsteht ein „Kanal", durch welchen der Arbeitgeber dem Betriebsratsmitglied ohne die betriebsverfassungsrechtlichen Einschränkungen der §§ 37 Abs. 1, 78 Satz 2 BetrVG Leistungen zukommen lassen kann. Zu beachten ist jedoch, dass zwar die Aufsichtsratsvergütung

333 *Rieble*, BB 2009, 1016 (1017).
334 *Rieble*, BB 2009, 1612 (1613).

keinen betriebsverfassungsrechtlichen Schranken unterliegt. Es ist jedoch das Recht der Unternehmensmitbestimmung zu beachten. Danach gilt etwa gemäß § 9 DrittelbG ein Begünstigungsverbot wegen der Aufsichtsratstätigkeit. Ein ausdrückliches Begünstigungsverbot gilt wegen § 26 MitbestG im Anwendungsbereich des Mitbestimmungsgesetzes jedoch nicht. Höhergruppierungen oder die Übertragung höherwertiger Positionen sollen grundsätzlich und anders als nach den Regeln des BetrVG zulässig sein.[335] Hier will die überwiegende Meinung im Schrifttum auf den arbeitsrechtlichen Gleichbehandlungsgrundsatz zurückgreifen.[336] Sachgrundlose Begünstigungen wegen der Aufsichtsratstätigkeit sind deshalb nicht zulässig. Wer nun spitzfindig vorgeht und versucht, das Aufsichtsratsmitglied wegen der Betriebsratstätigkeit zu begünstigen, wird sich wiederum im Anwendungsbereich des § 78 Satz 2 BetrVG wiederfinden.

Festzuhalten bleibt, dass Betriebsratsmitglieder, welche zugleich Mitglied im Aufsichtsrat sind, durchaus ein wesentlich höheres Einkommen erzielen können, als vergleichbare Arbeitnehmer mit betriebsüblicher Entwicklung. Das ist rechtlich nicht zu beanstanden, weil beide Ämter unabhängig voneinander geführt und vergütet werden. Eine Missbrauchsgefahr besteht nicht, weil auch das Recht der Unternehmensmitbestimmung Begünstigungen nicht grenzenlos zulässt.

3. Betriebsratsmitglieder in der Einigungsstelle

Der Betriebsrat kann als Beisitzer für ein Einigungsstellenverfahren auch seine eigenen Mitglieder benennen.[337] Indes erhalten diejenigen Beisitzer der Einigungsstelle, die dem Betrieb angehören, nach § 76a Abs. 2 Satz 1 BetrVG für ihre Tätigkeit in der Einigungsstelle keine Vergütung. Etwaige Honorarzahlungen an Betriebsratsmitglieder in der Einigungsstelle sind nach dieser Vorschrift unzulässig. Bereits vor Schaffung des § 76a BetrVG im Jahr 1988[338] hatte das BAG eine Vergütung für betriebsangehörige Einigungsstellenbeisitzer unter Hinweis auf das Ehrenamtsprinzip und das Begünstigungsverbot für unzulässig gehalten.[339] Für das BAG spielte dabei jedoch weniger die Eigenschaft als Betriebsratsmitglied eine Rolle. Entscheidend war vielmehr, dass in § 78 BetrVG die Einigungsstelle

---

335 UHH/*Henssler*, § 26 MitbestG, Rn. 2.

336 WWKK/*Wißmann*, § 26, Rn. 3; *Raiser/Veil*, § 26, Rn. 13; UHH/*Henssler*, § 26 MitbestG, Rn. 2; **a.A.** wohl *Bittmann/Mujan*, BB 2012, 637 (639).

337 Richardi/*Richardi*, § 76, Rn. 45; ErfK/*Kania*, § 76 BetrVG, Rn. 9.

338 BGBl. I S. 2312.

339 BAG v. 11.05.1976 – 1 ABR 15/75, NJW 1976, 2039.

genannt war, weshalb nach Auffassung das BAG für betriebsangehörige Beisitzer das Ehrenamtsprinzip zu gelten habe. Da nunmehr § 76a Abs. 2 Satz 1 BetrVG diese Sichtweise ausdrücklich bestätigt, sind Honorare für betriebsangehörige Einigungsstellenbeisitzer unzulässig, nach dem Ehrenamtsprinzip erst recht, wenn es sich zugleich um Mitglieder des Betriebsrats handelt.[340]

Umstritten ist allerdings die Konstellation, dass ein Betriebsratsmitglied eines anderen Betriebes des Unternehmens oder des Konzerns als Beisitzer für eine insoweit betriebsfremde Einigungsstelle benannt wird. Nach überwiegender Auffassung sind Betriebsratsmitglieder anderer Betriebe als betriebsfremd anzusehen mit der Folge, dass diese nach § 76a Abs. 3 BetrVG zu behandeln sind.[341] Nach dieser Vorschrift haben u.a. betriebsfremde Beisitzer einen Vergütungsanspruch gegen den Arbeitgeber. Da die Tätigkeit eines betriebsfremden Betriebsratsmitglieds in einem betrieblichen Einigungsstellenverfahren keine Betriebsratsarbeit darstelle, sei ein Honorar mit § 37 Abs. 1 BetrVG vereinbar. Auch liege kein Verstoß gegen § 78 Satz 2 BetrVG vor, weil das Ergebnis des Einigungsstellenverfahrens keinen Einfluss auf die Arbeitsbedingungen des Betriebes habe, für welchen das Betriebsratsmitglied seine Betriebsratsaufgaben wahrnehme.[342] Nach der Gegenauffassung liegt ein Verstoß gegen das Begünstigungsverbot vor, soweit es sich um betriebsfremde aber unternehmensangehörige Einigungsstellenmitglieder handelt.[343] Der Begünstigungseffekt trete auch dann ein, wenn der gleiche Arbeitgeber eine erhöhte Vergütung an einen Beisitzer aus einem anderen Betrieb seines Unternehmens zahle. Daher sei § 76a Abs. 2 S. 1 BetrVG entsprechend anzuwenden.

Dieser zuletzt genannten Ansicht ist zuzugeben, dass der Arbeitgeber über diese Einigungsstellenkonstellation dem Betriebsratsmitglied Leistungen zuwenden kann, welche ihm grundsätzlich im Verhältnis Arbeitgeber-Betriebsratsmitglied verwehrt sind. Für die Gefährdung der Unabhängigkeit des Betriebsratsmitglieds kann es keinen Unterschied machen, ob der Arbeitgeber dem Betriebsratsmitglied unmittelbar wegen des Amtes oder mittelbar als Vergütung im Rahmen der Einigungsstelle Leistungen zuwendet. Gegen eine solche Sichtweise spricht jedoch der Wortlaut des § 76a Abs. 2 S. 1 BetrVG, wonach lediglich Beisitzer, die „dem Betrieb“ angehören, keine Vergütung

340 Richardi/*Richardi*, § 76a, Rn. 12.

341 BAG v. 21.06.1989 – 7 ABR 92/87, NZA 1990, 110 (111); LAG Hessen, 28.08.2003 – 9 TaBV 40/03, AR-Blattei ES 630 Nr. 76; *Fitting*, § 76a, Rn. 13; GK-BetrVG/*Kreutz*, § 76a, Rn. 26, Richardi/*Richardi*, § 76a, Rn. 14; DKKW/*Berg*, § 76a, Rn. 20; WPK/*Preis*, § 76a, Rn. 7; ErfK/*Kania*, § 76a BetrVG, Rn. 3; HWK/*Kliemt*, § 76a, Rn. 20.

342 BAG v. 21.06.1989 – 7 ABR 92/87, NZA 1990, 110 (112).

343 HSWGNR/*Worzalla*, § 76a, Rn. 15.

erhalten dürfen. Zuzugeben ist der überwiegenden Auffassung weiter, dass das betriebsfremde aber unternehmenszugehörige Betriebsratsmitglied in der Einigungsstelle nicht über seine eigenen Arbeitsbedingungen verhandelt. In einer solchen Konstellation ist die Unabhängigkeit grundsätzlich nicht gefährdet. Entscheidend für die Möglichkeit der Honorierung betriebsfremder, aber unternehmensangehöriger Betriebsratsmitglieder in der Einigungsstelle ist jedoch, dass die Voraussetzungen des § 78 Satz 2 BetrVG nicht vorliegen. Das betriebsfremde Betriebsratsmitglied in der Einigungsstelle erhält die Vergütung nicht wegen seiner Betriebsratstätigkeit, sondern wegen seiner Tätigkeit in der Einigungsstelle. Es fehlt deshalb am Zusammenhang zwischen Vorteil und Amtstätigkeit.

4. Mitgliedschaft in besonderen Gremien

Neben den gesetzlich vorgesehenen Gremien, wie etwa dem Betriebsrat oder dem Wirtschaftsausschuss, ist denkbar, dass Unternehmen besondere Gremien wie Beiräte, Fachausschüsse oder Arbeitsgruppen bilden. Den Mitgliedern solcher Gremien werden Aufwandsentschädigungen oder sogar Honorare gezahlt. Zu prüfen ist, ob auch ein Mitglied des Betriebsrats aufgrund einer Berufung in ein solches Gremium in Gestalt eines Honorars oder einer Aufwandsentschädigung Zuwendungen erhalten darf oder ob diese gegen das Begünstigungsverbot des § 78 Satz 2 BetrVG verstoßen. Rechtsprechung existiert, soweit ersichtlich, zu derartigen Konstellationen nicht. Ein sachgerechter Umgang mit der Bildung solcher Gremien soll anhand von Beispielen aus der Praxis veranschaulicht werden. Unterschieden werden soll dabei zwischen Gremien mit und ohne Bezug zur Betriebsratstätigkeit.

a) Gremium mit Bezug zur Betriebsratstätigkeit

Beispiel: Das Unternehmen gründet einen sog. „betrieblichen Beirat“. Dieser soll den Betriebsrat durch Zuarbeit unterstützen. Insbesondere soll der betriebliche Beirat für den Betriebsrat Formulierungen erarbeiten, welche dieser für die Verhandlungen von Betriebsvereinbarungen verwendet. Die Mitglieder im Beirat sind alle auch zugleich Mitglied im Betriebsrat und erhalten für die Beiratstätigkeit ein angemessenes Honorar.

Handelt es sich um ein Gremium, welches im Kern Aufgaben des Betriebsrats erledigt, stellt die Mitgliedschaft und die Tätigkeit in einem solchen Gremium Betriebsratstätigkeit dar. Werden somit Aufgaben des Betriebsrats auf andere Gremien „ausgelagert“, ändert das nichts am Charakter der Tätigkeit. Das gilt vor allem, wenn Betriebsratsmitglieder ihre Aufgaben in einem anderen Gremium erfüllen. Es gilt auch hier das Ehrenamtsprinzip: Eine Vergütung oder ein Honorar ist gemäß § 37 Abs. 1 BetrVG unzulässig. Zugleich werden Mitglieder des Betriebsrats wegen ihrer Gremientätigkeit unzulässig begünstigt, weil sie ihre Position im Beirat allein ihrem Amt im Betriebsrat verdanken. Eine Aufwandsentschädigung ist demgegenüber grundsätzlich zulässig, unter Umständen sogar nach § 40 BetrVG gesetzlich vorgesehen, wenn die entsprechenden Voraussetzungen vorliegen. Wird dagegen eine Aufwandspauschale gezahlt, gelten dazu die oben erarbeiteten Einschränkungen.[344]

b) Gremium ohne Bezug zur Betriebsratstätigkeit

Denkbar sind auch Gremien, die keine Betriebsratsaufgaben ausüben. Beispiel: Das Unternehmen gründet einen sog. „Innovations-Ausschuss". Die Mitglieder sollen der Unternehmensleitung Konzepte für den innerbetrieblichen Umgang mit gesellschaftlichen Entwicklungen (Integration, Demografie, Globalisierung) vorschlagen. Die Mitglieder erhalten ein angemessenes Honorar.

Die Zulässigkeit entsprechender Honorarzahlungen hängt davon ab, ob nur Mitglieder des Betriebsrats Zugang zu einem solchen Gremium haben oder ob auch andere Arbeitnehmer Mitglied des Gremiums sein können. Ist die Mitgliedschaft ausschließlich Betriebsratsmitgliedern vorbehalten, liegt darin eine unzulässige Begünstigung nach § 78 Satz 2 BetrVG. Auch wenn mangels Honorierung von Betriebsratsarbeit kein Verstoß gegen das Ehrenamtsprinzip vorliegt, werden die Mitglieder des Gremiums durch das Honorar bevorteilt. Da der Zugang zum Gremium und damit die Zahlung des Honorars ausschließlich Betriebsratsmitgliedern vorbehalten ist, liegt eine Zuwendung wegen des Amtes vor. Ob sie dafür eine gleichwertige Gegenleistung erbringen, ist unerheblich, da allein die Möglichkeit aufgrund des Betriebsratsamtes weitere Einkünfte zu erzielen eine faktische Besserstellung gegenüber anderen Arbeitnehmern mit sich bringt.

Steht die Mitgliedschaft im Gremium dagegen allen Arbeitnehmern zu und ist diese insbesondere nicht auf Betriebsratsmitglieder beschränkt, ist die Zahlung eines Honorars weder im Hinblick auf § 37 Abs. 1 BetrVG, noch bezüglich § 78 Satz 2 BetrVG bedenklich. Die Betriebsratsmitglieder im Gremium leisten keine Betriebsratsarbeit und die Mitgliedschaft im besonderen Gremium steht in keinem Zusammenhang zu ihrer Betriebsratstätigkeit. Etwas anderes gilt indes für den Fall, dass der Arbeitgeber faktisch nur Betriebsratsmitglieder in das Gremium

344 S. 68 ff.

beruft oder die Auswahl der Gremiumsmitglieder an Voraussetzungen anknüpft, die Betriebsratsmitgliedern entgegen kommen. Wählt beispielsweise der Arbeitgeber die Mitglieder aus und bevorzugt er dabei Arbeitnehmer mit ausgewiesenen betriebsverfassungsrechtlichen Kenntnissen, liegt darin eine unzulässige Begünstigung von Betriebsratsmitgliedern, weil diese typischerweise derartige Kenntnisse bei betriebsverfassungsrechtlichen Schulungen und Fortbildungen erwerben. Gleiches gilt für den Fall, dass faktisch nur Betriebsratsmitglieder in das Gremium berufen werden. Die Auswahl der Gremiumsmitglieder erfolgt dann mittelbar aufgrund des Betriebsratsamtes, sodass ein Verstoß gegen § 78 Satz 2 BetrVG vorliegt.

5. Leitfaden zum Umgang mit Betriebsratsmitgliedern in anderen Gremien

Zusammenfassend sollen die wichtigsten Grundsätze für Vergütungsmöglichkeiten von Betriebsratsmitgliedern, welche zugleich in anderen Gremien tätig sind, festgehalten werden.

Wenn Betriebsratsmitglieder zugleich für eine Gewerkschaft tätig sind, müssen die jeweiligen Tätigkeiten strikt voneinander getrennt werden, weil im Falle einer Vermischung solche Zuwendungen, die eigentlich der Gewerkschaft zugutekommen sollen, bei objektiver Betrachtung eine unzulässige Begünstigung darstellen können. Demgegenüber ist es betriebsverfassungsrechtlich nicht zu beanstanden, wenn ein Betriebsratsmitglied für seine Tätigkeit im Aufsichtsrat eine Vergütung erhält. Gleichwohl sind hier die unternehmensmitbestimmungsrechtlichen Begünstigungsverbote zu beachten. Keine Vergütung dürfen Betriebsratsmitglieder in der Einigungsstelle erhalten. Ausnahmen gelten nur, wenn ein betriebsfremdes Betriebsratsmitglied dort tätig ist, selbst wenn es beim gleichen Unternehmen oder Konzern beschäftigt ist. In anderen Gremien hängt eine Vergütung davon ab, ob die Tätigkeit einen Bezug zur Betriebsratstätigkeit aufweist. Dann ist ein Honorar unzulässig. In allen anderen Fällen kommt es darauf an, ob auch andere Arbeitnehmer Zugang zu diesem Gremium haben. In diesem Fall kann eine Vergütung auch an die Betriebsratsmitglieder gezahlt werden, es sei denn, die Auswahlkriterien sind auf die Betriebsratstätigkeit zugeschnitten.

III. Freistellungen

Ein weiteres Feld möglicher unzulässiger Begünstigungen von Mitgliedern des Betriebsrats sind Freistellungen. Nicht gemeint ist damit die Gewährung von (echter) Freizeit unter Fortzahlung der Vergütung. Gewährt der Arbeitgeber einem Betriebsratsmitglied wegen seines Amtes zusätzliche Freizeit, liegt darin eine unzulässige Begünstigung, die keiner weiteren Begründung bedarf. Vielmehr sollen in diesem Abschnitt Freistellungen und Befreiungen von der beruflichen Tätigkeit zum Zwecke der Betriebsratstätigkeit, welche über die gesetzlichen Regelungen der § 37 Abs. 2 und § 38 Abs. 1 BetrVG hinausgehen, auf ihre Vereinbarkeit mit dem Begünstigungsverbot des § 78 Satz 2 BetrVG untersucht werden.

Unproblematisch zu bejahen ist insoweit der Zusammenhang zwischen Begünstigung und Betriebsratsamt. Jede Freistellung zum Zwecke der Betriebsratstätigkeit ist typischerweise durch die Amtsstellung als Betriebsratsmitglied bedingt. Entscheidender ist die Frage, ob in der Gewährung zusätzlicher Freistellungen überhaupt eine Begünstigung zu sehen ist. Dies ist speziell mit Blick auf § 38 Abs. 1 BetrVG fraglich. Die Vorschrift spricht ausdrücklich von „mindestens" freizustellenden Betriebsratsmitgliedern. Eine Erhöhung scheint daher grundsätzlich zulässig zu sein. Darüber hinaus wird im Allgemeinen zu fragen sein, ob nicht vor allem der Betriebsrat als Gremium von zusätzlichen Freistellungen profitiert, da das Betriebsratsmitglied nicht zur persönlichen Bereicherung tätig wird, sondern seine Dienste dem Gremium zur Verfügung stellt.

1. § 38 Abs. 1 BetrVG als Mindestregelung

§ 38 Abs. 1 Satz 1 BetrVG stellt die unwiderlegbare Vermutung auf, dass in Betrieben ab einer bestimmten Belegschaftsgröße, die Freistellung einer bestimmten Anzahl von Betriebsratsmitgliedern erforderlich ist.[345] Zu beachten ist ferner, dass nach Satz 5 durch Tarifvertrag oder Betriebsvereinbarung auch anderweitige Regelungen über die Freistellung vereinbart werden können. Auch wenn der Regelungsgehalt des Satzes 5 im Detail umstritten ist, können jedenfalls unter Beibehaltung der gesetzlichen Staffelung auch mehr Betriebsratsmitglieder nach Satz 5 freigestellt werden, als die Norm vorsieht.[346] Es überrascht daher zunächst, wenn das Schrifttum in Stellungnahmen zum Begünstigungsverbot ohne nähere Begründung die These aufstellt, dass über § 38 Abs. 1 BetrVG hinausgehende Freistellungen

345 BAG v. 31.05.1989 – 7 AZR 277/88, NZA 1990, 313; BAG 12.02.1997 – 7 ABR 40/96, NZA 1997, 782 (783); Richardi/*Thüsing*, § 38, Rn. 6; ErfK/*Koch*, § 38 BetrVG, Rn. 1.

346 *Fitting*, § 38, Rn. 18; GK-BetrVG/*Weber*, § 38, Rn. 32; DKKW/*Wedde*, § 38, Rn. 28; HSWGNR/*Glock*, § 38, Rn. 24; *Gillen/Vahle*, BB 2006, 2749 (2754).

eine unzulässige Begünstigung darstellen können.[347] Danach scheint § 78 Satz 2 BetrVG etwas zu verbieten, was § 38 Abs. 1 Satz 5 BetrVG ausdrücklich gestattet. Allein *Lorenz* löst diesen vermeintlichen Konflikt zugunsten des § 38 Abs. 1 BetrVG auf, als dass die Überschreitung der dort festgelegten Staffelung keine Begünstigung darstelle.[348] Richtigerweise sind diejenigen Vertreter, die in über § 38 Abs. 1 BetrVG hinausgehenden Freistellungen eine Begünstigung sehen wollen, dahingehend zu verstehen, als dass lediglich solche Vereinbarungen unzulässig sind, die nicht unter § 38 Abs. 1 Satz 5 BetrVG fallen. Danach kommt eine Begünstigung vor allem dann in Betracht, wenn der Arbeitgeber einseitig mehr Betriebsratsmitglieder freistellt, als die Staffelung des § 38 Abs. 1 BetrVG vorsieht.

Dagegen will *Thüsing* auch in über § 38 Abs. 1 BetrVG hinausgehenden Tarifverträgen oder Betriebsvereinbarungen eine mögliche Begünstigung sehen. Danach könnten Freistellungen zur Betriebsratstätigkeit, die erheblich über das gesetzliche Maß hinausgehen, selbst wenn sie durch Betriebsvereinbarung oder Tarifvertrag legitimiert sind, eine unzulässige Begünstigung darstellen. Die Einigung mit dem Arbeitgeber entbinde nicht vom Nachweis der Notwendigkeit.[349] Dieser Ansicht kann jedoch nicht gefolgt werden. Zuzugeben ist dieser Ansicht zwar, dass sich auch Tarifverträge und Betriebsvereinbarungen an den gesetzlichen Rahmenbedingungen zu orientieren haben. So können beispielsweise auch Tarifvertragsparteien nicht wirksam vereinbaren, dass die Mitglieder des Betriebsrats entgegen dem Ehrenamtsprinzip eine Amtsvergütung beziehen. Die Regelung des § 38 Abs. 1 Satz 5 BetrVG will jedoch gerade eine abweichende Regelung ausdrücklich zulassen. Der Anwendungsbereich des § 78 Satz 2 BetrVG beginnt indes nach der hier vertretenen Auffassung erst dort, wo der Bereich des ausdrücklich Zulässigen überschritten wird.[350] Nutzen also die Tarif- oder Betriebspartner den Spielraum, welcher ihnen durch § 38 Abs. 1 Satz 5 BetrVG eingeräumt wird, kann darin grundsätzlich kein Verstoß gegen das Begünstigungsverbot liegen. Die Abweichungsbefugnis entspricht gerade dem Sinn und Zweck der Öffnungsklausel. Den Tarif- oder Betriebspartnern soll es möglich sein, auf die jeweiligen betrieblichen Besonderheiten entsprechend zu reagieren. Die Grenze des § 78 Satz 2 BetrVG wird dann überschritten,

---

347 *Fitting*, § 78, Rn. 22; GK-BetrVG/*Kreutz*, § 78, Rn. 66; Richardi/*Thüsing*, § 78, Rn. 32; WPK/*Preis*, § 78, Rn. 17; ErfK/*Kania*, § 78 BetrVG, Rn. 9; *Bittmann/Mujan*, BB 2012, 637 (638); **a.A.** *Waas*, S. 41, wonach bei Einhaltung des den Beteiligten zustehenden Ermessensspielraums eine Begünstigung von vornherein ausscheiden soll.

348 Düwell/*Lorenz*, § 78, Rn. 23.

349 Richardi/*Thüsing*, § 78, Rn. 32.

350 S. 17.

wenn die getroffene Vereinbarung nicht mehr den besonderen betrieblichen Gegebenheiten Rechnung trägt, sondern offensichtlich einen Missbrauch der Öffnungsklausel bezweckt. Das kann beispielsweise der Fall sein, wenn es sich bei den zusätzlichen Freistellungen um faktische Freizeitfreistellungen handelt, die allein den Zweck haben, Betriebsratsmitglieder von der beruflichen Tätigkeit zu befreien und unter keinen Umständen mit Betriebsratstätigkeit gerechtfertigt werden können. Insoweit kann *Thüsing* zugestimmt werden, wenn er pauschale Freistellungen, die weit über den gesetzlich als angemessen festgelegten Bedarf hinausgehen, als Indiz einer unzulässigen Begünstigung werten will.[351] Sofern diese Überschreitung nicht mit besonderen betrieblichen Gegebenheiten gerechtfertigt werden kann, drängt sich der Verdacht von faktischen Freizeitfreistellungen auf.

2. Nicht erforderliche Befreiung nach § 37 Abs. 2 BetrVG

Nach § 37 Abs. 2 BetrVG sind Betriebsratsmitglieder von ihrer beruflichen Tätigkeit zu befreien, wenn dies zur ordnungsgemäßen Durchführung ihrer Betriebsratsaufgaben erforderlich ist. Im Gegensatz zu § 38 Abs. 1 BetrVG ist diese Regelung zwingend. Eine Abweichungsmöglichkeit besteht nicht. Eine Vereinbarung des Arbeitgebers mit dem Betriebsrat oder einem seiner Mitglieder dahingehend, dass Befreiungen unabhängig von der jeweiligen Erforderlichkeit gewährt werden können, sind, wenn sie nicht als abweichende Vereinbarung im Sinne von § 38 Abs. 1 Satz 5 BetrVG verstanden werden können, grundsätzlich unzulässig. Dem Betriebsratsmitglied wird auf diese Weise mehr gewährt, als ihm das BetrVG in § 37 Abs. 2 BetrVG zugesteht. Dies gilt jedoch nur, wenn in der Befreiung überhaupt eine persönliche Besserstellung gesehen werden kann.

3. Persönliche Besserstellung des Betriebsratsmitglieds

Für beide zuvor beschriebenen Freistellungsmöglichkeiten stellt sich die Frage, ob in einer zusätzlichen, nicht erforderlichen Freistellung überhaupt eine persönliche Besserstellung des Betriebsratsmitglieds zu sehen ist. Zugespitzt formuliert: Ist es ein Vorteil, wenn ein Betriebsratsmitglied nicht seiner beruflichen Tätigkeit, sondern nicht erforderlicher Betriebsratstätigkeit nachgeht?

351 Richardi/*Thüsing*, § 38, Rn. 21.

Das Schrifttum geht ohne nähere Begründung von einer Besserstellung aus.[352] Dagegen spricht jedoch, dass primärer Profiteur zusätzlicher Freistellungen vor allem der Betriebsrat als Gremium ist. Eine Begünstigung des Gremiums ist mit Blick auf § 78 Satz 2 BetrVG jedoch nicht zu beanstanden.[353] Eine Begünstigung kommt daher nur in Betracht, wenn das Betriebsratsmitglied durch die Freistellung einen persönlichen Vorteil erreicht. Dabei kann grundsätzlich nicht davon ausgegangen werden, dass allein in dem Nachgehen von Betriebsratsarbeit eine Besserstellung zu sehen ist. Betriebsratsarbeit ist keine Freizeit. Sie kann im Einzelfall anspruchsvoller als auch anspruchsloser als die berufliche Tätigkeit sein.

Entscheidend ist, dass das Betriebsratsmitglied sowohl für die berufliche Tätigkeit, als auch für die Betriebsratsarbeit seine Freizeit opfert und seine Arbeitsleistung zur Verfügung stellt. Dabei kann es im Übrigen auch nicht auf die betrieblichen Gegebenheiten oder den konkreten Einzelfall ankommen. Selbst wenn das Betriebsratsmitglied seine Betriebsratsarbeit durch „gemütliches Kaffeetrinken" ausübt, bleibt es dabei, dass es seine persönliche Freizeit für betriebliche Belange zur Verfügung stellt. Insoweit sind berufliche Tätigkeit und Betriebsratsarbeit stets gleichwertig. Eine andere Sichtweise würde zu einer nicht zu rechtfertigenden Entwertung der einen oder der anderen Tätigkeit führen. Wird deshalb das Betriebsratsmitglied zu Unrecht für Betriebsratsarbeit freigestellt, liegt hierin im Grundsatz mangels persönlicher Besserstellung keine unzulässige Begünstigung. Begünstigt ist lediglich das Gremium, nicht aber das freigestellte Mitglied.

Etwas anderes gilt nur in dem oben beschriebenen Extremfall einer faktischen Freizeitfreistellung. Darunter ist nicht bereits ein sog. „Leerlauf" zu verstehen, bei welchem das Betriebsratsmitglied lediglich seine Arbeitszeit „absitzt". Erforderlich ist vielmehr selbstbestimmte Freizeit, welche in der Regel mit dem Verlassen des Betriebsgeländes einhergeht. Dann tritt an die Stelle der beruflichen Tätigkeit keine Betriebsratsarbeit, sondern persönliche Freizeit. Nur in diesem Fall kommt dem Betriebsratsmitglied auch ein persönlicher Vorteil zu, was eine unzulässige Begünstigung darstellt.

IV. Beförderung und Tätigkeit

Die obigen Ausführungen zur Gestaltung der Vergütung von Betriebsratsmitgliedern sowie die Untersuchung möglicher Fallgestaltungen unzulässiger Begünstigungen

---

352 *Fitting*, § 78, Rn. 22; GK-BetrVG/*Kreutz*, § 78, Rn. 66; Richardi/*Thüsing*, § 78, Rn. 32; WPK/*Preis*, § 78, Rn. 17; ErfK/*Kania*, § 78 BetrVG, Rn. 9; *Bittmann/Mujan*, BB 2012, 637 (638).

353 S. 9 f.

in diesem Bereich haben gezeigt, dass Betriebsratsmitgliedern keine höhere Vergütung allein wegen ihres Amtes gewährt werden darf. Eng verknüpft mit der Frage der Vergütung ist die Frage einer möglichen Beförderung bzw. der zugewiesenen Tätigkeit, da sich diese mittelbar auf die Höhe der Vergütung auswirken kann. Die Frage einer möglichen Begünstigung kann daher auch im Rahmen der Zuweisung einer höherwertigen Tätigkeit relevant sein. Relevant kann überdies auch die bloße Tätigkeitsbezeichnung sein. Dies wurde etwa in einer nicht veröffentlichten Entscheidung des Sächsischen LAG thematisiert.[354] Diesen Fragestellungen soll im folgenden Abschnitt nachgegangen werden.

1. Zuweisung einer höherwertigen Tätigkeit

Die Zuweisung einer höherwertigen Tätigkeit kann mittelbar zu einer Erhöhung der Vergütung eines Betriebsratsmitglieds führen. Dann nämlich muss dem Betriebsratsmitglied als Folge des Lohnausfallprinzips gemäß § 37 Abs. 2 BetrVG dasjenige Entgelt gezahlt werden, welches der hypothetischen (höherwertigen) Tätigkeit entspricht. Voraussetzung ist jedoch, dass dem Betriebsratsmitglied eine solche höherwertige Tätigkeit auch zulässigerweise zugewiesen werden kann. Dies wird im Schrifttum nur dann für zulässig erachtet, wenn die Zuweisung aufgrund einer entsprechenden höherwertigen Qualifikation des Betriebsratsmitglieds erfolge.[355] Dies steht im Einklang mit der Rechtsprechung des BAG, welches den beruflichen Aufstieg, wozu richtigerweise auch die Zuweisung einer höherwertigen Tätigkeit zu zählen ist, von der beruflichen Entwicklung abhängig macht, welche der Amtsträger ohne das Amt genommen hätte.[356] Es komme darauf an, ob der Arbeitgeber dem Betriebsratsmitglied die höherwertige Tätigkeit nach den betrieblichen Gepflogenheiten hätte übertragen können oder die Mehrzahl der vergleichbaren Arbeitnehmer einen solchen Aufstieg erreicht habe. Nicht jedoch dürfe die Zuweisung einer solchen Tätigkeit aufgrund des Amtes selbst erfolgen. Das sei etwa der Fall, wenn dem Amtsträger deshalb eine bestimmte Position zugewiesen wird, weil er für diese Position aufgrund seines Amtes besonders schnell verfügbar ist.[357] Für unzulässig gehalten werden daher auch im Schrifttum sog. „Sonderkarrieren“ aufgrund der Betriebsratstätigkeit,[358] weil dann eine Begünstigung allein wegen des Amtes gegeben sei.

354 Sächsisches LAG v. 27.08.2008 – 2 Sa 752/08, juris.
355 *Löwisch/Rügenhagen*, DB 2008, 466 (466).
356 BAG v. 14.07.2010 – 7 AZR 359/09, NJOZ 2011, 272 (273).
357 BAG v. 31.10.1985 – 6 AZR 129/83, AP Nr. 5 zu § 46 BPersVG.
358 *Rieble*, NZA 2008, 276 (277).

Dem ist zuzustimmen. Für die Zulässigkeit der Zuweisung einer höherwertigen Tätigkeit kommt es richtigerweise darauf an, ob diese durch die Qualifikation und die hypothetische berufliche Entwicklung des Betriebsratsmitglieds gerechtfertigt werden kann. Anders als die Festlegung der Arbeitszeit[359] ist die Frage der Tätigkeit eine der beruflichen Entwicklung. Die Vertragsfreiheit ist bei Fragen der beruflichen Entwicklung nicht nur wegen des Ehrenamtsprinzips, sondern auch wegen § 37 Abs. 4 BetrVG eingeschränkt. Nur wenn die Qualifikation des Betriebsratsmitglieds die Übertragung der konkreten Tätigkeit zulässt und dies im Rahmen der Betriebsüblichkeit erfolgt, ist die Zuweisung einer höherwertigen Tätigkeit zulässig. Nicht jedoch können besondere Kenntnisse oder tatsächliche Umstände, welche sich aus dem Amt selbst ergeben, die Zuweisung einer höherwertigen Tätigkeit begründen. Dies birgt zudem die Gefahr, dass das Betriebsratsmitglied der zugewiesenen Tätigkeit tatsächlich nicht entsprechen kann. Auch im Schrifttum wird auf diese Folgegefahr hingewiesen.[360] Wird nämlich die Tätigkeit nur zum Zwecke der Vergütungssteigerung zugewiesen, obwohl das Betriebsratsmitglied tatsächlich eine solche Tätigkeit nicht erbringen kann, wird sich dieses Vorgehen spätestens dann als problematisch erweisen, wenn das Betriebsratsmitglied aus dem Betriebsrat ausscheidet. Unabhängig von dieser tatsächlichen Gefahr liegt in diesen Fällen rechtlich eine unzulässige Begünstigung nach § 78 Satz 2 BetrVG vor, da das Betriebsratsmitglied allein aufgrund seines Amtes eine Besserstellung erreichen würde. Bei entsprechender Qualifikation kann jedoch über die Zuweisung einer höherwertigen Tätigkeit die Vergütung ohne Verletzung des Begünstigungsverbots oder des Ehrenamtsprinzips in zulässiger Weise erhöht werden.

2. Tätigkeitsbezeichnung

Nicht um die eigentliche Tätigkeit, sondern lediglich um die Tätigkeitsbezeichnung ging es in einer nicht veröffentlichen Entscheidung des Sächsischen LAG[361]: Das Gericht hatte im Rahmen einer kündigungsrechtlichen Streitigkeit über die Wirksamkeit eines Interessenausgleichs zu befinden. Dieser war im Rahmen einer Verhandlung zwischen den Betriebsparteien zustande gekommen, wobei sich der Betriebsrat zunächst weigerte, dem Interessenausgleich zuzustimmen. Der Betriebsratsvorsitzende stellte dem Arbeitgeber indes in Aussicht, alle Mitglieder des Betriebsrats seien bereit, dem Interessenausgleich zuzustimmen, wenn

359 Vgl. dazu S. 96 ff.

360 *Weinspach*, FS Kreutz, 485 (489).

361 Sächs. LAG v. 27.08.2008 – 2 Sa 752/08, juris.

die künftige Tätigkeitsbezeichnung der betroffenen Betriebsratsmitglieder nicht „Werkschutzmann“, sondern „Maschinist Anlagensicherheit“ lauten würde. Die Tätigkeit sollte dabei nicht verändert werden, lediglich um die Bezeichnung ging es den betroffenen Mitgliedern, da sich diese von der letzteren Bezeichnung Vorteile bei künftigen Bewerbungen versprachen. Der Arbeitgeber willigte ein, die offizielle Tätigkeitsbezeichnung (insbesondere in Zeugnissen) nach dem Vorschlag des Betriebsrats zu ändern, woraufhin alle Betriebsratsmitglieder dem Interessenausgleich zustimmten.

Das LAG sah in dieser Absprache zwischen den Betriebspartnern eine unzulässige Begünstigung. Denn eine Begünstigung stelle es auch dar, wenn einem Arbeitnehmer eine Tätigkeitsbezeichnung zugesichert werde, die sich für ihn aus seiner Sicht vorteilhaft erweisen kann.[362]

Zuzustimmen in dem LAG im Hinblick auf den Zusammenhang zwischen dem Versprechen der bestimmten Tätigkeitsbezeichnung und der Betriebsratstätigkeit im Sinne von § 78 Satz 2 BetrVG. Dabei ist unerheblich, dass die Mitglieder des Betriebsrates ihre Zustimmung zum Interessenausgleich von einem bestimmten Zugeständnis des Arbeitgebers abhängig gemacht haben. Unabhängig davon, dass das gegenseitige Unterdrucksetzen zum üblichen Verhandlungsrepertoire zwischen den Betriebspartnern gehört, ist für die Frage der Begünstigung eine etwaige Gegenleistung nicht relevant. Die Zustimmung von einem bestimmten Zugeständnis des anderen abhängig zu machen ist auch bei Betriebsratsmitgliedern rechtlich nicht zu beanstanden. Entscheidend ist, dass der in Rede stehende Vorteil ausschließlich Betriebsratsmitgliedern zugutekommen sollte. Der Zusammenhang mit der Betriebsratstätigkeit ist insoweit offensichtlich.

Demgegenüber hat das LAG die Frage der Besserstellung rechtlich unpräzise geprüft. Die Feststellung, dass auch die bloße Tätigkeitsbezeichnung einen Vorteil darstellen kann, ist richtig und notwendig. Entscheidender ist jedoch die Folgefrage, ob dieser Vorteil auch zu einer Besserstellung der Betriebsratsmitglieder gegenüber den anderen Arbeitnehmern führt. Hätten nämlich alle Arbeitnehmer mit der einschlägigen Tätigkeit die von den Betriebsräten geforderte Bezeichnung erhalten, wäre dieses Vorgehen mit Blick auf § 78 Satz 2 BetrVG nicht zu beanstanden gewesen. Die Grenze zur Begünstigung wurde hier nicht deshalb überschritten, weil die Tätigkeitsbezeichnung ein Vorteil ist, sondern weil die Tätigkeitsbezeichnung ausschließlich den Betriebsratsmitgliedern zugesagt wurde. Das LAG hätte also feststellen müssen, ob nicht der Betriebsrat eine Besserstellung vieler Arbeitnehmer erreichen wollte. Dies kann schon deshalb nicht den

362 Sächs. LAG v. 27.08.2008 – 2 Sa 752/08, juris, Rn. 66.

Tatbestand der Begünstigung erfüllen, weil es die Kernaufgabe des Betriebsrates ist, die Interessen der Belegschaft zu vertreten und durchzusetzen. Macht beispielsweise der Betriebsrat seine Zustimmung von einer Einmalzahlung abhängig, wird dies nicht deshalb eine Begünstigung darstellen, weil auch die Betriebsratsmitglieder selbst von der Einmalzahlung profitieren. Die Kernfrage des Falles lautet daher nicht, ob die hier gegenständliche Tätigkeitsbezeichnung ein Vorteil ist, sondern ob eine persönliche Besserstellung der Betriebsratsmitglieder vorliegt. Dies ist eine Frage des Vergleichsmaßstabs, weshalb es hier darauf angekommen wäre, ob vergleichbaren Arbeitnehmern die günstigere Tätigkeitsbezeichnung vorenthalten wurde. Die Feststellungen des LAG lassen dies vermuten, sodass der etwaige Vorteil tatsächlich ausschließlich den Betriebsratsmitgliedern zugutekommen sollte, weshalb das LAG im Ergebnis zu Recht eine unzulässige Begünstigung angenommen hat.

V. Dienstreisen

1. Allgemeine Bedeutung für Betriebsratsmitglieder

Das Thema Reisen ist seit der *Volkswagen-Affäre* eine besonders „schillernde" Variante möglicher Betriebsratsbegünstigungen, weil dort neben erheblichen Sonderzahlungen vor allem die sog. „Lustreisen"[363] in der Öffentlichkeit für Aufsehen sorgten. So vielseitig derartige Reisen für die Presse waren, so eindeutig ist die juristische Bewertung: Da Betriebsratsmitglieder auf solche vom Arbeitgeber finanzierten Reisen keinen Anspruch haben und ihnen diese ausschließlich aufgrund ihres Amtes gewährt wurden, liegt ein Verstoß gegen § 78 Satz 2 BetrVG vor. Juristisch interessanter sind „normale" Dienstreisen von Mitgliedern des Betriebsrats, also solche Reisen, die Betriebsratsmitglieder beispielsweise zum Zwecke von Betriebsratsschulungen oder Fortbildungen auf sich nehmen. Dabei soll es an dieser Stelle nicht um die Freistellung für eine solche Reise gehen, sondern um die Anfahrt bzw. die Rückfahrt sowie die Unterbringung und Bewirtung. Ausgenommen von der Anfahrt sind Fragen rund um die Gewährung von Dienstwagen, weil diesem Thema ein besonderer Abschnitt gewidmet wird.[364]

363 Der Ausdruck wird in der sog. *Volkswagen-Affäre* für jene Dienstreisen verwendet, bei denen die Beteiligten die Dienste von Prostituierten in Anspruch nahmen.

364 S. 119 ff.

2. Umfang der Reisekostenerstattung: Grundsatz

Die Erstattung von Reisekosten der Mitglieder des Betriebsrats richtet sich grundsätzlich nach § 40 BetrVG. Danach sind Reisekosten, einschließlich der notwendigen Kosten für Unterkunft und Verpflegung zu erstatten, wenn diese anlässlich der Wahrnehmung von Betriebsratsaufgaben entstehen und erforderlich sind.[365] Typische Beispiele sind Reisen zu Schulungs- und Bildungsveranstaltungen, Besuche in auswärtigen Betrieben, Teilnahme an auswärtigen Betriebsratssitzungen oder Gerichtstermine.[366] Erforderlich kann im Einzelfall auch eine Auslandsreise sein,[367] beispielsweise bei grenzüberschreitenden Angelegenheiten der Mitbestimmung. § 40 BetrVG bildet hierfür die Untergrenze, legt also fest, welche Reisekosten der Arbeitgeber dem Betriebsratsmitglied erstatten *muss*. Nach dem hier erarbeiteten Grundsatz steht damit zugleich fest, welche Reisekosten der Arbeitgeber erstatten *darf*, weil Mitglieder des Betriebsrats auf Erstattungen über § 40 BetrVG hinaus keinen Anspruch haben. Etwaige Erstattungen können dann nach § 78 Satz 2 BetrVG unzulässig sein. Auch hier gilt der Grundsatz, dass Aufwendungen, die nicht erstattet werden müssen, grundsätzlich auch nicht erstattet werden dürfen.

Das Benachteiligungs- und Begünstigungsverbot gebietet es jedoch, Ausnahmen von diesem Grundsatz zuzulassen, wenn auch anderen Arbeitnehmern entsprechende Kosten üblicherweise erstattet werden. Dies kann beispielsweise aufgrund einer betrieblichen Reisekostenregelung der Fall sein. Ist in einer solchen Regelung festgelegt, welche Grundsätze für die Erstattung von Kosten einer Dienstreise allgemein im Betrieb gelten, so sind diese Grundsätze auch bei der Erstattung von Reisen von Betriebsratsmitgliedern heranzuziehen.[368] Danach kann ein Betriebsratsmitglied nur in dem Umfang Reisekosten erstattet verlangen, wie es dies auch als Arbeitnehmer im Rahmen einer Dienstreise könnte. Das gilt indes nur, soweit die betriebliche Regelung über die gesetzliche vorgeschriebene Erstattung nach § 40 BetrVG hinausgeht. Eine betriebliche Regelung kann den

365 GK-BetrVG/*Weber*, § 40, Rn. 33, 34; DKKW/*Wedde*, § 40, Rn. 62; SWS, § 40, Rn. 5; ErfK/*Koch*, § 40 BetrVG, Rn. 8; *Ehrich/Hoß*, NZA 1996, 1075 (1078).

366 Weitere Beispiele bei DKKW/*Wedde*, § 40, Rn. 63.

367 *Fitting*, § 40, Rn. 49; GK-BetrVG/*Weber*, § 40, Rn. 35; DKKW/*Wedde*, § 40, Rn. 63; WPK/*Kreft*, § 40, Rn. 25; ErfK/*Koch*, § 40 BetrVG, Rn. 8; **a.A.** SWS, § 40, Rn. 6.

368 BAG v. 17.09.1974 – 1 ABR 98/73, DB 1975, 452; BAG v. 23.06.1975 – 1 ABR 104/73, BB 1975, 1111; BAG v. 28.03.2007 – 7 ABR 33/06, juris, Rn. 10; *Fitting*, § 40, Rn. 54; GK-BetrVG/*Weber*, § 40, Rn. 40; Richardi/*Thüsing*, § 40, Rn. 49; DKKW/*Wedde*, § 40, Rn. 69; WPK/*Kreft*, § 40, Rn. 26.

Umfang der zu erstattenden Aufwendungen erweitern, nicht jedoch einschränken. Sieht insoweit die betriebliche Reisekostenregelung vor, dass alle Mitarbeiter bei Dienstreisen in Luxushotels unterzubringen sind, gilt dies schon wegen dem Benachteiligungsverbot auch für die Unterbringung von Betriebsratsmitgliedern, obwohl dies über das Erforderliche des § 40 BetrVG hinausgehen dürfte. Mangels Ungleichbehandlung liegt darin keine unzulässige Begünstigung. Sieht die betriebliche Regelung demgegenüber vor, dass alle Mitarbeiter auf Dienstreisen ihre Verpflegung selbst zu tragen haben, gilt das trotz des Begünstigungsverbots für Betriebsratsmitglieder im Rahmen ihrer Betriebsratstätigkeit nicht, weil § 40 BetrVG auch Verzehrkosten erfasst.[369] § 40 BetrVG legt deshalb das Mindestmaß der zu erstattenden Reisekosten fest, während darüber hinausgehende Erstattungen stets mit Blick auf § 78 Satz 2 BetrVG zu beurteilen sind.

3. Ausnahmen

a) Komplett-Pakete

Über den Umfang des § 40 BetrVG und einer betrieblichen Reisekostenregelung hinaus können Betriebsratsmitgliedern auch solche Aufwendungen erstattet werden, auf welche sie selbst keinen Einfluss haben.[370] Wird eine Betriebsratsschulung beispielsweise als „Komplett-Paket“ mit Tagung, Übernachtung und Verzehr angeboten, muss das Betriebsratsmitglied nicht deshalb das Hotel wechseln, weil im Paketpreis ein Luxushotel vorgesehen ist, wenngleich nach der betrieblichen Regelung maximal 4-Sterne-Hotels erstattet werden. Eine unzulässige Begünstigung liegt hier nicht vor, weil regelmäßig einzelne Leistungen aus dem Komplettangebot nicht disponibel sind. Auf diesem Wege lassen sich somit Leistungen erstatten, welche dem Betriebsratsmitglied normalerweise nicht erstattet würden. Für Anbieter und Teilnehmer ist daher das Schnüren von solchen Komplett-Paketen eine lohnende Vorgehensweise.

b) Vorrang der Gleichbehandlung innerhalb des Gremiums?

Differenziert der Arbeitgeber bei der Erstattung von Dienstreisen – sei es durch Üblichkeit, sei es durch eine ausdrückliche betriebliche Regelung – ist fraglich, ob

---

369 Richardi/*Thüsing*, § 40, Rn. 49, 51; ErfK/*Koch*, § 40 BetrVG, Rn. 8.

370 BAG v. 07.06.1984 – 6 ABR 66/81, NZA 1984, 362; LAG Baden-Württemberg v. 01.02.2006 – 2 TaBV 4/05, juris, Rn. 23; *Fitting*, § 40, Rn. 42; Richardi/*Thüsing*, § 40, Rn. 49; WPK/*Kreft*, § 40, Rn. 26.

diese Differenzierungen auch auf Betriebsratsmitglieder übertragen werden müssen. So ist beispielsweise denkbar, dass die betriebliche Reisekostenregelung für Arbeitnehmer in gehobenen Positionen eine Erstattung von 1. Klasse Bahnfahrten oder Flugreisen vorsieht, während Facharbeitern nur die 2. Klasse erstattet wird. Gleiches kann für die Unterbringung festgelegt sein, sodass Mitarbeiter in höheren Positionen in 5-Sterne-Hotels und andere Mitarbeiter nur in 3-Sterne-Hotels übernachten. Überträgt man diese Regeln auf Dienstreisen von Betriebsratsmitgliedern, würde dies zu dem Ergebnis führen, dass die Mitglieder des Betriebsrats, welche an der gleichen Tagung teilnehmen, wegen ihrer unterschiedlichen Positionen im Hinblick auf ihre berufliche Tätigkeit, bei der Erstattung der Reisekosten unterschiedlich behandelt würden.

In Schrifttum und Rechtsprechung ist umstritten, ob solche differenzierenden Regelungen auch auf Betriebsratsmitglieder übertragen werden müssen. Eine Ansicht will eine Ungleichbehandlung der Betriebsratsmitglieder untereinander vermeiden und jedenfalls dann, wenn mehrere Betriebsratsmitglieder gemeinsam verreisen, auf die Funktionstätigkeit als Betriebsratsmitglied abstellen.[371] Es sei deshalb auch zulässig, in betrieblichen Reisekostenregelungen Betriebsratsmitglieder einer gesonderten Stufe zuzuordnen.[372] Eine zum Teil davon abweichende Auffassung will das Begünstigungsverbot nur in den Fällen teleologisch reduzieren, in denen eine ausdrückliche besondere Regelung für Betriebsratsmitglieder existiert.[373] Existiere eine solche Regelung nicht, könne nicht auf die Funktion als Betriebsrats abgestellt werden. Die Gegenauffassung will Betriebsratsmitglieder auch im Hinblick auf die Erstattung von Reisekosten so behandeln, wie sie als Arbeitnehmer im Rahmen einer Dienstreise zu behandeln wären.[374]

Dieser Streit kann letztlich auf die Kernfrage reduziert werden, ob das Begünstigungsverbot aus Gründen der Gleichbehandlung innerhalb des Betriebsrats zurücktreten muss. Dafür spricht zunächst die Regelung des § 44 Abs. 1 Satz 2 BPersVG. Für diesen Bereich hat sich der Gesetzgeber für eine Gleichbehandlung der Mitglieder des Personalrates bei Reisen unabhängig von der Position entschieden. Andererseits kann aus dem Umstand, dass der Gesetzgeber im BetrVG (bewusst) auf eine solche Regelung verzichtet hat, ebenso der Rückschluss gezogen werden, dass im BetrVG das Begünstigungsverbot Vorrang genießen soll.

371 *Fitting*, § 40, Rn. 55; Richardi/*Thüsing*, § 40, Rn. 50; DKKW/*Wedde*, § 40, Rn. 73; WPK/*Kreft*, § 40, Rn. 26.

372 Für eine „betriebsratsspezifische Reisekostenstufe“: *Däubler*, Rn. 479.

373 GK-BetrVG/*Weber*, § 40, Rn. 42.

374 BAG v. 29.04.1975 – 1 ABR 40/74, BB 1975, 1111; HSWGNR/*Glock*, § 40, Rn. 62; *Schweibert/Buse*, NZA 2007, 1080 (1084).

Für die Gleichbehandlung sprechen daher vor allem praktische Gesichtspunkte: So müssten im Einzelfall Buchungen in verschiedenen Hotels und die Anfahrt über verschiedene Verkehrsmittel oder Klassen organisiert werden. Im Extremfall ist sogar ein Abendessen in verschiedenen Restaurants denkbar, was nicht zuletzt den „Geist der Zusammenarbeit"[375] unter den Betriebsratsmitgliedern erheblich gefährdet. Gegen ein solches Vorgehen sprechen jedoch praktische Folgefragen: Wenn alle Betriebsratsmitglieder gleich behandelt werden sollen, stellt sich zwangsläufig die Frage, auf welchem Niveau sie denn zu behandeln sind. Reisen beispielsweise drei Betriebsrastmitglieder unterschiedlicher Positionen gemeinsam und würde die betriebliche Regelung für alle drei eine unterschiedliche Unterbringung vorsehen, ist unklar, welcher Status nun maßgeblich ist. In diesem Zusammenhang wollen die Befürworter einer Gleichbehandlung zum Teil ein Mittelmaß finden.[376] Andere gehen einfachere Wege und wollen immer die höchste Stufe heranziehen.[377] Gegen eine Gleichbehandlung spricht zudem das Begünstigungsverbot des § 78 Satz 2 BetrVG. Dabei liegt ein Verstoß gegen § 78 Satz 2 BetrVG stets vor, unabhängig davon, ob für Betriebsratsmitglieder ein Mittelwert oder die höchste Stufe gelten soll. Wenn alle Betriebsratsmitglieder auf der höchsten Stufe der Reisekostenregelung ihre Kosten erstattet verlangen könnten, wären diejenigen Betriebsratsmitglieder gegenüber anderen Arbeitnehmern begünstigt, die normalerweise eine niedrige Stufe beanspruchen könnten. Bildet man hingegen einen Mittelwert, wird zwar das Ausmaß der Begünstigung eingeschränkt, gleichwohl würden dann Betriebsratsmitglieder der höchsten Stufe durch den Mittelwert benachteiligt werden. Ein Verstoß lässt sich deshalb nicht vermeiden. Ein solcher „kollektiver Ausgleich"[378] lässt sich aus Gründen der Praktikabilität und dem Wunsch der Vermeidung von Disparitäten innerhalb des Gremiums nicht rechtfertigen. Das Begünstigungsverbot darf nur dort durchbrochen werden, wo es das Gesetz ausdrücklich anordnet, so beispielsweise in Gestalt des Sonderkündigungsschutzes. Es ist auch nicht einzusehen, weshalb Disparitäten innerhalb des Betriebsrats auf allen Ebenen, insbesondere auf der Lohnebene, wegen der strengen Anwendung des § 78 Satz 2 BetrVG für den Bereich der Reisekostenerstattung durchbrochen werden soll. Typischerweise treffen im Betriebsrat Arbeitnehmer unterschiedlicher Positionen aufeinander. Diese Unterschiede auszugleichen ist weder Zweck des Gremiums noch Aufgabe des

375 Richardi/*Thüsing*, § 40, Rn. 50.
376 *Fitting*, § 40, Rn. 46; GK-BetrVG/*Weber*, § 40, Rn. 42; Richardi/*Thüsing*, § 40, Rn. 50.
377 DKKW/*Wedde*, § 40, Rn. 73.
378 *Schweibert/Buse*, NZA 2007, 1080 (1083).

Arbeitgebers. Die äußere Unabhängigkeit des Gremiums und seiner Mitglieder muss Vorrang vor einer etwaigen Gefahr persönlicher Verwerfungen innerhalb des Gremiums haben. Im Übrigen steht es den höherrangigen Betriebsratsmitgliedern frei, den bereits genannten „Geist der Zusammenarbeit“[379] zu sichern, indem sie auf freiwilliger Basis beispielsweise auf die Ihnen zustehende Hotelkategorie verzichten. Sie können auf diese Weise einen kollektiven Ausgleich selbst herbeiführen, wenn sie diesen für erforderlich halten.

Damit bleibt festzuhalten, dass sich der Erstattungsumfang von Reisekosten der Betriebsratsmitglieder grundsätzlich nach § 40 BetrVG richtet. Darüber hinausgehende Erstattungen sind nur zulässig, wenn auch andere Arbeitnehmer eine entsprechende Erstattung von Dienstreisen beanspruchen können. Aus § 78 Satz 2 BetrVG ergibt sich deshalb, dass ein Betriebsratsmitglied nur in dem Umfang Reisekosten erstattet verlangen kann, wie es auch als Arbeitnehmer im Rahmen einer Dienstreise könnte. Dieser Grundsatz hat auch bei gemeinsamen Reisen mehrerer Betriebsratsmitglieder Bestand. Eine mögliche Ungleichbehandlung der Mitglieder des Gremiums untereinander ist dabei hinzunehmen; das Begünstigungsverbot genießt insoweit Vorrang.

VI. Dienstwagen

Viele Unternehmen vergüten ihre Mitarbeiter neben einer Vergütung in Geld ergänzend durch Sachleistungen. Klassisches Beispiel für eine Sachleistung ist die Überlassung bzw. die Gewährung eines Dienstwagens. Typischerweise gestattet der Arbeitgeber dem Arbeitnehmer die Nutzung des Dienstwagens neben dem eigentlichen Zweck, nämlich der dienstlichen Nutzung, auch für die private Verwendung. Auch Betriebsratsmitgliedern werden Dienstwagen aus unterschiedlichen Gründen zur Verfügung gestellt. Bei der *Daimler AG* erhalten beispielsweise die Betriebsratsvorsitzenden und deren Stellvertreter einen Dienstwagen.[380] Fraglich ist, ob und in welchem Umfang die allgemeinen Regeln des Begünstigungsverbots und des Ehrenamtsprinzips auf die Gewährung eines Dienstwagens übertragen werden können und welche Konsequenzen sich daraus ergeben.

Das BAG hatte bereits Gelegenheit, zu der Dienstwagennutzung von Betriebsratsmitgliedern Stellung zu beziehen.[381] Nach dieser Rechtsprechung

379 Richardi/*Thüsing*, § 40, Rn. 50.

380 FAZ v. 20.08.2005, S. 12.

381 Vgl. BAG v. 23.06.2004 – 7 AZR 514/03, NZA 2004, 1287; BAG v. 25.02.2009 – 7 AZR 954/07, AP Nr. 146 zu § 37 BetrVG 1972.

ist grundsätzlich zu unterscheiden, ob das Betriebsratsmitglied schon vor dem Betriebsratsamt einen Dienstwagen zu Verfügung gestellt bekam („fortgesetzte Überlassung") oder nicht („erstmalige Überlassung"). Wie zu zeigen sein wird, ist zudem jeweils danach zu differenzieren, ob der Dienstwagen rein dienstlich oder auch privat genutzt werden durfte.

1. Erstmalige Überlassung

Wird einem Betriebsratsmitglied ein Dienstwagen gewährt, ohne dass ihm ein solcher vor der Amtsübernahme zur Verfügung gestellt wurde, kommt es für die Zulässigkeit der weiteren Überlassung auf den eingeräumten Nutzungsumfang an.

Ist dem Betriebsratsmitglied die private Nutzung gestattet, liegt regelmäßig eine unzulässige Begünstigung nach § 78 Satz 2 BetrVG und ein Verstoß gegen das Ehrenamtsprinzip nach § 37 Abs. 1 BetrVG vor. Soweit ein Dienstwagen auch zur privaten Nutzung überlassen wird, handelt es sich um Arbeitsentgelt.[382] Die hinzutretende private Überlassung eines Dienstwagens ist insoweit nichts anderes als eine Gehaltserhöhung anlässlich des Betriebsratsamtes. Eine solche ist, wenn sie wegen der Betriebsratstätigkeit erfolgt, gemäß § 37 Abs. 1 BetrVG unzulässig und stellt überdies eine verbotene Besserstellung i.S.d. Begünstigungsverbots ggü. vergleichbaren Arbeitnehmern dar. Etwas anderes gilt, wenn auch vergleichbaren Arbeitnehmern mit betriebsüblicher Entwicklung – also solchen, denen zuvor auch kein Dienstwagen gewährt wurde – nun auch ein Dienstwagen zur privaten Nutzung gewährt wird. Dann ist der Arbeitgeber gemäß § 37 Abs. 4 BetrVG verpflichtet, auch dem Betriebsratsmitglied einen Dienstwagen zur privaten Nutzung zu gewähren, weil dieses an der beruflichen Entwicklung teilnimmt. Andernfalls würde das Betriebsratsmitglied wegen seines Amtes benachteiligt werden.

Anders zu beurteilen ist die erstmalige Überlassung eines Dienstwagens zu ausschließlich dienstlichen Zwecken. Denn die Gewährung eines Dienstwagens für diese Zwecke ist kein Arbeitsentgelt und daher nicht nach § 37 Abs. 1 und 2 BetrVG zu bewerten.[383] Bei rein dienstlicher Gewährung muss zwischen dauerhaft und vorübergehend freigestellten Betriebsratsmitgliedern unterschieden werden: Bei dauerhaft freigestellten Betriebsratsmitgliedern ist die Dienstwagengewährung eine Frage der Erforderlichkeit. Es gibt keine dienstliche Nutzung

382 BAG v. 23.06.1994 – 8 AZR 537/92, NJW 1995, 348 (348); BAG v. 11.10.2000 – 5 AZR 240/99, NZA 2001, 445 (446); BAG v. 23.06.2004 – 7 AZR 514/03, NZA 2004, 1287 (1288); BAG v. 14.12.2010 – 9 AZR 631/09, NZA 2011, 569 (569).

383 BAG v. 25.02.2009 – 7 AZR 954/07, AP Nr. 146 zu § 37 BetrVG 1972.

im klassischen Sinne mehr. Der Dienstwagen erfüllt bei dauerhafter Freistellung keine „dienstlichen" Zwecke, weil das Betriebsratsmitglied nicht mehr seiner beruflichen Tätigkeit nachgeht. Es leistet ausschließlich Betriebsratsarbeit. Wird einem solchen Betriebsratsmitglied ein Dienstwagen überlassen, erfolgt dies zum Zwecke der Betriebsratsarbeit. Das ist aber nur zulässig, wenn die Überlassung nach § 40 BetrVG erforderlich ist, beispielsweise weil das Betriebsratsmitglied zur Wahrnehmung der Betriebsratsarbeit auf ein Fahrzeug angewiesen ist. Ist ein Fahrzeug nicht erforderlich, wird das Betriebsratsmitglied nach § 78 Satz 2 BetrVG unzulässig begünstigt, weil es dann mehr erhält, als die Regelungen des BetrVG vorsehen.

Wird das Betriebsratsmitglied nur vorübergehend von der beruflichen Tätigkeit befreit, sind dienstliche Zwecke demgegenüber nicht ausgeschlossen. Hier muss sich der Arbeitgeber an der Behandlung vergleichbarer Arbeitnehmer orientieren. Es stellt eine Besserstellung i.S.d. Begünstigungsverbots dar, wenn bei nahezu identischer dienstlicher Tätigkeit einem Betriebsratsmitglied ein Dienstwagen gewährt wird und anderen vergleichbaren Arbeitnehmern nicht. Zwar mag es sachliche Gründe dafür geben, dem einen Mitarbeiter einen Dienstwagen zu gewähren und einem anderen nicht. Die Wahl in den Betriebsrat ist indes kein solcher Sachgrund. Beispiel: Die fünf Kundendienstmitarbeiter eines Betriebes teilen sich ein Fahrzeug für ihre Außentermine. Einer dieser Mitarbeiter wird in den Betriebsrat gewählt, wofür er zur Hälfte von der Arbeit befreit wird. Zudem erhält dieser Mitarbeiter nun einen persönlichen Dienstwagen, um sich nicht mit den anderen Mitarbeitern absprechen zu müssen. Hier liegt ein Verstoß gegen § 78 Satz 2 BetrVG vor, weil das persönliche Dienstfahrzeug das Betriebsratsmitglied gegenüber vergleichbaren Arbeitnehmern besserstellt. Soweit dies nicht aus sachlichen Gründen, wie beispielsweise besonders häufigen Außenterminen im Vergleich zu den anderen Arbeitnehmern erfolgt, ist dies unzulässig.

2. Fortgesetzte Überlassung

Wurde dem Betriebsratsmitglied schon vor seiner Betriebsratstätigkeit ein Dienstwagen zur Verfügung gestellt, kann neben einer möglichen Begünstigung auch eine mögliche Benachteiligung des Betriebsratsmitglieds in Betracht zu ziehen sein. Auch die Rechtsprechung des BAG resultiert aus Klagen von Betriebsratsmitgliedern, die sich unzulässig benachteiligt sahen, weil ihnen ein zuvor gewährter Dienstwagen entzogen wurde. Das BAG hat hier eine klare Linie entwickelt, die auch danach unterscheidet, ob das Fahrzeug ausschließlich dienstlich oder auch privat genutzt werden durfte.

a) Private Nutzung gestattet

In einer vom BAG am 23.06.2004 entschiedenen Konstellation[384] gewährte der Arbeitgeber auf arbeitsvertraglicher Grundlage dem Arbeitnehmer einen Dienstwagen zur dienstlichen und privaten Nutzung. Nachdem der Arbeitnehmer für seine Betriebsratstätigkeit dauerhaft von seiner beruflichen Tätigkeit freigestellt wurde, verweigerte der Arbeitgeber die Gewährung des Dienstwagens mit der Begründung, aufgrund der Freistellung sei jede dienstliche Nutzung entfallen. Die Gewährung allein zum Zwecke privater Nutzung würde das Betriebsratsmitglied unzulässig begünstigen.

Das BAG sah dies anders. Es stellte zunächst fest, dass gemäß § 37 Abs. 2 BetrVG im Falle der Freistellung eines Betriebsratsmitglieds eine Entgeltminderung nicht stattfindet. Es schloss sich der bisherigen Rechtsprechung an, wonach ein Dienstwagen, wenn er nicht ausschließlich zur dienstlichen Nutzung gewährt wird, als zusätzliche Gegenleistung in Form eines Sachbezuges Arbeitsentgelt anzusehen sei.[385] Im Grundsatz bestehe daher ein Anspruch auf Nutzung des Dienstwagens trotz der Freistellung. Darin liege auch keine unzulässige Begünstigung, obwohl das Betriebsratsmitglied den Dienstwagen nunmehr faktisch ausschließlich privat nutze, weil diese private Nutzung in gleichem Umfang wie vor der Freistellung stattfinde. Eine Begünstigung ergebe sich auch nicht aus dem Umstand, dass vergleichbaren Arbeitnehmern oder anderen Betriebsratsmitgliedern kein Dienstwagen zur privaten Nutzung gewährt werde, weil es im Rahmen des Lohnausfallprinzips ausschließlich auf die Vergütung des Betriebsratsmitglieds selbst ankomme.[386]

Diese Entscheidung ist in der Literatur auf Zustimmung gestoßen.[387] Zum Teil wird die Entscheidung indes auch kritisiert, weil sie zu weit gehe.[388] Zur Begründung wird angeführt, das ursprüngliche Dienstfahrzeug werde nun zum Privatfahrzeug. Diese Argumentation überzeugt jedoch nicht. Zum einen steht es dem Arbeitgeber frei, das Fahrzeug während der Betriebsratstätigkeit des Amtsträgers

---

384 BAG v. 23.06.2004 – 7 AZR 514/03, NZA 2004, 1287.

385 BAG v. 11.10.2000 – 5 AZR 240/99, NZA 2001, 445 (446); BAG v. 14.12.2010 – 9 AZR 631/09, NZA 2011, 569 (569).

386 BAG v. 23.06.2004 – 7 AZR 514/03, NZA 2004, 1287 (1289).

387 *Fitting*, § 37, Rn. 66a; § 78, Rn. 22; GK-BetrVG/*Weber*, § 37, Rn. 60; DKKW/*Wedde*, § 37, Rn. 57; HSWGNR/*Glock*, § 37, Rn. 61; WPK/*Kreft*, § 37, Rn. 20; WPK/*Preis*, § 78, Rn. 17; Düwell/*Lorenz*, § 78, Rn. 20; *Löwisch/Kaiser*, § 37, Rn. 23; ErfK/*Koch*, § 37 BetrVG, Rn. 6; *Schweibert/Buse*, NZA 2007, 1080. (1083); *Bittmann/Mujan*, BB 2012, 637 (639).

388 Richardi/*Thüsing*, § 37, Rn. 30a.

anderweitig zu nutzen. Zum anderen muss die Frage des Dienstwagens auch stets von beiden Seiten betrachtet werden: Die eine Frage ist, ob der Arbeitgeber wegen § 37 Abs. 2 BetrVG verpflichtet ist, den Dienstwagen weiter zu gewähren. Überdies ist zu fragen, ob der Arbeitgeber den Dienstwagen nicht sogar zurückfordern muss, um einen Verstoß gegen § 78 Satz 2 BetrVG zu vermeiden. Wiederum wird deutlich: Benachteiligung und Begünstigung liegen nah beieinander.

Zuzustimmen ist insoweit dem BAG, wenn es die Frage der Vergütung mit § 37 Abs. 2 BetrVG dahingehend beantwortet, dass der Dienstwagen, wenn er denn Teil des Arbeitsentgelts ist, auch weiterhin gewährt werden muss. Unpräzise klärt das BAG jedoch die anschließende Frage der Begünstigung. Denn auch hier gilt: Soweit der Arbeitgeber aufgrund des Lohnausfallprinzips zur Gewährung des Dienstwagens verpflichtet ist, ist für eine mögliche Begünstigung kein Raum. Im obigen Beispiel ist der Arbeitgeber wegen § 37 Abs. 2 BetrVG zur Gewährung verpflichtet, sodass sich die Frage der Begünstigung hier nicht stellt. Diese Pflicht kann indes nach § 37 Abs. 4 BetrVG entfallen, wenn vergleichbaren Arbeitnehmern mit betriebsüblicher Entwicklung der Dienstwagen entzogen wurde. Dann stellt sich in der Tat die Frage der Begünstigung, weil dem Betriebsratsmitglied etwas erhalten bleibt, was anderen Arbeitnehmern entzogen wurde.

Wenn das BAG in diesem Zusammenhang meint, es käme auf die vergleichbare Arbeitnehmer oder andere Betriebsratsmitglieder nicht an,[389] so gilt das nur für andere Betriebsratsmitglieder. Auf vergleichbare Arbeitnehmer mit betriebsüblicher Entwicklung kommt es sehr wohl an, jedoch ausschließlich bei der Frage der Entwicklung. Insofern hat das BAG Recht, weil es nicht darauf ankommt, ob vergleichbare Arbeitnehmer *aktuell* auch einen Dienstwagen gewährt bekommen. Wurde vergleichbaren Arbeitnehmern aber der Dienstwagen entzogen, so gilt dies auch für das Betriebsratsmitglied, weil seine berufliche Entwicklung an die vergleichbarer Arbeitnehmer gekoppelt ist.[390] Eine Begünstigung hätte deshalb im obigen Fall vorgelegen, wenn dem Betriebsratsmitglied aufgrund von § 37 Abs. 2 BetrVG etwas erhalten geblieben wäre, was vergleichbaren Arbeitnehmern entzogen worden wäre.

Für die fortgesetzte Nutzung eines auch zur privaten Nutzung zur Verfügung gestellten Dienstwagen gilt daher, dass für eine unzulässige Begünstigung grundsätzlich kein Raum besteht, weil der Arbeitgeber regelmäßig zur fortgesetzten Gewährung des Dienstwagens verpflichtet ist.

389 BAG v. 23.06.2004 – 7 AZR 514/03, NZA 2004, 1287 (1289).

390 S. 34 ff.

b) Ausschließlich dienstliche Nutzung

In einer zweiten Entscheidung des BAG[391] zur Frage der Dienstwagennutzung von Betriebsratsmitgliedern hatte – im Unterschied zur ersten Entscheidung – der Arbeitgeber die Nutzung des Dienstwagens auf dienstliche Zwecke beschränkt und die private Nutzung untersagt. Die Arbeitnehmer nahmen mit den Fahrzeugen jedoch Kundentermine wahr, welche sie unmittelbar von ihrem Wohnort aus anfuhren. Das fast ausschließlich mit Betriebsratstätigkeiten befasste Betriebsratsmitglied verweigerte die vom Arbeitgeber verlangte Herausgabe des Dienstwagens mit der Begründung, eine Nichtgewährung würde es unzulässig benachteiligen. Wenn anderen Arbeitnehmern die Fahrzeuge vom Wohnort zum Kunden gewährt werden, müsse dem Betriebsratsmitglied das Fahrzeug vom Wohnort zum Betrieb zur Verfügung gestellt werden.

Mangels privater Nutzungsmöglichkeit stellte das BAG zunächst fest, dass es sich bei dieser Dienstwagengewährung um kein Arbeitsentgelt handelt, welches nach § 37 Abs. 2 BetrVG unvermindert fortzuzahlen wäre, weil das Fahrzeug nur dienstlich genutzt werden dürfe. Auch sei das Betriebsratsmitglied durch die Rückforderung des Dienstwagens nicht wegen seiner Betriebsratstätigkeit benachteiligt. Die Nutzungsmöglichkeit werde ihm nicht wegen seiner Tätigkeit als Betriebsratsmitglied vorenthalten, sondern weil es während dieser Zeit keine Kundendiensttätigkeit ausübe. Eine Benachteiligung läge nur vor, wenn vergleichbaren Arbeitnehmern, d.h. solchen, die ebenfalls keine Kundendiensttätigkeit ausüben, für regelmäßig anfallende Fahrten zwischen ihrer Wohnung und dem Betrieb ein Firmenfahrzeug gewährt werde, oder wenn es selbst berechtigt wäre, das Fahrzeug in dieser Weise zu nutzen, wenn es dem Betriebsrat nicht angehörte.[392]

Zuzustimmen ist dem BAG, wenn es eine Lohnfortzahlung nach § 37 Abs. 2 BetrVG mangels Arbeitsentgeltbestandteil verneint.[393] Nach der Gegenansicht ist einem Betriebsratsmitglied der Dienstwagen auch dann weiter zu gewähren, wenn ihm dieser zuvor allein zur Erfüllung seiner beruflichen Tätigkeit gestellt wurde.[394] Diese Ansicht kann sich jedoch allenfalls darauf stützen, dass eine Rückforderung des Dienstwagens eine unzulässige Benachteiligung sei. Da es sich nicht um Arbeitsentgelt handelt, scheidet eine Fortzahlung nach § 37 Abs. 2 BetrVG aus.

---

391 BAG v. 25.02.2009 – 7 AZR 954/07, AP Nr. 146 zu § 37 BetrVG 1972.

392 BAG v. 25.02.2009 – 7 AZR 954/07, AP Nr. 146 zu § 37 BetrVG 1972.

393 *Fitting*, § 37, Rn. 66a; Richardi/*Thüsing*, § 37, Rn. 30a; ErfK/*Koch*, § 37 BetrVG, Rn. 6; *Schweibert/Buse*, NZA 2007, 1080. (1083).

394 DKKW/*Wedde*, § 37, Rn. 57.

Zu überprüfen bleibt die Auffassung des BAG, es handele sich um keine unzulässige Benachteiligung. Das BAG stellt bei dieser Frage auf vergleichbare Arbeitnehmer, und zwar solche, die – wie das Betriebsratsmitglied – nahezu keine Kundendiensttätigkeit ausüben, ab. Da diesen kein Dienstwagen gewährt werde, könne das Betriebsratsmitglied gleichfalls keinen Dienstwagen verlangen. Zum Teil hat das BAG auch Zustimmung im Hinblick auf diesen Gesichtspunkt erhalten.[395] Diese Auffassung verkennt indes, dass es nicht die aktuell mit dem Betriebsratsmitglied vergleichbaren Arbeitnehmer sind, die für die Frage der Benachteiligung heranzuziehen sind, sondern die ursprünglich mit dem Betriebsratsmitglied vergleichbaren Arbeitnehmer. Der Umstand, dass das Betriebsratsmitglied keine Kundendienste mehr leistet, war seiner Betriebsratstätigkeit geschuldet. Gerade deshalb will § 37 Abs. 4 BetrVG die Entwicklung an vergleichbare Arbeitnehmer koppeln. Das BAG hätte also prüfen müssen, ob denjenigen Arbeitnehmern, die ursprünglich mit dem Betriebsratsmitglied vergleichbar waren, ein Dienstwagen gewährt wird. Dies war nach den Feststellungen des Urteils der Fall, sodass grundsätzlich eine Benachteiligung gegeben war.

Im Ergebnis hat das BAG indes zu Recht eine Benachteiligung abgelehnt, wenngleich es auf das Kernproblem nicht eingegangen ist: Wenn vergleichbaren Arbeitnehmern ein Fahrzeug zu dienstlichen Zwecken (hier: Kundenbesuche) überlassen wird, muss das auch für das Betriebsratsmitglied gelten. Dieses allerdings verrichtet ja gerade keine Kundenbesuche mehr, sondern leistet Betriebsratsarbeit. Zu fragen ist deshalb, ob die Betriebsratstätigkeit an die Stelle der beruflichen Tätigkeit rückt, mit der Folge, dass dem Betriebsratsmitglied zum Zwecke der Betriebsratsarbeit der Dienstwagen weiterhin zur Verfügung zu stellen ist. Das ist zu verneinen. Die Betriebsratstätigkeit ist kein Ersatz für die berufliche Tätigkeit. Sie ist vielmehr ein Aliud, welches neben die berufliche Tätigkeit rückt. Arbeitsmittel, welche der Arbeitgeber zum Zwecke der beruflichen Tätigkeit zur Verfügung stellt, können deshalb von Betriebsratsmitgliedern, die keine berufliche Tätigkeit mehr ausüben, nicht verlangt werden. Dies macht das folgende Beispiel deutlich: Der Arbeitgeber stellt allen Mitarbeitern im Außendienst Gummistiefel zur Verfügung, weil die Außendienstmitarbeiter auf Baustellen tätig sind. Daraus folgt jedoch nicht, dass auch die freigestellten Betriebsratsmitglieder Gummistiefel beanspruchen können, weil diese an Regentagen für den Weg zwischen Betriebsratsbüro und Kantine sehr nützlich sein können. Gleiches gilt für den obigen Fall der dienstlichen Fahrzeugnutzung: Das Betriebsratsmitglied wird nicht dadurch benachteiligt, dass ihm Arbeitsmittel mangels beruflicher Tätigkeit

395 *Fitting*, § 78, Rn. 20; *Löwisch/Kaiser*, § 78, Rn. 15.

nicht mehr gewährt werden. Im Ergebnis ist dem BAG also zuzustimmen, wenn es eine Benachteiligung ablehnt.

Ob in einer solchen Konstellation, in welcher trotz Wegfalls der beruflichen Tätigkeit ein Dienstwagen weiterhin zur rein dienstlichen Nutzung überlassenen wird, eine unzulässige Begünstigung vorliegt, ist wiederum eine Frage der Erforderlichkeit gemäß § 40 BetrVG. Nach der bisherigen Rechtsprechung des BAG dürfte eine Kostenübernahme durch den Arbeitgeber aber nur in Betracht kommen, wenn das Betriebsratsmitglied ausschließlich zum Zweck der Betriebsratsarbeit zum Betriebsratsbüro fahren musste.[396] Der Arbeitgeber kann dann entscheiden, ob er diese Kosten erstattet oder pauschal dem Betriebsratsmitglied für den Weg zum Betriebsratsbüro ein Fahrzeug zur Verfügung stellt.

Eine Sonderkonstellation liegt vor, wenn einem Betriebsratsmitglied, welchem bereits vor der Betriebsratstätigkeit ein Dienstwagen zur ausschließlich dienstlichen Nutzung zur Verfügung gestellt wurde, der Dienstwagen nun teilweise zur dienstlichen und teilweise zur betriebsratsbedingten Nutzung gewährt wird (dienstliche Mischnutzung). Dies wird immer dann der Fall sein, wenn das Betriebsratsmitglied nur zeitweise von der beruflichen Tätigkeit freigestellt wird (ein Teil der dienstlichen Nutzung also verbleibt) gleichzeitig aber die Betriebsratstätigkeit auch die Überlassung eines Fahrzeugs erfordert. Die oben herausgearbeiteten Grundsätze sind dann miteinander zu kombinieren: Die verbleibende dienstliche Nutzungsmöglichkeit ist keine Begünstigung, da bereits vor der Betriebsratstätigkeit eine solche Nutzung möglich war. Die hinzukommende Nutzung für die Betriebsratstätigkeit richtet sich nach § 40 BetrVG. Insgesamt stellt die Konstellation einer dienstlichen Mischnutzung daher keine unzulässige Begünstigung dar.

3. Fahrzeugklassenwechsel

Neben der Frage, ob dem Betriebsratsmitglied im Einzelfall überhaupt ein Dienstwagen gewährt werden muss oder gewährt werden kann, kann auch die Frage der Fahrzeugklasse von Bedeutung sein. Nicht selten sind die Fahrzeugklassen nach der Position im Unternehmen gestaffelt.[397] Auch hier sind Karrieresprünge aufgrund der Betriebsratstätigkeit unzulässig: Wurde beispielsweise dem Betriebsratsmitglied vor seiner Tätigkeit im Betriebsrat ein Mittelklassefahrzeug

---

396 BAG v. 13.06.2007 – 7 ABR 62/06, NZA 2007, 1301 (1302); einschränkend: Düwell/*Lorenz*, § 78, Rn. 20.

397 http://www.presseportal.de/pm/8664/1177466/mythos-firmenwagen-s-klasse-ist-chefklasse.

überlassen, so stellt es eine nach § 78 Satz 2 BetrVG unzulässige Begünstigung dar, wenn es wegen seines Betriebsratsamtes ein Oberklassefahrzeug erhält.[398] Etwas anderes gilt nur dann, wenn vergleichbare Arbeitnehmer ebenfalls einen Fahrzeugklassensprung vollzogen haben.

4. Leitlinien für den Umgang mit Dienstwagen

Zusammenfassend sollen die Leitlinien für den Umgang der Betriebsratsmitglieder im Hinblick auf Dienstwagen festgehalten werden: Danach muss zunächst unterschieden werden, ob dem Betriebsratsmitglied der Dienstwagen schon vor seiner Betriebsratstätigkeit oder erstmals mit Betriebsratstätigkeit gewährt wurde. Wurde dem Betriebsratsmitglied ein Fahrzeug schon vorher zur Verfügung gestellt und wurde eine private Nutzung eingeräumt, so hat es auch weiterhin einen Anspruch auf die private Nutzung. War demgegenüber das Fahrzeug zu ausschließlich dienstlichen Zwecken überlassen, so ist die zukünftige Überlassung nur dann zulässig, wenn die dienstliche Nutzung nicht durch die Betriebsratstätigkeit ersetzt wird. Dann hängt die Zulässigkeit von der Erforderlichkeit im Sinne von § 40 BetrVG ab. Im Übrigen richtet sich die weitere dienstliche Nutzung nach der Behandlung anderer vergleichbarer Arbeitnehmer.

Wurde der Dienstwagen erstmals wegen des Betriebsratsamtes zur Verfügung gestellt, ist eine private Nutzung gemäß § 37 Abs. 1, § 78 Satz 2 BetrVG unzulässig. Die Zulässigkeit einer ausschließlich dienstlichen Nutzung muss sich wiederum bei dauerhafter Freistellung an der Erforderlichkeit, im Übrigen an der Behandlung anderer vergleichbarer Arbeitnehmer messen lassen.

VII. Arbeitnehmerhaftungsprivileg

Die Frage einer unzulässigen Begünstigung kann sich auch im Rahmen der Haftung des Betriebsratsmitglieds als Arbeitnehmer stellen. So hatte das LAG Bremen[399] einen Fall zu entscheiden, in welchem ein Kraftfahrer, der Mitglied des Betriebsrats war, fahrlässig einen Verkehrsunfall verursachte. Der Arbeitgeber bildete eine Haftungsquote und zog den daraus resultierenden Anteil des Betriebsratsmitglieds in Raten von dessen monatlichem Gehalt ab. Diese Abzüge versuchte das Betriebsratsmitglied mit der Begründung einzuklagen, bei der Haftungsquote

398 *Schweibert/Buse*, NZA 2007, 1080 (1083).
399 LAG Bremen v. 26.07.1999 – 4 Sa 116/99, NZA-RR 2000, 126.

sei nicht berücksichtigt worden, dass es seit vielen Jahren Betriebsratsmitglied sei und zeitweise sogar Betriebsratsvorsitzender gewesen sei. Anknüpfungspunkt für diese rechtliche Argumentation war eine Entscheidung des *Großen Senats*. Dieser hatte 1994 beispielhaft die Kriterien aufgezählt, welche bei der Bildung der Haftungsquote zu berücksichtigen seien. Dazu zähle auch die Stellung des Arbeitnehmers im Betrieb.[400] Der Argumentation, aus der Entscheidung des *Großen Senats* den Rückschluss zu ziehen, dass Mitglieder des Betriebsrats im Rahmen der Arbeitnehmerhaftung anders – insbesondere günstiger – zu behandeln seien, erteilte das LAG Bremen zu Recht eine Absage.[401]

Der Hinweis des *Großen Senats*, dass auch die Stellung des Arbeitnehmers im Betrieb zu berücksichtigen sei, mag zwar ausgehend vom Wortlaut auch ein betriebsverfassungsrechtliches Amt erfassen. Dem *Großen Senat* dürfte aber zu unterstellen sein, dass er mit diesem Hinweis vorrangig die Position des Arbeitnehmers in der betrieblichen Hierarchie gemeint hat. Dies ist, ausgehend vom Sinn und Zweck des Arbeitnehmerhaftungsprivilegs, auch sachgerecht. Die Stellung in der betrieblichen Hierarchie hat einen erheblichen Einfluss auf den Umfang der vom Arbeitnehmer zu tragenden Verantwortung. Genau diesem Umstand soll das Arbeitnehmerhaftungsprivileg Rechnung tragen, indem es berücksichtigt, ob der Arbeitnehmer aufgrund seiner umfangreichen Verantwortung besonders anfällig für einen Haftungsfall ist. Demgegenüber hat das Betriebsratsamt mit dem betrieblichen Haftungsrisiko nichts zu tun. Das Risiko, einen Haftungsfall zu verursachen, ist für ein Betriebsratsmitglied daher nicht höher oder geringer als bei anderen Arbeitnehmern. Ein betriebsverfassungsrechtliches Amt hat daher keinen Einfluss auf die Stellung im Betrieb im Sinne des Hinweises des *Großen Senats* bezüglich der Arbeitnehmerhaftung.

Hinzu kommt, dass eine Berücksichtigung des Betriebsratsamts im Hinblick auf eine Ermäßigung der Haftungsquote des Arbeitnehmers zu einer unzulässigen Begünstigung nach § 78 Satz 2 BetrVG führen würde. Es stellt eine objektive Besserstellung der Betriebsratsmitglieder gegenüber anderen Arbeitnehmern dar, wenn Betriebsratsmitglieder im Haftungsfall per se mit einer für sie günstigeren Haftungsquote rechnen könnten, ohne dass dies durch sachliche Gründe gerechtfertigt wäre. Schließlich liegt auch die Kausalitätsvoraussetzung vor, weil die Besserstellung ausdrücklich an die Betriebsratstätigkeit geknüpft wird. Das Betriebsratsamt darf daher nicht im Rahmen der Haftung des Mitglieds als Arbeitnehmer berücksichtigt werden. Dies ergibt sich weder aus der Rechtsprechung des

400 BAG v. 27.09.1994 – GS 1/89(A), NJW 1995, 210 (213).
401 LAG Bremen v. 26.07.1999 – 4 Sa 116/99, NZA-RR 2000, 126 (127).

Großen Senats, noch ist eine solche Vorgehensweise mit dem Begünstigungsverbot zu vereinbaren.

VIII. Geschenke

Die Zuwendung von Geschenken an Mitglieder des Betriebsrats durch den Arbeitgeber oder durch Dritte verstößt gegen § 37 Abs. 1 BetrVG, wenn das Geschenk der Honorierung der Betriebsratstätigkeit dient. Das Gesetz unterscheidet nicht zwischen einer Vergütung in Geld oder einer Vergütung durch Sachleistungen. Schenkt beispielsweise der Arbeitgeber einem Betriebsratsmitglied als Anerkennung für die vertrauensvolle Zusammenarbeit bei der Gestaltung einer Betriebsvereinbarung zwei Karten für das DFB-Pokalfinale, liegt darin ein Verstoß gegen das Ehrenamtsprinzip.

Für Geschenke, die nicht als Vergütungsbestandteil qualifiziert werden können, bildet demgegenüber das Begünstigungsverbot die Grenze der Zulässigkeit. Zwar steht es dem Arbeitgeber grundsätzlich frei, den bei ihm beschäftigten Arbeitnehmern Geschenke, auch von großem Wert, zuzuwenden. Solche Geschenke aus betrieblichem Anlass sind zulässig. Erst recht steht es dem Arbeitgeber frei, denjenigen Arbeitnehmern Geschenke zuzuwenden, mit denen er auch privat verbunden ist. Auch private Geschenke sind zulässig. Dies gilt auch für Betriebsratsmitglieder. Auch ihnen dürfen betrieblich veranlasste und private Geschenke zugewendet werden. Die Grenzen des § 78 Satz 2 BetrVG werden erst überschritten, wenn das Geschenk wegen der Betriebsratstätigkeit zugewendet wird, es sich also um ein „Betriebsrats-Geschenk" handelt. Die für die Zulässigkeit von Geschenken zu formulierende Frage ist daher im Wesentlichen eine tatsächliche Abgrenzungsfrage zwischen zulässigen betrieblichen und privaten Geschenken einerseits und unzulässigen „Betriebsrats-Geschenken" andererseits. Unabhängig davon drängt sich im Bereich typischer Geschenke (Blumenstrauß, Flasche Cognac) die Frage auf, ob nicht für diese Fälle eine Geringwertigkeitsgrenze bzw. Bagatellgrenze existiert, unterhalb derer keine Verstöße gegen das Ehrenamtsprinzip oder das Begünstigungsverbot anzunehmen sind.

1. Abgrenzungsfragen

Die Frage der Abgrenzung zwischen zulässigen privaten und dienstlichen Geschenken und unzulässigen „Betriebsrats-Geschenken" ist keine Rechtsfrage, sondern eine Tatfrage. Steht das Geschenk in einem Zusammenhang mit der

Betriebsratstätigkeit ist der Fall rechtlich gelöst: Das Geschenk ist unzulässig. Schwieriger ist es, diesen Zusammenhang festzustellen. Geschenken sieht man ihren Zweck in der Regel nicht an. Ob beispielsweise die o.g. Karten für das Pokalspiel wegen des guten Geschäftsjahres, einer engen Freundschaft oder der Betriebsratstätigkeit verschenkt werden, lässt sich kaum ermitteln. Die Zulässigkeit hängt jedoch ganz entscheidend von diesem Zweck ab. Ein untaugliches Kriterium ist jedenfalls die Funktion des Schenkenden: Es ist unerheblich, ob der Arbeitgeber eine dem Geschenk ggf. beiliegende Karte als Geschäftsführer oder als Privatmann unterzeichnet. Da auch Begünstigungen durch Dritte unzulässig sind, spielt der Ursprung des Geschenks keine Rolle. Ob es sich bei dem konkreten Geschenk um ein „Betriebsrats-Geschenk“ handelt, kann nach der hier vertretenen Auffassung nur anhand der Üblichkeit festgestellt werden: Sind entsprechende Geschenke im Betrieb üblich, spricht viel für ein betrieblich veranlasstes Geschenk. Stehen sich Arbeitgeber und Betriebsratsmitglied auch privat nahe, so spricht viel für privates Geschenk.

Letztlich verbleibt im Bereich von Geschenken ein erheblicher „Spielraum“, weil diese jedenfalls unter dem Deckmantel einer privaten Freundschaft jeglichen betrieblichen Kontrollmechanismen entzogen sind. Praktisch kann jedoch auf das Kriterium der Üblichkeit zurückgegriffen werden.

2. Bagatellgrenze

Geringwertige Geschenke wie z.B. der o.g. Blumenstrauß werfen hinsichtlich möglicher unzulässiger Begünstigungen die Frage nach einer Geringwertigkeits- oder Bagatellgrenze auf. Für eine solche Grenze, unterhalb derer auch Zuwendungen wegen des Betriebsratsamtes zulässig sind, spricht, dass der überwiegende Teil der Betriebsratsmitglieder sich in seiner Unabhängigkeit weder durch eine Flasche Cognac noch durch einen Blumenstrauß beeinträchtigen lassen wird. Dann ist grundsätzlich nicht einzusehen, weshalb Geschenke im Bagatellbereich betriebsverfassungsrechtlich verboten und mit Blick auf mögliche strafrechtliche Folgen[402] kriminalisiert werden sollten. Die Unabhängigkeit ist nicht gefährdet, zumal derartige Geschenke primär als höfliche Geste und nicht zum Zwecke der Bestechung zugewendet werden. Für die Zulässigkeit von üblichen Geschenken mit geringen Werten sprechen auch die Voraussetzungen der strafrechtlichen Bestechungsdelikte (§§ 331 ff. StGB). So soll nach überwiegender Auffassung z.B.

402 S. 163 ff.

eine Vorteilsannahme gemäß § 331 StGB ausscheiden, wenn sich die Annahme des Vorteils im Rahmen des sozial Üblichen und von der Allgemeinheit Gebilligten hält.[403] Die Rede ist dann von einer sog. „Sozialadäquanz“, welche sich jedoch nicht pauschal an einem Geldwert festlegen lasse, sondern je nach Amtsträger im Einzelfall zu bestimmen sei.[404]

Jedoch: Weder der Wortlaut des Begünstigungsverbots noch der Wortlaut des Ehrenamtsprinzips sehen eine Bagatellgrenze vor. Zu Recht weisen auch *Schweibert/Buse* auf die richtungsweisende Redewendung hin, dass auch oder gerade „kleine Geschenke die Freundschaft erhalten“.[405] Insbesondere im Rahmen des Ehrenamtsprinzips wurde zudem auf den strengen Maßstab bei der Beurteilung der Unentgeltlichkeit hingewiesen.[406] Unabhängig davon würde eine Bagatellgrenze Folgefragen aufwerfen: Wie ist die Grenze zu definieren? Bei Geschenkwerten von zwanzig, fünf oder schon von einem Euro? Welcher zeitliche Rahmen soll für die Geringwertigkeit gelten? Können sich kleine Bagatellgeschenke zu einer unzulässigen Begünstigung summieren?

Die besseren Gründe sprechen gegen eine solche Geringwertigkeitsgrenze. Das BetrVG hat aus guten Gründen auf eine solche Grenze verzichtet. In diesem Zusammenhang sei darauf hingewiesen, dass die Unabhängigkeit vor allem eine Frage der inneren Einstellung ist. Deshalb setzen Begünstigungsverbot und Ehrenamtsprinzip nicht erst dort an, wo durch eine Gegenleistung des Betriebsratsmitglieds die Grenze zur Korruption überschritten wird. Beide Normen setzen früher an, nämlich bereits zu dem Zeitpunkt, in welchem die Unabhängigkeit des Amtsträgers potentiell gefährdet ist.[407] Ob dies der Fall ist, hängt von einer objektiv nicht festzustellenden inneren Grenze ab. Diese kann bei dem einen Betriebsratsmitglied durch eine Einladung zum Dinner, bei einem anderen nicht einmal durch eine Segelyacht erreicht sein. Ein Abstellen auf die Überschreitung einer objektiven Wertgrenze ist daher verfehlt. Auch eine Übertragung der strafrechtlichen Wertungen (s.o.) vermag nicht die Anerkennung geringwertiger oder sozialüblicher Geschenke zu begründen. Denn im Rahmen von § 331 StGB fehlt es nach überwiegender Auffassung bei der Annahme üblicher Geschenke nicht an dem Vorliegen eines Vorteils, sondern an dem Vorliegen der erforderlichen

---

403 BGH v. 02.02.2005 – 5 StR 168/04, NStZ 2005, 334; BGH v. 23.10.2002 – 1 StR 541/01, NJW 2003, 763 (765); MüKo-StGB/*Korte*, § 331 StGB, Rn. 126; NK-StGB/*Kuhlen*, § 331, Rn. 98; *Fischer*, StGB, § 331, Rn. 25.

404 MüKo-StGB/*Korte*, § 331 StGB, Rn. 130, 131.

405 *Schweibert/Buse*, NZA 2007, 1080 (1084).

406 S. 25.

407 S. 6 f.

Unrechtsvereinbarung, also dem Äquivalenzverhältnis zwischen Zuwendung und Gegenleistung. Eine Gegenleistung oder eine Unrechtsvereinbarung ist aber im Rahmen des Begünstigungsverbots nicht erforderlich. Rechtsdogmatisch scheidet daher eine Übertragung der strafrechtlichen Wertungen aus. Betriebsverfassungsrechtlich ist die Festlegung einer Bagatellgrenze daher abzulehnen.

Daraus foglt gleichwohl nicht, dass die o.g. Geschenke (Blumenstrauß etc.) stets unzulässig sind. Auch hier kann sich der Arbeitgeber an einer betrieblichen Üblichkeit orientieren: Wenn er öfters Geschenke macht, und zwar unabhängig von einem etwaigen Betriebsratsamt, sind diese weder im Hinblick auf § 78 Satz 2 BetrVG, noch im Hinblick auf § 37 Abs. 1 BetrVG bedenklich. So darf er beispielsweise auch einem Betriebsratsmitglied eine Flasche Cognac zum Geburtstag überreichen, wenn der Arbeitgeber auch bei anderen Arbeitnehmern so verfährt. Es ist daher nicht formaljuristisch, eine Bagatellgrenze nicht zuzulassen. Sie schränkt zwar denjenigen Arbeitgeber ein, welcher bisher Betriebsratsmitglieder mit Blumensträußen und Cognacflaschen beschenkte. Ein solcher Arbeitgeber muss sich indes zu Recht fragen lassen, warum diese Geschenke nur Betriebsratsmitgliedern vorbehalten waren.

IX. Abfindungsregelungen

1. Allgemeines

Eine weitere Ausprägung von möglichen Betriebsratsbegünstigungen hat sich vereinzelt im Bereich von Abfindungsregelungen in Sozialplänen bemerkbar gemacht. Ein Sozialplan kommt vor allem dann zum Zuge, wenn das Unternehmen eine Betriebsänderung im Sinne von § 111 BetrVG durchführen will. Neben einem Interessenausgleich, der Art und Ausmaß der betrieblichen Einschnitte definiert, soll gemäß § 112 Abs. 1 Satz 2 BetrVG ein Sozialplan zwischen den Betriebspartnern abgeschlossen werden, welcher den Ausgleich oder die Milderung der wirtschaftlichen Nachteile, die den Arbeitnehmern infolge der geplanten Betriebsänderung entstehen, regelt. Kernstück eines Sozialplans sind die darin enthaltenen Abfindungsregelungen für die betroffenen Arbeitnehmer. Ob und in welcher Höhe Abfindungsregelungen vereinbart werden, steht dabei im freien Ermessen der Betriebspartner, welches lediglich durch die Grenze von Recht und Billigkeit beschränkt wird.[408] In diesem Zusammenhang

408 BAG v. 29.11.1978 – 5 AZR 553/77, BB 1979, 474; BAG v. 13.11.1996 – 10 AZR 340/96, NJW 1997, 3043 (3045); WHSS/*Schweibert*, C 232.

hatte sich bereits die instanzgerichtliche Rechtsprechung mit der Frage auseinanderzusetzen, ob in einem Sozialplan, der für Betriebsratsmitglieder besonders günstige Regelungen vorsieht („Zwei-Klassen-Sozialplan“)[409], eine nach § 78 Satz 2 BetrVG unzulässige Begünstigung gesehen werden kann.

Diese Begünstigungsvariante ist besonders „belegschaftsschädlich“. Nicht nur, dass der Eindruck vermittelt wird, dass Betriebsratsmitglieder ihr Amt dazu missbrauchen, Vorteile in den Sozialplanverhandlungen für sich selbst zu erzielen. Vielmehr gehen solche Vorteile auch unmittelbar zu Lasten der anderen Arbeitnehmer, weil der Arbeitgeber zu Beginn der Verhandlungen regelmäßig bereits eine Vorstellung über das Gesamtvolumen der für Abfindungen zur Verfügung stehenden Mittel hat. Wenn es dann in den Verhandlungen nur um die Frage der Verteilung geht, entspricht es der wirtschaftlichen Logik, dass Sondervorteile für Betriebsratsmitglieder automatisch Sondernachteile für die anderen Arbeitnehmer bedeuten, da diese Leistungen zu Lasten des Gesamtvolumens gehen.[410]

2. Rechtsprechung

In einer nur in Leitsätzen veröffentlichen Entscheidung des Arbeitsgerichts Nürnberg[411] hatten die Betriebspartner in einer Anlage zum Sozialplan vereinbart, jedem Betriebsratsmitglied eine zusätzliche Abfindungssumme von zwölf Bruttomonatsgehältern zu gewähren. Das Arbeitsgericht sah hierin einen Verstoß gegen das Begünstigungsverbot. Aus einem anderen Blickwinkel hatte das LAG Düsseldorf[412] einen ähnlichen Fall zu entscheiden. Hier hatte ein Arbeitnehmer auf Gleichbehandlung geklagt, weil ein Sozialplan für ihn eine Abfindung von 70% des monatlichen Bruttolohns pro Beschäftigungsjahr vorsah, während das Unternehmen mit einem Betriebsratsmitglied einen Aufhebungsvertrag abschloss, der eine Abfindung von 140% des monatlichen Bruttolohns pro Beschäftigungsjahr vorsah. Das LAG Düsseldorf hatte bedauerlicherweise nicht über die Frage der Begünstigung zu befinden, weil selbst im Falle einer solchen daraus keine Ansprüche eines nicht Begünstigten abzuleiten seien. Eine neuere – nicht veröffentlichte – Entscheidung zu diesem Problemkreis stammt vom Arbeitsgericht Essen.[413] Der dort gegenständliche Sozialplan sah ein Ausscheiden aller Arbeitnehmer unter Zahlung einer Abfindung

409 *Schweibert/Buse*, NZA 2007, 1080 (1084).
410 *Henssler*, BB 2002, 307 (308); *Schweibert/Buse*, NZA 2007, 1080 (1084).
411 ArbG Nürnberg v. 27.01.1997 – 12 Ca 7897/96, BB 1997, 2165.
412 LAG Düsseldorf v. 13.09.2001 – 11 (4) Sa 906/01, BB 2002, 306.
413 ArbG Essen v. 03.12.2010 – 5 Ca 2260/10, juris.

vor, während den drei Betriebsratsmitgliedern ein Altersteilzeitangebot bei einer Tochtergesellschaft des Unternehmens unterbreitet wurde. Der Vertrag sah u.a. eine Klausel vor, wonach die Betriebsratsmitglieder auch im Falle einer vorzeitigen Beendigung des Altersteilzeitverhältnisses einen Anspruch auf die Differenz zwischen den ausgezahlten Leistungen und dem Entgelt haben, welches ihnen bis zum 63. Lebensjahr zugestanden hätte. In der Folge wurden die Betriebsratsmitglieder von der Tochtergesellschaft ohne jede Arbeitsleistung vergütet.

Räumt ein Sozialplan den Mitgliedern des Betriebsrats eine besondere Behandlung ein, so werden sich, wie im Übrigen auch in den oben zitierten Entscheidungen, die Betriebsratsmitglieder stets darauf berufen, die Sonderbehandlung resultiere aus dem ihnen zustehenden besonderen Kündigungsschutz. Es stellt sich insoweit die Frage, ob dieser Kündigungsschutz eine Sonderbehandlung in einem Sozialplan rechtfertigen kann. Eine sich daran anschließende Frage stellt sich im Hinblick auf die Entscheidung des LAG Düsseldorf: Die großzügige Abfindung des Betriebsratsmitglieds resultierte nicht unmittelbar aus dem Sozialplan, sondern aus einem individuell abgeschlossenen Aufhebungsvertrag. Bezugnehmend auf diese Konstellation ist zu prüfen, ob die Ergebnisse im Hinblick auf Sozialpläne auf Aufhebungsverträge übertragen werden können. Diese Problematik wirft auch die Entscheidung des Arbeitsgerichts Essen auf, weil hier ebenfalls keine Besserstellung im Sozialplan selbst, sondern in einem selbstständigen Angebot auf Altersteilzeit lag.

3. Rechtfertigung wegen des Sonderkündigungsschutzes?

Die Mitglieder des Betriebsrats genießen von Gesetzes wegen einen besonderen Kündigungsschutz: Gemäß § 15 Abs. 1 KSchG ist eine Kündigung von Mitgliedern des Betriebsrats grundsätzlich unzulässig, es sei denn, der Arbeitgeber ist zu einer außerordentlichen Kündigung aus wichtigem Grund berechtigt. Darüber hinaus ist bei einer Kündigung eines Betriebsratsmitglieds gemäß § 103 Abs. 1 BetrVG stets die Zustimmung des Betriebsrats erforderlich, wenn nicht das Arbeitsgericht die Zustimmung ersetzt. Die vom Arbeitgeber zu bewältigenden Hürden sind aus diesem Grund im Falle einer Kündigung eines Betriebsratsmitglieds erheblich höher als bei anderen Arbeitnehmern. Sofern jedoch eine Sonderbehandlung, etwa durch eine höhere Abfindung in einem Sozialplan mit dem beschriebenen Sonderkündigungsschutz gerechtfertigt werden soll,[414] begegnet dies erheblichen Bedenken.

414 Düwell/*Lorenz*, § 78, Rn. 23.

Anders als bei Aufhebungsverträgen dient eine Abfindung in einem Sozialplan nicht auch dem Interesse des Arbeitgebers, sich vom Risiko eines möglichen Kündigungsschutzprozesses freizukaufen. Der Sozialplan dient vielmehr dem Ausgleich von Nachteilen für die betroffenen Arbeitnehmer. Die Höhe der Abfindung spiegelt nicht den Umfang des Kündigungsschutzes wider. Sie orientiert sich ausschließlich am Ausmaß der zu befürchtenden wirtschaftlichen Nachteile für die Arbeitnehmer, insbesondere der Überbrückung während der Suche nach einer neuen Beschäftigung. Eine Differenzierung nach dem Grad des Kündigungsschutzes entspricht daher nicht dem Zweck eines Sozialplans. Hinzu kommt, dass dieser Sonderkündigungsschutz in einigen Fällen überhaupt nicht zum Tragen kommt. Soweit eine Betriebsstilllegung beabsichtigt ist, ist eine Kündigung eines Betriebsratsmitglieds nach § 15 Abs. 4 KSchG grundsätzlich möglich.[415] Soll ein Sozialplan die Nachteile einer Betriebsschließung ausgleichen, ist eine Rechtfertigung einer Begünstigung im Sozialplan mit dem Sonderkündigungsschutz schon deshalb ausgeschlossen, weil ein solcher besonderer Kündigungsschutz in diesem Fall nicht besteht.[416] Aber auch in den anderen Fällen eines Sozialplans kann eine Rechtfertigung aufgrund des Sonderkündigungsschutzes nicht in Betracht kommen. In einer Situation, in welcher die Beendigung des Arbeitsverhältnisses faktisch feststeht und es nur noch um die Höhe der Abfindung geht, ist nicht einzusehen, weshalb das Betriebsratsmitglied einen Sonderkündigungsschutz, auf welchen es in dieser Situation im Grunde schon „verzichtet" hat, gewinnbringend in die Abfindungsverhandlungen einführen können sollte. Damit bleibt festzuhalten, dass Regelungen in Sozialplänen, die Betriebsratsmitgliedern eine höhere Abfindung oder andere Vorteile einräumen, grundsätzlich eine unzulässige Begünstigung nach § 78 Satz 2 BetrVG darstellen.

4. Regelungen in Altersteilzeit- oder Aufhebungsverträgen

Ungelöst bleiben auch nach den bisher gewonnenen Erkenntnissen die Fälle des LAG Düsseldorf[417] und des Arbeitsgerichts Essen[418]. Hier fand sich eine vorteilhafte Regelung nicht unmittelbar im Sozialplan, sondern in einem in dessen Rahmen abgeschlossenen Aufhebungs- bzw. Altersteilzeitvertrag. Fraglich ist, ob auch in diesen Fällen eine unzulässige Begünstigung vorliegt.

---

415 *v. Hoyningen-Huene*, § 10, Rn. 48.

416 *Henssler*, BB 2002, 307 (308); *Schweibert/Buse*, NZA 2007, 1080 (1084).

417 LAG Düsseldorf v. 13.09.2001 – 11 (4) Sa 906/01, BB 2002, 306.

418 ArbG Essen v. 03.12.2010 – 5 Ca 2260/10, juris.

Dabei ist zu beachten, dass aus dem auch im Arbeitsrecht geltenden Grundsatz der Vertragsfreiheit folgt, dass die Begünstigung einzelner Arbeitnehmer stets unabhängig von Sachgründen zulässig ist.[419] Dem Arbeitgeber steht es grundsätzlich frei, mit einzelnen Arbeitnehmern Aufhebungsverträge mit besonders hohen Abfindungen oder günstige Altersteilzeitverträge abzuschließen. Diese Vertragsfreiheit wird indes durch § 78 Satz 2 BetrVG begrenzt, wenn der Vertragsabschluss selbst oder nur einzelne Vertragsbestimmungen ihren Grund in dem Betriebsratsamt des Bevorteilten haben. Zwar mag der Sonderkündigungsschutz des Betriebsratsmitglieds im Rahmen der Verhandlungen über einen Aufhebungsvertrag dazu führen, dass der Arbeitgeber bereit ist, eine höhere Abfindungssumme zu zahlen. Dieser Sonderkündigungsschutz beruht jedoch allein auf dem Betriebsratsamt. Die höhere Abfindung wird wegen des Betriebsratsamtes zugesagt. Eine solche Besserstellung gegenüber Nichtamtsträgern verbietet § 78 Satz 2 BetrVG jedoch. Daran ändert auch der Umstand nichts, dass das Gesetz im Hinblick auf den Kündigungsschutz eine Besserstellung von Betriebsratsmitgliedern ausdrücklich anordnet.[420] Der Bestand des Sonderkündigungsschutzes wird nicht in Frage gestellt, sondern lediglich die finanzielle Geltendmachung im Rahmen von Vertragsverhandlungen. Das Betriebsratsmitglied soll den besonderen Kündigungsschutz, den es durch die Wahl der Belegschaft erlangt hat, nicht bei seiner Vertragsaufhebung gewinnbringend geltend machen können. Dies will das Begünstigungsverbot gerade vermeiden. Gleichwohl ist eine höhere Abfindung für Betriebsratsmitglieder nicht generell ausgeschlossen. Sie darf indes nicht auf das Amt selbst gestützt werden.

Gleiches gilt für den Abschluss besonders günstig ausgestalteter Altersteilzeitverträge wie im Fall des Arbeitsgerichts Essen. Auch hier begrenzt das Begünstigungsverbot die Vertragsfreiheit des Arbeitgebers. Es steht ihm frei, auch mit einem Betriebsratsmitglied einen solchen Vertrag abzuschließen. Wenn er indes nur den Betriebsratsmitgliedern und sonst keinem Arbeitnehmer einen solchen Vertrag anbietet, spricht vieles dafür, dass dies ausschließlich aufgrund deren Betriebsratsämter erfolgte. Dies dürfte beispielsweise im Fall des ehemaligen Gesamtbetriebsratsvorsitzenden bei der *MAN SE* der Fall gewesen sein:[421] 2004 wurde mit dem 50-jährigen Gesamtbetriebsratsvorsitzenden ein Altersteilzeitvertrag geschlossen. Während sich bei Wahl des sog. Blockmodells grundsätzlich zwei gleich lange Phasen, nämlich eine Arbeits- und eine Freistellungsphase gegenüberstehen, sah

---

419 *Henssler*, BB 2002, 307 (308).

420 S. 17 f.

421 SZ v. 14.05.2011, S. 25.

das dort vereinbarte Modell eine Arbeitsphase von knapp zwei Jahren und eine Freistellungsphase von gut acht Jahren vor. Eine zusätzliche Abfindung von zunächst 50.000 Euro wurde mit Eintritt in die Freistellungphase nachträglich auf 100.000 Euro erhöht. In diesem Fall sind zwei Gesichtspunkte zu unterscheiden: Die eine Frage wird sein, ob das Betriebsratsmitglied durch die großzügige Freistellungsregelung begünstigt ist. Die andere, ob daneben in der Abfindung selbst oder jedenfalls der Erhöhung der Abfindung eine Begünstigung liegt.

Hinsichtlich der großzügigen Freistellung ist festzustellen, dass hierin grundsätzlich eine Abweichung von der Grundidee, nämlich eine Reduzierung von Arbeitsentgelt und Tätigkeit in gleichem Umfang – sieht man einmal von etwaigen Aufstockungsleistungen ab –, vorliegt. Wenn hiervon bei einem Betriebsratsmitglied zu seinen Gunsten in erheblichem Maße abgewichen wird, kann dies nur aus drei Gründen geschehen: Einmal aufgrund einer Üblichkeit, wenn also der Arbeitgeber schon mehrfach solche Verträge auch Nichtamtsträgern angeboten hat. Dann liegt schon keine Besserstellung, erst recht nicht wegen des Betriebsratsamtes vor. Zweitens können besondere persönliche Gründe des Arbeitnehmers, etwa eine fortschreitende Krankheit, ein solches Modell rechtfertigen. Dann fehlt es am Kausalzusammenhang zwischen Besserstellung und Betriebsratsamt. Hängt die Freistellung jedoch mit der Betriebsratstätigkeit zusammen, etwa weil der Zeitpunkt der Freistellung zufällig mit den nächsten Betriebsratswahlen zusammenfällt, liegt eine Besserstellung aufgrund des Amts vor. Eine solche ist nach § 78 Satz 2 BetrVG unzulässig.

Hinsichtlich der Abfindung ist die Motivlage schwieriger zu ermitteln, weil hierdurch auch die Bereitschaft zur Altersteilzeit erhöht werden soll. Wie viel der Arbeitgeber aufbieten muss, um den Arbeitnehmer zu Altersteilzeit zu bewegen ist Verhandlungssache. Ein Kausalzusammenhang zur Betriebsratstätigkeit wird hier auch bei höheren Summen kaum nachzuweisen sein. Bedenklich ist jedoch die nachträgliche Erhöhung der Abfindung bei Antritt der Freistellung. Der Altersteilzeitvertrag ist bereits abgeschlossen, weshalb für eine Abfindungserhöhung aus Sicht des Arbeitgebers wenig spricht. Sofern damit etwaige Betriebsratsleistungen nachträglich honoriert werden sollen, liegt darin ein klarer Verstoß gegen das Ehrenamtsprinzip und § 78 Satz 2 BetrVG.

5. Leitlinien für Abfindungsregelungen

Grundsätzlich können sich die Vertragsparteien bei ihren Vereinbarungen auf die Vertragsfreiheit berufen. Zu beachten sind jedoch die Grenzen des § 78 Satz 2 BetrVG. Die Betriebsratstätigkeit ist kein zulässiges Kriterium bei der

Differenzierung in Sozialplänen. Günstige Aufhebungs- und Altersteilzeitverträge mit Betriebsratsmitgliedern sind grundsätzlich möglich. Eine Begünstigung kann insbesondere dann ausgeschlossen werden, wenn der günstige Vertragsabschluss keinen Einzelfall darstellt. Gehen die Vertragsbedingungen über das betriebsübliche hinaus, ist dies nur zulässig, wenn jeglicher Bezug zur Betriebsratstätigkeit ausgeschlossen werden kann. Dann können auch unüblich hohe Abfindungssummen vereinbart werden. Diese können indes nicht mit dem Sonderkündigungsschutz des Betriebsratsmitglieds begründet werden. Dieser steht dem Amtsträger gerade aufgrund des Amtes zu. Ein Abstellen hierauf wäre eine Sonderbehandlung aufgrund des Amtes, was unzulässig ist. Für die Praxis empfiehlt sich zur Vermeidung unzulässiger Begünstigungen eine Dokumentation, welche die Gründe außerhalb der Betriebsratstätigkeit für etwaige günstige Vertragsbedingungen ausdrücklich benennt. Begünstigungsvorwürfe können so entkräftet werden.

X. Unterstützung von Arbeitnehmervereinigungen

Eine weitere Fallkonstellation einer möglichen Betriebsratsbegünstigung gelangte im Rahmen des sog. „Siemens-AUB-Skandals“ an die Öffentlichkeit.[422] Dem Fall liegt folgender – verkürzter[423] – Sachverhalt zugrunde: Nachdem der ehemalige Betriebsratsvorsitzende der *Siemens AG*, *Wilhelm Schelsky*, aus dem Konzern ausgeschieden war, gründete er ein Unternehmen, welches Beratungs- und Schulungsdienstleistungen anbot. Über mehrere Jahre beauftrage die *Siemens AG* das von *Schelsky* gegründete Unternehmen mit entsprechenden Dienstleistungen zu einem Gesamtvolumen von ca. 40 Mio. Euro. Gleichwohl wurden entsprechende Leistungen nie erbracht. Vielmehr erfolgten die Zahlungen – offenbar absprachegemäß – allein zu dem Zweck, dass *Schelsky* die arbeitgeberfreundliche Arbeitnehmervereinigung *AUB (Arbeitsgemeinschaft Unabhängiger Betriebsangehöriger; früher: Betriebsräte)* unterstützt, um auf diese Weise die *AUB* bei der *Siemens AG* zu stärken und andere Gewerkschaften im Betriebs- und Aufsichtsrat zurückzudrängen. Die Beteiligten, neben *Schelsky* auch das ehemalige Vorstandsmitglied *Feldmayer*, wurden in unterschiedlichen Beteiligungsformen wegen Untreue (§ 266 StGB), Beeinflussung der Betriebsratswahl (§ 119 Abs. 1 Nr. 1 BetrVG) und diverser Steuerdelikte verurteilt.[424]

422 FAZ v. 17.02.2007, S. 14.

423 Zum vollständigen Sachverhalt: LG Nürnberg-Fürth v. 24.11.2008 – 3 KLs 501 Js 1777/2008, ArbuR 2010, 35.

424 LG Nürnberg-Fürth v. 24.11.2008 – 3 KLs 501 Js 1777/2008, ArbuR 2010, 35; sowie das Revisionsverfahren: BGH v. 13.09.2010 – 1 StR 220/09, NJW 2011, 88.

Keine Erwähnung findet in den Urteilsgründen ein möglicher Verstoß gegen § 78 Satz 2 BetrVG wegen einer unzulässigen Betriebsratsbegünstigung, die auch strafrechtliche Relevanz entfalten kann (§ 119 Abs. 1 Nr. 3 BetrVG).[425] Dies gilt es zu überprüfen. Zwar scheidet eine „klassische" Begünstigung aus, weil unmittelbar keine Zuwendungen von der *Siemens AG* an ein Betriebsratsmitglied erbracht wurden. Indes wurde bereits festgestellt, dass nicht nur Zuwendungen des Arbeitgebers, sondern auch Zuwendungen durch Dritte eine unzulässige Begünstigung darstellen können, wenn die Zuwendungen im Zusammenhang mit der Amtstätigkeit stehen.[426] Es spielt insoweit keine Rolle ob der Arbeitgeber, ein von ihm beauftragter Strohmann oder ein unbeteiligter Dritter das Betriebsratsmitglied begünstigt. Es kommt nicht auf den Ursprung der Zuwendung, sondern auf den Zweck an. Für die Frage einer Begünstigung ist daher im Fall *Siemens* ausschließlich das Verhältnis zwischen *Schelsky* und den Betriebsratsmitgliedern maßgeblich. Indes spricht hier vieles gegen eine unzulässige Begünstigung.[427]

Zunächst ist zu beachten, dass eine Begünstigung grundsätzlich nur gegenüber dem einzelnen Betriebsratsmitglied in Betracht kommt.[428] Zahlungen an den Betriebsrat als Gremium oder eine Arbeitnehmervereinigung sind aus betriebsverfassungsrechtlicher Sicht unbedenklich.[429] Eine unzulässige Begünstigung setzt daher voraus, dass der Begünstigende für eine unmittelbare Besserstellung des einzelnen Betriebsratsmitglieds sorgt. Im Fall *Schelsky* war dies nicht der Fall. Die Unterstützung eines Gremiums, etwa durch Finanzierung von Wahlkämpfen, ist keine Besserstellung des einzelnen Betriebsratsmitglieds. Daneben müsste eine etwaige Besserstellung auch in einem Kausalzusammenhang zum Betriebsratsamt stehen. Dies wird gerade im Fall *Schelsky* zu verneinen sein. Der Zweck der Unterstützungsleistungen bestand nicht darin, Betriebsratsmitgliedern Vorteile zu verschaffen. Der Zweck bestand allein darin, die *AUB* zu fördern und deren Einfluss zu stärken. Die Tätigkeit in einer Arbeitnehmervereinigung, sei es eine Gewerkschaft oder eine Vereinigung wie die *AUB*, muss indes funktional strikt von der des Betriebsratsamtes getrennt werden.[430] Es ist daher betriebsverfassungsrechtlich nicht zu beanstanden, wenn gegenüber einem Mitglied einer Arbeitnehmervereinigung Zuwendungen erbracht werden auch wenn zugleich eine Betriebsratsmitgliedschaft

---

425 S. 163 ff.

426 S. 9 ff.

427 **A.A.** DKKW/*Buschmann*, § 78, Rn. 34.

428 S. 6 f.

429 Im Zusammenhang mit § 119 BetrVG: *Fitting*, § 119, Rn. 9; *Rieble*, ZIP 2009, 1593 (1598).

430 *Rieble*, BB 2009, 1016 (1017).

existiert. § 78 Satz 2 BetrVG wird erst dann relevant, wenn die Zuwendung nicht wegen der Mitgliedschaft in der Arbeitnehmervereinigung, sondern wegen des Betriebsratsamtes erbracht wird. Die Grenzziehung wird hier freilich schwer fallen. Für Leistungen einer Arbeitnehmervereinigung an Betriebsräte will *Rieble* diese Grenze dort ziehen, wo sich die Leistung nicht mehr als Vollzug des Verbandszwecks begreifen lasse.[431] Wenn dieser Verbandszweck gleichwohl in der Begünstigung einzelner Betriebsratsmitglieder liegt, wird sich diese These nicht in dieser Allgemeinheit aufrechterhalten lassen können. Entscheidend ist vielmehr der jeweils der Zuwendung zugrunde liegende Zweck. Dieser muss möglichst präzise herausgearbeitet werden, um die Frage einer Begünstigung beurteilen zu können. Soll die Tätigkeit der Vereinigung gefördert werden, scheidet eine Betriebsratsbegünstigung aus. Soll hingegen die Betriebsratstätigkeit gefördert werden, kann eine unzulässige Begünstigung vorliegen.

Damit kann festgehalten werden, dass die Unterstützung von Arbeitnehmervereinigungen regelmäßig keine unzulässige Begünstigung darstellt, da zum einen nicht das einzelne Betriebsratsmitglied bevorteilt wird und zum anderen kein Bezug zur Betriebsratstätigkeit gegeben ist. Das gilt auch im Fall *Siemens*: Da der Nachweis für einen Bezug zur Betriebsratstätigkeit nicht erbracht werden konnte, hat die Begünstigung nach § 78 Satz 2 BetrVG zu Recht keine Rolle gespielt.

XI. Änderungskündigungen

Auf den besonderen Kündigungsschutz von Mitgliedern des Betriebsrats nach § 103 BetrVG und insbesondere im Hinblick auf ordentliche Kündigungen nach § 15 KSchG wurde bereits hingewiesen. Auch wurde festgestellt, dass eine unzulässige Begünstigung nach § 78 Satz 2 BetrVG dann ausscheidet, wenn wie im Bereich des Kündigungsschutzes eine Spezialnorm die Besserstellung eines Betriebsratsmitglieds ausdrücklich anordnet.[432] § 15 KSchG ist eine solche Spezialnorm, welche eine Besserstellung eines Betriebsratsmitglieds insoweit vorsieht, als dass eine ordentliche Kündigung grundsätzlich unzulässig ist. Dies gilt auch für ordentliche Änderungskündigungen, weil § 15 KSchG nicht zwischen Beendigungs- und Änderungskündigungen differenziert.[433]

---

431 *Rieble*, ZIP 2009, 1593 (1598).

432 S. 17 f.

433 BAG v. 12.03.2009 – 2 AZR 47/08, NZA 2009, 1264 (1265); *Fitting*, § 103, Rn. 12; APS/*Linck*, § 15 KSchG, Rn. 8; MüKo/*Hergenröder*, § 15 KSchG, Rn. 75; ErfK/*Kiel*, § 15 KSchG, Rn. 20.

Uneinheitlich wird in diesem Zusammenhang die besondere Konstellation einer Gruppen- oder Massenänderungskündigung beurteilt. Eine Massenänderungskündigung liegt vor, wenn der Arbeitgeber gegenüber allen Arbeitnehmern des Betriebs oder der Abteilung, in welcher das Betriebsratsmitglied beschäftigt wird, Änderungskündigungen erklärt, um eine generelle Anpassung der Arbeitsbedingungen zu erreichen.[434] Dies wird an folgendem Beispiel deutlich: Der Arbeitgeber möchte eine betriebliche Übung, wonach alle Arbeitnehmer am Karnevalsmontag einen zusätzlichen Urlaubstag erhalten, durch eine ordentliche Änderungskündigung gegenüber allen Arbeitnehmern beenden. Gegenüber den Mitgliedern des Betriebsrats verzichtet der Arbeitgeber auf eine Änderungskündigung weil er meint, dies sei wegen des besonderen Kündigungsschutzes nicht möglich.

Fraglich ist, ob in dieser Vorgehensweise ein Verstoß gegen § 78 Satz 2 BetrVG wegen einer Begünstigung der Betriebsratsmitglieder liegt. Zwar liegen die Voraussetzungen der Vorschrift grundsätzlich vor. Die Betriebsratsmitglieder sind objektiv bessergestellt als die anderen Arbeitnehmer. Dies erfolgte auch wegen des Betriebsratsamts, konkret wegen des damit verbundenen Sonderkündigungsschutzes. Wie oben dargelegt, scheidet aber eine unzulässige Begünstigung aus, wenn das Gesetz eine Besserstellung des Amtsträgers ausdrücklich vorsieht. Fraglich ist deshalb, ob auch für die Konstellation einer Massen- und Gruppenänderungskündigung der Sonderkündigungsschutz des § 15 KSchG mit der Folge gilt, dass dann eine unzulässige Begünstigung ausscheidet.

Nach der Rechtsprechung und eines Teils des Schrifttums, insbesondere aus der kündigungsrechtlichen Literatur, sollen auch bei Massen- und Gruppenänderungskündigungen Betriebsratsmitglieder Sonderkündigungsschutz genießen.[435] Nach der Ansicht des BAG können die Bestimmungen des BetrVG, insbesondere das Gebot unentgeltlicher Amtsführung und das allgemeine Begünstigungsverbot, die gesetzliche Schutzbestimmung des § 15 KSchG nicht in Frage stellen. Die Gegenauffassung will § 15 KSchG bei Massen- und Gruppenänderungskündigungen mit Blick auf das Begünstigungsverbot einschränken.[436]

---

434 DHSW/*Fiebig*, § 15 KSchG, Rn. 42; MüKo/*Hergenröder*, § 15 KSchG, Rn. 75.

435 BAG v. 06.03.1986 – 2 ABR 15/85, NZA 1987, 102 (103); BAG v. 07.10.2004 – 2 AZR 81/04, NZA 2005, 156 (157); GK-BetrVG/*Kreutz*, § 78, Rn. 58; KR/*Etzel*, § 15 KSchG, Rn. 18; APS/*Linck*, § 15 KSchG, Rn. 10; MünchArbR/*Berkowsky*, § 135, Rn. 34; MüKo/*Hergenröder*, § 15 KSchG, Rn. 75; HWK/*Quecke*, § 15 KSchG, Rn. 35; *Weber/Lohr*, BB 1999, 2350 (2351).

436 *Fitting*, § 103, Rn. 12; GK-BetrVG/*Raab*, § 103 Rn. 25; Richardi/*Thüsing*, § 78, Rn. 27 ff.; HSWGNR/*Schlochauer*, § 103, Rn. 20; SWS, § 103, Rn. 4; ErfK/*Kiel*, § 15 KSchG, Rn. 20; *Galperin/Löwisch*, § 103, Rn. 49; SPV/*Vossen*, Rn. 1699; *Stahlhacke*,

Für einen Sonderkündigungsschutz spricht, dass § 15 KSchG keinerlei Einschränkungen auf bestimmte Kündigungsformen enthält und daher auch für Massen- und Gruppenänderungskündigungen Geltung beansprucht. Dem kann wiederum entgegengehalten werden, dass die Norm den Fall einer Massenänderungskündigung nicht ausdrücklich regelt.[437] Zu berücksichtigen ist auch, dass der Gesetzgeber bei der Änderung der Vorschrift im Jahr 2001 das Problem diskutiert, daraufhin aber keine Klarstellung vorgenommen hat,[438] was sowohl für als auch gegen eine Geltung angeführt werden kann. Entscheidend ist jedoch, dass eine am Schutzzweck orientierte Betrachtung, welche auch den betriebsverfassungsrechtlichen Grundsatz des Begünstigungsverbots einbezieht, eine teleologische Reduktion des § 15 KSchG im Bereich von Massen- und Gruppenänderungskündigungen erfordert. Eine Gegenüberstellung der Regelungen zum Sonderkündigungsschutz und des Begünstigungsverbots ergibt, dass zwar beide Vorschriften die Unabhängigkeit der Betriebsratsmitglieder sichern wollen,[439] sich im Ergebnis gleichwohl diametral gegenüberstehen. § 15 KSchG will die Unabhängigkeit durch eine Sonderbehandlung sichern, indem es das Betriebsratsmitglied vor Kündigungen schützt. Demgegenüber will das Begünstigungsverbot die Unabhängigkeit durch Gleichbehandlung sichern, indem es dem Betriebsratsmitglied eine etwaige Besserstellung verwehrt. Im Bereich von Kündigungen hat der Gesetzgeber dieses Spannungsfeld grundsätzlich zugunsten der Sonderbehandlung gelöst. Im Falle einer Massen- und Gruppenänderungskündigung ist das Schutzbedüfnis jedoch anders zu bewerten. In diesem Fall kann das Betriebsratsmitglied nicht benachteiligt werden, weil bei der Behandlung einer ganzen Gruppe eine Benachteiligung wegen des Amtes denknotwenig ausscheidet. Die Gefahr, die § 15 KSchG durch eine Sonderbehandlung vermeiden will, ist in diesen Fällen nicht vorhanden. Wenn folglich im Hinblick auf § 15 KSchG kein Schutzbedürfnis besteht, sprechen die besseren Gründe für eine teleologische Reduktion des § 15 KSchG in den Fällen einer Massen- und Gruppenänderungskündigung.

Da § 15 KSchG nach zutreffender Ansicht nicht den Fall einer Massen- und Gruppenänderungskündigungen erfasst, folgt daraus, dass eine Bevorzugung von Betriebsratsmitgliedern in diesen Fällen mangels Bestehen eines besonderen Kündigungsschutzes eine unzulässige Begünstigung darstellt.

FS Hanau, 281 (285 f.); *Hilbrandt*, NZA 1997, 465 (468); *Grimm/Brock*, EWiR 2005, 577 (578).

437 Richardi/*Thüsing*, § 78, Rn. 27.

438 *Grimm/Brock*, EWiR 2005, 577 (578).

439 Für § 15 KSchG: APS/*Linck*, § 15 KSchG, Rn. 1; für § 78 Satz 2 BetrVG: S. 6 f.

C. Rechtsfolgen unzulässiger Begünstigungen

Nachdem in den ersten beiden Kapiteln die Grundlagen und typische Erscheinungsformen unzulässiger Begünstigungen untersucht wurden, soll nun die Frage nach den Rechtsfolgen gestellt werden. Konkret soll sich dieses Kapitel zunächst mit den in Betracht kommenden allgemeinen zivilrechtlichen Rechtsfolgen und sodann mit möglichen speziellen Rechtsfolgen des Betriebsverfassungsrechts befassen. Mögliche strafrechtliche Sanktionen werden in einem gesonderten Kapitel untersucht.

Ergibt die rechtliche Prüfung, dass eine unzulässige Begünstigung vorliegt, stellt sich zivilrechtlich insbesondere die Kernfrage nach dem Schicksal und der Wirksamkeit des der Begünstigung zugrunde liegenden Rechtsgeschäfts. Davon hängen Folgefragen für eine etwaige Rückabwicklung, vor allem etwaige Rückzahlungsansprüche des Arbeitgebers, ab. Für andere – nicht begünstigte – Arbeitnehmer wird sich demgegenüber vor allem die Frage nach Gleichbehandlungsansprüchen stellen.

I. Nichtigkeit der Vereinbarung, § 134 BGB

Im Schrifttum besteht Einigkeit darüber, dass Vereinbarungen, die gegen das Begünstigungsverbot verstoßen, nach § 134 BGB nichtig sind.[440] Das BAG nimmt diese Rechtsfolge sowohl bei einem Verstoß gegen die Parallelvorschrift des § 8 BPersVG,[441] als auch bei einem Verstoß gegen § 78 Satz 2 BetrVG an.[442] Das soll auch gelten, wenn die Zuwendung tarifvertraglich vereinbart ist.[443]

440 *Fitting*, § 37, Rn. 11, § 78, Rn. 23; GK-BetrVG/*Weber*, § 37, Rn. 15; GK-BetrVG/*Kreutz*, § 78, Rn. 21, 73; Richardi/*Thüsing*, § 78, Rn. 35; DKKW/*Wedde*, § 37, Rn. 5; DKKW/*Buschmann*, § 78, Rn. 36; Düwell/*Wolmerath*, § 37, Rn. 5; Düwell/*Lorenz*, § 78, Rn. 24; WPK/*Preis*, § 78, Rn. 18; ErfK/*Koch*, § 37 BetrVG, Rn. 1; ErfK/*Kania*, § 78 BetrVG, Rn. 8; Schaub/*Koch*, § 221, Rn. 5; MünchArbR/*Joost*, § 220, Rn. 133; *Schweibert/Buse*, NZA 2007, 1080 (1086); *Bittmann/Mujan*, BB 2012, 637 (637) sprechen von „Unwirksamkeit".

441 BAG v. 16.02.2005 – 7 AZR 95/04, NZA-RR 2005, 556 (557).

442 BAG v. 20.01.2010 – 7 ABR 68/08, NZA 2010, 777 (777).

443 MüKo/*Armbrüster*, § 134, Rn. 29.

Richtigerweise kann der oben beschriebenen Rechtsfolge nur zugestimmt werden, wenn es sich bei § 78 Satz 2 BetrVG um ein Verbotsgesetz im Sinne von § 134 BGB handelt und der Normzweck die Nichtigkeitsfolge erfordert. Ob dies der Fall ist, ist jeweils durch Auslegung zu ermitteln.[444] Der Wortlaut, „dürfen nicht", deutet zwar auf das Vorliegen eines Verbotsgesetzes hin. Jedoch hält das zivilrechtliche Schrifttum diese Wortwahl zum Teil für nicht eindeutig.[445] Überzeugendere Ergebnisse lassen sich i.d.R. über eine teleologische Auslegung ermitteln.[446] Ausgehend vom Sinn und Zweck des Begünstigungsverbots, nämlich der Sicherung der Unabhängigkeit des Betriebsrats und seiner Mitglieder,[447] ist vor allem eine Abgrenzung zwischen einem Verbotsgesetz und einer bloßen Ordnungsvorschrift vorzunehmen. Ordnungsvorschriften haben regelmäßig rein appelativen Charakter[448] und missbilligen lediglich die äußeren Umstände eines sonst unbedenklichen Rechtsgeschäfts aus ordnungspolitischen Gründen.[449] Dagegen ist die Einhaltung von Verbotsgesetzen unerlässlich, um das jeweilige Regelungsziel zu erreichen. Dies ist gerade bei Begünstigungsverbot und Ehrenamtsprinzip der Fall. Es handelt sich um fundamentale Grundsätze des Betriebsverfassungsrechts,[450] an deren Einhaltung eine wirksame betriebliche Mitbestimmung geknüpft ist. Zu Recht wird deshalb der Verbotsgesetzcharakter von § 78 Satz 2 BetrVG nicht in Frage gestellt.[451]

Eine davon zu unterscheidende Frage ist, ob die Verletzung des konkreten Verbotsgesetzes auch zur Nichtigkeit der jeweiligen Vereinbarung führt. Die Nichtigkeitsfolge ist auch bei der Verletzung von Verbotsgesetzen keinesfalls zwingend.[452] Auch diese Frage ist vornehmlich, jedenfalls soweit wie im Fall von § 78 Satz 2 BetrVG keine ausdrückliche Rechtsfolge durch die Norm selbst geregelt ist, durch teleologische Auslegung zu beantworten. Eine solche Auslegung führt auch hier zu dem Ergebnis, dass nur die Rechtsfolge der Nichtigkeit dem Sinn und Zweck des Begünstigungsverbots hinreichend Rechnung trägt. Alternative

---

444 Bamberger/Roth/*Wendtland*, § 134, Rn. 10.

445 MüKo/*Armbrüster*, § 134, Rn. 44.

446 BGH v. 23.10.1980 – IVa ZR 28/80, NJW 1981, 399 (399).

447 S. 6 f.

448 BAG v. 12.07.2007 – 2 AZR 716/06, NZA 2008, 173 (176).

449 BGH v. 21.10.2010 – Xa ZR 175/07, DB 2010, 436 (437).

450 *Preis*, § 148 IV. 1.

451 LAG Baden-Württemberg v. 27.03.2012 – 3 Sa 10/11, juris, Rn. 67; ArbG Stuttgart v. 13.12.2012 – 24 Ca 5430/12, NZA-RR 2013, 140 (141); ArbG Essen v. 03.12.2010 – 5 Ca 2260/10, juris, Rn. 34; GK-BetrVG/*Kreutz*, § 78, Rn. 21; MüKo/*Armbrüster*, § 134, Rn. 82; *Rieble*, NZA 2008, 276 (278); *Moll/Roebers*, NZA 2012, 57 (61).

452 BGH v. 17.01.1985 – III ZR 135/83, NJW 1985, 1020 (1020); BGH v. 17.10.2003 – V ZR 429/02, NJW 2003, 3692 (3693).

Rechtsfolgen, etwa besondere Lösungsrechte wie beispielsweise Kündigung oder Anfechtung durch die Parteien sind schlicht ungeeignet, weil regelmäßig beide Parteien ein Interesse an der Beibehaltung des rechtswidrigen Zustands haben. Rechtsprechung und Literatur kann daher auch hinsichtlich der Nichtigkeitsfolge ohne Einschränkungen zugestimmt werden.

Zu klären bleibt der Umfang der Nichtigkeitsfolge. Ist etwa die begünstigende Vereinbarung Teil des Arbeitsvertrages, stellt sich die Frage, ob die Nichtigkeit der konkreten Vereinbarung zur Gesamtnichtigkeit des Arbeitsvertrages führt. Diese Rechtsfolge der Gesamtnichtigkeit ist zwar die Regel.[453] Die Rechtsfolge der Teilnichtigkeit ist aber z.B. für preisrechtliche Vereinbarungen anerkannt, weil der Schutz des hierdurch benachteiligten Vertragspartners es regelmäßig gebietet, den Vertrag im Übrigen aufrechtzuerhalten.[454] Es widerspräche allgemeinen arbeitsrechtlichen und auch betriebsverfassungsrechtlichen Wertungen, würde der Arbeitsvertrag des Betriebsratsmitglieds wegen einer unzulässigen Begünstigung insgesamt nichtig werden. Das Betriebsratsmitglied ist erst durch seine Tätigkeit als Betriebsrat überhaupt in die begünstigende Position eingetreten. Würde nun die Nichtigkeit des begünstigenden Rechtsgeschäfts auf das gesamte Arbeitsverhältnis durchschlagen, würde dies letztlich eine Benachteiligung wegen des Amtes darstellen. Mithin betrifft die Nichtigkeitsfolge des § 134 BGB lediglich die konkrete Vereinbarung über die begünstigende Zuwendung.

Entsprechende Erwägungen sind auch bei der Frage zu berücksichtigen, ob die begünstigende Vereinbarung selbst vollumfänglich nichtig ist oder lediglich auf den gesetzlich zulässigen Umfang zu reduzieren ist.

Insoweit findet eine geltungserhaltende Reduktion auf das gesetzlich zulässige Maß statt. Eine vollständige Nichtigkeit könnte demgegenüber zum vollständigen Vergütungsverlust führen, welcher das Betriebsratsmitglied unzulässig benachteiligen würde. Dem lässt sich zwar entgegenhalten, dass die Vertragsparteien durch eine Begünstigung allenfalls das Risiko einer Reduzierung auf das gesetzlich zulässige Maß zu befürchten hätten. Mangels Sanktion bestünde demnach kein Anreiz zum gesetzestreuen Verhalten. Indes darf nicht außer Acht gelassen werden, dass eine geltungserhaltende Reduktion keinen Einfluss auf etwaige Sanktionen im engeren Sinne hat.[455] Lediglich die zivilrechtlichen Nachteile bleiben den rechtswidrig Handelnden in diesem Fall erspart. Dieses Ergebnis ist hinzunehmen, beruht es doch auf dem Umstand, dass weitergehende

453 MüKo/*Armbrüster*, § 134, Rn. 106; Palandt/*Ellenberger*, § 134, Rn. 13.
454 MüKo/*Armbrüster*, § 134, Rn 107.
455 Siehe dazu S. 163 ff.

Nichtigkeitsfolgen das Betriebsratsmitglied benachteiligen würden. Durch den Verstoß gegen das Begünstigungsverbot wird das Betriebsratsmitglied seines Benachteiligungsschutzes nicht verlustig. Diese betriebsverfassungsrechtliche Wertung überlagert deshalb den allgemeinen zivilrechtlichen Grundsatz des Verbots der geltungserhaltenden Reduktion.

II. Entstehen einer betrieblichen Übung

Nach den vorstehenden Erwägungen ist eine gegen § 78 Satz 2 BetrVG verstoßende Vereinbarung gemäß § 134 BGB im Hinblick auf den begünstigenden Teil nichtig. Auf eine solche Vereinbarung kann das Betriebsratsmitglied entsprechende Ansprüche nicht stützen. Fraglich ist jedoch, ob nicht das Betriebsratsmitglied für den Fall einer jahrelangen unzulässigen Begünstigungspraxis Ansprüche aus dem Rechtsinstitut der betrieblichen Übung erwerben kann.

Zwar ist das Rechtsinstitut der betrieblichen Übung in Schrifttum nicht unumstritten.[456] Gleichwohl geht das BAG in ständiger Rechtsprechung von der Existenz eines derartigen Anspruchs aus. Nach dieser Rechtsprechung des BAG ist die betriebliche Übung ein gleichförmiges und wiederholtes Verhalten des Arbeitgebers, welches den Inhalt der Arbeitsverhältnisse gestaltet und geeignet ist, vertragliche Ansprüche auf eine Leistung zu begründen, wenn die Arbeitnehmer aus dem Verhalten des Arbeitgebers schließen durften, ihnen werde die Leistung auch künftig gewährt.[457] Das Verhalten des Arbeitgebers sei in diesen Fällen als Willenserklärung zu werten, die von den Arbeitnehmern stillschweigend angenommen werde. Daraus entstehe ein vertraglicher Anspruch auf die üblich gewordene Leistung.[458]

Zu Recht hält das BAG das Entstehen einer betrieblichen Übung, welche Leistungen entgegen § 78 Satz 2 BetrVG zum Gegenstand hat, nicht für möglich.[459] Nach den oben angestellten Überlegungen zur Nichtigkeitsfolge ist auch das Entstehen einer betrieblichen Übung, jedenfalls nach der heute verbreiteten Vertragstheorie[460], denknotwendig ausgeschlossen, weil auch die betriebliche Übung eine – wenn auch konstruierte – rechtsgeschäftliche Vereinbarung

456 Vgl. nur *Preis/Genenger*, JbArbR 2010, 93 (116 f.).

457 BAG v. 19.08.2008 – 3 AZR 194/07, NZA 2009, 196 (198); BAG v. 31.07.2007 – 3 AZR 189/06, NZA-RR 2008, 263 (265); BAG v. 25.06.2002 – 3 AZR 360/01, NZA 2003, 875 (876).

458 BAG v. 26.03.1997 – 10 AZR 612/96, NZA 1997, 1007 (1007 f.).

459 BAG v. 12.11.1997 – 7 AZR 563/93, juris, Rn. 18.

460 Zum Streitstand: ErfK/*Preis*, § 611 BGB, Rn. 220 f.

darstellt, die nur in den Grenzen von § 134 BGB wirksam ist. Gesetzeswidrige Leistungen, die rechtsgeschäftlich wegen § 134 BGB nichtig sind, können auch nicht wirksam durch eine betriebliche Übung vereinbart werden.[461] Verstößt die begehrte Leistung gegen § 78 Satz 2 BetrVG, ist wegen § 134 BGB kein Raum für das Entstehen einer entsprechenden betrieblichen Übung.

III. Ansprüche anderer Arbeitnehmer auf Gleichbehandlung

Aus der Perspektive der Belegschaft kann sich im Falle einer Begünstigung eines Betriebsratsmitglieds, neben der Frage nach der Rechtmäßigkeit und möglicher Auswirkungen auf die Unabhängigkeit des Amtsinhabers, auch die Frage nach den daraus resultierenden Ansprüchen gegen den Arbeitgeber stellen. Als Anspruchsgrundlage kommt neben § 75 Abs. 1 BetrVG vor allem der arbeitsrechtliche Gleichbehandlungsgrundsatz in Betracht.

So hatte etwa das LAG Düsseldorf[462] eine entsprechende Konstellation zu entscheiden: Aufgrund eines anlässlich einer Betriebsänderung ausgehandelten Sozialplans sollten die ausgeschiedenen Arbeitnehmer 70 % ihres Bruttomonatslohns pro Beschäftigungsjahr als Abfindungsbetrag erhalten, was für den klagenden Arbeitnehmer einen Betrag von 11.200 DM ausmachte. Ein Betriebsratsmitglied sollte demgegenüber aufgrund eines Aufhebungsvertrages 140 % seines Bruttomonatslohnes pro Beschäftigungsjahr, mithin einen Betrag von 80.000 DM, erhalten. Der klagende Arbeitnehmer verlangte Gleichbehandlung.

Das LAG wies die Klage im Hinblick auf § 75 Abs. 1 BetrVG zu Recht mit der Begründung ab, dass die Vorschrift zwar den Arbeitgeber und den Betriebsrat verpflichte, darüber zu wachen, dass Arbeitnehmer grundsätzlich nicht unterschiedlich behandelt werden. Die Vorschrift erzeuge aber keine individuellen Ansprüche der einzelnen Arbeitnehmer.[463] § 75 Abs. 1 BetrVG sei daher keine taugliche Anspruchsgrundlage für Leistungsansprüche auf Gleichbehandlung. Auch könne sich der Arbeitnehmer nicht auf § 78 Satz 2 BetrVG berufen, weil die begünstigende Vereinbarung nach § 134 BGB nichtig sei.

Überzeugender wäre es gewesen, den Anspruch unter Verweis auf den Verbotsnormcharakter zu verneinen, da aus Verbotsnormen grundsätzlich keine

---

461 LAG Hamm v. 22.04.2005 – 10 Sa 2183/04, AuA 2005, 678 (679).

462 LAG Düsseldorf v. 13.09.2011 – 11 (4) Sa 906/01, BB 2002, 306.

463 So auch BAG v. 03.12.1985 – 4 ABR 60/85, juris, Rn. 44.

Leistungsansprüche hergeleitet werden können. Daneben können mit Blick auf den arbeitsrechtlichen Gleichbehandlungsgrundsatz aus der Entscheidung des LAG Düsseldorf keine allgemeingültigen Rückschlüsse gezogen werden. Die unzulässige Begünstigung des Betriebsratsmitglieds ergab sich in diesem Fall aus einer Abfindungsvereinbarung in einem Aufhebungsvertrag. Dagegen enthielt der Sozialplan offensichtlich keine Differenzierungen. Nach zutreffender Auffassung des LAG seien aber nur dann Ansprüche denkbar, wenn das Betriebsratsmitglied und der Arbeitnehmer innerhalb desselben Sozialplans ungleich behandelt werden.[464]

Fraglich bleibt, wie der oben geschilderte Fall zu entscheiden wäre, wenn ein Sozialplan für die Arbeitnehmer 70 % und für Betriebsratsmitglieder 140 % des Bruttomonatslohns als Abfindung vorgesehen hätte. Zu beachten ist dabei, dass der arbeitsrechtliche Gleichbehandlungsgrundsatz nur die sachfremde Ungleichbehandlung einzelner Arbeitnehmer verbietet, nicht jedoch die Begünstigung eines oder einzelner Arbeitnehmer, mithin die willkürliche Herausnahme aus einer bestimmten Ordnung.[465] Da die Begünstigung der Betriebsratsmitglieder die Ausnahme hinsichtlich einzelner und nicht die Regel hinsichtlich aller darstellt, kann der arbeitsrechtliche Gleichbehandlungsgrundsatz grundsätzlich keine Ansprüche für die schlechter behandelten Arbeitnehmer begründen. Daneben muss bedacht werden, dass die Begünstigung wegen § 78 Satz 2 BetrVG gesetzeswidrig und wegen § 134 BGB nichtig ist. Eine Gleichbehandlung im Unrecht kann es jedoch nicht geben.[466] Im Übrigen folgt schon aus der auch im Arbeitsrecht geltenden Vertragsfreiheit, dass die Begünstigung einzelner Arbeitnehmer stets unabhängig von Sachgründen zulässig bleiben muss.[467]

Daher bleibt festzuhalten, dass aus unzulässigen Begünstigungen grundsätzlich keine Ansprüche nicht begünstigter Arbeitnehmer, insbesondere aufgrund des arbeitsrechtlichen Gleichbehandlungsgrundsatzes, erwachsen können.

IV. Rückabwicklung unzulässiger Begünstigungen

Bis hierhin wurde festgestellt, dass Vereinbarungen, welche gegen das Begünstigungsverbot verstoßen, gemäß § 134 BGB nichtig sind. Folglich entfällt das der begünstigenden Leistung zugrunde liegende Verpflichtungsgeschäft, was die Frage aufwirft, ob der Arbeitgeber die rechtswidrig zugewendeten Leistungen nach

464 LAG Düsseldorf v. 13.09.2011 – 11 Sa 906/01, BB 2002, 306 (307).
465 BAG v. 03.04.1957 – 4 AZR 644/54, SAE 1959, 181.
466 Richardi/*Thüsing*, § 78, Rn. 34.
467 *Henssler*, BB 2002, 307 (308).

den Regeln des Bereicherungsrechts von dem Betriebsratsmitglied zurückfordern kann. Das Bereicherungsrecht sieht für derartige Fallkonstellationen vor allem zwei Kondiktionstatbestände vor: Zum einen § 812 Abs. 1 Satz 1 Alt. 1 BGB und zum anderen § 817 Satz 1 BGB. Zwar sind beide Leistungskondiktionen nebeneinander anwendbar. Praktische Bedeutung hat § 817 Satz 1 BGB aber nur dort, wo die Kondiktion des § 812 Abs. 1 Satz 1 Alt. 1 BGB wegen der Kenntnis des Leistenden von der Nichtschuld nach § 814 BGB ausgeschlossen ist.[468] Unabhängig davon wird für beide Kondiktionen die Frage zu klären sein, ob sie gemäß § 817 Satz 2 BGB ausgeschlossen sind.

1. § 812 Abs. 1 Satz 1 Alt. 1 BGB (condictio indebiti)

Nach der *condictio indebiti* können rechtsgrundlos zugewendete Leistungen zurückgefordert werden. Wendet der Arbeitgeber dem Betriebsratsmitglied Leistungen entgegen der einschlägigen Regelungen des BetrVG zu, sind diese nach § 134 BGB nichtig, sodass ein Rechtsgrund nie bestanden hat. Im Grundsatz können deshalb derartige Leistungen zurückgefordert werden. Fraglich ist jedoch, ob die Leistungskondiktion nicht wegen § 814 BGB ausgeschlossen ist.[469] Danach können Leistungen nicht zurückgefordert werden, wenn der Leistende – in der Regel der Arbeitgeber – Kenntnis von der Nichtschuld hatte. In diesem Zusammenhang ist zu bedenken, dass Begünstigungen, die gegen § 78 Satz 2 BetrVG verstoßen, gerade keine subjektive Kenntnis voraussetzen.[470] Gleichwohl dürfte die Vermutung, dass sich viele Arbeitgeber der Unzulässigkeit einer Begünstigung und der daraus folgenden Nichtschuld bewusst sind, nicht fernliegend sein. Indes sind die Anforderungen des § 814 BGB an die Kenntnis der Nichtschuld hoch. So genügt das bloße „Kennen müssen" auch in Fällen grober Fahrlässigkeit nicht, um die Kondiktion auszuschließen. Vielmehr ist die positive Kenntnis der Nichtschuld erforderlich.[471] Der Leistende muss aus den ihm bekannten Tatsachen auch eine im Ergebnis zutreffende rechtliche Schlussfolgerung ziehen.[472] Zwar wurde bereits

468 Palandt/*Sprau*, § 817, Rn. 7.

469 Verneinend: *Rieble*, NZA 2008, 276 (278); *Bittmann/Mujan*, BB 2012, 1604 (1606).

470 S. 14.

471 BGH v. 07.05.1997 – IV ZR 35/96, NJW 1997, 2381 (2382); Erman/*Buck-Heeb*, § 814, Rn. 7; Bamberger/Roth/*Wendehorst*, § 814, Rn. 8; MüKo/*Schwab*, § 814, Rn. 12; Dauner-Lieb/Langen/*v. Sachsen Gessaphe*, § 814, Rn. 5; PWW/*Leupertz*, § 814, Rn. 4; Palandt/*Sprau*, § 814, Rn. 3; *Jauernig*, § 814, Rn. 3.

472 BAG v. 09.02.2005 – 5 AZR 175/04, NZA 2005, 814 (816).

zu Beginn dieser Arbeit herausgestellt, dass die gesetzlichen Regelungen „klar und eindeutig“ sind. Wenn sich indes die betriebliche Praxis verbreitet über die gesetzlichen Vorgaben hinwegsetzt, können Zweifel an der positiven Kenntnis eines leistenden Arbeitgebers angebracht sein. Die in dieser Untersuchung herausgearbeiteten Grenzfälle belegen dies. Ob die Leistungskondiktion nach § 814 BGB ausgeschlossen ist, wird daher eine Frage des Einzelfalles sein. Die Frage der Kenntnis wird sich im Wesentlichen auf der Ebene der Beweislast abspielen, auf welcher das begünstigte Betriebsratsmitglied die positive Kenntnis des Arbeitgebers zu beweisen hat.[473]

Mithin kann der Arbeitgeber die rechtswidrig dem Betriebsratsmitglied zugewendeten Leistungen – vorbehaltlich eines Ausschlusses nach § 817 Satz 2 BGB – regelmäßig nach § 812 Abs. 1 Satz 1 Alt. 1 BGB zurückfordern. Etwas anderes gilt nur dann, wenn dem Arbeitgeber die Rechtswidrigkeit der Begünstigung bewusst war, was aus den dargelegten Gründen nicht reflexartig bejaht werden sollte.

2. § 817 Satz 1 BGB (condictio ob turpem vel iniustam causam)

Nach der *condictio ob turpem vel iniustam causam* können Leistungen zurückgefordert werden, wenn der Empfänger durch die Annahme der Leistung gegen ein gesetzliches Verbot verstoßen hat. Zu klären ist, ob das Betriebsratsmitglied im Falle einer unzulässigen Begünstigung gegen ein gesetzliches Verbot verstößt. Hier ist zu differenzieren: Beschränkt sich das Verhalten des Betriebsratsmitglieds auf das bloße Entgegennehmen der Leistung, wird man ihm allenfalls die Verletzung seiner betriebsverfassungsrechtlichen Pflichten vorwerfen können.[474] Ein gesetzliches Verbot, derartige Leistungen lediglich anzunehmen, liegt weder in § 78 Satz 2 BetrVG,[475] noch in etwaigen strafrechtlichen Normen.[476] Hat das Betriebsratsmitglied seine Begünstigung indes aktiv eingefordert, ist die Teilnahme an einer Straftat denkbar (§ 119 Abs. 1 Nr. 3 BetrVG, § 266 StGB) und damit einhergehend auch ein Verstoß gegen gesetzliche Vorschriften. Richtigerweise geht

473 BGH v. 17.10.2002 – III ZR 58/02, NJW 2002, 3772 (3772); Erman/*Buck-Heeb*, § 814, Rn. 13; Dauner-Lieb/Langen/*v. Sachsen Gessaphe*, § 814, Rn. 12; Palandt/*Sprau*, § 814, Rn. 11.

474 So etwa GK-BetrVG/*Weber*, § 37, Rn. 16; *Fischer*, BB 2007, 997 (997); zweifelnd: *Rieble*, NZA 2008, 276 (278).

475 Vgl. S. 21 f.

476 Bzgl. § 119 BetrVG: S. 163 ff.; bzgl. § 266 StGB: S. 177 ff.

die Rechtsprechung und ein Teil des schuldrechtlichen Schrifttums davon aus, dass dem Betriebsratsmitglied der Gesetzesverstoß zumindest bewusst gewesen sein muss.[477] Spiegelbildlich zur Kenntnis des Leistenden im Rahmen des § 814 BGB dürfen jedenfalls keine höheren Anforderungen an die Kenntnis des Betriebsratsmitglieds von der Gesetzeslage gestellt werden. Eine Rückforderung kommt daher nur in Betracht, wenn das Betriebsratsmitglied gegen ein gesetzliches Verbot verstoßen hat und ihm dieser Verstoß auch bewusst war.

Eine Rückforderung gemäß § 817 Satz 1 BGB scheidet daher aus, weil es regelmäßig an einem Gesetzesverstoß des Betriebsratsmitglieds fehlt. Etwas anderes gilt jedoch, wenn das Betriebsratsmitglied aktiv seine Begünstigung eingefordert hat. Dann können begünstigende Zuwendungen – vorbehaltlich eines Ausschlusses nach § 817 Satz 2 BGB – zurückgefordert werden.

3. Ausschluss der Kondiktion nach § 817 Satz 2 BGB

Nach der Vorschrift des § 817 Satz 2 BGB ist die Kondiktion nach § 817 Satz 1 BGB, nach überwiegender Ansicht aber auch die Kondiktion nach § 812 Abs. 1 Satz 1 Alt. 1 BGB,[478] ausgeschlossen, wenn auch der Leistende gegen ein gesetzliches Verbot verstoßen hat. Zudem geht die wohl herrschende Meinung davon aus, dass der Ausschluss auch dann einschlägig ist, wenn nur der Leistende gegen ein gesetzliches Verbot verstoßen hat.[479] Sofern zu Recht der jeweils überwiegenden Ansicht gefolgt wird, wäre eine Rückforderung unabhängig von einem Gesetzesverstoß des Betriebsratsmitglieds stets ausgeschlossen, weil jedenfalls der Arbeitgeber als Leistender bzw. Begünstigende gegen § 78 Satz 2 BetrVG verstoßen hat. Dem folgend geht auch ein Teil des arbeitsrechtlichen Schrifttums davon aus, dass derartige Leistungen des Arbeitgebers im Ergebnis

---

477 BGH v. 15.06.1989 – III ZR 9/88, NJW 1989, 3217 (3218); *Jauernig*, § 817, Rn. 11; Palandt/*Sprau*, § 817, Rn. 8; **a.A.** Bamberger/Roth/*Wendehorst*, § 817, Rn. 8; Dauner-Lieb/Langen/*v. Sachsen Gessaphe*, § 817, Rn. 8; PWW/*Leupertz*, § 817, Rn. 6.

478 BGH v. 06.05.1965 – II ZR 217/62; NJW 1965, 1585 (1587); Staudinger/*Lorenz*, § 817, Rn. 10; Erman/*Buck-Heeb*, § 817, Rn. 11; MüKo/*Schwab*, § 817, Rn. 10; Dauner-Lieb/Langen/*v. Sachsen Gessaphe*, § 817, Rn. 10; PWW/*Leupertz*, § 817, Rn. 7; Palandt/*Sprau*, § 817, Rn. 12; *Jauernig*, § 817, Rn. 9.

479 BGH v. 14.07.1993 – XII ZR 262/91; NJW-RR 1993, 1457 (1458); Erman/*Buck-Heeb*, § 817, Rn. 11; Dauner-Lieb/Langen/*v. Sachsen Gessaphe*, § 817, Rn. 10; Bamberger/Roth/*Wendehorst*, § 817, Rn. 11; Palandt/*Sprau*, § 817, Rn. 12; **a.A.** *Wazlawik*, ZGS 2007, 336 (342).

nicht zurückverlangt werden können.[480] Die wohl herrschende Gegenauffassung will hingegen § 817 Satz 2 BGB restriktiv auslegen und eine Kondiktion des Arbeitgebers im Einzelfall ermöglichen.[481]

Die letztgenannte Auffassung stützt sich vor allem darauf, dass Rechtsprechung und Literatur zum allgemeinen Schuldrecht Ausnahmen von § 817 Satz 2 BGB zulassen. So könne im Einzelfall eine einschränkende Auslegung der rechtspolitisch problematischen und in ihrem Anwendungsbereich umstrittenen Vorschrift geboten sein.[482] Eine solche wird zur Vermeidung von unbilligen Ergebnissen angenommen, wenn der Schutzzweck der Nichtigkeitssanktion gegen einen Kondiktionsausschluss spricht.[483] Dahinter steht die durch Treu und Glauben geprägte Überlegung, dass von der Rechtsordnung – hier in Gestalt von § 78 Satz 2 BetrVG – nicht gebilligte Zustände nicht durch den Ausschluss der Kondiktion legalisiert bzw. verfestigt[484] werden sollen.[485] Dabei hat sich eine Kasuistik herausgebildet, die sich an typischen Fallgruppen orientiert. Häufig genannt werden in diesem Zusammenhang sog. Schenkkreise[486] oder andere Schneeballsysteme[487], Wertersatzansprüche eines Schwarzarbeiters[488] oder Rückzahlungsansprüche eines Darlehens, welches zur Förderung eines Bordellbetriebs[489] gewährt wurde. In diesen Fällen wird § 817 Satz 2 BGB mit Blick auf den Schutzzweck teleologisch reduziert.

Fraglich ist, ob auch in der Begünstigung von Betriebsräten eine solche Fallgruppe gesehen werden kann. Für eine vergleichbare Konstellation, nämlich überhöhte Vorstandsbezüge unter Verstoß gegen § 87 AktG, wurde bereits eine teleologische Reduktion für den Fall angenommen, dass der Empfänger die

---

480 *Fitting*, § 78, Rn. 23; DKKW/*Buschmann*, § 78, Rn. 35; Schaub/*Koch*, § 221, Rn. 5; *Hennecke*, BB 1986, 936 (940); *Henssler*, BB 2002, 307 (308); *Wolff*, AuA 2008, 534 (535).

481 GK-BetrVG/*Kreutz*, § 78, Rn. 73; Richardi/*Thüsing*, § 78, Rn. 35; MünchArbR/*Joost*, § 220, Rn. 133; WPK/*Preis*, § 78, Rn. 18; *Löwisch/Kaiser*, § 78, Rn. 24; *Lipp*, S. 186 ff.; *Rieble*, NZA 2008, 276 (278); *Fischer*, BB 2007, 997 (998); *Schweibert/Buse*, NZA 2007, 1080 (1086); *Franzen*, ZAAR 2008, S. 50; *Moll/Roebers*, NZA 2012, 57 (61); *Bittmann/Mujan*, BB 2012, 1604 (1606).

482 BGH v. 31.05.1990 – VII ZR 336/89, NJW 1990, 2542 (2543); MüKo/*Schwab*, § 817, Rn. 20 ff.; Palandt/*Sprau*, § 817, Rn. 18.

483 BGH v. 10. 11. 2005 – III ZR 72/05, NJW 2006, 45 (46); Erman/*Buck-Heeb*, § 817, Rn. 15; Bamberger/Roth/*Wendehorst*, § 817, Rn. 23.

484 Dauner-Lieb/Langen/*v. Sachsen Gessaphe*, § 817, Rn. 23.

485 BGH v. 31.05.1990 – VII ZR 336/89, NJW 1990, 2542 (2543).

486 BGH v. 13.03.2008 – III ZR 282/07, NJW 2008, 1942.

487 BGH v. 22.04.1997 – XI ZR 191/96, NJW 1997, 2314.

488 BGH v. 31.05.1990 – VII ZR 336/89, NJW 1990, 2542.

489 BGH v. 20.05.1964 – VIII ZR 56/63; BGHZ 41, 341.

Gesetzeswidrigkeit kennt.[490] Hier soll der Gesellschaft aus den oben erörterten Erwägungen die Möglichkeit der Rückforderung der überhöhten Vergütung trotz § 817 Satz 2 BGB möglich sein. Aus Wertungsgesichtspunkten ist die Konstellation mit der Begünstigung eines Betriebsratsmitglieds vergleichbar, sodass auch hier eine Einschränkung der Kondiktionssperre zu erwägen ist.

Für eine restriktive Auslegung des Kondiktionsausschlusses sprechen weiterhin die Grundsätze zur Rückabwicklung bei Verstößen gegen das Umlageverbot des § 41 BetrVG: Danach ist die Erhebung und Leistung von Beiträgen der Arbeitnehmer für Zwecke des Betriebsrats unzulässig. Nimmt der Betriebsrat gleichwohl rechtswidrig Leistungen der Arbeitnehmer entgegen, so sollen diese nach überwiegender Ansicht mit Blick auf den Schutzzweck des § 41 BetrVG trotz § 817 Satz 2 BGB zurückgefordert werden können.[491] Um die Aufrechterhaltung gesetzeswidriger Vermögensverschiebungen zu verhindern, bejaht die überwiegende Auffassung zu Recht bei § 41 BetrVG einen Rückforderungsanspruch.

Diese Wertung kann jedoch nicht ohne Weiteres auf § 78 Satz 2 BetrVG übertragen werden. Die Regelung in § 41 BetrVG richtet sich sowohl an den Leistenden („Leistung"), als auch an den Leistungsempfänger („Erhebung") selbst. Deshalb ist es gerechtfertigt, eine Rückabwicklung zu Lasten des Leistungsempfängers zuzulassen. § 78 Satz 2 BetrVG hingegen richtet sich primär an den Leistenden. Dass auch das Annehmen der Leistung verboten ist, lässt sich dem Wortlaut nicht entnehmen.[492]

Die genannten Fallkonstellationen weisen auf das maßgebliche Kriterium für eine mögliche Einschränkung des Kondiktionsausschlusses hin: Den Beteiligungsgrad des Leistungsempfängers. Je mehr das Betriebsratsmitglied selbst an der Begünstigung mitgewirkt hat, umso mehr ist es gerechtfertigt, durch eine Einschränkung des Kondiktionsausschlusses eine Aufrechterhaltung des gesetzeswidrigen Zustandes zu verhindern. Beschränkte sich demgegenüber der Beitrag des Betriebsratsmitglieds auf die bloße Annahme der unzulässigen Zuwendung, spricht wenig dafür, dem Begünstigenden auch noch die Rückforderung zu ermöglichen, so gesetzeswidrig der Zustand auch sein mag. Aufgrund der vorstehenden Erwägungen ist eine teleologische Reduktion des § 817 Satz 2 BGB nur dann angebracht, wenn Leistender und Leistungsempfänger kollusiv zusammenwirken. Dann setzen sich beide Beteiligten über die gesetzlichen Vorschriften hinweg und hätten – würde man eine Kondiktion nicht zulassen – ihr gemeinsames

490 *Kort*, DStR 2007, 1127 (1131); **a.A.** MüKo/*Schwab*, § 817, Rn. 28.

491 GK-BetrVG/*Weber*, § 41, Rn. 9; HSWGNR/*Glock*, § 41, Rn. 4; Richardi/*Thüsing*, § 41, Rn. 3; ErfK/*Koch*, § 41 BetrVG, Rn. 1; MünchArbR/*Joost*, § 221, Rn. 50; **a.A.** *Fitting*, § 41, Rn. 6; DKKW/*Wedde*, § 41, Rn. 2; Düwell/*Wolmerath*, § 41, Rn. 6.

492 S. 21 f.

Ziel erreicht. Ist demgegenüber die Begünstigung einseitig durch ein Handeln des Arbeitgebers initiiert worden, ist nicht einzusehen, weshalb abweichend von § 817 Satz 2 BGB eine Kondiktion zugelassen werden sollte.

Ein solches kollusives Zusammenwirken der Beteiligten liegt vor, wenn das Betriebsratsmitglied die Begünstigung aktiv einfordert und/oder das Betriebsratsmitglied eine Gegenleistung für die Begünstigung zusichert. Dann verlässt das Betriebsratsmitglied den sanktionsfreien Raum der bloßen Annahme und beteiligt sich aktiv an dem Gesetzesverstoß. Die Frage der Rückforderung und der möglichen Einschränkung des § 817 Satz 2 BGB hängt daher entscheidend vom Verhalten des Betriebsratsmitglieds ab. Nimmt es lediglich die Begünstigung entgehen, ist eine Rückforderung wegen § 817 Satz 2 BGB ausgeschlossen. Geht sein Verhalten darüber hinaus, ist § 817 Satz 2 BGB aus Schutzzweckgesichtspunkten teleologisch zu reduzieren. Demnach findet auch im Bereich von Betriebsratsbegünstigungen die Kondiktionssausschluss grundsätzlich Anwendung. § 817 Satz 2 BGB ist aber für die Fälle des kollusiven Zusammenwirkens der Beteiligten teleologisch zu reduzieren.

V. Betriebsverfassungsrechtliche Rechtsfolgen nach § 23 BetrVG

Neben den bis hierin untersuchten zivilrechtlichen Rechtsfolgen, welche insbesondere die Rückabwicklung unzulässiger Begünstigungen regeln, sollen nun mögliche betriebsverfassungsrechtliche Rechtsfolgen untersucht werden. Zentrale Regelung ist in diesem Zusammenhang § 23 BetrVG. Die Regelung enthält sowohl mögliche Rechtsfolgen für den Betriebsrat und dessen Mitglieder (Abs. 1), als auch für den Arbeitgeber (Abs. 3). Danach droht dem Betriebsratsmitglied der Ausschluss bzw. dem Gremium die Auflösung, während der Arbeitgeber einem Unterlassungsanspruch und ggf. einem Ordnungs- oder Zwangsgeld ausgesetzt sein kann.

1. Ausschluss des Betriebsratsmitglieds, § 23 Abs. 1 BetrVG

Bei einer groben Pflichtverletzung des Betriebsratsmitglieds kann beim Arbeitsgericht dessen Ausschluss aus dem Betriebsrat beantragt werden. Im Rahmen einer unzulässigen Betriebsratsbegünstigung setzt ein Ausschluss nach § 23 Abs. 1 BetrVG voraus, dass das Betriebsratsmitglied durch sein Verhalten seine betriebsverfassungsrechtlichen Pflichten in grober Weise verletzt hat. Zu beachten ist jedoch, dass ein Ausschluss nur auf Antrag eines dazu Berechtigten erfolgen kann.

a) Grobe Verletzung von Amtspflichten

Eine Pflichtverletzung im Sinne des § 23 Abs. 1 BetrVG kann sich zunächst nur auf Pflichten des Betriebsratsmitglieds aus dem Amtsverhältnis beziehen. Maßgeblich sind daher die betriebsverfassungsrechtlichen und nicht die arbeitsvertraglichen Pflichten.[493] Soweit dem Betriebsratsmitglied die Annahme gegen das Begünstigungsverbot verstoßender Zuwendungen vorgeworfen wird, ist dies der Fall, weil ausschließlich die betriebsverfassungsrechtlichen, nicht aber die arbeitsvertraglichen Pflichten betroffen sind.

Voraussetzung des § 23 Abs. 1 BetrVG ist indes, dass dem Betriebsratsmitglied eine *grobe* Pflichtverletzung vorgeworfen werden kann. Eine grobe Pflichtverletzung liegt vor, wenn sie objektiv erheblich und offensichtlich schwerwiegend ist, die weitere Ausübung des Amtes als untragbar erscheinen lässt und der Betriebsfrieden ernstlich gefährdet oder gar nachhaltig gestört ist.[494]

Fraglich ist, ob eine solche Pflichtverletzung bereits in der bloßen Annahme begünstigender Leistungen zu sehen ist. Zu den betriebsverfassungsrechtlichen Pflichten gehört zwar auch die Beachtung der Vorschriften des BetrVG, also grundsätzlich auch das Begünstigungsverbot. Daher wird zum Teil vertreten, die Annahme von Vorteilen, die vom Arbeitgeber zur Beeinflussung der Amtsführung gewährt werden, seien als grobe Pflichtverletzung zu werten, da ein solches Verhalten in besonders schwerem Maße das Vertrauen der Arbeitnehmer in die Integrität der Amtsführung verletze.[495] Diese Auffassung stützt sich auf eine Entscheidung des LAG München, wonach eine grobe Pflichtverletzung des Betriebsratsmitglieds auch darin liegen könne, dass es sich mit Rücksicht auf seine betriebsverfassungsrechtliche Funktion

---

493 BAG v. 05.09.1967 – 1 ABR 1/67, BB 1967, 1335 (1335); GK-BetrVG/*Oetker*, § 23, Rn. 15; DKKW/*Trittin*, § 23, Rn. 10; HSWGNR/*Schlochauer*, § 23, Rn. 15; WPK/*Kreft*, § 23, Rn. 10; *Löwisch/Kaiser*, § 23, Rn. 6; ErfK/*Koch*, § 23 BetrVG, Rn. 3; MünchArbR/*Joost*, § 221, Rn. 3; HWK/*Reichold*, § 23 BetrVG, Rn. 5.

494 BAG v. 21.02.1978 – 1 ABR 54/76, BB 1978, 1116 (1116); BAG v. 02.11.1955 – 1 ABR 30/54, ArbuR 1957, 151 (151); BAG v. 22.06.1993 – 1 ABR 62/92, NZA 1994, 184 (186); *Fitting*, § 23, Rn. 14; GK-BetrVG/*Oetker*, § 23, Rn. 36; Richardi/*Thüsing*, § 23, Rn. 27; DKKW/*Trittin*, § 23, Rn. 16; HSWGNR/*Schlochauer*, § 23, Rn. 16; WPK/*Kreft*, § 23, Rn. 12; Düwell/*Düwell*, § 23, Rn. 12; ErfK/*Koch*, § 23 BetrVG, Rn. 4; HWK/*Reichold*, § 23 BetrVG, Rn. 7.

495 GK-BetrVG/*Weber*, § 37, Rn. 16; Düwell/*Düwell*, § 23, Rn. 17; *Fitting*, § 23, Rn. 19; DKKW/*Trittin*, § 23, Rn. 53; HSWGNR/*Schlochauer*, § 23, Rn. 29; *Fischer*, BB 2007, 997 (997); *Schweibert/Buse*, NZA 2007, 1080 (1084); zweifelnd: *Rieble*, NZA 2008, 276 (278).

vom Arbeitgeber Vorteile zuwenden lässt.[496] Viel deutlicher, wenngleich ohne nähere Begründung, hat das LAG München in einer neueren Entscheidung klargestellt, dass bei einer unzulässigen Begünstigung „ohne Weiteres" eine grobe Verletzung der gesetzlichen Pflichten vorliege.[497]

Gegen eine grobe Pflichtverletzung spricht jedoch, dass § 78 Satz 2 BetrVG die bloße Annahme begünstigender Leistungen nicht verbietet. Nach der hier vertretenen Auffassung richtet sich § 78 Satz 2 BetrVG primär an den Arbeitgeber als den Begünstigenden und nicht an den Begünstigten.[498] Andererseits ist festzustellen, dass eine Amtsführung, die entgegen § 37 Abs. 1 BetrVG nicht unentgeltlich erfolgt, nicht zulässig ist. Die Amtsführung jedoch obliegt dem Betriebsratsmitglied selbst, d.h. es hat selbst dafür Sorge zu tragen, dass es eine unentgeltliche Amtsführung sicherstellt. Im Anwendungsbereich des Ehrenamtsprinzips kann daher ohne Weiteres eine grobe Pflichtverletzung auch in der bloßen Annahme begünstigender Leistungen gesehen werden, da eine Amtsführung entgegen des gesetzlichen Leitbildes untragbar ist. Aber auch außerhalb des Anwendungsbereichs des Ehrenamtsprinzips kann eine grobe Pflichtverletzung in der Annahme begünstigender Leistungen gesehen werden. Zu den betriebsverfassungsrechtlichen Pflichten dürfte auch gehören, dass das Betriebsratsmitglied die Missachtung des BetrVG durch den Arbeitgeber nicht zu seinem eigenen Vorteil duldet, sondern aktiv dagegen einschreitet. Das Ehrenamtsprinzip und das Begünstigungsverbot sind elementare betriebsverfassungsrechtliche Grundsätze, die jedes Betriebsratsmitglied kennen muss.[499] Ein Verstoß gegen diese Grundsätze ist geeignet, die Unabhängigkeit des Betriebsratsmitglieds zu erschüttern. Insoweit gebieten die betriebsverfassungsrechtlichen Pflichten, die im Übrigen in § 80 Abs. 1 Nr. 1 BetrVG ausdrücklich statuiert sind, dass Betriebsratsmitglieder über die Einhaltung gesetzlicher Vorschriften zu wachen haben. Indem das Betriebsratsmitglied eine begünstigende Leistung annimmt und damit eine Verletzung des Begünstigungsverbots duldend hinnimmt, verletzt es diese betriebsverfassungsrechtlichen Pflichten in gröbster Weise.

Eine grobe Pflichtverletzung liegt erst recht vor, wenn die Handlung des Betriebsratsmitglieds im Rahmen der Begünstigung über das bloße Annehmen hinausgeht. Denkbar ist z.B., dass das Betriebsratsmitglied vom Arbeitgeber begünstigende Leistungen aktiv einfordert. Neben strafrechtlichen Normen[500] verletzt

---

496 LAG München v. 15.11.1977 – 5 Ta BV 34/77, DB 1978, 894 (895).

497 LAG München v. 05.02.2009 – 3 TaBV 107/08, juris, Rn. 37.

498 S. 21 f.

499 *Fischer*, BB 2007, 997 (997).

500 S. 163 ff.; 177 ff.

das Betriebsratsmitglied durch ein solches Verhalten nicht nur die Grundsätze der §§ 37 Abs. 1, 78 Satz 2 BetrVG, sondern darüber hinaus den Grundsatz der vertrauensvollen Zusammenarbeit (§ 2 Abs. 1 BetrVG).

Ob hinsichtlich der Pflichtverletzung auch ein Verschulden des Betriebsratsmitglieds erforderlich ist, ist umstritten. Nach Auffassung des BAG sowie einiger Vertreter des Schrifttums kommt es auf ein Verschulden nicht an.[501] Demgegenüber hält ein beträchtlicher Teil der Literatur ein Verschulden für erforderlich.[502] Zu beachten ist jedoch, dass der Wortlaut des § 23 Abs. 1 BetrVG keinen Hinweis auf ein Verschuldenserfordernis gibt. Ob ein Verschulden erforderlich ist, muss daher vor allem nach dem Normzweck beurteilt werden. Will man die Vorschrift als persönliche Sanktion für das Betriebsratsmitglied verstehen, spricht vieles dafür, diese Sanktion auch an eine persönliche Vorwerfbarkeit im Sinne eines Verschuldens zu knüpfen. Der Normzweck ist gleichwohl ein anderer: Die Vorschrift will die Funktionsfähigkeit der betrieblichen Interessenvertretung sichern. Nur eine Interessenvertretung deren Mitglieder das uneingeschränkte Vertrauen der Belegschaft für sich in Anspruch nehmen können, wird dem Sinn und Zweck der betrieblichen Mitbestimmung gerecht. Verletzt jedoch ein Mitglied seine Amtspflichten, droht es dieses Vertrauen zu verlieren. Für diesen Fall bietet § 23 Abs. 1 BetrVG die Möglichkeit, durch Ausschluss des Mitglieds das Vertrauen wieder herzustellen. Eine „Strafe“ für das Betriebsratsmitglied stellt der Ausschluss im Übrigen schon deshalb nicht dar, weil dieser für das Mitglied hinsichtlich seiner arbeitsvertraglichen Stellung nicht mit Nachteilen verbunden ist. Dem Mitglied wird lediglich der Amtsauftrag entzogen. Angesichts dieses Normzwecks kann es auch auf ein persönliches Verschulden des Betriebsratsmitglieds nicht ankommen. Der Verlust der Vertrauensstellung ist objektiv zu ermitteln und unabhängig von der persönlichen Vorwerfbarkeit. Ein Verschulden des Betriebsratsmitglieds ist daher im Rahmen von § 23 Abs. 1 BetrVG nicht erforderlich.

b) Antragsberechtigung

Auch bei Vorliegen einer groben Pflichtverletzung ist ein Ausschluss des Betriebsratsmitglieds nicht zwingend. Erforderlich ist vielmehr ein Antrag auf Ausschluss des

---

501 BAG v. 22.06.1993 – 1 ABR 62/92, NZA 1994, 184 (186); *Hueck/Nipperdey*, S. 1183; GK-BetrVG/*Oetker*, § 23, Rn. 39; WPK/*Kreft*, § 23, Rn. 13; MünchArbR/*Joost*, § 221, Rn. 12; HWK/*Reichold*, § 23 BetrVG, Rn. 8.

502 *Nikisch*, S. 117; *Fitting*, § 23, Rn. 16; Richardi/*Thüsing*, § 23, Rn. 28; DKKW/*Trittin*, § 23, Rn. 14; HSWGNR/*Schlochauer*, § 23, Rn. 17; *Löwisch/Kaiser*, § 23, Rn. 4; ErfK/*Koch*, § 23 BetrVG, Rn. 4.

Mitglieds beim Arbeitsgericht. In praktischer Hinsicht führt dieses Antragserfordernis zu einer erheblichen Einschränkung der Vorschrift. Antragsberechtigt sind ein Viertel der wahlberechtigten Arbeitnehmer, der Arbeitgeber, der Betriebsrat oder eine im Betrieb vertretene Gewerkschaft. Der Arbeitgeber selbst wird dabei regelmäßig als Antragsstellender ausscheiden, hat er doch, wenn er sich schon zu den begünstigenden Zuwendungen durchgerungen hat, ein erhebliches Interesse am Bestand seiner unzulässigen Praxis.

Nach einer verbreiteten Auffassung soll das Antragsrecht des Arbeitgebers ohnehin auf die Fälle beschränkt werden, in denen die Pflichtverletzung das Verhältnis zwischen Arbeitgeber und Betriebsrat bzw. Betriebsratsmitglied betrifft.[503] Ausgenommen werden insbesondere Pflichtverletzungen der Betriebsratsmitglieder gegenüber der Belegschaft, weil der Arbeitgeber nicht Interessenwahrer der Belegschaft sei. Nach der überwiegenden Auffassung wäre der Arbeitgeber in Fällen der Betriebsratsbegünstigung daher nicht antragsberechtigt, weil das Betriebsratsmitglied lediglich seine Pflichten gegenüber der Belegschaft verletzt. Nach der Gegenauffassung soll dem Arbeitgeber auch dann ein Antragsrecht zustehen, wenn die Pflichtverletzung nicht sein eigenes Verhältnis zum Betriebsrat betrifft, aber gleichwohl seine Interessen berührt.[504]

Im Rahmen einer Betriebsratsbegünstigung wird man richtigerweise nach der Person des Begünstigenden unterscheiden müssen. Ist es der Arbeitgeber selbst, der das Betriebsratsmitglied begünstigt, sind seine Interessen nicht berührt, sondern werden gegebenenfalls sogar gestärkt. Dann kommen beide oben genannten Auffassungen zu einer Ablehnung des Antragsrechts des Arbeitgebers. Stammt die Begünstigung aber von einem Dritten, sind nicht nur die Interessen des Arbeitgebers berührt. Vielmehr verletzt ein Betriebsratsmitglied, welches sich von einem Dritten begünstigen lässt, unter Umständen auch den Grundsatz der vertrauensvollen Zusammenarbeit, weil es seine Unabhängigkeit nicht nur im Verhältnis zur Belegschaft, sondern auch im Verhältnis zum Arbeitgeber erschüttert. Erhält beispielsweise ein Betriebsratsmitglied von einem Konkurrenten des Arbeitgebers eine monatliche Zahlung mit der Anweisung, im Gegenzug dem Arbeitgeber durch eine blockierende Haltung bei der Mitbestimmung seine Tätigkeit zu erschweren, verletzt das Betriebsratsmitglied auch ganz erheblich seine Pflichten gegenüber seinem Arbeitgeber. Somit dürften auch in diesem Fall beide Auffassungen zum

---

503 *Fitting*, § 23, Rn. 10; GK-BetrVG/*Oetker*, § 23, Rn. 67; Richardi/*Thüsing*, § 23, Rn. 30, 35; DKKW/*Trittin*, § 23, Rn. 83; HSWGNR/*Schlochauer*, § 23, Rn. 12; ErfK/*Koch*, § 23 BetrVG, Rn. 8; SWS, § 23, Rn. 5.

504 Düwell/*Düwell*, § 23, Rn. 20; WPK/*Kreft*, § 23, Rn. 7.

gleichen Ergebnis, nämlich einem Antragsrecht des Arbeitgebers kommen. Maßgeblich für das Antragsrecht des Arbeitgebers ist somit nicht der Bezugspunkt der Pflichtverletzung, sondern seine eigene Beteiligung. Hat der Arbeitgeber selbst an der Betriebsratsbegünstigung mitgewirkt, als dass er selbst als Begünstigender auftritt, steht ihm kein Antragsrecht zu, weil ein solches Verhalten rechtsmissbräuchlich wäre.[505] Wer unzulässige Zuwendungen tätigt und zugleich die Annahme derselben Zuwendung anprangert, handelt rechtsmissbräuchlich. *Fischer* hat daneben auf eine systembedingte Ungleichgewichtigkeit hingewiesen: Begünstigt der Arbeitgeber ein Betriebsratsmitglied und stünde ihm gleichwohl ein Antragsrecht zum Ausschluss des Betriebsratsmitglieds wegen der Annahme der Begünstigung zu, könnte der Arbeitgeber das Betriebsratsmitglied „funktional ausschalten", während weder das Betriebsratsmitglied selbst noch der gesamte Betriebsrat über ein gleichwertiges Mittel gegen den Arbeitgeber verfüge.[506] Dem kann nur eingeschränkt zugestimmt werden. Die unterschiedlichen Rechtsfolgen, nämlich Ausschluss auf der Seite der Interessenvertretung und Unterlassung auf der Seite des Arbeitgebers, sind dem Umstand geschuldet, dass eine finanzielle Sanktion gegenüber der Interessenvertretung wegen der Kostentragungspflicht des Arbeitgebers stets zu seinen eigenen Lasten gehen würde und der Arbeitgeber wegen seines Betriebseigentums funktional nicht ausgeschaltet werden kann. Gleichwohl ist *Fischer* insoweit zuzustimmen, als dass diese systembedingte Ungleichgewichtigkeit dafür spricht, die Antragsberechtigung des Arbeitgebers zu beschränken, wenn dieser selbst Initiator der Pflichtverletzung war.

In den Fällen einer Begünstigung durch Dritte steht dem Arbeitgeber indes ein eigenes Antragsrecht zu. Mit Blick auf das oben gebildete Beispiel wird man auch nicht dagegen einwenden können, der Arbeitgeber sei nicht „Anwalt" der Belegschaft. Gerade im Bereich der Drittzuwendungen hat der Arbeitgeber ein erhebliches Eigeninteresse an dem Ausschluss von Betriebsratsmitgliedern, die derartige Zuwendungen annehmen. Er tritt dann zwar auch als Interessenwahrer der Belegschaft, in erster Linie jedoch zur Wahrung seiner eigenen Interessen auf.

Festzuhalten bleibt somit, dass der Arbeitgeber, soweit er selbst an der Betriebsratsbegünstigung beteiligt ist, nicht antragsberechtigt im Sinne von § 23 Abs. 1 BetrVG ist. Im Übrigen dürfte sein Interesse an einem entsprechenden Antrag ohnehin praktisch gering sein, weil die Beteiligten selbst regelmäßig kein Interesse an der Aufdeckung und Einstellung der unzulässigen Praxis haben.

---

505 *Fitting*, § 23, Rn. 10; *Fischer*, BB 2007, 997 (998); *Schweibert/Buse*, NZA 2007, 1080 (1084 f.).

506 *Fischer*, BB 2007, 997 (998).

Das gilt ebenso für den Betriebsrat, wenn nicht einzelne Betriebsratsmitglieder derart begünstigt werden, dass sich die Mehrheit des Gremiums gegen einzelne begünstigte Mitglieder stellt. Was eine mögliche Antragsstellung durch die Gewerkschaft betrifft, wird im Schrifttum zu Recht auf die regelmäßigen Verwicklungen zwischen Betriebsrat und Gewerkschaft hingewiesen, sodass ein Vorgehen der Gewerkschaft die Ausnahme sein dürfte.[507] Verbleibt das Quorum der Belegschaft. Hier wird jedoch neben der 25%-Hürde vor allem die Kenntnis der Belegschaft von den unzulässigen Vorgängen einer Antragsstellung entgegenstehen. Ob aufgrund dieser Rechtslage im Bereich der Antragsbefugnis gesetzgeberischer Reformbedarf besteht, wird noch zu klären sein.[508]

2. Mögliche Rechtsfolgen für den Arbeitgeber nach § 23 Abs. 3 BetrVG

Für grobe Verletzungen betriebsverfassungsrechtlicher Pflichten durch den Arbeitgeber regelt § 23 Abs. 3 BetrVG mögliche Rechtsfolgen. In diesem Fall kann der Betriebsrat oder eine im Betrieb vertretene Gewerkschaft beim Arbeitsgericht die Unterlassung der unzulässigen Begünstigung für die Zukunft verlangen und bei Zuwiderhandlung die Verhängung eines Ordnungsgeldes beantragen. Die Vorschrift dient somit der Wiederherstellung der betriebsverfassungsrechtlichen Ordnung durch die Verhinderung künftiger Rechtsverletzungen.[509] Zum Teil wird sie deshalb als „Präventivanspruch" bezeichnet.[510]

Begünstigt der Arbeitgeber entgegen der §§ 37 Abs. 1, 78 Satz 2 BetrVG Mitglieder des Betriebsrats, verletzt er ohne Zweifel seine betriebsverfassungsrechtlichen Pflichten in gröbster Weise. Eines Verschuldens bedarf es auch hier nicht, weil der mögliche Unterlassungsanspruch primär zukünftige Rechtsverletzungen verhindern soll.[511] Ob der Arbeitgeber Kenntnis von der Unzulässigkeit

---

507 *Rieble*, NZA 2008, 276 (278).

508 S. 222 f.

509 GK-BetrVG/*Oetker*, § 23, Rn. 124; Richardi/*Thüsing*, § 23, Rn. 74; DKKW/*Trittin*, § 23, Rn. 195; WPK/*Kreft*, § 23, Rn. 28.

510 *Schweibert/Buse*, NZA 2007, 1080 (1085).

511 BAG v. 18.04.1985 – 6 ABR 19/84, NZA 1985, 783 (786); BAG v. 26.07.2005 – 1 ABR 29/04, NZA 2005, 1372 (1374); BAG v. 19.01.2010 – 1 ABR 55/08, NZA 2010, 659 (662); *Fitting*, § 23, Rn. 64; GK-BetrVG/*Oetker*, § 23, Rn. 176; Richardi/*Thüsing*, § 23, Rn. 94; DKKW/*Trittin*, § 23, Rn. 204; Erfk/*Koch*, § 23 BetrVG, Rn. 18; HWK/*Reichold*, § 23 BetrVG, Rn. 32; **a.A.** *Galperin/Löwisch*, § 23, Rn. 5; HSWGNR/*Schlochauer*, § 23, Rn. 63.

der entsprechenden Leistungen hat, ist im Rahmen eines möglichen Unterlassungsspruchs nicht von Bedeutung.

Die Rechtsfolge des § 23 Abs. 3 BetrVG ist jedoch nicht zwingend. Auch hier ist die Initiative eines Antragsberechtigten erforderlich. Entsprechend muss auch hier die praktische Relevanz der Rechtsfolge bezweifelt werden, weil insbesondere der Belegschaft kein Antragsrecht zusteht. Der Kreis der Antragsberechtigten ist hier noch enger gefasst als der des § 23 Abs. 1 BetrVG. Nicht einmal ein Quorum der Arbeitnehmer kann einen Antrag nach § 23 Abs. 3 BetrVG stellen. Das Gesetz geht offensichtlich davon aus, dass die hier betroffenen Interessen der Belegschaft durch den Betriebsrat wahrgenommen werden. Wirkt dieser jedoch im Rahmen einer Begünstigung kollusiv mit dem Arbeitgeber zusammen, dürfte eine Antragsstellung sehr unwahrscheinlich sein. Auch an dieser Stelle wird deshalb über gesetzgeberischen Handlungsbedarf nachzudenken sein.[512] Anders als im Rahmen von § 23 Abs. 1 BetrVG gilt jedoch auch im Falle einer Beteiligung des Betriebsrats oder eines seiner Mitglieder an der Begünstigung ein umfassendes Antragsrecht ohne Einschränkung hinsichtlich des betroffenen Rechtsverhältnisses. Der Betriebsrat kann auch bei eigener Beteiligung Unterlassung der Begünstigung verlangen.[513]

Hinsichtlich möglicher Rechtsfolgen nach § 23 BetrVG bleibt festzuhalten, dass das Gesetz zwar sowohl für die unzulässig begünstigten Betriebsratsmitglieder, als auch für den Arbeitgeber Rechtsfolgen vorsieht, die indes jeweils einen entsprechenden Antrag eines dazu Berechtigten voraussetzen. Die praktische Relevanz dieser Rechtsfolgen ist deshalb als gering zu bewerten.

---

512 S. 224 f.

513 GK-BetrVG/*Oetker*, § 23, Rn. 190; Richardi/*Thüsing*, § 23, Rn. 95.

D. Mögliche Sanktionen infolge unzulässiger Begünstigungen

Nachdem bis hierhin der Schwerpunkt dieser Arbeit auf der Frage lag, in welchen Fällen eine unzulässige Begünstigung vorliegt und welche Rechtsfolgen mit einer solchen verbunden sind, soll nun näher untersucht werden, inwieweit unzulässige Begünstigungen Sanktionen nach sich ziehen können. Zu prüfen sind zum einen Strafnormen des BetrVG (§ 119) und des StGB (§ 266). Zum anderen kommen auch steuerstrafrechtliche Vorschriften als Grundlage möglicher Sanktionen in Betracht.

I. Nebenstrafrecht, § 119 Abs. 1 Nr. 3 BetrVG

Neben den Strafnormen des StGB existieren je nach Rechtsmaterie auch Strafvorschriften in den jeweiligen Spezialgesetzen. So auch im BetrVG in Gestalt der §§ 119, 120 BetrVG. Relevant für Begünstigungen von Betriebsratsmitgliedern ist dabei ausschließlich § 119 Abs. 1 Nr. 3 BetrVG. Entsprechende Regelungen finden sich auch in § 34 Abs. 1 Nr. 3 SprAuG, § 44 Abs. 1 Nr. 2 EBRG sowie in § 45 Abs. 2 Nr. 3 SEBG.

§ 119 Abs. 1 Nr. 3 BetrVG stellt die Benachteiligung und die Begünstigung von den dort genannten Gremienmitgliedern um ihrer Tätigkeit willen unter Freiheitsstrafe von bis zu einem Jahr oder Geldstrafe. Potentieller Täter des § 119 BetrVG ist jedermann, mithin nicht nur der Arbeitgeber und Betriebsangehörige, sondern auch Dritte.[514] Die Vorschrift knüpft unmittelbar an § 78 BetrVG und das Ehrenamtsprinzip an.[515] Auch sie bezweckt den Schutz der Tätigkeit der betriebsverfassungsrechtlichen Organe, konkret die Freiheit, Effektivität und Sachlichkeit der Amtstätigkeit.[516] Geschütztes Rechtsgut ist deshalb die Institution der betrieblichen Mitbestimmung

---

514 GK-BetrVG/*Oetker*, § 119, Rn. 36; *Fitting*, § 119, Rn. 1; Richardi/*Annuß*, § 119, Rn. 4; WPK/*Preis*, § 119, Rn. 3; ErfK/*Kania*, § 119 BetrVG, Rn. 1.

515 GK-BetrVG/*Oetker*, § 119, Rn. 25; *Rieble*, BB 2009, 1612 (1612); *Bachner*, Mitbestimmung 2007, Heft 1+2, 66 (68).

516 *Löwisch/Kaiser*, § 119, Rn 1; *Dannecker*, FS Gitter, 167 (171); *Krumm-Mauermann*, S. 13; *Sax*, S. 191; *Schemmel/Slowinski*, BB 2009, 830 (830).

insgesamt.[517] Da es sich insoweit um kein disponibles Individualrechtsgut handelt, kommt eine rechtfertigende Einwilligung nicht in Betracht.[518] Die Norm ist strafrechtlich als Vergehen einzuordnen (§ 12 Abs. 2 StGB), weshalb mangels ausdrücklicher Anordnung der Versuch nicht strafbar ist.[519] Gleiches gilt gemäß § 15 StGB für die fahrlässige Begehung. Erforderlich ist vorsätzliches Handeln des Täters, wobei Eventualvorsatz ausreichend ist.[520]

1. Strafbarkeit des Begünstigenden

a) Weite des objektiven Tatbestandes

Wenn der Straftatbestand unmittelbar an das Begünstigungsverbot anknüpft,[521] liegt es nahe, dass derjenige, der entgegen § 78 Satz 2 BetrVG ein Betriebsratsmitglied unzulässig begünstigt, auch stets den Straftatbestand des § 119 Abs. 1 Nr. 3 BetrVG erfüllt. Dies sollte nicht vorschnell bejaht werden. Der Wortlaut beider Vorschriften ist ähnlich, aber nicht identisch. Zwar wird überwiegend die Auffassung vertreten, aufgrund des teleologischen und systematischen Zusammenhangs mit § 78 Satz 2 BetrVG seien Reichweite und Tatbestand des § 119 Abs. 1 Nr. 3 BetrVG entsprechend zu bestimmen.[522] Danach wäre der objektive Tatbestand beider Normen identisch und jeder vorsätzliche Verstoß gegen das Begünstigungsverbot zugleich strafbar.

Zum Teil wird sogar die Auffassung vertreten, die Strafnorm sei hinsichtlich des persönlichen Anwendungsbereichs tatbestandlich weiter als das allgemeine Begünstigungsverbot.[523] Dies sei deshalb der Fall, weil § 119 Abs. 1 Nr. 3 BetrVG ausweislich des Wortlauts die Begünstigungen von Ersatzmitgliedern – anders als

---

517 *Sax*, S. 47 f.

518 GK-BetrVG/*Oetker*, § 119, Rn. 34; WPK/*Preis*, § 119, Rn. 5; *Krumm-Mauermann*, S. 79; *Pasewaldt*, ZIS 2007, 75 (80).

519 GK-BetrVG/*Oetker*, § 119, Rn. 40; *Fitting*, § 119, Rn. 10; Richardi/*Annuß*, § 119, Rn. 7; DKKW/*Trümner*, § 119, Rn. 2; WPK/*Preis*, § 119, Rn. 4; HSWGNR/*Hess*, § 119, Rn. 7; ErfK/*Kania*, § 119 BetrVG, Rn. 1; HWK/*Hohenstatt/Dzida*, § 119 BetrVG, Rn. 1; *Pasewaldt*, ZIS 2007, 75 (76).

520 GK-BetrVG/*Oetker*, § 119, Rn. 29; Richardi/*Annuß*, § 119, Rn. 5; WPK/*Preis*, § 119, Rn. 4; *Pasewaldt*, ZIS 2007, 75 (80); *Frahm/Koch*, ArbRAktuell 2010, 468.

521 GK-BetrVG/*Oetker*, § 119, Rn. 25; *Rieble*, BB 2009, 1612 (1612); *Bachner*, Mitbestimmung 2007, Heft 1+2, 66 (68).

522 GK-BetrVG/*Oetker*, § 119, Rn. 25; WPK/*Preis*, § 119, Rn. 27; Düwell/*Steffan*, § 119, Rn. 4.

523 *Löwisch/Kaiser*, § 119, Rn. 36; *Dannecker*, FS Gitter, 167 (174).

§ 78 Satz 2 BetrVG – tatbestandlich einbeziehe.[524] Dies ist nicht unumstritten. Nach anderer Ansicht sei nämlich der persönliche Anwendungsbereich beider Normen identisch, da § 119 Abs. 1 Nr. 3 BetrVG nur amtierende Ersatzmitglieder erfasse.[525] *Oetker* begründet diese Ansicht mit der Überlegung, dass vor dem Zeitpunkt des Nachrückens des Ersatzmitgliedes eine Benachteiligung (und dann konsequenterweise auch eine Begünstigung) nicht möglich sei. Dem kann nicht gefolgt werden. Zum einen sieht der eindeutige Wortlaut der Nr. 3 keine Unterscheidung zwischen amtierenden und nichtamtierenden Ersatzmitgliedern vor. Zum anderen weist die Gegenauffassung zu Recht darauf hin, dass amtierende Ersatzmitglieder im Zeitpunkt des Nachrückens Vollmitglieder sind.[526] Der Gesetzgeber wollte daher insbesondere die noch nicht amtierenden Ersatzmitglieder mit diesem Wortlaut erfassen. Unabhängig davon wurde bereits darauf hingewiesen, dass auch vor dem Nachrücken eine Begünstigung sehr wohl möglich ist.[527] § 119 Abs. 1 Nr. 3 BetrVG umfasst daher alle Ersatzmitglieder.

Dennoch begründet dieses Zwischenergebnis nicht die Annahme, der objektive Tatbestand des § 119 Abs. 1 Nr. 3 BetrVG sei weiter als der des § 78 Satz 2, weil nach der hier vertretenen Ansicht unter Hinweis auf Schutzzweckerwägungen und der Gefahr prophylaktischer Begünstigungen auch nicht amtierende Ersatzmitglieder vom allgemeinen Begünstigungsverbot erfasst werden.[528] Die gegenteilige Auffassung würde – abgesehen von den zuvor beschriebenen Bedenken – im Einzelfall zu dem Ergebnis führen, dass eine Begünstigung eines nicht amtierenden Ersatzmitglieds zwar zulässig, aber zugleich strafbewährt wäre.

Richtigerweise führt die Begutachtung beider Tatbestände zu dem Ergebnis, dass derjenige des § 78 Satz 2 BetrVG weiter gefasst ist, als die Strafnorm des § 119 Abs. 1 Nr. 3 BetrVG. Das gilt jedenfalls soweit man § 119 Abs. 1 Nr. 3 BetrVG zu Recht mit Blick auf den Gesetzeswortlaut als Erfolgsdelikt verstehen will.[529] Dann erfordert die Strafnorm, dass die Begünstigung tatsächlich eintritt und nicht bloß versprochen wurde. Demgegenüber ist nach der hier vertretenen

---

524 WPK/*Preis*, § 119, Rn. 28; *Löwisch/Kaiser*, § 119, Rn. 36; ErfK/*Kania*, § 119 BetrVG, Rn. 4; *Dannecker*, FS Gitter, 167 (174).

525 *Fitting*, § 119, Rn. 9; GK-BetrVG/*Oetker*, § 119, Rn. 26; HSWGNR/*Hess*, § 119, Rn. 35.

526 WPK/*Preis*, § 119, Rn. 28; *Löwisch/Kaiser*, § 119, Rn. 36.

527 S. 10.

528 S. 9 f.

529 GK-BetrVG/*Oetker*, § 119, Rn. 25; *Fitting*, § 119, Rn. 9; WPK/*Preis*, § 119, Rn. 30; *Löwisch/Kaiser*, § 119, Rn. 38; *Dannecker*, FS Gitter, 167 (183); *Pasewaldt*, ZIS 2007, 75 (79); *Schemmel/Slowinski*, BB 2009, 830 (831); **a.A.** DKKW/*Trümner*, § 119, Rn. 2; *Sparchholz/Trümner*, S. 15.

Auffassung im Rahmen des § 78 Satz 2 BetrVG bereits das Versprechen eines Vorteils unzulässig.[530] Durch das bloße Versprechen eines Vorteils ist aber § 119 Abs. 1 Nr. 3 BetrVG als Erfolgsdelikt nicht erfüllt.[531] Dies ergibt sich aus dem Umkehrschluss des Wortlauts des § 119 Abs. 1 Nr. 1 BetrVG,[532] welcher das Versprechen von Vorteilen ausdrücklich einbezieht. Deshalb gilt, dass das allgemeine Begünstigungsverbot tatbestandlich weiter gefasst ist, als dass das Versprechen eines Vorteils zwar unzulässig, nicht aber auch nach § 119 Abs. 1 Nr. 3 BetrVG strafbar ist.

b) Erforderlichkeit einer Unrechtsvereinbarung

Ebenfalls umstritten ist, ob eine Strafbarkeit nach § 119 Abs. 1 Nr. 3 BetrVG voraussetzt, dass zumindest eine Vereinbarung zwischen dem Begünstigenden und dem Betriebsratsmitglied dahingehend existiert, dass die Begünstigung zum Zwecke einer bestimmten Gegenleistung erbracht wurde. Konkret für den Bereich der Betriebsratsbegünstigung wird die Streitfrage an folgendem Beispiel deutlich:

Der Arbeitgeber stellt den Betriebsratsmitgliedern A und B statt des bisher als Dienstwagen zur Verfügung gestellten Kompaktklassefahrzeugs künftig ein Oberklassefahrzeug zur Verfügung. Mit Betriebsratsmitglied A vereinbart der Arbeitgeber, dass dieses im Gegenzug sämtliche Kündigungen bei den Anhörungen des Betriebsrats „durchwinken" soll. Mit Betriebsratsmitglied B wird keine Vereinbarung getroffen.

Eine „Gegenleistung" des Betriebsratsmitglieds ist ausweislich des Wortlauts für die Strafbarkeit nach § 119 Abs. 1 Nr. 3 BetrVG unerheblich. Zum Teil wird aber gefordert, dass zumindest eine sog. Unrechtsvereinbarung existiert.[533] Begründet wird dies mit der Weite und der Unbestimmtheit des Wortlauts des § 119 Abs. 1 Nr. 3 BetrVG, welcher ein Korrektiv erfordere. Dagegen wird eingewandt, dass die Vorschrift das Unrecht des „Erkaufens" gar nicht sanktionieren will.[534] Sanktioniert werde lediglich die Begünstigung wegen des Amts, nicht aber die tatsächliche Einflussnahme der Begünstigung.[535] Dieser Auffassung ist zuzustimmen. Zum einen ist ein Korrektiv nicht erforderlich. Die Weite des Tatbestandes ist dem Willen des Gesetzgebers geschuldet, jede Art der Begünstigung zu erfassen.

---

530 S. 18 ff.; **a.A.** GK-BetrVG/*Kreutz*, § 78, Rn. 45.

531 **A.A.** wohl KRHS, § 119, Rn. 3.

532 GK-BetrVG/*Oetker*, § 119, Rn. 25; WPK/*Preis*, § 119, Rn. 30.

533 *Pasewaldt*, ZIS 2007, 75 (79); **a.A.** *Löwisch/Kaiser*, § 119, Rn. 37; Düwell/*Steffan*, § 119, Rn. 4; *Rieble*, CCZ 2008, 121 (125); *Zwiehoff*, jurisPR-ArbR 2/2009, Anm. 6.

534 *Rieble*, CCZ 2008, 121 (125).

535 *Löwisch/Kaiser*, § 119, Rn. 37.

Zudem spricht der Schutzzweck gegen das Erfordernis einer Unrechtsvereinbarung. § 119 Abs. 1 Nr. 3 BetrVG ist kein klassischer Korruptionstatbestand, wie beispielsweise § 299 StGB. Der tatbestandliche Erfolg liegt nämlich nicht erst im korrupten Verhalten, sondern bereits in der Gefährdung der gesetzlich vorgesehenen betriebsverfassungsrechtlichen Unabhängigkeit. Eine Unrechtsvereinbarung ist deshalb nicht erforderlich.

c) Subjektiver Tatbestand

In subjektiver Hinsicht setzt die Strafbarkeit vorsätzliches Handeln des Täters bezüglich aller Tatbestandsmerkmale voraus. Fahrlässiges Handeln ist mangels ausdrücklicher Nennung im Tatbestand nicht strafbar, § 15 StGB.[536] Vorsätzliches Handeln liegt indes auch vor, wenn der Täter mit bedingtem Vorsatz handelt, er also die Verwirklichung des objektiven Tatbestandes billigend in Kauf nimmt.[537] Eine Begünstigungsabsicht ist nicht erforderlich.[538] Vereinzelnd wird darüber hinaus eine besondere Absicht unter Verweis auf den Wortlaut „um seiner Tätigkeit willen" gefordert,[539] welche zum Teil aber auch mit dem Bedürfnis einer teleologischen Reduktion auf die „strafwürdig erheblichen Anwendungsfälle" begründet wird.[540] Nach zutreffender Auffassung ist eine solche Einschränkung nicht erforderlich. Die o.g. tatbestandliche Formulierung setzt lediglich die Kausalität zwischen Begünstigung und der Amtstätigkeit voraus. Auf diese Voraussetzung muss sich der Vorsatz des Täters aber ohnehin beziehen.[541] Für eine über den Vorsatz hinausgehende Absicht besteht weder ein Bedürfnis noch eine dogmatische Grundlage. Es genügt daher die billige Inkaufnahme des Täters, dass die Begünstigung aus sachlichen Gründen nicht gerechtfertigt ist.[542]

---

536 GK-BetrVG/*Oetker*, § 119, Rn. 28 m.w.N.

537 St. Rspr., vgl. BGH v. 07.04.1983 – 4 StR 164/83, NStZ 1983, 365; BGH v. 27.07.2005 – 4 StR 109/05, NStZ-RR 2005, 372; aus dem Schrifttum: S/S/*Sternberg-Lieben*, § 15, Rn. 72 ff., 81 f.; *Lackner/Kühl*, § 15, Rn. 24

538 OLG Düsseldorf v. 27.03.2008 – 2 Ss 110/07 – 88/07 III, wistra 2008, 356 (357); *Fitting*, § 119, Rn. 10; Richardi/*Annuß*, § 119, Rn. 26; WPK/*Preis*, § 119, Rn. 4; *Löwisch/Kaiser*, § 119, Rn. 7, 38; Rn. 31; *Krumm-Mauermann*, S. 71 f.; *Dannecker*, FS Gitter, 167 (183); *Pasewaldt*, ZIS 2007, 75 (80); **a.A.** GK-BetrVG/*Oetker*, § 119, Rn. 31; *Galperin/Löwisch*, § 119, Rn. 20; *Sax*, S. 197; *Polzer/Helm*, AiB 2000, 133 (138).

539 GK-BetrVG/*Oetker*, § 119, Rn. 31.

540 *Sax*, S. 196.

541 *Krumm-Mauermann*, S. 71 f.; *Dannecker*, FS Gitter, 167 (183).

542 OLG Düsseldorf v. 27.03.2008 – 2 Ss 110/07 – 88/07 III, wistra 2008, 356 (357); MüKo-StGB/*Joecks*, § 119 BetrVG, Rn. 31.

Schwierigkeiten dürften hier vor allem jene Fallgestaltungen mit sich bringen, in denen der Täter zwar weiß, dass eine Begünstigung von Mitgliedern des Betriebsrats verboten ist, ihm jedoch nicht bewusst ist, dass seine konkrete Handlung eine solche Begünstigung darstellt, weil er etwa glaubt, das Betriebsratsmitglied habe einen Anspruch auf die konkrete Leistung. In einer solchen Konstellation sind dann die allgemeinen strafrechtlichen Irrtumsregeln heranzuziehen. Insoweit dürfte in der beschriebenen Konstellation ein Tatbestandsirrtum gemäß § 16 StGB vorliegen, wonach grundsätzlich der Vorsatz entfällt. Liegen im Einzelfall die Voraussetzungen eines Tatbestandsirrtums vor, scheidet – mangels Strafbarkeit fahrlässigen Handelns – eine Strafbarkeit des Begünstigenden aus.

2. Strafbarkeit bei Kollegialentscheidungen

Soweit bislang eine mögliche Strafbarkeit des Begünstigenden untersucht wurde, betrifft dies im Rahmen von Betriebsratsbegünstigungen regelmäßig eine Täterschaft des Arbeitgebers. Dies wird nur in seltenen Fällen eine natürliche Person sein. Häufiger werden die der Begünstigung zugrunde liegenden Entscheidungen von mehreren Geschäftsführern einer GmbH oder aber dem Vorstand einer Aktiengesellschaft getroffen. Die Frage der Strafbarkeit bezieht sich deshalb regelmäßig nicht auf eine natürliche Person, sondern auf ein Organ bzw. ein Gremium, welches seine Entscheidungen als sog. Kollegialentscheidung trifft. Nur in Ausnahmefällen wird die Entscheidung zur Begünstigung eines Betriebsratsmitglieds von einem Einzelnen getroffen. So beispielsweise im Fall *Volkswagen*, wo allein der Arbeitsdirektor *Hartz* die Betriebsräte begünstigte, indem er diesen Sonderzuwendungen aus einem Bonustopf in eigener Regie zukommen ließ.[543] Handelt es sich indes um eine Kollegialentscheidung, ergibt sich ein strafrechtliches Problem: Das deutsche Strafrecht kennt grundsätzlich keine Verantwortlichkeit von juristischen Personen, Organen oder Gremien. Weder das Unternehmen als juristische Person, noch der Vorstand in seiner Gesamtheit sind taugliche Strafrechtssubjekte. Strafrechtlicher Anknüpfungspunkt ist stets die Schuld des Einzelnen.[544] Es stellt sich daher die Frage, inwieweit z.B. das einzelne Vorstandsmitglied für die Betriebsratsbegünstigung strafrechtlich verantwortlich ist. Diese Frage wurde sowohl vom strafrechtlichen Schrifttum als auch von der Rechtsprechung des BGH mehrfach untersucht und kann im Rahmen dieser – vorwiegend arbeitsrechtlichen – Untersuchung nur

543 LG Braunschweig v. 25.01.2007 – 6 Kls 48/06, CCZ 2008, 32.
544 Krieger/Schneider/*Krause*, § 35, Rn. 3.

in Grundzügen dargestellt werden. Insoweit beurteilt sich die Strafbarkeit von Mitgliedern eines Gremiums grundsätzlich nach dem Stimmverhalten des einzelnen Mitglieds bei der entsprechenden Entscheidung.[545]

Entscheidet sich ein Gremium für eine unzulässige Begünstigung eines Betriebsratsmitglieds, sind die einzelnen Mitglieder des Gremiums grundsätzlich als Mittäter im Sinne von § 25 Abs. 2 StGB strafrechtlich verantwortlich. Ein entlastender Kausalitätseinwand in dem Sinne, die konkrete Entscheidung wäre aufgrund des Abstimmungsverhaltens der jeweils anderen Vorstandsmitglieder auch bei einem anderen Stimmverhalten des betroffenen Vorstandsmitglieds getroffen worden, führt nicht zu einer wirksamen Entlastung.[546] Nach der sog. Lederspray-Entscheidung des BGH ist allgemein anerkannt, dass dem zustimmenden Vorstandsmitglied die Stimmen der anderen Zustimmenden zugerechnet werden.[547] Auch der Einwand, innerhalb des Vorstandes habe ein Mitglied eine dominierende Stellung eingenommen, sodass Entscheidungen gegen sein Votum praktisch ausgeschlossen seien, schränkt die strafrechtliche Verantwortlichkeit des zustimmenden Mitglieds nicht ein.[548]

Selbst im Fall der Stimmenthaltung ist das Vorstandsmitglied strafrechtlich verantwortlich.[549] Nur in dem Fall, in welchem das Vorstandsmitglied im Gremium gegen die Betriebsratsbegünstigung stimmt, die Entscheidung aufgrund Mehrheitsbeschlusses gleichwohl zustande kam, weil das Vorstandsmitglied überstimmt wurde, trifft es mangels Pflichtverletzung grundsätzlich keine Verantwortlichkeit.[550] Zu beachten ist jedoch, dass das überstimmte Vorstandsmitglied gleichwohl die Pflicht treffen kann, dem Aufsichtsrat einen entsprechenden Hinweis zu erteilen, gegen die Ausführung gesetzeswidriger Entscheidungen einzuschreiten.[551]

Festzuhalten bleibt, dass alle Mitglieder eines Gremiums, welches sich für eine Betriebsratsbegünstigung entscheidet, grundsätzlich jeweils strafrechtlich verantwortlich sind. Etwas anderes kommt nur dann in Betracht, wenn das einzelne

---

545 Krieger/Schneider/*Krause*, § 35, Rn. 21.

546 Krieger/Schneider/*Krause*, § 35, Rn. 21.

547 BGH v. 06.07.1990 – 2 StR 549/89, NJW 1990, 2560 (2566); anders in der Entscheidung „Politbüro“, in welcher der BGH die Kausalität über die Figur der Nebentäterschaft bejaht, BGH v. 06.11.2002 – 5 StR 281/01, NJW 2003, 522 (524).

548 BGH v. 06.07.1990 – 2 StR 549/89, NJW 1990, 2560 (2565); *Knauer*, S. 208 f.; *Fleischer*, BB 2004, 2645 (2648).

549 BGH v. 21.12.2005 – 3 StR 470/04, NJW 2006, 522 (523); *Fleischer*, BB 2004, 2645 (2651); **a.A.** *Knauer*, S. 206 f.

550 *Knauer*, S. 203; **a.A.** OLG Stuttgart v. 01.09.1980 – 3 Ss 440/80, NStZ 1981, 27 (28).

551 Krieger/Schneider/*Krause*, § 35, Rn. 22; *Fleischer*, BB 2004, 2645 (2649).

Mitglied gegen einen derartigen Beschluss stimmt und gegen die Ausführung des Beschlusses vorgeht. Diese Maßstäbe gelten im Übrigen auch für die zivilrechtliche Verantwortlichkeit der Mitglieder eines Gremiums. Anknüpfungspunkt für die Verantwortlichkeit eines Vorstandsmitglieds ist dabei § 93 Abs. 1 Satz 1 AktG. Nach dieser Vorschrift hat sich das einzelne Vorstandsmitglied gesetzestreu zu verhalten und auf die Einhaltung sämtlicher das Unternehmen treffender Rechtsvorschriften zu achten.[552] Die oben beschriebenen Einwände führen auch hier regelmäßig nicht zu einer Haftungsbefreiung.

3. Strafbarkeit des Betriebsratsmitglieds

Neben der Frage einer möglichen Strafbarkeit des Begünstigenden, i.d.R. des Arbeitgebers, stellt sich ferner die Frage, ob sich auch das begünstigte Betriebsratsmitglied wegen § 119 Abs. 1 Nr. 3 BetrVG strafbar machen kann. Während dies im Hinblick auf eine mögliche Täterschaft des Betriebsratsmitglieds ausnahmslos abgelehnt wird, sind die Einzelheiten im Bereich einer möglichen Teilnahme durch Anstiftung und Beihilfe umstritten.

a) Das Betriebsratsmitglied als Täter

Dass das begünstigte Betriebsratsmitglied selbst Täter seiner eigenen Begünstigung sein kann, wird – soweit ersichtlich – weder von der Rechtsprechung, noch vom Schrifttum vertreten. Die Norm erfasst nur den Begünstigenden, nicht den Begünstigten, weshalb die bloße Entgegennahme, anders als bei den §§ 331 ff. StGB, keine strafbare Täterschaft begründen kann.[553] Eine Täterschaft des Begünstigten ließe sich mit dem insoweit eindeutigen Wortlaut der Vorschrift („wer (…) begünstigt“) nicht vereinbaren. Das Betriebsratsmitglied kann daher nur Täter sein, wenn es selbst einen anderen begünstigt. Eine täterschaftliche Strafbarkeit

---

552 *Fleischer*, BB 2004, 2645 (2646).

553 Sächs. LAG v. 27.08.2008 – 2 Sa 752/07, juris, Rn. 72; LG Braunschweig v. 22.02.2008 – 6 KLs 20/07, juris, Rn. 358; GK-BetrVG/*Oetker*, § 119, Rn. 25; *Fitting*, § 119, Rn. 9; Richardi/*Annuß*, § 119, Rn. 27; HSWGNR/*Hess*, § 119, Rn. 38; DKKW/*Trümner*, § 119, Rn. 19; *Löwisch/Kaiser*, § 119, Rn. 39; HWK/*Hohenstatt/Dzida*, § 119 BetrVG, Rn. 4; *Rieble/Klebeck*, NZA 2006, 758 (767); *Fischer*, BB 2007, 997 (999); *Schlösser*, NStZ 2007, 562 (564); *Franzen*, ZAAR 2008, S. 50; *Schemmel/Slowinski*, BB 2009, 830 (830); *Frahm/Koch*, ArbRAktuell 2010, 468; *Moll/Roebers*, NZA 2012, 57 (61).

des Betriebsratsmitglieds in der Rolle des Begünstigten scheidet aufgrund des eindeutigen Wortlauts aus.

Ob diese einseitige Strafbarkeit des Arbeitgebers und die Herausnahme des Betriebsratsmitglieds aus dem Täterkreis aus rechtspolitischen Erwägungen zweckmäßig ist, wird im abschließenden Teil zu untersuchen sein.[554] *De lege lata* scheidet eine Strafbarkeit aus.

b) Das Betriebsratsmitglied als Teilnehmer

Der Ausschluss des Betriebsratsmitglieds aus dem Täterkreis des § 119 Abs. 1 Nr. 3 BetrVG schließt nicht die Strafbarkeit wegen einer Teilnahme an der Betriebsratsbegünstigung aus. Möglich bleibt eine Anstiftung (§ 26 StGB) oder eine Teilnahme (§ 27 StGB) des Betriebsratsmitglieds.

Allerdings wird der Tatbestand des § 119 Abs. 1 Nr. 3 BetrVG strafrechtlich überwiegend als Fall einer sog. notwendigen Teilnahme qualifiziert.[555] Notwendige Teilnahme liegt vor, wenn der Tatbestand einer Vorschrift notwendigerweise die Beteiligung zweier oder mehrerer Personen voraussetzt.[556] Fälle einer notwendigen Teilnahme sind beispielsweise die des § 291 StGB (Wucher) und die des § 283 StGB (Bankrott).[557] Im Fall einer Betriebsratsbegünstigung ergibt sich die Annahme einer notwendigen Teilnahme aus der Überlegung, dass jede Begünstigung zwingend voraussetzt, dass sich auch jemand begünstigen lässt und daher an der Tatbestandsverwirklichung mitwirken muss. Die Gegenauffassung hält eine Mitwirkung des Begünstigten bei der Betriebsratsbegünstigung nicht für erforderlich.[558] Vielmehr handele es sich bei § 119 Abs. 1 Nr. 3 BetrVG um ein reines Tätigkeitsdelikt, welches bereits mit Ausführung der Begünstigungshandlung vollendet sei. Nach Deliktsvollendung sei jedoch eine (notwendige) Teilnahme nicht mehr möglich.[559]

---

554 S. 225 f.

555 LG Braunschweig v. 22.02.2008 – 6 KLs 20/07, juris, Rn. 358; GK-BetrVG/*Oetker*, § 119, Rn. 25; *Löwisch/Kaiser*, § 119, Rn. 39; *Schlösser*, NStZ 2007, 562 (564); *Pasewaldt*, ZIS 2007, 75 (80); *Rieble*, NZA 2008, 276 (278); *Schemmel/Slowinski*, BB 2009, 830 (831).

556 S/S/*Heine*, Vor § 25, Rn 46; *Fischer*, StGB, Vor § 25, Rn. 7.

557 Bzgl. § 291 StGB: MüKo-StGB/*Pananis*, § 291, Rn. 46; *Schlösser*, NStZ 2007, 562 (564); bzgl. § 283 StGB: MüKo-StGB/*Radtke*, § 283, Rn. 79.

558 DKKW/*Trümner*, § 119, Rn. 2; *Sparchholz/Trümner*, S. 15.

559 *Sparchholz/Trümner*, S. 16.

Richtigerweise ist die Betriebsratsbegünstigung als Erfolgsdelikt zu qualifizieren.[560] Der Wortlaut der Vorschrift setzt entsprechend der oben vorgenommenen Abgrenzung gegenüber § 78 Satz 2 BetrVG voraus, dass tatsächlich jemand begünstigt wird. Dann jedoch muss der Begünstigte nach allgemeinen Regeln das Zugewendete auch annehmen. Die Zuwendung einer wie auch immer ausgestalteten Leistung ist ein Verfügungsgeschäft, welches stets zweiseitig ausgestaltet ist. Das Betriebsratsmitglied ist erst begünstigt, wenn es das dingliche Übereignungsgeschäft zumindest konkludent annimmt. Andernfalls geht die Begünstigung „in Leere“. Der Tatbestand ist dann nicht erfüllt, weil niemand begünstigt wurde. Es ist deshalb stets eine Mitwirkung des Betriebsratsmitglieds erforderlich, sodass richtigerweise ein Fall der sog. notwendigen Teilnahme angenommen werden muss.

Im Bereich der notwendigen Teilnahme ist gleichwohl eine Strafbarkeit wegen der Teilnahme an einer Straftat nicht gänzlich ausgeschlossen. Die Straflosigkeit eines notwendigen Teilnehmers reicht nicht weiter als die Notwendigkeit seiner Teilnahme[561]. Notwendig ist aber nur die reine Annahme der Begünstigung. Strafbarkeitsvoraussetzung ist deshalb, dass die Teilnahmehandlung über die tatbestandlich notwendige Handlung, nämlich das reine Annehmen der Begünstigung, hinausgeht.[562] An eine Teilnahme durch Anstiftung ist beispielsweise zu denken, wenn das Betriebsratsmitglied die Begünstigung aktiv fordert oder den Arbeitgeber überredet.[563]

So hat das LG Braunschweig im Fall *Volkswagen* das Betriebsratsmitglied *Volkert* u.a. wegen Anstiftung zur Begünstigung eines Betriebsrats verurteilt.[564] Auf Weisung des Arbeitsdirektors *Hartz* sollte der Abteilungsleiter *Gebauer* die Mitglieder des Gesamtbetriebsratsausschusses besonders großzügig in der Weise behandeln, als dass deren Kosten ohne eine weitere Kontrolle erstattet werden. *Volkert* hatte nämlich gegenüber *Hartz* den Wunsch geäußert, selbst über seine Betriebsratskosten, insbesondere die Reisekosten, disponieren zu wollen. *Hartz* kam diesem Wunsch nach und verfügte das kontrollfreie Abrechnungsverfahren. Nach Auffassung des LG Braunschweig hatte *Volkert* den Abteilungsleiter *Gebauer* durch Einreichen der Belege jeweils angestiftet. Im Revisionsverfahren musste

---

560 GK-BetrVG/*Oetker*, § 119, Rn. 25; *Fitting*, § 119, Rn. 9; WPK/*Preis*, § 119, Rn. 30; *Löwisch/Kaiser*, § 119, Rn. 38; *Dannecker*, FS Gitter, 167 (183); *Schlösser*, NStZ 2007, 562 (564); *Pasewaldt*, ZIS 2007, 75 (79); *Schemmel/Slowinski*, BB 2009, 830 (831).

561 BGH v. 19.01.1993 – 1 StR 518/92, NStZ 1993, 239 (240).

562 LG Braunschweig v. 22.02.2008 – 6 KLs 20/07, juris, Rn. 358.

563 *Schnorr von Carolsfeld*, RdA 1962, 400 (403, Fn. 42); *Rieble/Klebeck*, NZA 2006, 758 (768); *Schemmel/Slowinski*, BB 2009, 830 (831).

564 LG Braunschweig v. 22.02.2008 – 6 KLs 20/07, juris, Rn. 357 ff.

sich der BGH indes mit den Tatbestandsvoraussetzungen nicht näher befassen, weil nach Auffassung des BGH das Erfordernis des Strafantrags nicht erfüllt war.[565]

In der Sache ist der Bewertung des Landgerichts zuzustimmen. Das Betriebsratsmitglied *Volkert* hat sich nicht darauf beschränkt, Leistungen entgegenzunehmen, sondern zunächst eine begünstigende Verfahrensweise gefordert und durch ständige Beteiligung an dem Abrechnungsverfahren jeweils als Initiator den Abteilungsleiter *Gebauer* zur Betriebsratsbegünstigung bestimmt.

Soweit in der Literatur Bedenken über eine Anstiftungsstrafbarkeit eines Betriebsratsmitglieds geäußert werden, können diese nicht überzeugen. So ist *Schlösser* der Auffassung, mit Blick auf den Schutzzweck des § 119 Abs. 1 Nr. 3 BetrVG und die zur Verfügung stehenden milderen Mittel des BetrVG (Abwahl und Ausschluss), komme eine Strafbarkeit des Betriebsratsmitglieds allenfalls dann in Betracht, wenn dieses den Arbeitgeber nicht nur angestiftet habe, sondern darüber hinaus der Arbeitgeber nicht generell zur Betriebsratsbegünstigung bereit gewesen sei.[566]

Das LG Braunschweig und der BGH haben zu Recht eine solche Einschränkung nicht vorgenommen.[567] Insbesondere können mögliche mildere Mittel in Gestalt des § 23 Abs. 1 BetrVG nicht zu einer Einschränkung der allgemeinen Anstiftungsregeln in den Fällen des § 119 Abs. 1 Nr. 3 BetrVG führen. Zwar bezwecken beide Vorschriften den Schutz der betrieblichen Mitbestimmung. § 23 Abs. 1 BetrVG will dieses Ziel jedoch in der Weise erreichen, als dass eine Möglichkeit geschaffen wird, das begünstigte Betriebsratsmitglied aus dem Gremium zu entfernen. Die Strafnorm dagegen dient der Sanktion. Unabhängig davon gelten auch im Bereich des § 119 Abs. 1 Nr. 3 BetrVG die zu einem bereits entschlossenen Täter anerkannten Regeln (sog. *omnimodo facturus*), sodass ein bereits entschlossener Arbeitgeber nicht mehr vom Betriebsratsmitglied angestiftet werden kann.[568] Im Bereich der Anstiftung sind daher auch im Rahmen der notwendigen Teilnahme keine Strafbarkeitseinschränkungen für das Betriebsratsmitglied selbst vorzunehmen. Eine Strafbarkeit kommt aber nur dann in Betracht, wenn die Teilnahmehandlung des Betriebsratsmitglieds über das notwendig Erforderliche hinausgeht.

---

565 BGH v. 17.09.2009 – 5 StR 521/08, NJW 2010, 92 (97); vgl. zur Frage der Antragsbefugnis: S. 165 f.

566 *Schlösser*, NStZ 2007, 562 (565 f.).

567 BGH v. 17.09.2009 – 5 StR 521/08, NJW 2010, 92 (98); LG Braunschweig v. 22.02.2008 – 6 KLs 20/07, juris, Rn. 359.

568 Vgl. dazu: MüKo-StGB/*Joecks*, § 26, Rn. 28 ff.

4. Absolutes Antragsdelikt

Gemäß § 119 Abs. 2 BetrVG werden die Straftaten des Absatzes 1 nur auf Antrag verfolgt. Eine Strafverfolgung von Amts wegen findet auch bei Vorliegen eines besonderen öffentlichen Interesses nicht statt.[569] Die Vorschrift knüpft hinsichtlich des Antragserfordernisses nicht an bestimmte Voraussetzungen an, sodass es sich um ein sog. reines bzw. absolutes Antragsdelikt handelt. Es gelten insoweit die allgemeinen Vorschriften zum Strafantrag, welche den §§ 77 ff. StGB und § 158 StPO zu entnehmen sind.

a) Antragsberechtigung

Nach dem Grundsatz des § 77 Abs. 1 StGB ist nur der Verletzte berechtigt, einen Strafantrag zu stellen. § 119 Abs. 2 BetrVG enthält für die Antragsbefugnis jedoch eine Spezialregelung. Antragsberechtigt ist danach der Betriebsrat, der Gesamtbetriebsrat, der Konzernbetriebsrat, die Bordvertretung, der Seebetriebsrats, eine der in § 3 Abs. 1 bezeichneten Vertretungen der Arbeitnehmer, der Wahlvorstand, der Unternehmer oder eine im Betrieb vertretene Gewerkschaft.

Im Einzelnen umstritten ist die Antragsberechtigung von Arbeitsgemeinschaften im Sinne von § 3 Abs. 1 Nr. 4 BetrVG. *Oetker* verneint deren Antragsbefugnis, weil es sich um keine Arbeitnehmervertretung handele.[570] Indes ist der Begriff der Arbeitnehmervertretung in § 119 Abs. 2 BetrVG funktionell auszulegen. Der Verweis auf § 3 Abs. 1 BetrVG ist vom Gesetzgeber ohne Einschränkung vorgenommen worden, um sämtlichen Vertretungsstrukturen ein Antragsrecht einzuräumen. Mithin steht allen in § 3 Abs. 1 BetrVG genannten Gremien ein Antragsrecht nach § 119 Abs. 2 BetrVG zu.

Hinsichtlich des Antragsrechts des Arbeitgebers war für die Strafbarkeit nach § 119 Abs. 1 Nr. 3 BetrVG im Fall *Volkert* entscheidend, ob der Unternehmer auch dann einen Strafantrag stellt, wenn ein Prokurist des Unternehmens den Antrag stellt. Das LG Braunschweig ging davon ohne Weiteres aus, weil es sich nicht um die Verletzung höchstpersönlicher Rechtsgüter gehandelt habe.[571] Nach Auffassung des BGH fehlte es jedoch an einem wirksamen Strafantrag: Zwar ermächtige die Prokura grundsätzlich auch zur Stellung von Strafanträgen, bei denen die Rechte des Unternehmens verletzt worden seien. Dies sei aber bei § 119

569 GK-BetrVG/*Oetker*, § 119, Rn. 41.

570 GK-BetrVG/*Oetker*, § 119, Rn. 45; **a.A.** Richardi/*Annuß*, § 119, Rn. 30.

571 LG Braunschweig v. 22.02.2008 – 6 KLs 20/07, juris, Rn. 3562; **a.A.** Richardi/*Annuß*, § 119, Rn. 31.

Abs. 1 BetrVG nicht der Fall, da diese Vorschrift die betriebliche Mitbestimmung schütze. Die Frage, ob der Unternehmer Korruption im Unternehmen aufdecken und strafrechtlich verfolgen lassen will, sei eine Grundlagenentscheidung, bei der eine Vertretung des Unternehmensinhabers „im Willen" unzulässig sei.[572] Folglich wäre zwar eine Vertretung in der Erklärung, nicht aber eine Vertretung im Willen bei der Stellung des Strafantrags zulässig.[573]

Der BGH hält gleichwohl eine Vertretung des Unternehmers durch den Prokuristen auch bei einem Strafantrag nach § 119 Abs. 2 BetrVG für möglich. Im Fall *Volkert* ist der BGH aber aufgrund der Formulierung des konkreten Antrags davon ausgegangen, dass die Prokuristen in diesem Fall „aus eigenem Willen" gehandelt haben. Eine solche „Vertretung im Willen" sei unzulässig.

Diese Auffassung überzeugt nicht. Der BGH hat aus der Formulierung der *Volkswagen*-Prokuristen, „stellen wir für die Volkswagen AG Strafantrag" geschlossen, dass diese aus eigenem Willen handelten. Die Formulierung hätte ebensogut als fremde Entscheidung ausgelegt werden können, wofür bereits der Begriff „für …" spricht. Richtigerweise sollte mit Blick auf den Wortlaut des § 119 Abs. 2 BetrVG eine Vertretungsmöglichkeit umfassend ausgeschlossen sein. Wie der BGH zu Recht ausführt, handelt es sich bei der Entscheidung über einen Strafantrag im Hinblick auf § 119 Abs. 1 Nr. 3 BetrVG um eine wesentliche Grundsatzentscheidung, die nicht auf den Prokuristen übertragen werden kann. Eine Differenzierung zwischen Vertretung im Willen und Vertretung in der Erklärung ist abzulehnen. Eine solche Differenzierung lässt sich weder dogmatisch begründen noch ist für den Erklärungsempfänger hinreichend deutlich erkennbar, welche Form der Vertretung im Einzelfall vorliegen soll. Im Fall *Volkswagen* hätte daher der Vorstand den Strafantrag stellen müssen.

b) Kritik des Schrifttums

Der Kreis der Antragsberechtigten wird im Schrifttum kritisch bewertet. Eine Betriebsratsbegünstigung verletzte vor allem die Rechte der Belegschaft. Diese jedoch sei gerade nicht antragsberechtigt im Sinne von § 119 Abs. 2 BetrVG. Die Vorschrift wird daher zum Teil als „paradox"[574] beschrieben und in dem fehlenden Antragsrecht der Belegschaft eine „sinnwidrige Regelungslücke"[575] gesehen. Sinnwidrig vor allem deshalb, weil die Errichtung eines Betriebsrats nach

572 BGH v. 17.09.2009 – 5 StR 521/08, NJW 2010, 92 (97 f.).
573 Richardi/*Annuß*, § 119, Rn. 31; GK-BetrVG/*Oetker*, § 119, Rn. 50.
574 *Schweibert/Buse*, NZA 2007, 1080 (1085).
575 *Rüthers*, NJW 2007, 195 (197).

§ 17 BetrVG bereits durch drei wahlberechtigte Arbeitnehmer initiiert werden könne.[576] Einen Strafantrag zur Verfolgung einer verbotenen Betriebsratsbegünstigung kann demgegenüber nicht einmal die gesamte Belegschaft, erst recht nicht der einzelne Arbeitnehmer stellen. Auch das einzelne Betriebsratsmitglied kann alleine keinen Strafantrag stellen. Der Betriebsrat kann ausweislich des Wortlauts des § 119 Abs. 2 BetrVG nur als Gremium den Strafantrag stellen. Das einzelne Betriebsratsmitglied ist nicht antragsberechtigt.[577] Die Regelung sei deshalb unbefriedigend,[578] rechtspolitisch verfehlt,[579] ein „stumpfes Schwert“[580] oder ein „Papiertiger“[581]. Inwieweit hier tatsächlich Reformbedarf besteht, wird noch gesondert zu klären sein.[582] Im Fall *Opel* hat die Staatsanwaltschaft Darmstadt die Antragsproblematik in ihrem Einstellungsbeschluss wie folgt zusammengefasst: „… uns waren die Hände gebunden, weil wir diese Delikte nur auf Antrag verfolgen können“.[583]

Ausgehend von dieser Kritik des Schrifttums bleibt festzuhalten, dass die eingeschränkte Antragsbefugnis der Vorschrift den Sanktionscharakter der Strafnorm erheblich entschärft. Es überrascht daher, wenn in der Literatur vereinzelnd sogar gefordert wird, den Kreis der Antragsberechtigten im Wege der Auslegung einzuschränken. Nach dieser Auffassung sei nämlich nur derjenige antragsberechtigt, der jeweils im konkreten Tatbestand des § 119 Abs. 1 BetrVG aufgeführt sei.[584] Dies hätte zur Folge, dass beispielsweise der Wahlvorstand, der nicht in § 119 Abs. 1 Nr. 3 BetrVG genannt ist, nicht berechtigt wäre, im Hinblick auf die Begünstigung eines Betriebsratsmitglieds einen Strafantrag zu stellen. Eine solche Einschränkung ist jedoch abzulehnen. Zum einen gibt der Wortlaut des Absatzes 2 keinen Hinweis darauf, dass der Kreis der Antragsberechtigten in einem Zusammenhang mit der jeweiligen Tatbestandsalternative steht. Zum anderen hat sich der Gesetzgeber ausdrücklich gegen einen Zusammenhang mit dem geschützten Rechtsgut entschieden, was nicht zuletzt durch den Verzicht auf die Antragsberechtigung der

---

576 *Rüthers*, NJW 2007, 195 (197).

577 *Fitting*, § 119, Rn. 13; GK-BetrVG/*Oetker*, § 119, Rn. 45; DKKW/*Trümner*, § 119, Rn. 23; *Löwisch/Kaiser*, § 119, Rn. 48; HWK/*Hohenstatt/Dzida*, § 119 BetrVG, Rn. 5; *Frahm/Koch*, ArbRAktuell 2010, 468.

578 *Rüthers*, RdA 1976, 61 (64).

579 HWK/*Hohenstatt/Dzida*, § 119 BetrVG, Rn. 5.

580 *Rieble*, BB 2009, 1016 (1021).

581 *Schweibert/Buse*, NZA 2007, 1080 (1085).

582 S. 226 f.

583 FAZ.NET v. 21.04.2012: „Staatsanwälte warnen Opel“.

584 *Löwisch/Kaiser*, § 119, Rn. 47.

Belegschaft deutlich wird. Eine über den Wortlaut hinausgehende Einschränkung des Kreises der Antragsberechtigten ist daher nicht geboten.

c) Antragsfrist

Der Strafantrag kann zeitlich nicht unbegrenzt gestellt werden. Hier gilt wiederum die allgemeine Regel des § 77b Abs. 1 Satz 1 StGB, wonach der Strafantrag innerhalb von drei Monaten zu stellen ist. Der Fristbeginn richtet sich nach den Absätzen 2 und 3: Die Frist beginnt mit Ablauf des Tages, an dem der Antragsberechtigte von der Tat und der Person des Täters Kenntnis erlangt. Diese liegt vor, wenn der Antragsberechtigte in der Lage ist, zu beurteilen, ob er Strafantrag stellen soll oder nicht[585] und nicht nur ein bloßer Verdacht vorliegt.[586] Stellt der Arbeitgeber den Strafantrag, kommt es, soweit es sich um eine juristische Person handelt, auf die Kenntnis des vertretungsberechtigten Organs an.[587] Gleiches gilt auch für die Antragsstellung durch eine Gewerkschaft.[588] Bei den betriebsverfassungsrechtlichen Gremien ist die Kenntnis des Vorsitzenden entscheidend,[589] weil auch Willenserklärungen gegenüber diesen Gremien erst mit dem Zugang der Erklärung an deren Vorsitzenden wirksam werden.[590]

II. Untreue, § 266 StGB

Neben der betriebsverfassungsrechtlichen Sanktion des § 119 BetrVG ist auch der Straftatbestand der Untreue eine mögliche Sanktion einer unzulässigen Begünstigung von Betriebsratsmitgliedern. Schon aufgrund des hohen Strafrahmens von bis zu fünf Jahren Freiheitsstrafe stellt dieser Straftatbestand eine wesentlich schärfere Sanktion dar. Prozessual kommt hinzu, dass einer Strafverfolgung wegen Untreue, im Gegensatz zu einer Strafverfolgung nach § 119

---

585 BGH v. 29. 10. 1998 – 5 StR 288/98, NJW 1999, 508 (509); S/S/*Sternberg-Lieben/Bosch*, § 77b, Rn. 10; SK/*Rudolphi/Wolter*, § 77b, Rn. 7.

586 *Fischer*, StGB, § 77b, Rn. 4; SK/*Rudolphi/Wolter*, § 77b, Rn. 7; *Fitting*, § 119, Rn. 16; GK-BetrVG/*Oetker*, § 119, Rn. 51.

587 GK-BetrVG/*Oetker*, § 119, Rn. 51; DKKW/*Trümner*, § 119, Rn. 25; S/S/*Sternberg-Lieben/Bosch*, § 77b, Rn. 3; LK/*Schmid*, § 77b, Rn. 10.

588 Richardi/*Annuß*, § 119, Rn. 32; DKKW/*Trümner*, § 119, Rn. 25.

589 *Fitting*, § 119, Rn. 15; GK-BetrVG/*Oetker*, § 119, Rn. 51; DKKW/*Trümner*, § 119, Rn. 25; *Löwisch/Kaiser*, § 119, Rn. 49; **a.A.** *Schorr von Carolsfeld*, RdA 1962, 400 (404, Fn. 56).

590 Richardi/*Annuß*, § 119, Rn. 32.

BetrVG, kein Antragserfordernis entgegensteht. Der Tatbestand des § 266 StGB kann als Offizialdelikt ohne Strafantrag verfolgt werden. Entsprechend genügte beispielsweise im Fall von *Klaus Franz* (*Opel*) eine anonyme Anzeige.[591] Zu beachten ist ferner, dass der Verweis in § 266 Abs. 2 StGB auf § 263 Abs. 3 Nr. 2 StGB bei hohen Begünstigungssummen auch die Verwirklichung des Regelbeispiels eines besonders schweren Falls eröffnen kann.

Dagegen werden andere Tatbestände des StGB von Betriebsratsbegünstigungen regelmäßig nicht berührt, insbesondere scheidet eine Strafbarkeit nach § 299 StGB (Bestechlichkeit und Bestechung im geschäftlichen Verkehr) aus, weil Betriebsratsbegünstigungen als innerbetriebliche Angelegenheit nicht den geschäftlichen Verkehr tangieren.[592] Die folgenden strafrechtlichen Ausführungen beschränken sich daher auf den Tatbestand des § 266 StGB.

Als Ausgangspunkt soll dabei zunächst die Strafbarkeit des Begünstigenden, d.h. desjenigen, der die Begünstigung des Betriebsratsmitglieds unmittelbar veranlasst hat, untersucht werden. Hinsichtlich der Verantwortlichkeit bei Kollegialentscheidungen kann auf die obigen Ausführungen verwiesen werden.[593] Anschließend wird zu untersuchen sein, ob anders als im Rahmen von § 119 BetrVG auch das Betriebsratsmitglied selbst mit einer Strafverfolgung wegen § 266 StGB rechnen muss.

1. Strafbarkeit des Begünstigenden

a) Vermögensbetreuungspflicht

Die Pflicht, die Vermögensinteressen desjenigen zu betreuen, über dessen Vermögen ihm Rechtsmacht eingeräumt ist (Vermögensbetreuungspflicht), ist stets Voraussetzung für die Strafbarkeit nach § 266 StGB. Das gilt jedenfalls für die Handlungsalternative des Treubruchtatbestandes, jedoch nach überwiegender Auffassung auch für die des Missbrauchstatbestandes.[594] Täter im Rahmen des § 266 StGB kann daher nur sein, wer in einer Beziehung zum Geschädigten steht, die eine besondere, über die für jedermann geltende Pflicht zur Wahrung der Rechtssphäre anderer hinausgehende Verantwortung für dessen materielle Güter mit

591 SZ v. 19.01.2012, S. 22.

592 *Fischer*, BB 2007, 997 (1000); *Kraatz*, wistra 2011, 447 (448).

593 S. 168 f.

594 BGH v. 26.07.1972 – 2 StR 62/72, NJW 1972, 1904 (1904); *Fischer*, StGB, § 266, Rn. 6a; *Lackner/Kühl*, § 266, Rn. 4; MüKo-StGB/*Dierlamm*, § 266, Rn. 30.

sich bringt.[595] Die Vermögensbetreuungspflicht muss sich dabei als wesentliche Pflicht, mithin als Hauptpflicht und nicht als bloße Nebenpflicht darstellen.[596] Diese Voraussetzung wird bei dem Begünstigenden regelmäßig vorliegen, da dies in aller Regel ein Personalverantwortlicher ist, welcher für diesen Bereich eigenverantwortlich entscheiden kann. Je nach Unternehmensstruktur kann dies der Geschäftsführer, der Personalvorstand oder der Arbeitsdirektor sein. Die Vermögensbetreuungspflicht ist bei allen diesen Personen eine wesentliche Hauptpflicht ihres Anstellungsverhältnisses.

b) Tathandlung

§ 266 StGB kann durch zwei Handlungsalternativen erfüllt werden. Der Missbrauchstatbestand (Alt. 1) ist spezieller und enger gefasst als der Treubruchtatbestand (Alt. 2).[597] So sanktioniert die erste Alternative den Missbrauch einer eingeräumten Befugnis, während die zweite Alternative grundsätzlich jede Verletzung der Vermögensbetreuungspflicht verbietet.

(1) Missbrauchstatbestand

Der Missbrauchstatbestand ist erfüllt, wenn der Vermögensbetreuungspflichtige fremdes Vermögen durch ein nach außen wirksames Rechtsgeschäft schädigt, indem er sein rechtliches Dürfen im Rahmen seines rechtlichen Könnens missbräuchlich überschreitet.[598] Typischerweise überschreitet der Täter daher beim Missbrauchstatbestand seine Befugnisse im Innenverhältnis, verpflichtet den Vermögensinhaber aber wirksam im Außenverhältnis. Dieses Rechtsgeschäft muss daher wirksam sein.[599]

Vereinbarungen, die ein Betriebsratsmitglied entgegen § 78 Satz 2 BetrVG unzulässig begünstigen, sind jedoch gemäß § 134 BGB nichtig.[600] Der Vermögensinhaber

595 BGH v. 28.07.2011 – 4 StR 156/11, NJW 2011, 2819 (2819).

596 BGH v. 26.05.1983 – 4 StR 265/83, NStZ 1983, 455; *Fischer*, StGB, § 266, Rn. 21; *Lackner/Kühl*, § 266, Rn. 11; MüKo-StGB/*Dierlamm*, § 266, Rn. 53; NK-StGB/*Kindhäuser*, § 266, Rn. 33.

597 BGH v. 21.12.2005 – 3 StR 470/04, NJW 2005, 522 (525); *Lackner/Kühl*, § 266, Rn. 21; MüKo-StGB/*Dierlamm*, § 266, Rn. 21; NK-StGB/*Kindhäuser*, § 266, Rn. 29.

598 NK-StGB/*Kindhäuser*, § 266, Rn. 82; *Fischer*, StGB, § 266, Rn. 24 f.; MüKo-StGB/*Dierlamm*, § 266, Rn. 22, 118.

599 *Fischer*, StGB, § 266, Rn. 24; *Lackner/Kühl*, § 266, Rn. 6; MüKo-StGB/*Dierlamm*, § 266, Rn. 119.

600 S. 143 ff.

wird durch derartige Vereinbarungen nicht wirksam verpflichtet. Für die Fälle der Betriebsratsbegünstigung scheidet die Alternative des Missbrauchstatbestands daher aus.[601] Folglich ist für den Missbrauchstatbestand nur dort Raum, wo Leistungen an Betriebsratsmitglieder nach dem BetrVG zulässig und zivilrechtlich wirksam sind. Dies ist bei unzulässig begünstigenden Leistungen nicht der Fall.

(2) Treubruchtatbestand

Der Treubruchtatbestand setzt voraus, dass der Täter die ihm obliegende Pflicht zur Wahrung fremder Vermögensinteressen verletzt. Dieser weitgehende Wortlaut der Vorschrift wird von Rechtsprechung und Literatur insoweit begrenzt, als dass gesteigerte Anforderungen an das Vorliegen einer Vermögensbetreuungspflicht gestellt werden.[602] Die Pflicht, die Vermögensinteressen eines anderen zu betreuen und Vermögensnachteile abzuwenden, muss sich als herausgehobene Pflicht darstellen.[603] Erfasst sind damit vor allem Personen in herausgehobener Stellung, vor allem Vorstandsmitglieder,[604] deren Vermögensbetreuungspflicht sich aus den §§ 76, 93 AktG ergibt,[605] aber auch sog. Personalmanager (Fall *Gebauer*).[606]

Im Bereich von Betriebsratsbegünstigungen liegt regelmäßig eine solche qualifizierte Vermögensbetreuungspflicht vor. Das ergibt sich aus dem beschränkten Personenkreis, der über Leistungen an Betriebsratsmitglieder entscheidet. Wer über Leistungen an Betriebsratsmitglieder entscheidet, verfügt über eine entsprechende Schlüsselfunktion im Unternehmen, sodass eine qualifizierte Vermögensbetreuungspflicht vorliegen wird. So war es im Fall *Volkswagen* zwar nicht unmittelbar der Vorstand, sondern der Arbeitsdirektor *Hartz*, der in eigener Verantwortung über Sonderzuwendungen an das Betriebsratsmitglied *Volkert* entscheiden konnte.[607] Dass der Arbeitsdirektor einer qualifizierten Vermögensbetreuungspflicht unterliegt, hat das LG Braunschweig dabei zu Recht nicht in Frage gestellt.

Wesentliche Voraussetzung des Treubruchtatbestandes ist die Verletzung dieser qualifizierten Vermögensbetreuungspflicht. Eine solche Pflichtverletzung kommt

601 BGH v. 17.09.2009 – 5 StR 521/08, NJW 2010, 92 (94); *Graf/Link*, NJW 2009, 409 (410).

602 BGH v. 03.03.1953 – 1 StR 5/53, NJW 1953, 1272 (1272); *Fischer*, StGB, § 266, Rn. 33; MüKo-StGB/*Dierlamm*, § 266, Rn. 142; S/S/*Perron*, § 266, Rn. 23 ff.

603 *Fischer*, StGB, § 266, Rn. 35; *Lackner/Kühl*, § 266, Rn. 11.

604 BGH v. 22.01.1988 – 2 StR 133/87, NJW 1988, 2483 (2485); *Fischer*, StGB, § 266, Rn. 48.

605 BGH v. 17.09.2009 – 5 StR 521/08, NJW 2010, 92 (94); *Moll/Roebers*, NZA 2012, 57 (62).

606 BGH v. 17.09.2009 – 5 StR 521/08, NJW 2010, 92 (96).

607 LG Braunschweig v. 25.01.2007 – 6 Kls 48/06, CCZ 2008, 32 (32).

in Betracht, wenn der Täter gegen eine gesetzliche oder vertragliche Pflicht verstößt.[608] Das LG Braunschweig hat die Pflichtverletzung des Arbeitsdirektors *Hartz* darin gesehen, dass dieser dem Betriebsratsmitglied *Volkert* einen Sonderbonus gewährte, obwohl der Amtsträger darauf aus keinem rechtlichen Gesichtspunkt einen Anspruch hatte.[609] Die zugewendeten Mittel stammten aus einem „Topf", dessen Mittel zur Honorierung besonderer Leistungen vorgesehen waren. Da das Landgericht beim Betriebsratsmitglied *Volkert* eine solche besondere Leistung nicht zu erkennen vermochte, gelangte es zu dem Ergebnis, dass *Hartz* diese Mittel zweckwidrig verwendete. Die Pflichtverletzung wurde somit mit dem Vorwurf der zweckwidrigen Mittelverwendung begründet. Daneben stützte das Landgericht die Pflichtverletzung auf einen Gesetzesverstoß des Arbeitsdirektors *Hartz*, nämlich einen Verstoß gegen § 119 Abs. 1 Nr. 3 BetrVG, also die unzulässige Betriebsratsbegünstigung. Denn jedes Vorstandsmitglied habe bei seiner Tätigkeit die bestehenden Gesetze einzuhalten.[610]

Der Hinweis des Landgerichts auf § 119 BetrVG überzeugt nicht. Zwar hat der BGH bislang die Auffassung vertreten, dass eine Strafbarkeit nach § 266 StGB keine gravierende Pflichtverletzung voraussetze.[611] Nachdem das Bundesverfassungsgericht „nicht unerhebliche Unsicherheiten"[612] bei der Bestimmung der Pflichtwidrigkeit festgestellt, im Übrigen aber die Verfassungsmäßigkeit von § 266 StGB klargestellt hatte, stellt der BGH zunehmend auf den Schutzzweck der verletzten Vorschrift ab: Danach können Gesetzesverstöße nur dann eine Pflichtverletzung im Sinne von § 266 StGB begründen, wenn die betreffende Vorschrift gerade dem Schutz des betreuten Vermögens dient.[613] Dies hat der BGH jedenfalls für § 119 Abs. 1 Nr. 1 BetrVG zu Recht verneint.[614] Schutzzweck dieser Vorschrift sei allein der Schutz der Wahl und der Funktionsfähigkeit der betriebsverfassungsrechtlichen Organe.[615] Gleiches gilt für § 119 Abs. 1 Nr. 3 BetrVG.[616] Auch diese Vorschrift hat nicht den Zweck, das Vermögen des Arbeitgebers zu

608 MüKo-StGB/*Dierlamm*, § 266, Rn. 151.
609 LG Braunschweig v. 25.01.2007 – 6 Kls 48/06, CCZ 2008, 32 (33).
610 LG Braunschweig v. 25.01.2007 – 6 Kls 48/06, CCZ 2008, 32 (33); ebenso für § 119 Abs. 1 Nr. 1 BetrVG: LG Nürnberg-Fürth v. 24.11.2008 – 3 Kls 501 Js 1777/2008, ArbuR 2010, 35 (39).
611 BGH v. 21.02.2005 – 3 StR 470/04, NJW 2006, 522 (526 f.); **a.A.** MüKo-StGB/*Dierlamm*, § 266, Rn. 154 ff.
612 BVerfG v. 23.06.2010 – 2 BvR 2559/08, NJW 2010, 3209 (3213).
613 BGH v. 13.09.2010 – 1 StR 220/09, NJW 2011, 88 (91 f.).
614 BGH v. 13.09.2010 – 1 StR 220/09, NJW 2011, 88 (92).
615 GK-BetrVG/*Oetker*, § 119, Rn. 6.
616 *Fitting*, § 119, Rn. 9; *Bittmann/Mujan*, BB 2009, 637 (640).

schützen. § 119 Abs. 1 Nr. 3 BetrVG schützt in erster Linie die freie Betätigung der einzelnen Betriebsratsmitglieder.[617] Mithin können derartige Verstöße keine Pflichtwidrigkeit nach § 266 StGB begründen. Zutreffend jedoch – und deshalb ist die Entscheidung des LG Braunschweig auch im Ergebnis nicht zu beanstanden – ist die Anknüpfung der Pflichtverletzung an den Zweck der im Ermessen von *Hartz* zu verteilenden Sonderzahlungen. Missachtet der Treupflichtige eine vermögensschützende Anweisung des Vermögensinhabers, begeht er eine im Rahmen von § 266 StGB relevante Pflichtverletzung.[618]

Fehlt es demgegenüber an einem zweckwidrigen Verhalten des Treupflichtigen, ist im Bereich von Betriebsratsbegünstigungen gleichwohl Raum für eine Strafbarkeit nach § 266 StGB. Die nach § 78 Satz 2 BetrVG unzulässige Begünstigungsvereinbarung ist gemäß § 134 BGB nichtig. Die Zuwendung von begünstigenden Leistungen erfolgt rechtsgrundlos. Indem der Treupflichtige aber rechtsgrundlos Zuwendungen verteilt, verletzt er regelmäßig seine Vermögensbetreuungspflicht.

Systematisch unpräzise hat der BGH im Revisionsverfahren des wegen Beihilfe bestraften Betriebsratsmitglieds *Volkert* die Strafbarkeit des Arbeitsdirektors *Hartz* geprüft: Zutreffend stellt der BGH zwar fest, dass allein der Verstoß gegen § 119 BetrVG keine Pflichtwidrigkeit begründen könne. Ein pflichtwidriger Verstoß gegen die Vermögensbetreuungspflicht liege aber jedenfalls dann vor, wenn der verbotene Vermögensabfluss zur Erzielung eines nicht kompensationsbegründenden Vorteils eingesetzt wird.[619] Damit stellt der BGH offenbar bei der Frage der Pflichtverletzung auf eine mögliche Kompensation ab. Richtigerweise ist die Kompensation aber eine Frage des Vorliegens eines Vermögensnachteils.[620] Im Rahmen der Pflichtverletzung ist vielmehr entscheidend – und das arbeitet der BGH selbst heraus –, dass die begünstigenden Zuwendungen gemäß § 134 BGB nichtig sind. Richtigerweise muss der Vorwurf an den Arbeitsdirektor deshalb darin gesehen werden, dass dieser das Betriebsratsmitglied *rechtsgrundlos* begünstigt hat. Erbringt somit der Treupflichtige Leistungen an Betriebsratsmitglieder, die gegen § 78 Satz 2 BetrVG verstoßen, verletzt er seine Vermögensbetreuungspflicht.

c) Vermögensnachteil

Weitere objektive Voraussetzung für eine Strafbarkeit gemäß § 266 StGB ist das Vorliegen eines auf der Pflichtverletzung beruhenden Vermögensnachteils.

617 ErfK/*Kania*, § 119 BetrVG, Rn. 4.
618 *Corsten*, HRRS 2011, 247 (251).
619 BGH v. 17.09.2009 – 5 StR 521/08, NJW 2010, 92 (94).
620 SK/*Hoyer*, § 266, Rn. 91.

Zwischen Pflichtverletzung und Schaden muss nach überwiegender Auffassung ein Unmittelbarkeitszusammenhang bestehen.[621] Der Vermögensnachteil wird dabei im Wege der Gesamtsaldierung ermittelt,[622] also einem Vergleich zwischen der Vermögenslage vor und nach der Verletzung der Vermögensbetreuungspflicht. Steht der vermögensmindernden Handlung des Treupflichtigen mithin eine den Nachteil kompensierende Gegenleistung gegenüber, kann eine Strafbarkeit wegen Untreue ausscheiden. Die Frage des Vermögensnachteils ist daher vor allem eine Frage einer möglichen Schadenskompensation.[623]

In diesem Zusammenhang stellt sich bei einer auf einer Betriebsratsbegünstigung beruhenden Vermögenseinbuße die Frage nach einer möglichen Kompensation. Eine solche könnte bei Leistungen an Betriebsratsmitglieder darin liegen, dass sich diese durch ein entsprechend wohlwollendes Verhalten für die Zuwendungen erkenntlich zeigen und damit den Vermögensnachteil kompensieren. Grundsätzlich wird zwar im Bereich von Bestechungsgeldern von einer Rentabilität derselben ausgegangen, da ansonsten kein Grund für derartige Vorgehensweisen bestünde.[624] Das kann auf Betriebsratsbegünstigungen jedoch nicht ohne Weiteres übertragen werden, da hier nur selten ein konkret zu beziffernder finanzieller Vorteil, sondern vielmehr die Gefügigkeit und das Wohlwollen der Betriebsräte allgemein im Vordergrund stehen.

Unabhängig davon begegnet die Annahme einer Kompensation mehreren Bedenken. Zum einen muss die „Gegenleistung" des Betriebsratsmitglieds nach wirtschaftlichen Maßstäben hinreichend konkret beurteilbar sein.[625] Es bedarf daher konkreter Entscheidungen des begünstigten Betriebsratsmitglieds. Ein lediglich abstraktes Wohlwollen kann daher nicht zur Kompensation des Vermögensnachteils führen. Zum Teil wird eine Kompensation durch wohlwollendes Verhalten des Betriebsratsmitglieds schon deshalb für abwegig gehalten, weil ein Betriebsratsmitglied ohnehin wegen § 2 Abs. 1 BetrVG zur vertrauensvollen

---

621 BGH v. 17.07.2009 – 5 StR 394/08, NJW 2009, 3173 (3175); S/S/*Perron*, § 266, Rn. 39; *Lackner/Kühl*, § 266, Rn. 16; *Corsten*, HRRS 2011, 247 (252); **a.A.** BGH v. 13.04.2011 – 1 StR 94/10, NJW 2011, 1747 (1751).

622 *Fischer*, StGB, § 266, Rn. 115; *Lackner/Kühl*, § 266, Rn. 17; MüKo-StGB/*Dierlamm*, § 266, Rn. 178.

623 SK/*Hoyer*, § 266, Rn. 108; LK/*Schünemann*, § 266, Rn. 169; *Lackner/Kühl*, § 266, Rn. 17b; MüKo-StGB/*Dierlamm*, § 266, Rn. 181 ff.; S/S/*Perron*, § 266, Rn. 41; *Corsten*, HRRS 2011, 247 (251).

624 *Corsten*, HRRS 2011, 247 (251).

625 LG Braunschweig v. 25.01.2007 – 6 Kls 48/06, CCZ 2008, 32 (34).

Zusammenarbeit verpflichtet sei.[626] Eine Kompensation komme daher nur in den Fällen in Betracht, in denen das Betriebsratsmitglied dem Arbeitgeber über seine gesetzliche Verpflichtung hinaus entgegen komme. Nach anderer Auffassung geht jedoch das mit einer Begünstigung bezweckte Verhalten darüber hinaus, weil ein überobligatorisches allgemeines Wohlwollen dem Unternehmen greifbare Vermögensvorteile bringen könne, indem etwa der Betriebsrat seine Rechte nicht ausreizt oder auf den Gebrauch formeller Rechte verzichtet.[627]

Tatsächlich wird eine Kompensation allein mit dem Argument aus § 2 Abs. 1 BetrVG nicht reflexartig verneint werden können. Entscheidend ist nämlich stets, was der Begünstigende mit seiner Begünstigung bezweckt hat. Im Grundsatz sind hier zwei Konstellationen zu unterscheiden: Handelt es sich um ein „widerspenstiges" Betriebsratsmitglied, welches durch die Begünstigung „gezähmt" werden soll, erkauft sich der Begünstigende in der Tat ein Wohlwollen, auf das er gemäß § 2 Abs. 1 BetrVG ohnehin einen Anspruch hat. Eine Kompensation scheidet dann aus. Handelt es sich um ein Betriebsratsmitglied, welches sich entsprechend der Vorgabe des § 2 Abs. 1 BetrVG verhält, kann eine Kompensation nur in Betracht kommen, wenn das Betriebsratsmitglied „Verrat" an der Belegschaft begeht, es also aufgrund der Begünstigung die Seiten wechselt. Freilich wird der Nachweis hierüber nur schwer zu erbringen sein. So kann beispielsweise faktisch nicht ermittelt werden, ob das Betriebsratsmitglied einer Kündigung aus betrieblichen oder sachfremden Erwägungen nicht widersprochen hat. Sofern existent, kann als Indiz auf eine der Begünstigung zugrunde liegende Unrechtsvereinbarung zurückgegriffen werden.

Daneben muss bei Betriebsratsmitgliedern stets bedacht werden, dass diese nur ein Teil eines Gremiums sind. Das einzelne Mitglied kann selbst zwar Beschlüsse des Betriebsrats durch sein Mitspracherecht und sein Abstimmungsverhalten beeinflussen. Es kann die Entscheidung aber immer nur mit den anderen Betriebsratsmitgliedern als Gremium treffen. Erforderlich wäre insoweit die Begünstigung aller oder zumindest der Mehrheit der Mitglieder des Betriebsrats. Zuzustimmen ist deshalb der Auffassung des LG Braunschweig, wonach selbst ein nachweisbar wohlwollendes Verhalten des begünstigten Betriebsrats *Volkert* als Vorsitzender des Gesamt-, Konzern- und Weltbetriebsrats nicht ausreichend gewesen wäre, um einen Vermögensnachteil auszugleichen.[628]

---

626 BGH v. 17.09.2009 – 5 StR 521/08, NJW 2010, 92 (94); *Rieble*, CCZ 2008, 32 (35); NZA 2008, 276 (280).

627 *Zwiehoff*, jurisPR-ArbR, 2/2009, Anm. 6.

628 LG Braunschweig v. 25.01.2007 – 6 Kls 48/06, CCZ 2008, 32 (33 f.); **a.A.** *Graf/Link*, NJW 2009, 409 (410), die auf die tatsächliche Durchsetzungsfähigkeit abstellen wollen.

Doch selbst wenn im Einzelfall eine Kompensation durch eine Gegenleistung des begünstigten Betriebsrats angenommen werden kann, schließt dies nicht zwingend die Strafbarkeit nach § 266 StGB aus. Die kompensierenden Vorteile sind im Fall einer Betriebsratsbegünstigung durch eine rechtswidrige Tat, nämlich § 119 Abs. 1 Nr. 3 BetrVG erlangt worden. Derartige Vorteile können indes gemäß § 73 Abs. 1 Satz 1 Alt. 1 StGB dem Verfall unterliegen.[629] Wird dieser gerichtlich angeordnet, scheidet eine den Vermögensschaden kompensierende Gegenleistung ohnehin aus.

Mithin führt die Begünstigung eines Betriebsratsmitglieds stets zu einem Vermögensnachteil auf Seiten des Vermögensinhabers. Eine Kompensation kommt nur in Betracht, wenn sich das Betriebsratsmitglied erkennbar auf die Seite des Arbeitgebers stellt und entsprechende Entscheidungen auch im Gremium durchsetzen kann. Selbst dann kann die Kompensation jedoch unter Umständen aufgrund § 73 StGB entfallen.

d) Einverständnis des Vermögensinhabers

Der objektive Tatbestand des § 266 StGB kann durch ein tatbestandsausschließendes Einverständnis des Vermögensinhabers ausgeschlossen sein. Dieses ist im Gegensatz zur Einwilligung nicht erst auf der Ebene der Rechtswidrigkeit zu berücksichtigen, weil das Einverständnis des Treugebers die Pflichtverletzung des Treupflichtigen und somit die Tatbestandsverwirklichung ausschließt.[630] Da § 266 StGB ausschließlich das Vermögen des Vermögensinhabers schützt, kann dieser auch im Grundsatz frei über dieses Rechtsgut verfügen und Vermögensnachteilen zustimmen. Voraussetzung ist jedoch, dass das Einverständnis zum Zeitpunkt der Vornahme des Geschäfts vorliegt, weil eine nachträgliche Genehmigung nicht zum Tatbestandsausschluss führt.[631]

Problematisch sind jedoch Fälle, in denen der Vermögensinhaber durch das Einverständnis selbst gesetzeswidrig handelt. Überwiegend wird vertreten, einem gesetzeswidrigen Einverständnis komme keine tatbestandsausschließende Wirkung

---

629 *Corsten*, HRRS 2011, 247 (250, 252).

630 BGH v. 20.07.1999 – 1 StR 668/98, NJW 2000, 154 (155); LK/*Schünemann*, § 266, Rn. 124; NK-StGB/*Kindhäuser*, § 266, Rn. 66; SK/*Hoyer*, § 266, Rn. 58; MüKo-StGB/*Dierlamm*, § 266, Rn. 176; *Fischer*, StGB, § 266, Rn. 90; S/S/*Perron*, § 266, Rn. 21; *Lackner/Kühl*, § 266, Rn. 20.

631 LK/*Schünemann*, § 266, Rn. 124; NK-StGB/*Kindhäuser*, § 266, Rn. 66; MüKo-StGB/*Dierlamm*, § 266, Rn. 129; *Fischer*, StGB, § 266, Rn. 90; S/S/*Perron*, § 266, Rn. 21.

zu.[632] Dieser Auffassung folgend, wäre im Rahmen von Betriebsratsbegünstigungen zu beachten, dass eine Legitimation, etwa durch einen Beschluss der Gesellschafter oder der Anteilseigner, rechtswirksam nicht möglich wäre. Ein Einverständnis, welches die unzulässige Begünstigung eines Betriebsratsmitglieds vorsieht, wäre wegen Verstoßes gegen das Begünstigungsverbot gemäß § 134 BGB nichtig.

Diese Sichtweise überzeugt nicht. Der Untreuetatbestand soll in erster Linie das Vermögen des Vermögensinhabers schützen. Ist dieser jedoch mit der Schädigung seines Vermögens einverstanden, kann nach zutreffender Auffassung auch der Umstand, dass der Vermögensinhaber selbst mit seinem Einverständnis gegen ein Gesetz verstößt, nicht dazu führen, dass er die Dispositionsbefugnis über sein eigenes Vermögen verliert. Andernfalls würde das Vermögensdelikt der Untreue in ein allgemeines Delikt zur Verhinderung unredlichen Verhaltens im Geschäftsverkehr umfunktioniert.[633] Der Untreuetatbestand soll aber insbesondere nicht die Unabhängigkeit der Mitglieder des Betriebsrats oder die Funktionsfähigkeit der betrieblichen Mitbestimmung gewährleisten, sondern wertungsfrei das Vermögen des Vermögensinhabers schützen. Der Begünstigende erfüllt daher nicht den Tatbestand des § 266 StGB, wenn der Vermögensinhaber zuvor sein Einverständnis erklärt hat.

e) Subjektiver Tatbestand

Eine Strafbarkeit nach § 266 StGB setzt schließlich voraus, dass der Treupflichtige hinsichtlich aller objektiven Tatbestandsmerkmale vorsätzlich handelt, wobei auch bedingter, sog. Eventualvorsatz ausreichend ist.[634] Der Handelnde muss sich dabei nicht nur der Pflichtwidrigkeit seines Tuns, sondern auch und gerade des dadurch bewirkten Nachteils für das zu betreuende Vermögen bewusst sein.[635]

Im Rahmen von Betriebsratsbegünstigungen kommt regelmäßig nur ein Eventualvorsatz[636] in Betracht. Der Treupflichtige bezweckt nicht die Schädigung des Vermögensinhabers, sondern erhofft sich im Gegenteil durch die Betriebsratsbegünstigung einen Vorteil für den Vermögensinhaber. Unproblematisch dürfte dabei die Feststellung sein, dass dem Treupflichtigen die Pflichtwidrigkeit seiner

---

632 SK/*Hoyer*, § 266, Rn. 58; NK-StGB/*Kindhäuser*, § 266, Rn. 67; MüKo-StGB/*Dierlamm*, § 266, Rn. 130; *Fischer*, StGB, § 266, Rn. 92; **a.A.** S/S/*Perron*, § 266, Rn. 21b.

633 S/S/*Perron*, § 266, Rn. 21a.

634 *Fischer*, StGB, § 266, Rn. 171; S/S/*Perron*, § 266, Rn. 49; *Lackner/Kühl*, § 266, Rn. 19.

635 BGH v. 23.05.2002 – 1 StR 372/01, NStZ 2002, 648 (650).

636 Zu dieser Vorsatzform: Fn. 537 m.w.N.

Vorgehensweise bewusst war. Die Unzulässigkeit von Begünstigungen sollte insbesondere den mit der Zuwendung befassten Treupflichtigen als betriebsverfassungsrechtliches Grundwissen bekannt sein. Als Indizien können dabei gezielte Verschleierungen oder geheime Kommissionen wie im Fall *Hartz* dienen. Probleme können sich im Einzelfall dann ergeben, wenn es sich um unzulässige Betriebsratsvergütungen im Grenzbereich handelt. Zu prüfen ist dann, ob beispielsweise die Vergütung bewusst gesetzeswidrig erhöht oder aufgrund falscher Rechtsanwendung unzutreffend ermittelt wurde. Nur im letzteren Fall dürfte der Untreuevorsatz auszuschließen sein.

Wesentlich schwieriger fällt die Feststellung des Vorsatzes hinsichtlich des Vermögensnachteils. Die Strafsenate des BGH beurteilen diese Frage nicht einheitlich, sodass innerhalb der Rechtsprechung keine Entscheidungslinie erkennbar ist. Nach Auffassung des 2. Strafsenats setze der Vorsatz des Treupflichtigen nicht nur die Kenntnis von der konkreten Gefahr eines Vermögensnachteils voraus, sondern verlange darüber hinaus eine Billigung der *Realisierung* dieser Gefahr, sei es auch nur in der Form, dass sich der Treupflichtige mit dem Eintritt des ihm unerwünschten Erfolgs abfinde.[637] Den entsprechenden Rückschluss, dass sich als Tatbestandsvoraussetzung beim vorsätzlichen pflichtwidrigen Eingehen von Vermögensrisiken der Vorsatz immer auch auf die Billigung des Vermögensnachteils erstrecken müsse, will wiederum der 1. Strafsenat ausdrücklich nicht ziehen.[638] Der 4. Strafsenat und ein Teil des Schrifttums vertritt demgegenüber die Auffassung, dass an den Nachweis des subjektiven Tatbestandes wegen des weit gefassten objektiven Tatbestandes strenge Anforderungen zu stellen seien, insbesondere, wenn nur bedingter Vorsatz in Betracht komme und der Treupflichtige nicht eigennützig handele.[639]

Die unterschiedlichen Ansätze der Rechtsprechung zeigen, dass die Senate offensichtlich bemüht sind, etwaige Großzügigkeiten auf der Ebene des objektiven Tatbestandes auf der Vorsatzebene zu korrigieren. Ein solches Vorgehen ist dogmatisch jedoch wenig überzeugend[640] und führt aufgrund der divergierenden Auffassung der Strafsenate zu erheblicher Rechtsunsicherheit. Nach der bisherigen Rechtsprechung lässt sich keine verlässliche Linie für die Frage des subjektiven Tatbestandes herausarbeiten. Ausgangspunkt sollte richtigerweise eine Entscheidung

637 BGH v. 18.10.2006 – 2 StR 499/05, NJW 2007, 1760 (1766); wohl auch: MüKo-StGB/*Dierlamm*, § 266, Rn. 240.

638 BGH v. 20.03.2008 – 1 StR 488/07, NJW 2008, 2451 (2452).

639 BGH v. 27.02.1975 – 4 StR 571/74, NJW 1975, 1234 (1236); *Lackner/Kühl*, § 266, Rn. 19; **a.A.** *Fischer*, StGB, § 266, Rn. 176.

640 MüKo-StGB/*Dierlamm*, § 266, Rn. 238.

des Bundesverfassungsgerichts sein: Danach stellt der Untreuetatbestand auch im subjektiven Bereich keine höheren Anforderungen: Hinsichtlich sämtlicher objektiver Tatbestandsmerkmale muss lediglich bedingter Vorsatz vorliegen.[641] Für die Feststellung des Eventualvorsatzes müssen daher die allgemeinen Regeln gelten.[642] Zu fragen ist deshalb, ob der Treupflichtige die Gefahr eines Vermögensnachteils kannte oder kennen musste und ob er diese Gefahr billigend in Kauf genommen hat.[643] Diese Frage hängt ganz maßgeblich davon ab, ob und welchen Vorteil der Treupflichtige durch die Pflichtverletzung zu erreichen glaubte. Für die Fälle der Betriebsratsbegünstigung kommt es daher darauf an, ob die Zuwendung zum Zwekke einer Gegenleistung erfolgte. Ist das nicht der Fall, liegt bedingter Untreuevorsatz vor, weil dem Treupflichtigen klar war, dass sein Verhalten zwingend zu einem Vermögensnachteil führt. War jedoch eine Gegenleistung des Betriebsratsmitglieds – wenn auch informell – vereinbart, kommt es darauf an, ob sich diese auf das bloße Handeln zum Wohle des Unternehmens oder darüber hinaus auf einen „Verrat" an der Belegschaft bezieht. Im ersten Fall weiß der Treupflichtige, dass er durch die Begünstigung etwas erkauft, auf das er ohnehin wegen § 2 Abs. 1 BetrVG einen Anspruch hat.[644] Will der Treupflichtige aber eine darüber hinaus gehende Leistung des Betriebsratsmitglieds erkaufen, geht es von einer Rentabilität der Begünstigung aus. In diesem Fällen wird es am Eventualvorsatz fehlen.

Festzuhalten bleibt, dass in Fällen einer Betriebsratsbegünstigung ein Vorsatz des Treupflichtigen hinsichtlich der Pflichtverletzung i.d.R. vorliegt. Dies gilt auch für den Vorsatz bezüglich des Vermögensnachteils, es sei denn, der Treupflichtige ist von einer verwertbaren Gegenleistung des Betriebsratsmitglieds ausgegangen. In diesem Fall ist nach der hier vertretenen Auffassung der subjektive Tatbestand nicht erfüllt.

2. Strafbarkeit des Betriebsratsmitglieds

a) Täterschaft

Der Untreuetatbestand des § 266 StGB ist als Sonderdelikt zu qualifizieren.[645] Täter kann nur sein, wer mit dem Vermögensinhaber über eine Vermögensbetreuungspflicht

641 BVerfG v. 23.06.2010 – 2 BvR 2559/08, NJW 2010, 3209 (3214).
642 *Fischer*, StGB, § 266, Rn. 176.
643 Fn. 537.
644 *Rieble*, CCZ 2008, 32 (35); NZA 2008, 276 (280).
645 *Fischer*, StGB, § 266, Rn. 185.

verbunden ist.[646] Fraglich ist, inwieweit auch der Betriebsrat und seine Mitglieder einer Vermögensbetreuungspflicht unterliegen. Nur wenn dies bejaht werden kann, kommt eine Täterschaft nach § 266 StGB überhaupt in Betracht. Ist dies nicht der Fall, ist lediglich an eine Teilnahme zu denken.

Nach überwiegender Ansicht wird eine Vermögensbetreuungspflicht des Betriebsrats verneint und eine Täterschaft des einzelnen Mitglieds gemäß § 266 StGB ausgeschlossen.[647] Dem ist hinsichtlich des Treubruchtatbestandes zuzustimmen. Wie bereits dargelegt, muss sich beim Treubruchtatbestand die Vermögensbetreuungspflicht als wesentliche Hauptpflicht darstellen.[648] Das ist weder beim Betriebsrat noch beim Betriebsratsmitglied der Fall, weil sich deren Hauptpflicht auf die Wahrnehmung der betrieblichen Mitbestimmung beschränkt. Das Vermögen des Arbeitgebers zu betreuen obliegt weder dem Betriebsrat als Gremium noch dem einzelnen Betriebsratsmitglied als Hauptpflicht. Möglich bleibt eine Täterschaft im Rahmen des Missbrauchstatbestandes, weil hier grundsätzlich auch eine Nebenpflicht zur Vermögensbetreuung ausreichen kann. Diese erfasst jedoch nicht den Bereich der unzulässigen Zuwendungen an Betriebsräte, sondern allenfalls die Befugnis zur Abwicklung der Betriebsratskosten nach § 40 Abs. 1 BetrVG.[649] Eine Vermögensbetreuungspflicht ergäbe sich dann aus der Pflicht des Betriebsrats, den Arbeitgeber nur mit erforderlichen und verhältnismäßigen Kosten zu belasten.[650] Aber selbst bei Vorliegen einer solchen Vermögensbetreuungspflicht des Betriebsrats scheidet eine Täterschaft des Mitglieds nach § 266 StGB bereits mangels entsprechender Befugnis aus. Der Betriebsrat kann seine Mitglieder nicht selbst begünstigen, weil er über das Vermögen des Arbeitgebers nicht entsprechend verfügen kann. Er kann eine etwaige Vermögensbetreuungspflicht nicht verletzen. Der Betriebsrat ist mangels Befugnis weder rechtlich noch tatsächlich in der Lage, seine Mitglieder zu begünstigen. Auch dem einzelnen Betriebsratsmitglied fehlt diese Verfügungsbefugnis. Daraus folgt, dass das einzelne Mitglied den Tatbestand der Untreue als Täter nicht durch eine Betriebsratsbegünstigung erfüllen kann. Eine Ausnahme wird hinsichtlich des einzelnen Mitglieds nur dann zu machen sein, wenn dieses aufgrund seiner betrieblichen Stellung

646 BGH v. 30.08.2007 – 4 StR 127/07, NStZ-RR 2008, 6; S/S/*Perron*, § 266, Rn. 52; *Lackner/Kühl*, § 266, Rn. 2.

647 *Fischer*, BB 2007, 997 (1000); *Schweibert/Buse*, NZA 2007, 1080 (1086); *Moll/Roebers*, NZA 2012, 57 (62); *Sparchholz/Trümner*, S. 20; **a.A.** *Rieble/Klebeck*, NZA 2006, 758 (763, 764), allerdings bzgl. des Missbrauchstatbestands.

648 *Fischer*, StGB, § 266, Rn. 35; *Lackner/Kühl*, § 266, Rn. 11.

649 *Rieble/Klebeck*, NZA 2006, 758 (763).

650 *Rieble/Klebeck*, NZA 2006, 758 (764).

selbst entsprechende Entscheidungen wie z.B. die Höhe einer Vergütung, treffen kann. Dann kann im Einzelfall eine Vermögensbetreuungspflicht gegenüber dem Unternehmen vorliegen.

b) Teilnahme

Soweit eine vorsätzliche und rechtswidrige Haupttat – etwa eine Untreuehandlung des Arbeitgebers – vorliegt, kommt eine Teilnahme des Betriebsratsmitglieds in Gestalt einer Beihilfe (§ 27 StGB) oder einer Anstiftung (§ 26 StGB) zu dieser Haupttat in Betracht.[651] An die Variante der Anstiftung ist vor allem dann zu denken, wenn das Betriebsratsmitglied seine Begünstigung aktiv einfordert.[652] Demgegenüber kann die Grenze zur Beihilfe bereits durch bloße Zustimmung zur Begünstigung überschritten werden. Dies zeigt wiederum der Fall *Volkert*: Bei der Beurteilung der Strafbarkeit wegen der Teilnahme des Betriebsratsmitglieds *Volkert* an der Untreue des Arbeitsdirektors *Hartz* haben das LG Braunschweig und der BGH keine hohen Anforderungen an eine mögliche Teilnahmehandlung gestellt. Die Geltendmachung höherer Bezüge für Führungskräfte durch *Volkert* werteten beide Instanzen zwar nicht als Anstiftung, da darin ein berechtigtes Gruppeninteresse zu sehen sei. Dadurch jedoch, dass *Hartz* auf die Idee der Gewährung von Sonderboni kam und *Volkert* dies mit den Worten „Dann machen wir das“ bestätigte, sei der Haupttäter *Hartz* in seinem Tatentschluss bestärkt worden.[653]

Folgt man dieser Rechtsprechung, ist die Grenze zwischen strafloser Entgegennahme veruntreuter Zuwendungen und strafbewährter Beihilfe dann überschritten, wenn der Zuwendungsempfänger ausdrücklich der gesetzeswidrigen Vorgehensweise zustimmt. Nach allgemeinen strafrechtlichen Regeln stellt dies eine Form der sog. psychischen Beihilfe dar. Kennzeichnend für diese Form der Beihilfe ist die Bestärkung des Haupttäters in seinem Tatentschluss.[654] Davon abzugrenzen ist die straflose Duldung einer fremden Tat.[655] Der Bereich des bloßen Duldens ist jedoch bei einer ausdrücklichen Zustimmung wie im Fall *Volkert* richtigerweise überschritten. Mit der ausdrücklichen Zustimmung wird dem Täter nicht nur das bloße Einverständnis des Gehilfen, sondern darüber hinaus der

---

651 *Fischer*, BB 2007, 997 (1000).

652 *Rieble/Klebeck*, NZA 2006, 758 (764).

653 LG Braunschweig v. 22.02.2008 – 6 KLs 20/07, BeckRS 2009, 29834; bestätigt durch BGH v. 17.09.2009 – 5 StR 521/08, NJW 2010, 92 (95).

654 BGH v. 25.10.2011 – 3 StR 206/11, NStZ 2012, 316 (317); *Fischer*, StGB, § 27, Rn. 11.

655 MüKo-StGB/*Joecks*, § 27, Rn. 14; *Fischer*, StGB, § 27, Rn. 13a; *Lackner/Kühl*, § 27, Rn. 4.

Eindruck vermittelt, der Gehilfe stehe hinter der Tat und trage diese mit. Anders hingegen bei der bloßen Entgegennahme der Begünstigung. Denn allein daraus kann der Haupttäter weder ein zusätzliches Sicherheitsgefühl noch eine seinen Tatentschluss fördernde oder festigende Wirkung ableiten. Eine Strafbarkeit des Betriebsratsmitglieds wegen Beihilfe zur Untreue kommt daher nur in Betracht, wenn die Handlung des Betriebsratsmitglieds über die der bloßen Leistungsannahme hinausgeht.

Noch höher liegen die Anforderungen an eine mögliche Anstiftung zur Untreue durch das Betriebsratsmitglied. Folgt man auch hier der Rechtsprechung in Sachen *Volkert,* genügt dabei schon die Forderung des Betriebsratsmitglieds, gesetzeswidrige Leistungen zu erbringen. Denn *Volkert* hatte von *Hartz* u.a. die Organisation und Bezahlung der Reisen einer brasilianischen Geliebten, der Inanspruchnahme von Prostituierten und der Anmietung einer Wohnung aktiv gefordert.[656]

Zu Recht haben beide Instanzen in diesen Handlungen eine Anstiftung gesehen. Das fordernde Betriebsratsmitglied bestimmt den Treupflichtigen im Sinne von § 26 StGB zu der strafbewährten Pflichtverletzung, wenn es eine unzulässige Besserstellung aktiv einfordert. Der sog. doppelte Anstiftervorsatz, d.h. Vorsatz hinsichtlich der Begehung der Haupttat und der eigenen Anstiftung, wird in diesen Fällen unproblematisch anzunehmen sein, wenn nicht das begünstigte Betriebsratsmitglied an das Bestehen eines Anspruchs glaubte. Ob dann der Vorsatz oder ggf. die Schuld entfällt, richtet sich im Einzelfall nach den strafrechtlichen Irrtumsregeln der §§ 16, 17 StGB.

Festzuhalten bleibt, dass eine Teilnahme des Betriebsratsmitglieds in Gestalt von Beihilfe und Anstiftung zur Untreue möglich ist. Der Bereich der straflosen Annahme von Zuwendungen zur strafbaren Beihilfe wird überschritten, wenn sich das Betriebsratsmitglied ausdrücklich mit der gesetzeswidrigen Vorgehensweise einverstanden erklärt und damit den Treupflichtigen in seinem Entschluss bestärkt. Fordert das Betriebsratsmitglied sogar die unzulässige Begünstigung selbst ein, liegt regelmäßig eine strafbare Anstiftung vor.

III. Steuerstrafrecht, § 370 AO

Neben den Straftatbeständen des § 119 Abs. 1 Nr. 3 BetrVG und des § 266 StGB hat vor allem *Rieble* auch den steuerrechtlichen Straftatbestand des § 370 AO in

656 LG Braunschweig v. 22.02.2008 – 6 KLs 20/07, BeckRS 2009, 29834; bestätigt durch BGH v. 17.09.2009 – 5 StR 521/08, NJW 2010, 92 (95).

die Diskussion einbezogen. Nach § 370 Abs. 1 Nr. 1 AO macht sich strafbar, wer den Finanzbehörden unrichtige oder unvollständige Angaben macht und dadurch Steuern verkürzt oder für sich oder einen anderen nicht gerechtfertigte Steuervorteile erlangt. Die Unrichtigkeit der Angaben kann sich im Zusammenhang mit Betriebsratsbegünstigungen aus dem Betriebsausgabenabzugsverbot des § 4 Abs. 5 Satz 1 Nr. 10 EStG ergeben. Danach kann u.a. die Zuwendung von Vorteilen, die eine rechtswidrige Handlung darstellt und den Tatbestand eines Strafgesetzes verwirklicht, nicht als Betriebsausgabe geltend gemacht werden. Der Gesetzgeber will damit vermeiden, dass der Staat rechtswidrige Zahlungen steuerrechtlich begünstigt.

Unstreitig ist, dass der Tatbestand der Untreue nach § 266 StGB nicht zum Betriebsausgabenabzugsverbot führt, weil die Zuwendung als solche strafbar oder rechtswidrig sein muss.[657] § 266 StGB will demgegenüber nur den Vermögensinhaber vor Nachteilen schützen. Ob dies auch für betriebsverfassungsrechtlich unzulässige Betriebsratsbegünstigungen gilt, ist im Schrifttum umstritten.

1. Betriebsratsbegünstigung und Betriebsausgabenabzugsverbot

Nach einer Auffassung zieht eine Betriebsratsbegünstigung das steuerliche Betriebsausgabenabzugsverbot nicht nach sich.[658] Zwar sei das Betriebsausgabenabzugsverbot des § 4 Abs. 5 Satz 1 Nr. 10 EStG ausgehend vom Wortlaut nicht auf bestimmte Straftatbestände beschränkt. Gleichwohl sei in den Einkommensteuer-Richtlinien eine abschließende Aufzählung[659] aller relevanten Straftaten und Ordnungswidrigkeiten aufgeführt, welche § 119 Abs. 1 Nr. 3 BetrVG nicht enthalte. Darüber hinaus bestehe für eine – rechtlich mögliche – extensivere Auslegung von § 4 Abs. 5 Satz 1 Nr. 10 EStG kein Grund. § 119 Abs. 1 Nr. 3 BetrVG sei kein Korruptionsdelikt im eigentlichen Sinne. Das Betriebsausgabenabzugsverbot der Nr. 10 diene aber gerade der Korruptionsbekämpfung, weshalb als rechtswidrige Taten im Sinne dieser Vorschrift nur Korruptionsstraftaten in Betracht kommen. Hinzu komme, dass es angesichts der ausdrücklichen Nennung des § 119 Abs. 1 Nr. 1 BetrVG in den Einkommensteuer-Hinweisen unwahrscheinlich sei, dass § 119 Abs. 1 Nr. 3 BetrVG dort versehentlich nicht aufgenommen worden sei.[660]

---

657 *Graf/Link*, NJW 2009, 409 (411).
658 *Graf/Link*, NJW 2009, 409 (411).
659 BStBl. I 2002, S. 1031, Rn. 10.
660 *Graf/Link*, NJW 2009, 409 (411).

Nach anderer Auffassung fällt auch eine Betriebsratsbegünstigung unter § 4 Abs. 5 Satz 1 Nr. 10 EStG.[661] Das Betriebsausgabenabzugsverbot fordere keinen Korruptionszusammenhang,[662] jedenfalls aber sei eine Beschränkung auf „echte" Korruptionsdelikte verfehlt.[663] Das würde im Ergebnis dazu führen, „dass das, was die eine Hand des Staates, Staatsanwaltschaft und Polizei, bekämpft, durch die andere Hand des Staates, das Finanzamt, begünstigt wird".[664] Zwar sei das Steuerrecht an sich wertneutral und frage nicht nach der Rechtswidrigkeit. Dieser Grundsatz werde aber gerade in Gestalt von Nr. 10 durchbrochen.[665] Auch die Entstehungsgeschichte der Vorschrift gebe keinen Hinweis darauf, dass der Gesetzgeber das Abzugsverbot auf bestimmte Strafvorschriften beschränken wollte.[666] Im Gegenteil hätte der Gesetzgeber die Norm ausdrücklich einschränken müssen, wenn er eine begrenzte Anwendung bezweckt hätte.[667] Im Übrigen sei § 119 Abs. 1 Nr. 3 BetrVG auch ein Korruptionsdelikt. Anders als klassische Korruptionsdelikte setze die Norm aber bereits im Vorfeld an, indem sie durch das Verbot der Betriebsratsbegünstigung es gar nicht zu einer Betriebsratsbestechung kommen lassen will.[668] Die Einkommensteuer-Hinweise seien zudem „doppelt unverbindlich", weil sie erstens nicht als Teil der Einkommensteuer-Richtlinie erlassen worden seien und ohnehin nur eine offene Beispielsliste darstellen.[669]

Nach aktueller Rechtslage dürfte der Streit indes zugunsten der letztgenannten Auffassung entschieden sein. Die Einkommensteuer-Richtlinien geben keinen Hinweis darauf, ob das Abzugsverbot auch für § 119 Abs. 1 Nr. 3 BetrVG gilt. Die Richtlinie enthält weder in früheren, noch in der aktuellen Fassung konkrete Normen, bei welchen das Abzugsverbot Geltung beanspruchen soll.[670] Zusätzlich zu den Richtlinien erlässt das Bundesministerium für Finanzen jedoch Einkommensteuer-Hinweise, welche die Richtlinien konkretisieren. Nach den aktuellen Hinweisen zählen zu den Tatbeständen, die unter das Abzugsverbot

661 *Rieble*, BB 2009, 1016 (1021); *ders.*, BB 2009, 1612 (1616); *Schemmel/Slowinski*, BB 2009, 830 (832); *Bittmann/Mujan*, BB 2012, 637 (640).

662 *Rieble*, BB 2009, 1016 (1021).

663 *Kraatz*, wistra 2011, 447 (451).

664 *Frank Hofmann*, Bundestagsabgeordneter der SPD; Bundestagsprotokoll vom 29.06.1995, BT-Protokoll 13/47.

665 *Rieble*, BB 2009, 1612 (1614).

666 *Schemmel/Slowinski*, BB 2009, 830 (832) wollen diesem Umstand sogar als Hinweis für die Geltung des Abzugsverbots werten.

667 *Rieble*, BB 2009, 1612 (1615).

668 *Rieble*, BB 2009, 1612 (1617).

669 *Rieble*, BB 2009, 1612 (1617).

670 EStR 2008, R 4.14.

fallen, unter anderem § 119 Abs. 1 BetrVG.[671] Die in den Einkommensteuer-Hinweisen von 2001 eingeführte Einengung auf § 119 Abs. 1 Nr. 1 BetrVG wurde seit den Hinweisen von 2009 jedoch wieder zurück genommen.[672] Mithin kann ein Ausschluss des § 119 Abs. 1 Nr. 3 BetrVG jedenfalls seit 2009 nicht mehr auf die Einkommensteuer-Richtlinie oder die Einkommensteuer-Hinweise gestützt werden. Vielmehr spricht die Ausdehnung auf den gesamten Absatz 1 für eine umfassende Geltung.

Aber auch eine Begrenzung des Abzugsverbots auf Korruptionsdelikte führt nicht zum Ausschluss des § 119 Abs. 1 Nr. 3 BetrVG. Zutreffend ist zwar, dass das Abzugsverbot in § 4 Abs. 5 Satz 1 Nr. 10 EStG der Korruptionsbekämpfung dient und deshalb nur diejenigen Tatbestände erfasst, die Korruption verhindern wollen. Jedoch ist auch die Betriebsratsbegünstigung als Korruptionsdelikt zu qualifizieren. Zu Recht weist *Rieble* darauf hin, dass die Norm insoweit ein „modernes" Korruptionsdelikt sei, als dass es bereits im Vorfeld der Korruption ansetzte.[673] Grundlage jeder Korruption ist die Erschütterung der Unabhängigkeit und Unparteilichkeit des Bestochenen. Setzt eine Verbotsnorm bereits in diesem Stadium an, sanktioniert sie nicht erst die Bestechung, sondern versucht diese präventiv zu verhindern. Warum es sich dann um kein Korruptionsdelikt handeln soll, ist nicht einzusehen.

Festzuhalten bleibt, dass die Betriebsratsbegünstigung in den Anwendungsbereich des Betriebsausgabenabzugsverbots nach § 4 Abs. 5 Satz 1 Nr. 10 EStG fällt. Unzulässige Zuwendungen an Betriebsratsmitglieder können deshalb nicht als Betriebsausgaben geltend gemacht werden.

2. Rechtsfolgen des Betriebsausgabenabzugsverbot

Werden unzulässige Zuwendungen an Betriebsräte entgegen § 4 Abs. 5 Satz 1 Nr. 10 EStG vom Gewinn des Unternehmens abgezogen, ist, sofern dies vorsätzlich geschieht, der Straftatbestand der Steuerhinterziehung gemäß § 370 AO erfüllt. Dabei ist unerheblich, ob eine Strafbarkeit nach § 119 Abs. 1 Nr. 3 BetrVG tatsächlich gegeben ist. Es genügt, dass der objektive Tatbestand der Betriebsratsbegünstigung erfüllt ist. Auf eine Verurteilung, ein Verschulden oder auf den für die Strafverfolgung erforderlichen Strafantrag nach § 119 Abs. 2

671 EStH 2012, H 4.14.
672 EStH 2009, H 4.14; dagegen verwies EStH 2008, H 4.14 noch auf § 119 Abs. 1 Nr. 1.
673 *Rieble*, BB 2009, 1612 (1617).

BetrVG kommt es im Rahmen des steuerrechtlichen Abzugsverbots nicht an.[674] Demgegenüber muss der unzulässige Betriebsausgabenabzug vorsätzlich und schuldhaft vorgenommen worden sein. Soweit im Schrifttum ein Schuldausschuss wegen der Verwaltungsanweisung in Gestalt der Einkommensteuer-Hinweise diskutiert wird,[675] ist hierfür nach den aktuellen Hinweisen kein Raum mehr, weil die Hinweise nunmehr auf § 119 Abs. 1 BetrVG ohne Einschränkung verweisen.[676] Unabhängig vom Vorsatz hinsichtlich der Steuerhinterziehung muss der Arbeitgeber mit der Rückforderung der zu Unrecht abgezogenen Zuwendungen rechnen. Erkennt der Arbeitgeber im Nachhinein, dass er gegen das Abzugsverbot verstoßen hat, trifft ihn gegebenenfalls eine Berichtigungspflicht nach § 153 Abs. 1 Nr. 1 AO.

3. Strafbarkeit des Betriebsratsmitglieds als Teilnehmer

Sofern eine Strafbarkeit des Begünstigenden nach § 370 AO angenommen werden kann, stellt sich wiederum die Frage nach einer Beteiligung des begünstigten Betriebsratsmitglieds. Denkbar ist, dass sich das Betriebsratsmitglied, indem es beispielsweise dem Arbeitgeber einen Beleg über die unzulässige Zuwendung ausstellt, wegen Beihilfe zur Steuerhinterziehung gemäß § 369 Abs. 2 AO strafbar macht.[677] Richtigerweise wird dies im Regelfall zu verneinen sein. Eine Strafbarkeit wegen Beihilfe setzt gemäß § 27 Abs. 1 StGB in subjektiver Hinsicht neben dem Vorsatz bezüglich der Hilfeleistung zusätzlich voraus, dass das Betriebsratsmitglied gewusst hat, dass der Arbeitgeber gerade diesen Beleg nutzen will, um die Zuwendung in strafbarer Weise steuerverkürzend in Ansatz zu bringen.[678] Selbst wenn dem Betriebsratsmitglied die Unzulässigkeit der Zuwendung bewusst war, so wird es regelmäßig keine Kenntnis im Hinblick auf die steuerliche Behandlung des Arbeitgebers haben. Dann jedoch fehlt es am sog. doppelten Gehilfenvorsatz, sodass eine Strafbarkeit des Betriebsratsmitglieds nur in Ausnahmefällen anzunehmen ist. Ein solcher wird beispielsweise dann anzunehmen sein, wenn der Arbeitgeber das Betriebsratsmitglied um einen Beleg „für die Steuer“ bittet.

674 Kirchhof/*Crezelius*, § 4, Rn. 228; Schmidt/*Heinicke*, § 4, Rn. 611.

675 *Rieble*, BB 2009, 1612 (1618), *ders.*, NZA 2008, 276 (279); *Sparchholz/Trümner*, S. 23.

676 EStH 2011, H 4.14.

677 *Rieble/Klebeck*, NZA 2006, 758 (768).

678 *Sparchholz/Trümner*, S. 22.

E. Vermeidungsstrategie für die betriebliche Praxis

Die nähere Untersuchung unzulässiger Betriebsratsbegünstigungen hat gezeigt, dass die möglichen Erscheinungsformen vielfältig und die möglichen Rechtsfolgen im Falle einer unzulässigen Begünstigung für beide Betriebspartner zum Teil ganz erheblich sein können. Abgesehen von der Konstellation, in welcher die Betriebspartner die gesetzlichen Regelungen bewusst ignorieren, wird es in der betrieblichen Praxis zumeist so sein, dass den Betriebspartnern die präzise Abgrenzung zwischen Benachteiligung und Begünstigung im Einzelfall nicht gelingt. Aus diesem Grund ist es sinnvoll, für besonders anfällige Bereiche unzulässiger Begünstigungen eine betriebliche Regelung zu implementieren, welche präventiv Verstöße gegen das Begünstigungsverbot verhindern soll. Zweck einer solchen „Betriebsräterichtlinie" ist zum einen, die gesetzlichen Vorgaben deklaratorisch, jedoch in der gebotenen Verständlichkeit auf betrieblicher Ebene zu implementieren. Zum anderen sollen die hier herausgearbeiteten Grenzen für typische Bereiche von Betriebsratsbegünstigungen entsprechend konkretisiert werden.

I. Vorschlag einer Richtlinie für den Umgang mit Mitgliedern des Betriebsrats

Präambel

Diese Richtlinie dient der Einhaltung der betriebsverfassungsrechtlichen Vorschriften zur Wahrung der Unabhängigkeit der Mitglieder des Betriebsrats. Sie dient insbesondere der Konkretisierung des Ehrenamtsprinzips und des Begünstigungsverbots und soll Verstöße gegen diese betriebsverfassungsrechtlichen Grundsätze verhindern.

§ 1 Verbot der Benachteiligung und der Begünstigung

(1) Die Mitglieder des Betriebsrats dürfen gemäß § 78 Satz 2 BetrVG wegen ihrer Tätigkeit weder benachteiligt noch begünstigt werden.

(2) Eine unzulässige Begünstigung ist jede Zuwendung oder die Vereinbarung einer solchen Zuwendung, wenn diese das Betriebsratsmitglied wegen seines Amtes

bei objektiver Betrachtung gegenüber anderen vergleichbaren Arbeitnehmern besserstellt. Das gilt auch für Zuwendungen durch Dritte.

(3) Keine unzulässige Begünstigung liegt in einer Besserstellung oder einer Zuwendung, welche dem Betriebsratsmitglied aufgrund gesetzlicher Vorschriften zusteht.

§ 2 Ehrenamtliche Tätigkeit

(1) Die Mitglieder des Betriebsrats führen ihr Amt ehrenamtlich und dürfen gemäß § 37 Abs. 1 BetrVG für ihre Betriebsratstätigkeit keine Vergütung erhalten.

(2) Eine unzulässige Vergütung ist insbesondere jede Grundvergütung, Zusatzvergütung, Gehaltserhöhung, Sonderzahlung oder Sachleistung, welche zur Honorierung der Betriebsratstätigkeit vom Arbeitgeber oder einem Dritten gewährt wird.

(3) Aufwendungen sind den Betriebsratsmitgliedern nach den gesetzlichen Vorschriften zu erstatten. Eine pauschalierte Erstattungen ist unzulässig.

§ 3 Bemessung der Vergütung

(1) Die Vergütung von Mitgliedern des Betriebsrats richtet sich nach dem individuellen Arbeitsvertrag und den für das Arbeitsverhältnis anzuwendenden kollektivrechtlichen Regelungen.

(2) Ist das Betriebsratsmitglied vorübergehend (§ 37 Abs. 2 BetrVG) oder dauerhaft (§ 38 BetrVG) von seiner beruflichen Tätigkeit freigestellt, ist die Vergütung so zu bemessen, wie wenn es seiner beruflichen Tätigkeit nachgegangen wäre.

(3) Bemisst sich die arbeitsvertragliche Vergütung nach leistungs- oder erfolgsabhängigen Bezugspunkten, so ist für die Vergütung des freigestellten Betriebsratsmitglieds die durchschnittliche Leistung der letzten zwölf Monate zugrunde zu legen, in welchen das Betriebsratsmitglied uneingeschränkt seiner beruflichen Tätigkeit nachgegangen ist. Kann die Durchschnittsleistung des Betriebsratsmitglieds nicht ermittelt werden, ist die durchschnittliche Leistung vergleichbarer Arbeitnehmer mit betriebsüblicher Entwicklung maßgeblich.

§ 4 Berufliche Entwicklung

(1) Die berufliche Entwicklung der Mitglieder des Betriebsrats richtet sich nach derjenigen von vergleichbaren Arbeitnehmern mit betriebsüblicher Entwicklung. Das gilt auch für die Entwicklung der Vergütung.

(2) Vergleichbare Arbeitnehmer mit betriebsüblicher Entwicklung sind diejenigen Arbeitnehmer des Betriebs, welche im Hinblick auf ihre Tätigkeit und ihre Qualifikation mit dem Betriebsratsmitglied vergleichbar sind.

(3) Der oder die vergleichbare(n) Arbeitnehmer mit betriebsüblicher Entwicklung werden erstmals vom Arbeitgeber zu dem Zeitpunkt bestimmt, in welchem das Betriebsratsmitglied zuletzt uneingeschränkt seiner beruflichen Tätigkeit nachgehen konnte. Ist kein vergleichbarer Arbeitnehmer ermittelbar, so sind diejenigen Arbeitnehmer maßgeblich, welche im Hinblick auf ihre Tätigkeit oder ihre Qualifikation am ehesten mit dem Betriebsratsmitglied vergleichbar sind.

(4) In der Folge wird jährlich überprüft, ob die ermittelten vergleichbaren Arbeitnehmer weiterhin einen tauglichen Vergleichsmaßstab darstellen. Arbeitnehmer, deren Entwicklung einen untypischen Verlauf genommen hat, fallen aus dem Kreis der vergleichbaren Arbeitnehmer heraus. Die persönliche Entwicklung des Betriebsratsmitglieds selbst hat jedoch keinen Einfluss auf den Kreis der vergleichbaren Arbeitnehmer.

§ 5 Tätigkeiten in anderen Gremien

Die Mitglieder des Betriebsrats dürfen auch in anderen betrieblichen oder unternehmensbezogenen Gremien tätig werden. Eine Vergütung oder ein Honorar darf grundsätzlich nicht gewährt werden, es sei denn, es handelt sich um

– ein Honorar, welches wegen einer Tätigkeit im Aufsichtsrat des Unternehmens gewährt wird,
– ein Honorar, welches wegen einer Tätigkeit in einer für das betroffene Betriebsratsmitglied betriebsfremden Einigungsstelle gewährt wird und die Gewährung § 76a BetrVG nicht widerspricht,
– oder eine sonstige Gremientätigkeit, zu welcher das Betriebsratsmitglied unabhängig von seiner Amtstätigkeit berufen wurde.

§ 6 Dienstwagen

(1) Den Mitgliedern des Betriebsrats darf allein wegen ihres Amtes ein Dienstwagen weder zur privaten noch zur rein dienstlichen Nutzung gewährt werden. Davon unberührt bleibt eine Dienstwagengewährung allein zum Zwecke der Betriebsratstätigkeit, wenn diese nach den Regelungen des BetrVG erforderlich ist.

(2) Wurde dem Betriebsratsmitglied schon vor seiner Betriebsratstätigkeit ein Dienstwagen gewährt, so ist auch die weitere Nutzung in diesem Rahmen zulässig. Im Falle der rein dienstlichen Nutzung ist eine weitere Gewährung nicht zulässig, wenn an die Stelle der dienstlichen Nutzung eine Nutzung zum Zwecke der Betriebsratstätigkeit tritt, es sei denn, dieser Gewährung ist nach den Regelungen des BetrVG erforderlich.

§ 7 Dienstreisen

Kosten für Dienstreisen werden den Mitgliedern des Betriebsrats gemäß den Regelungen des BetrVG, insbesondere unter den Voraussetzungen des § 40 BetrVG, erstattet. Darüber hinaus gehende Erstattungen sind nur zulässig, wenn

- *im Rahmen einer allgemeinen betrieblichen Reisekostenregelung solche Erstattungen vorgesehen sind und diese Regelung nicht zwischen Betriebsratsmitgliedern und anderen Arbeitnehmern differenziert oder*
- *die Reise nur als Gesamtheit mehrerer Reiseleistungen angeboten wird.*

§ 8 Unzulässige Begünstigungen aufgrund des besonderen Kündigungsschutzes

Der gesetzliceh besondere Kündigungsschutz der Betriebsratsmitglieder rechtfertigt keine günstigeren Bedigungen bei vertraglichen Vereinbarungen. Das gilt insbesondere für Abfindungsregelungen in Aufhebungsverträgen und Sozialplänen.

II. Inhalt des Richtlinienvorschlags im Einzelnen

Die Regelung in § 1 dient vor allem der Klarstellung und greift deshalb den Wortlaut des § 78 Satz 2 BetrVG auf. Darüber hinaus liefert sie eine praxistaugliche Definition einer Begünstigung, weil sie, anders als die gesetzliche Vorschrift, einen Vergleichsmaßstab benennt. Nach der hier vertretenen Auffassung sind dies vergleichbare Arbeitnehmer.[679] Die Definition erfasst dabei bewusst auch Zuwendungen durch Dritte und auch das bloße Versprechen einer Zuwendung. Ausdrücklich ausgenommen werden Leistungen, welche dem Betriebsratsmitglied nach gesetzlichen Vorschriften, beispielsweise § 40 BetrVG zustehen, da diese Leistungen keine unzulässige Begünstigung darstellen können.[680] Soweit sich für den Rechtsanwender eine vermeintliche Konkurrenz zum Begünstigungsverbot ergibt, wird diese zu Gunsten der jeweiligen Spezialnorm aufgelöst.

§ 2 setzt das Ehrenamtsprinzip in der Richtlinie um und stellt über den Wortlaut des § 37 Abs. 1 BetrVG klar, dass für das Betriebsratsamt keine Vergütung gewährt werden darf. Beispielhaft werden sodann verbreitete Entgeltbestandteile aufgezählt, wobei durch das Adverb „insbesondere" klargestellt wird, dass diese Aufzählung nicht abschließend ist. Sinn der Aufzählung ist es, dem Rechtsanwender zu verdeutlichen, dass sich das Ehrenamtsprinzip nicht

---

679 S. 15 f.

680 S. 17 f.

nur auf die Grundvergütung bezieht. Die pauschalierte Erstattung von Aufwendungen ist entsprechend der hier vertretenen Auffassung nicht zulässig.[681]

Mit § 3 soll ein praxistauglicher Leitfaden für die Ermittlung der Vergütung eines Betriebsratsmitglieds festgelegt werden. Ausgangspunkt ist danach die arbeitsvertragliche Vergütung, welche nach dem Lohnausfallprinzip auch im Falle einer Freistellung zu zahlen ist.[682] In Absatz 2 wird die Anwendung des Lohnausfallprinzips beschrieben, weshalb zu fragen ist, was das Betriebsratsmitglied verdient hätte, wenn es seiner beruflichen Tätigkeit nachgegangen wäre. Da insbesondere die Ermittlung einer hypothetischen Erfolgs- oder Leistungsvergütung mit erheblichen Schwierigkeiten verbunden sein kann, wird für diese Vergütungssysteme eine verbindliche Vorgehensweise festgelegt, die der in dieser Untersuchung vertretenen Auffassung entspricht.[683]

Ein Kernelement der Richtlinie findet sich in § 4, welcher den Vergleichsmaßstab der vergleichbaren Arbeitnehmer mit betriebsüblicher Entwicklung regelt. Die Beantwortung der Frage, wie sich das Betriebsratsmitglied beruflich weiterentwickelt, fällt der betrieblichen Praxis besonders schwer und ist bei fehlerhafter Vorgehensweise ein Einfallstor für mögliche unzulässige Begünstigungen. Der hier gemachte Vorschlag soll einerseits den gesetzlichen Vorgaben entsprechen und diese möglichst nachvollziehbar für den Rechtsanwender darstellen. Zum anderen enthält die Formulierung eine Definition der vergleichbaren Arbeitnehmer und sieht eine jährliche Überprüfung der Vergleichsgruppe vor, um mögliche untypische Entwicklungen in der Vergleichsgruppe für den Vergleichsmaßstab auszuschließen. Das hier vorgeschlagene Verfahren räumt dem Arbeitgeber die Kompetenz zur Ermittlung der vergleichbaren Arbeitnehmer ein. Soweit diesbezüglich als Alternative vorgeschlagen wird, die Vergleichsgruppe einvernehmlich mit dem Betriebsratsmitglied festzulegen,[684] ist davon nach hiesiger Auffassung abzuraten. Vorteil einer solchen Vereinbarung ist zwar eine Vermeidung späterer Konflikte hinsichtlich der Frage der beruflichen Entwicklung. Allerdings birgt eine solche Vorgehensweise ein erhebliches Missbrauchspotenzial, weil sich die Beteiligten so mittelbar über die berufliche Entwicklung des Betriebsratsmitglieds einigen können. Zu beachten ist in diesem Zusammenhang zudem, dass die Frage der Vergleichsgruppe nicht im Ermessen der Beteiligten steht.[685] Das Gesetz legt

681 S. 68 f.
682 S. 32 f.
683 S. 73 ff.
684 *Schweibert/Buse*, NZA 2007, 1080 (1081).
685 Richtig: *Rieble*, NZA 2008, 276 (277).

fest, welche Arbeitnehmer vergleichbar sind. Leidglich das Verfahren lässt das BetrVG offen.

Die Regelung in § 5 betrifft Vergütungen und Honorare der Betriebsratsmitglieder, soweit diese auch in anderen Gremien tätig sind, was grundsätzlich zulässig ist. Nach dem hier gewählten Vorschlag sind solche Honorare grundsätzlich unzulässig, wobei die in dieser Untersuchung herausgearbeiteten Ausnahmen benannt werden.[686] Alternativ könnte das Regel-Ausnahme-Verhältnis auch umgekehrt formuliert werden, wonach ein Honorar grundsätzlich zulässig wäre, wenn nicht die Tätigkeit im Gremium aufgrund des Betriebsratsamtes erlangt wurde.

Eine besondere Regelung für Dienstwagen wird in § 6 getroffen. Da in diesem Bereich die Abgrenzung zwischen Benachteiligung und Begünstigung im Einzelfall besonders schwierig sein kann und zudem die Gewährung eines Dienstwagens in der Praxis weit verbreitet ist, erscheint eine solche Regelung sinnvoll. Insbesondere weil es an einer speziellen gesetzlichen Dienstwagenregelung für Betriebsräte fehlt, ist eine solche Klausel für die Praxis zu empfehlen. Der hier gemachte Vorschlag orientiert sich an der Rechtsprechung des BAG, ohne dabei alle möglichen Fallgestaltungen im Detail aufzugreifen. Um die Verständlichkeit der Regelung zu wahren, beschränkt sich der hier gemachte Vorschlag ausschließlich auf eine Differenzierung zwischen der erstmaligen (Abs. 1) und der fortgesetzten (Abs. 2) Überlassung des Dienstwagens.[687]

Eine weitere spezielle Regelung findet sich in § 7. Dort wird der Bereich der Dienstreisen aufgegriffen und die zwei entscheidenden Maßstäbe, nämlich § 40 BetrVG einerseits und eine etwaige betriebliche Regelung andererseits zueinander ins Verhältnis gesetzt. Als praxisrelevante Ausnahme wurden die sog. Komplettpakete aufgenommen.[688] Diese Ausnahme ist allerdings nicht zwingend, da durch die Nichtzulassung derartiger Angebote keine Benachteiligung der Betriebsratsmitglieder droht. Die Ausnahme kann aber aus praktischen Gesichtspunkten sinnvoll sein und verstößt nach der hier vertretenen Auffassung nicht gegen das Begünstigungsverbot.

§ 8 des Richtlinienvorschlags stellt abschließend entsprechend der hier vertretenen Auffasung klar, dass ein etwaiger Sonderkündigungsschutz keine Sonderbehandlung, insbesondere im Rahmen von Abfindungsregelungen in Aufhebungsverträgen oder Sozialplänen, rechtfertigen kann.

686 S. 99 ff.
687 S. 119 ff.
688 S. 116 f.

III. Implementierung des Richtlinienvorschlags

Schließlich ist zu klären, wie der hier gemachte Vorschlag einer Richtlinie zur Vermeidung unzulässiger Begünstigungen im Betrieb rechtstechnisch umgesetzt werden kann. Naheliegend ist eine Umsetzung über den Individualarbeitsvertrag oder eine Betriebsvereinbarung. Im letzteren Fall handelt es sich insbesondere nicht um einen Gegenstand der zwingenden Mitbestimmung. Konkret ist das Mitbestimmungsrecht des § 87 Abs. 1 Nr. 1 BetrVG nicht berührt, weil ein dieses jedenfalls dann ausscheidet, wenn wie hier nur auf gesetzlich bestehende Pflichten verwiesen wird.[689] Unabhängig davon ist die Implementierung über eine Betriebsvereinbarung auch aus praktischen Gründen wenig sinnvoll. Die im Richtlinienvorschlag enthaltenen Regelungen betreffen faktisch diejenigen Mitarbeiter, welche auch entsprechende Entscheidungsbefugnisse (z.B. Festlegung der Vergütung von Betriebsratsmitgliedern) haben. Dies sind i.d.R. leitende Angestellte und darüber positionierte Personen. Vor diesem Hintergrund würde eine entsprechende Betriebsvereinbarung faktisch ins Leere laufen.

Sinnvoller ist es daher, den Richtlinienvorschlag zum Gegenstand der Anstellungsverträge der leitenden Angestellten und darüber positionierten Personen (etwa angestellten Geschäftsführern) zu machen. Dies kann im Wege einer Verweisungsklausel geschehen. Auf diesem Weg wäre sichergestellt, dass diejenigen Mitarbeiter, welche unmittelbar über Leistungen an Mitglieder des Betriebsrats entscheiden, durch ihren Anstellungsvertrag ausdrücklich über die gesetzliche Ausgangslage unterrichtet sind.

689 BAG v. 22.07.2008 – 1 ABR 40/07, NZA 2008, 1248 (1255).

F. Reaktionsbedarf und mögliche Anknüpfungspunkte für den Gesetzgeber

„Das deutsche System der Mitbestimmung ist strukturell korrupt“,[690] wird der Wirtschaftsjurist Michael Adams zitiert. Muss aus dieser These der Rückschluss gezogen werden, dass das BetrVG keinen ausreichenden Schutz vor Korruption bietet? Laufen etwa Begünstigungsverbot und Ehrenamtsprinzip ins Leere? Die Überzeugungskraft dieser These ist zweifelhaft. Bezweckte doch der Gesetzgeber mit dem Ehrenamtsprinzip und dem Begünstigungsverbot das genaue Gegenteil, nämlich die Unabhängigkeit und Unparteilichkeit der Betriebsratsmitglieder zu stärken. Am allgemeinen Begünstigungsverbot des § 78 Satz 2 BetrVG zweifelt deshalb zu Recht niemand. Mit Blick auf das Ehrenamtsprinzip fordern einige Vertreter des Schrifttums indes eine Neujustierung, weshalb angesichts der bisher gefunden Ergebnisse die Frage angezeigt ist, ob das Ehrenamtsprinzip noch zeitgemäß ist oder ob nicht im Bereich der Betriebsratsvergütung eine Neusystematisierung sinnvoll ist.

I. Ehrenamtsprinzip versus professionelle Betriebsratsarbeit?

1. Kritik des Schrifttums am Ehrenamtsprinzip

Vielfach wird von denjenigen, die sich detailliert mit dem Ehrenamtsprinzip auseinandergesetzt haben, eine sog. Professionalisierung des Betriebsratsamtes gefordert.[691] Gemeint ist damit vor allem eine Vergütung des Betriebsratsmitglieds, welche sich an der konkreten Betriebsratstätigkeit orientiert. Eine solche Vergütung ist *de lege lata* unzulässig.[692] Die Folge sind Reformvorschläge,

---

690 FAS v. 01.04.2007, S. 46.

691 Insbesondere *Rieble*, ZAAR 2008, S. 23 ff.; *Farthmann*, FS Stahlhacke, 115 (126 ff.); für ein dispositiv ausgestaltetes Ehrenamt: *Franzen*, ZAAR, S. 57 ff.; **a.A.** *Fischer*, NZA 2007, 484 (489); *Weinspach*, FS Kreutz, 485 (496); *Lipp*, S. 204; Schaub/*Koch*, § 221, Rn. 2.

692 S. 25 ff.; 51 ff.

welche eine Abkehr vom Ehrenamtsprinzip und eine Professionalisierung des Betriebsratsamtes fordern.

Die Befürworter einer solchen Professionalisierung stützen sich zum einen auf die Annahme, es sei wirklichkeitsfern, davon auszugehen, dass Ehrenamtlichkeit die Unbestechlichkeit sichere.[693] Offenbar werden die öffentlich bekannt geworden Fälle als Beleg dafür angesehen, dass das aktuelle betriebsverfassungsrechtliche System nicht geeignet ist, derartige Begünstigungen zu verhindern.

Zum Teil wird das Ehrenamtsprinzip auch als ungerecht empfunden. Dies wird u.a. an Disparitäten innerhalb des Gremiums festgemacht: Sind etwa in einem Betrieb zwei Betriebsratsmitglieder freigestellt und leisten sie beide im Betriebsrat die gleiche Tätigkeit, so kann das Lohnausfallprinzip doch zu erheblich unterschiedlichen Vergütungen führen. Dies ist dann der Fall, wenn der eine als Abteilungsleiter in den Betriebsrat gewählt wurde und der andere als Sachbearbeiter. *Rieble* sieht in diesem Effekt eine „Diskriminierung nach der beruflichen Herkunft".[694]

Im Wesentlichen begründen die Revolutionäre[695] ihre Reformvorschläge aber mit einem Wandel der Betriebsratstätigkeit. So stellte sich bis Mitte der 70er Jahre die Betriebsratsarbeit in erster Linie als Schutzpolitik dar, welche durch ein konfrontatives Verhältnis zum Management geprägt war.[696] Betriebsräte handelten reaktiv und mit dem Ziel der Abfederung von Folgen unternehmerischer Entscheidungen für die Belegschaft. Heute ist die Betriebsratsarbeit dagegen immer mehr durch personalpolitische und personalplanerische Elemente geprägt. Die Rolle des Betriebsrats entfernt sich zunehmend von der des statischen Rechtsverteidigers hin zu einem aktiven Gestalter der betrieblichen Organisation.[697] Immer seltener wird der Betriebsrat vor vollendete Tatsachen gestellt. Vielmehr werden mitbestimmungsrelevante Entscheidungen bereits in frühe Planungsphasen vorverlagert. Die Probleme alternder Belegschaften, der Integration von Randbelegschaften und des drohenden Kollapses der sozialen Sicherungssysteme müssen bei ungebremster Globalisierung auch von den Mitgliedern des Betriebsrats bewältigt werden.[698] In großen Unternehmen ähnelt die Tätigkeit des Betriebsratsmitglieds eher der Tätigkeit eines Politikers mit einem Schwerpunkt im Bereich der Beschäftigungssicherung. Sie sind aktive und initiative Gestalter, welche von den Medien nicht weniger als Interviewpartner gefragt sind, als beispielsweise

693 *Pflüger*, BB 2007, Heft 41, 1.
694 *Rieble*, ZAAR 2008, S. 27.
695 Fn. 691.
696 *Klebe*, AiB 2006, 558 (562).
697 Ausführlich: *Niemeyer/Rapp*, AiB 2001, 473 (473).
698 *Klebe*, AiB 2006, 558 (560).

der Vorstandsvorsitzende. Das Verhältnis zwischen Management und Betriebsrat gestaltet sich deshalb zunehmend kooperativ und seltener konfrontativ. Die Rede ist dann von sog. „Co-Managern“[699]: Sie leisten die Arbeit eines Managers, erhalten aber weiterhin eine Vergütung auf Grundlage der beruflich ausgeübten Tätigkeit.

Deutlich werden die heutigen Anforderungen am Beispiel von *Klaus Franz*, dem ehemaligen Gesamtbetriebsratsvorsitzenden bei *Opel*: Während der sog. *Opel-Krise*[700] im Jahr 2008 führte *Franz* faktisch rund um die Uhr Verhandlungen mit der Unternehmensführung, der amerikanischen Konzernleitung und Vertretern von Bundes- und Landesregierungen. Aber nicht nur in derartigen Ausnahmesituation war *Franz* gefordert. „De facto sind wir alle permanent im Einsatz“, wird *Franz* zitiert.[701] In seinem Arbeitsvertrag ist demgegenüber von einer 35-Stunden-Woche die Rede.[702] Sofern in diesen Fällen die gut gemeinte (pauschale) Vergütung dieser Mehrarbeit erfolgt, was i.d.R. einen Verstoß gegen das Ehrenamtsprinzip darstellt,[703] wird diese Rechtslage offenbar als ungerecht empfunden.

Der Wandel der Betriebsratstätigkeit wird auch im Hinblick auf die soziale Verantwortung der Betriebsratsmitglieder deutlich. Beispielsweise hängt bei Verhandlungen von Beschäftigungsmodellen, aber auch der Verhandlung von Interessenausgleich und Sozialplänen, von dem Standpunkt des Betriebsrates das Schicksal vieler Arbeitnehmer und deren Familien ab. Fehlentscheidungen können ganz erhebliche Auswirkungen haben. Entsprechend trägt das Betriebsratsmitglied bei vielen Entscheidungen nicht weniger Verantwortung als der jeweilige Verhandlungspartner auf der Arbeitgeberseite. Bei Führungskräften ist es jedoch gerade das hohe Maß an Verantwortung, welches zur Rechtfertigung der Spitzengehälter herangezogen wird. Das Betriebsratsmitglied erhält demgegenüber trotz aller Verantwortung diejenige Vergütung, die seiner beruflichen Tätigkeit entspricht.

Schließlich macht sich der Wandel auch am Anforderungsprofil der Betriebsratsmitglieder bemerkbar. Die zu treffenden Entscheidungen können zum Teil nur mit vertieften juristischen und betriebswirtschaftlichen Fachkenntnissen getroffen

---

699 Zum Begriff: *Niemeyer/Rapp*, AiB 2001, 473.

700 Im Jahr 2008 verschlechterte sich die wirtschaftliche Situation des Unternehmens infolge einer weltweiten Finanzkrise, weshalb u.a. bei der Bundesrepublik Deutschland eine Bürgschaft zur Kreditabsicherung beantragt wurde, vgl. Spiegel-Online v. 14.11.2008: Bürgschaftsbitte von Opel (http://www.spiegel.de/wirtschaft/buergschaftsbitte-von-opel-deutschland-hilft-detroit-profitiert-a-590557.html).

701 FAS v. 16.10.2011, S. 41.

702 SZ v. 19.01.2012, S. 22.

703 S. 84 ff.

werden. Wenn der gelernte Lackierer im Betriebsrat Entscheidungen treffen muss, für die er eigentlich ein Hochschulstudium hätte absolvieren müssen, wird auch eine dem Hochschulabschluss entsprechende Vergütung für gerecht erachtet.

Aufgrund dieser Ausschnitte des sicherlich noch viel umfangreicheren Aufgabenwandels im Bereich der Betriebsratsarbeit wird zum Teil die Auffassung vertreten, es sei eine Diskrepanz zwischen dem gesetzlichen Leitbild (Ehrenamt) und der Lebenswirklichkeit (Co-Management) entstanden.[704] Das BetrVG sei nicht mehr zeitgemäß, weil es nicht vom modernen Betriebsrat als „Co-Manager" ausgegangen sei. Mithin sei das Ehrenamtsprinzip – jedenfalls in mittleren und großen Betrieben und für freigestellte Betriebsratsmitglieder – überholt.[705] Wer als Betriebsrat professionelle Arbeit leiste, dürfe auch eine entsprechende Vergütung erwarten, was das Ehrenamtsprinzip aber nicht zulasse.[706]

2. Stellungnahme

Die Kritik des Schrifttums am Ehrenamtsprinzip überzeugt im Ergebnis nicht. Vielmehr ist das Ehrenamtsprinzip trotz des festzustellenden Wandels der Betriebsratstätigkeit zeitgemäß. Diese Auffassung ergibt sich aus einem Grundverständnis, wonach Professionalität und Ehrenamtlichkeit nicht zwingend im Widerspruch zueinander stehen.

a) Das Ehrenamtsprinzip sichert die Unabhängigkeit

Entgegen der im Schrifttum vertretenen Ansicht sichert das Ehrenamtsprinzip die Unabhängigkeit der Betriebsratsmitglieder. Das gilt freilich nur, wenn es auch tatsächlich beachtet wird. Wirklichkeitsfern ist daher nicht die Annahme, dass die Unentgeltlichkeit grundsätzlich geeignet ist, sondern allenfalls die Annahme, das Ehrenamtsprinzip werde tatsächlich in der betrieblichen Praxis angewendet. Aufgrund der öffentlich bekannt gewordenen Fälle kann dies durchaus angezweifelt werden. Dies ist aber ein Problem der Rechtsanwendung und nicht der gesetzgeberischen Grundentscheidung. Deshalb stellen die unzulässigen Begünstigungen in der betrieblichen Praxis das System der Repräsentation der Belegschaft durch ehrenamtliche Betriebsräte aber nicht generell in Frage.[707] Das Ehrenamtsprinzip

704 *Farthmann*, FS Stahlhacke, 115 (117).
705 *Rieble*, ZAAR 2008, S. 31.
706 *Rieble*, ZAAR 2008, S. 31.
707 Schaub/*Koch*, § 221, Rn. 2.

verbietet gerade die bekannt gewordenen Begünstigungen à la *Volkswagen*. Es ist deshalb der falsche Rückschluss, die Verbotsnorm selbst wegen gesetzeswidrigen Verstößen in Frage zu stellen.[708] Es würde auch niemand die Strafbarkeit der Bestechung nach § 334 StGB in Frage stellen, weil plötzlich die Zahl der Bestechungsfälle steigt. Wenn somit die Abschaffung des Ehrenamtsprinzips gefordert wird, dann ist das eine Forderung nach der Legalisierung der Betriebsratsbegünstigung für den Bereich der Vergütung. Gefordert wird nämlich eine nach § 78 Satz 2 BetrVG unzulässige und nach § 119 Abs. 1 Nr. 3 BetrVG strafbare Betriebsratsbegünstigung im Hinblick auf die Vergütung *de lege ferenda* zu legalisieren. Eine solche Forderung zäumt indes das Pferd von hinten auf. Das Ehrenamtsprinzip begründet lediglich die Unzulässigkeit von Betriebsratsvergütungen, es ist aber nicht die Ursache unzulässiger Begünstigungen. Nicht das Gesetz ist das „Problem“, sondern lediglich die Umsetzung in der betrieblichen Praxis. Folglich sind vermehrt auftretende Begünstigungen auch kein überzeugendes Argument für eine Abkehr vom Ehrenamtsprinzip.

b) Disparitäten innerhalb des Gremiums sind unschädlich

Richtig ist, dass die Anwendung des Lohnausfallprinzips dazu führen kann, dass die Mitglieder eines Betriebsrats höchst unterschiedlich vergütet werden. Nicht einzusehen ist jedoch, weshalb solche Disparitäten eine funktionierende Mitbestimmung negativ beeinträchtigen oder gar die Unabhängigkeit der einzelnen Mitglieder gefährden. Das Betriebsratsgremium dient vor allem dazu, die Belegschaftsinteressen gegenüber dem Arbeitgeber auf Augenhöhe zu repräsentieren. Zweck des Betriebsrats ist es nicht, dass sich alle Mitglieder intern auf Augenhöhe begegnen, erst recht nicht im Hinblick auf ihre Vergütung. Insbesondere verhindert die Koppelung der Vergütung an die ursprüngliche berufliche Tätigkeit, dass das Gremium als Karrieresprungbrett genutzt wird. Im Übrigen ist darauf hinzuweisen, dass auch die geforderte tätigkeitsbezogene Betriebsratsvergütung zu Disparitäten führen würde, sofern diese auf freigestellte Mitglieder beschränkt wird. Dann dürfte im Gremium eine Zweiklassengesellschaft entstehen,[709] bestehend aus professionell vergüteten, freigestellten Betriebsratsmitgliedern einerseits und ehrenamtlichen, nicht freigestellten Mitgliedern andererseits. Insoweit begründet auch dieser Umstand keine Abkehr vom Ehrenamtsprinzip.

---

708 Ähnlich: *Däubler*, NZA-Beilage 1/2011, 42 (47).

709 *Rieble*, ZAAR 2008, S. 31; *Lipp*, S. 204.

c) Das Ehrenamtsprinzip ist zeitgemäß

Zuzugeben ist den Befürwortern einer Professionalisierung, dass sich die Betriebsratstätigkeit erheblich gewandelt hat. So sind Betriebsratsmitglieder heute hohen Anforderungen und Verantwortungslasten, insbesondere in den Führungsämtern des Betriebsrats, ausgesetzt.[710] Zum Teil müssen komplizierte Vorgänge von den Betriebsratsmitgliedern zunächst verstanden und anschließend durchdacht werden, um überhaupt ermitteln zu können, ob und welche Mitbestimmungsrechte ihnen zustehen und welche Gestaltungsoptionen sich daraus ergeben.

Angesichts dieses Anforderungsprofils, hat das Betriebsratsamt nur noch wenig mit der ursprünglichen vom einzelnen Betriebsratsmitglied ausgeübten beruflichen Tätigkeit zu tun. Beschränkte sich die Tätigkeit eines Facharbeiters in der Produktion beispielsweise darauf, im Wesentlichen zwei Fahrzeugteile miteinander zu verschweißen, muss er als freigestellter Betriebsratsvorsitzender Sprechstunden durchführen, Betriebsratssitzungen vor- und nachbereiten, mit der Geschäftsleitung verhandeln, der Presse zur Verfügung stehen und schließlich alle diese Aufgaben entsprechend organisieren. Seine Tätigkeit ähnelt dann eher der eines Managers und hat mit der Tätigkeit eines Facharbeiters nichts mehr zu tun. Lediglich auf der Gehaltsabrechnung wird er daran erinnert, dass er kein Manager, sondern formal nach wie vor ein Facharbeiter ist. Wenn insoweit Manager und Betriebsratsmitglied ähnliche Tätigkeiten verrichten, spricht vieles dafür, dies auch im Rahmen der Vergütung zum Ausdruck zu bringen.

Die besseren Gründe sprechen indes für ein Festhalten am Ehrenamtsprinzip. Erstens stehen Ehrenamtsprinzip und eine professionelle Amtsführung nicht im Widerspruch zueinander.[711] Zweitens ist zwar richtig, dass gute Mitbestimmung Professionalität verlangt.[712] Daraus muss aber nicht zwingend geschlossen werden, dass sich dies in der Vergütung wiederspiegeln muss. Richtigerweise ist das Betriebsratsamt nicht als Beruf, sondern als Berufung zu verstehen.

(1) Das professionelle Ehrenamt

Das BetrVG lässt eine professionelle und ehrenamtliche Amtsführung zu. Die zunehmende Professionalisierung des Betriebsratsamts und die daraus abgeleitete Forderung nach einer echten „Betriebsratsvergütung“ wird im Wesentlichen an drei Anknüpfungspunkten festgemacht: Einem erhöhten Zeitaufwand, einem

---

710 *Rüthers*, NJW 2007, 195 (196).

711 *Fischer*, NZA 2007, 484 (489); ebenso im Ausgangspunkt: *Franzen*, ZAAR 2008, S. 53.

712 *Rieble*, ZAAR 2008, S. 31.

umfangreicheren Anforderungsprofil und einer gestiegenen Verantwortung des Betriebsratsmitglieds (s.o.). Eine „echte" Betriebsratsvergütung rechtfertigen diese Gesichtspunkte jedoch nicht. Das BetrVG berücksichtigt diese Umstände bereits.

Sofern das Betriebsratsmitglied mehr Zeit für die Betriebsratstätigkeit aufwendet, als sein Arbeitsvertrag als Arbeitszeit vorsieht, entstehen dem Betriebsratsmitglied hierdurch keine Nachteile. § 37 Abs. 3 BetrVG sieht für diesen Fall einen Anspruch auf Arbeitsbefreiung des Betriebsratsmitglieds vor. Wenn also ein Betriebsratsvorsitzender statt 35 arbeitsvertraglich vereinbarten Wochenstunden etwa 60 Stunden für die Betriebsratsarbeit aufwenden musste, so wird dieser Aufwand durch zusätzliche Freizeit ausgeglichen. Ist dies nicht möglich, sieht die Vorschrift darüber hinaus sogar eine Mehrarbeitsvergütung vor. Eine in zeitlicher Hinsicht gestiegene Arbeitsbelastung kann sich aus diesem Grund sehr wohl in der Vergütung niederschlagen. Wenn der Betriebsratsvorsitzende *Klaus Franz* also „1500 Überstunden verschenkt"[713], dann ist das keine Ungerechtigkeit des BetrVG, sondern auf einen freiwilligen Anspruchsverzicht zurückzuführen. Im Fall von *Franz* dürfte dies auf eine Vermeidung von Bürokratie zurückzuführen sein. So wird dieser weiter zitiert: „Sie können doch nicht jede einzelne Stunde (...) abrechnen, das wäre viel zu bürokratisch."[714] Allerdings: Jeder Arbeitnehmer ist angehalten, seine Überstunden zu erfassen. Warum dieses Verfahren Betriebsratsmitgliedern nicht zumutbar sein soll, leuchtet nicht ein. Ob das Betriebsratsmitglied, welches sich „zwischendurch" zwei Minuten einem Anliegen eines Kollegen widmet, diese auch abrechnet, dürfte bezweifelt werden. Das BetrVG lässt aber selbst dies ohne Weiteres zu. Zeitliche Mehraufwendungen können daher keine Betriebsratsvergütung rechtfertigen.

Auch im Hinblick auf das gestiegene Anforderungsprofil von Betriebsräten ist kein Widerspruch zum Ehrenamt zu erkennen. Dass Betriebsratsmitglieder zum Teil über vertieftes Fachwissen verfügen müssen, um komplexe Problemstellungen bewältigen zu können, soll nicht bestritten werden. Weder das Gesetz, noch die Belegschaft erwartet aber, dass das Betriebsratsmitglied über dieses Fachwissen *selbst* verfügt. Zwar kann sich das Betriebsratsmitglied dieses Wissen nach den § 37 Abs. 6 und 7 BetrVG aneignen. Es kann sich aber bei schwierigen Fragestellungen auch einen fachkundigen Berater auf Kosten des Arbeitgebers (§ 80 Abs. 3 BetrVG) an seine Seite stellen lassen. Am Rande sei bemerkt, dass der wegen seines Fachwissens exzellent bezahlte Manager dieses Fachwissen regelmäßig über ein grundsätzlich selbst zu finanzierendes Hochschulstudium erworben

713 SZ v. 19.01.2012, S. 22

714 SZ v. 19.01.2012, S. 22.

haben dürfte. Dann bestehen keinerlei Bedenken, dass er dieses Fachwissen auch finanziell fruchtbar macht. Demgegenüber hat das Betriebsratsmitglied dieses Wissen auf Kosten des Arbeitgebers erworben. Dass sich dieses Wissen nun auch noch finanziell auszahlt, ist nicht einzusehen. Insoweit kann auch ein gestiegenes Anforderungsprofil keine Betriebsratsvergütung rechtfertigen.

Schließlich begründen gut bezahlte Manager ihre Vergütung u.a. mit der enormen Verantwortung und Haftungsrisiken, die ihre Tätigkeit mit sich bringt. Wenn diese Entscheidungen nun unter Mitwirkung von Betriebsratsmitgliedern zustande kommen, liegt auch hier die Gewährung einer entsprechenden Vergütung nahe. Jedoch: Sofern eine Haftung auch für Organmitglieder bei Gremienentscheidungen überhaupt in Betracht kommt,[715] so sieht das BetrVG jedenfalls keinerlei besondere Haftung des einzelnen Betriebsratsmitglieds vor.[716] Eine vertragliche oder deliktische Haftung der einzelnen Betriebsratsmitglieder kommt nur in Betracht, wenn sie bei Ausübung der Betriebsratstätigkeit gleichzeitig arbeitsvertragliche Pflichten verletzen oder gegen betriebsverfassungsrechtliche Schutzgesetze verstoßen.[717] Der „worst case“ für das Betriebsratsmitglied ist damit der Amtsverlust nach § 23 Abs. 1 BetrVG. Die Betriebsratstätigkeit darf auch bei schwerwiegenden Pflichtverletzungen nicht auf das Arbeitsverhältnis durchschlagen. Zugespitzt formuliert: Außer seinem Amt hat das Betriebsratsmitglied nichts zu verlieren. Hierin liegt der entscheidende Unterschied zum Manager, etwa dem Vorstandsmitglied: Denn Vorstände können unter bestimmten Voraussetzungen, insbesondere der des § 93 Abs. 2 AktG gegenüber der Kapitalgesellschaft haften.[718] Unabhängig davon kann die Abberufung des Vorstandsmitglieds und die Kündigung des Anstellungsvertrages drohen.[719] Mithin droht dem Vorstandsmitglied der „Totalverlust“. Deshalb wird es entsprechend vergütet. Da dem Betriebsratsmitglied ein solches Schicksal nicht droht, kann schließlich auch eine erhöhte Verantwortung keine Betriebsratsvergütung begründen.

---

715 BGH v. 06.07.1990 – 2 StR 549/89, NJW 1990, 2560.

716 GK-BetrVG/*Franzen*, § 1, Rn. 80; WPK/*Preis*, § 1, Rn. 46; *Belling*, S. 137 ff., 371; *Besgen*, § 4, Rn. 31; *Hromadka/Maschmann*, § 16, Rn. 78; *Rieble*, ZAAR 2008, S. 32.

717 GK-BetrVG/*Franzen*, § 1, Rn. 77 f.; Richardi/*Thüsing*, Vorbem. § 26, Rn. 15; *v. Hoyningen-Huene*, § 4, Rn. 7.

718 Vgl. Henssler/Strohn/*Dauner-Lieb*, § 93 AktG, Rn. 27 ff; Spindler/Stilz/*Fleischer*, § 93, Rn. 176 ff.

719 Vgl. Spindler/Stilz/*Fleischer*, § 84, Rn. 104 (Abberufung), Rn. 152 ff. (Kündigung).

(2) Beruf und Berufung

Schließlich ist aus einer professionellen Amtsführung nicht der Rückschluss zu ziehen, dass sich dies auch in der Vergütung des Betriebsratsmitglieds niederschlagen muss. Betriebsratstätigkeit ist zu Recht keine berufliche Tätigkeit, die in einem synallagmatischen Austauschverhältnis steht. Betriebsratstätigkeit ist keine berufliche Tätigkeit für welche der Arbeitgeber ein angemessenes Entgelt zahlt. Prägnant formuliert es der hier mehrfach erwähnte *Klaus Franz*: „Berufung ist wichtiger als Bezahlung."[720] Diese Aussage muss auch weiterhin im Betriebsverfassungsrecht Bestand haben. Der ehrenamtlich berufene Betriebsrat ist dem nach der konkreten Tätigkeit vergüteten Berufsbetriebsrat vorzuziehen.

Zum einen würde das Amt des Berufsbetriebsrats das Risiko erhöhen, dass auch jene von dem Amt angezogen werden, die dieses vor allem für ihr eigenes berufliches Fortkommen nutzen wollen.[721] Zwar setzt eine funktionierende betriebliche Mitbestimmung einerseits voraus, dass das Amt der Interessenvertreter nicht mit Nachteilen verbunden ist, also hinreichend attraktiv ist. Andernfalls würden sich nur Wenige für ein solches Amt zur Verfügung stellen. Auf der anderen Seite darf das Amt auch nicht zuviel Attraktivität ausstrahlen. Das Betriebsratsamt darf kein Karrieresprungbrett sein. Das Amt soll denen vorbehalten werden, die allein die Interessenvertretung der Belegschaft verfolgen ohne persönliche Vorteile mit dem Amt zu verbinden. Indem das BetrVG die Mitglieder des Betriebsrats vor Benachteiligungen schützt, aber gleichzeitig auch eine ehrenamtliche Tätigkeit vorschreibt, wird dies sichergestellt. Dagegen würde ein Systemwechsel hin zu Berufsbetriebsräten die Attraktivität des Amts unter Inkaufnahme des genannten Risikos unnötig steigern.

Unabhängig davon sichert die ehrenamtliche Betriebsratstätigkeit auch die unverzichtbare Nähe zur Belegschaft. Demgegenüber droht bei Berufsbetriebsräten die Gefahr des Kontaktverlustes gegenüber der Belegschaft. Die Mitglieder des Betriebsrats sind auf diesen Rückhalt der Belegschaft in besonderem Maße angewiesen. Das Betriebsratsmitglied ist nur dann „einer von uns", wenn es nicht durch die Wahl in den Betriebsrat zum „Co-Manager" befördert wird. Wie will der Betriebsratsvorsitzende die Zustände in der Betriebskantine beurteilen, wenn er selbst sein Mittagessen mit dem Vorstand im Feinschmeckerlokal einzunehmen pflegt? Wie will er Sozialpläne für die Belegschaft aushandeln, wenn seine eigene Zukunft längst durch eine üppige Betriebsratsvergütung gesichert ist? Nur das Ehrenamt stellt sicher, dass Betriebsratsarbeit in erster Linie

720 SZ v. 19.01.2012, S. 22.
721 *Rieble*, ZAAR 2008, S. 31.

von Belegschaftsinteressen geprägt wird und die Nähe zur Belegschaft erhalten bleibt. Demgegenüber besteht bei Berufsbetriebsräten stets die Gefahr der Entfremdung von der Belegschaft.

Nicht außer Acht gelassen soll bei diesen Überlegungen auch der von den Kritikern des Ehrenamtes gelegentlich herangezogene Vergleich zu politischen Ämtern.[722] So weist *Rieble* etwa darauf hin, dass niemand auf die Idee käme, für einen Oberbürgermeister ein Ehrenamt zu fordern. Ein solcher Vergleich vermag indes keine Abkehr vom betriebsverfassungsrechtlichen Ehrenamt zu begründen. Zum einen geht der Vergleich zum nicht ehrenamtlich tätigen Bürgermeister deshalb fehl, weil das Betriebsverfassungsrecht einen etwaigen Lohnausfall des Amtsträgers durch das Lohnausfallprinzip kompensiert. Dagegen gibt der Bürgermeister seine Erwerbstätigkeit zugunsten des Amtes auf, ohne dass ihm sein Einkommen weitergezahlt wird. Er ist deshalb auf Bezüge angewiesen. Das Betriebsratsmitglied erhält indes seine arbeitsvertragliche Vergütung auch bei Ausübung des Amtes. Der Vergleich hinkt deshalb, soweit angenommen wird, dass Betriebsratsmitglied stehe aufgrund des Ehrenamtes ohne Einkünfte dar. Hinzu kommt, dass die Ausgangssituationen beider Ämter schon deshalb nicht vergleichbar ist, weil auf politischer Ebene kein Arbeitgeber existiert, gegenüber welchem gerade die Interessen der Belegschaft repräsentiert werden sollen. Der Bürgermeister wird vom Volk gewählt und bezahlt. Das Betriebsratsmitglied wird von der Belegschaft gewählt, aber vom Arbeitgeber bezahlt. Die betriebliche und die politische Interessenvertretung sind deshalb nicht ohne Weiteres vergleichbar.

3. Weitere Reformvorschläge zur Korruptionsbekämpfung

a) Budgetierung des Betriebsratsamts

Zum Teil wird vorgeschlagen, dem Betriebsrat ein bestimmtes Budget für ein Haushaltsjahr zur Verfügung zu stellen.[723] Dieser solle damit sowohl die Kosten für die Betriebsratsarbeit als auch eine mögliche Vergütung für die Betriebsratsmitglieder bestreiten. Die Höhe des Budgets liege dabei nicht im Ermessen von Arbeitgeber und Betriebsrat, sondern sei abhängig von betrieblichen Kennzahlen, vorzugsweise der betrieblichen Lohnsumme, festzulegen.

Dieser Vorschlag reduziert zwar das Korruptionspotenzial ganz erheblich, weil die Beteiligten keinen Einfluss auf die Höhe des Budgets nehmen können

722 So etwa *Farthmann*, FS Stahlhacke, S. 116; *Rieble*, ZAAR 2008, S. 31.
723 *Fischer*, BB 2007, 997 (1000), der zugleich § 41 BetrVG aufheben will.

und somit keine Möglichkeit zur Gestaltung ausufernder Betriebsratsvergütungen haben. Entgegen der Kritik, es sei ein „Kampf aller gegen alle" im Betriebsrat zu befürchten,[724] dürfte auch zu erwarten sein, dass die Betriebsratsmitglieder unter sich einen gerechten Verteilungsschlüssel für ihre Vergütungen finden werden. Der Reformvorschlag birgt jedoch zwei wesentliche Gefahren: Zum einen ist nicht auszuschließen, dass die Betriebsratsmitglieder auf der Sachmittelebene äußerst sparsam haushalten, um einen größeren Anteil des Budgets für ihre Vergütungen verwenden zu können. Zugespitzt formuliert: Erwirbt der Betriebsrat nur einen Kurzkommentar zum BetrVG anstatt eines Großkommentars, bleibt mehr vom Budget für die Vergütung der Betriebsratsmitglieder. Mit effektiver Mitbestimmung im Interesse der Belegschaft hätte dies nichts zu tun. Zum anderen droht die Gefahr, dass das Prinzip der Kostentragung durch den Arbeitgeber ausgehebelt wird. Nach § 40 BetrVG trägt der Arbeitgeber alle Kosten, die erforderlich sind, aber auch nur diese. Bei einer Budgetlösung würde die Kostentragung unabhängig von der Erforderlichkeit erfolgen, weil der Betriebsrat subjektiv über die Verwendung entscheidet. Neben der Gefahr einer unterfinanzierten Interessenvertretung droht spiegelbildlich auch die Gefahr einer überfinanzierten Interessenvertretung. Beide Folgen widersprechen jedoch einer effektiven Mitbestimmung.

b) Umlagefinanzierung durch Belegschaft

Einen noch über die Budget-Lösung hinausgehenden Vorschlag hat der CDU-Politiker *Friedrich Merz* zur Diskussion gestellt: Die Betriebsratsarbeit solle durch eine Umlage von allen Beschäftigten bezahlt werden. Die Belegschaft könne so entscheiden, wie viele freigestellte Betriebsratsmitglieder sie benötige und was ihr diese wert seien.[725] Um Konflikte mit anderen betriebsverfassungsrechtlichen Prinzipien zu vermeiden wäre hier jedoch eine Aufhebung von § 41 BetrVG erforderlich. Eine Umlagefinanzierung sieht denknotwenig eine Abkehr von Grundsatz der Kostentragung durch den Arbeitgeber vor. Praktisch bestünde aber auch die Gefahr des Mitbestimmungsdumpings. Nicht auszuschließen wäre nämlich, dass Betriebsratswahlen von einem Preiswahlkampf geprägt sind, bei dem derjenige siegt, der die Interessenvertretung zum niedrigsten Preis verspricht. Eine solche Preisspirale nach unten führt jedoch zwangsläufig zu einer handlungsunfähigen Interessenvertretung, weil nicht mehr die Qualität, sondern der Preis über die Interessenvertreter entscheidet.

724 *Weinspach*, FS Kreutz, 485 (494).
725 FAZ v. 20.08.2005, S. 12; kritisch: *Weinspach*, FS Kreutz, 485 (494).

c) Öffnungsklausel

Eine andere Auffassung schlägt vor, das Ehrenamtsprinzip dispositiv zu stellen.[726] Unterschiedlichen Unternehmen und Belegschaften könne nur durch Differenzierungsmöglichkeiten begegnet werden. Über den Weg einer Öffnungsklausel könne dann durch Tarifvertrag oder Betriebsvereinbarung die Vergütung der Betriebsratsmitglieder unternehmensspezifisch geregelt werden. Die Vergütung müsse dann aber auch veröffentlicht werden.

Dieser Vorschlag ist nicht kritiklos geblieben. Beanstandet wurde dabei zum einen die Ungleichbehandlung zwischen kleinen und größeren Betrieben. Eine gesetzliche Ungleichbehandlung von Betriebsräten abhängig von der Betriebsgröße sei nicht zu rechtfertigen.[727] Diese Kritik überzeugt nicht. Die konkreten Vorschläge von *Rieble* oder auch von *Franzen* sehen eine gesetzliche Differenzierung soweit ersichtlich überhaupt nicht vor. Das Abweichen vom Ehrenamtsprinzip soll vielmehr allen Betrieben möglich sein. Jedem Unternehmen ist damit freigestellt, ob es die Vergütung der Betriebsratsmitglieder nach dem gesetzlichen Leitbild oder nach eigenen Vorstellungen gestaltet.

Die Lösung über eine Öffnungsklausel offenbart dennoch Schwächen: Zwar verhindert diese Lösung eine Kriminalisierung von Betriebsräten und Unternehmensverantwortlichen. Eine professionelle Vergütung von Betriebsräten wäre dann auf legalem Wege möglich. Sie vernachlässigt indes den eigentlichen Schutzzweck des Ehrenamtsprinzips. Sofern sich die Betriebsparteien für eine unternehmensspezifische Betriebsratsvergütung entscheiden und den Weg über eine Betriebsvereinbarung wählen, verhandeln auch hier die unmittelbar Beteiligten über die Höhe dieser Vergütung. Den „Kuhhandel", den § 37 Abs. 1 BetrVG gerade verhindern will, würde ggf. noch extremere Ausmaße annehmen, weil den Betriebsparteien aufgrund der Legalisierungswirkung der Öffnungsklausel keine Sanktionen drohen. Angesichts der Verflechtungen zwischen Betriebsräten und Gewerkschaften würde diese Folge im Bereich einer tariflichen Lösung nur bedingt entschärft werden. Kernstück des Vorschlags einer Öffnungsklausel ist daher nach der hier vertretenen Auffassung die Veröffentlichung der Betriebsratsvergütung. Handeln die Betriebsräte für sich aus Sicht der Belegschaft zu hohe Vergütungen aus, drohen ihnen nämlich die Abwahl durch die Belegschaft.

---

726 *Rieble*, Wirtschaftswoche 5/2008, 44; *ders.* NZA 2008, 276 (280); *Franzen*, ZAAR 2008, S. 53 ff.

727 *Weinspach*, FS Kreutz, 485 (493).

d) Regelung nach dem Vorbild des § 113 Abs. 1 Satz 3 AktG

In eine ähnliche Richtung geht der Vorschlag von *Pflüger*: Danach soll das Ehrenamt lediglich in Unternehmen mit bis zu 500 Arbeitnehmern beibehalten werden. In Unternehmen mit größeren Belegschaften solle eine entsprechende Regelung zu § 113 Abs. 1 Satz 3 AktG geschaffen werden, die auf ein „angemessenes Verhältnis“ zwischen Tätigkeit und Vergütung abzielt. Denkbare Kriterien seien dabei die Größe und die wirtschaftliche Lage des Unternehmens. Zuständiges Gremium für die Festlegung der Vergütung solle der Aufsichtsrat sein, wobei unmittelbare betroffene Arbeitnehmervertreter im Aufsichtsrat bei dieser Entscheidung nicht mitwirken sollten.[728]

Dieser Vorschlag überzeugt nicht. Es sind bereits keine sachlichen Gründe für eine differenzierte Betrachtung zwischen großen und kleinen Belegschaften ersichtlich. Insoweit wird gegen diese Ansicht vorgebracht, die akut anfallenden Aufgaben des Betriebsrats seien in kleineren Betrieben nicht zwingend unkomplizierter oder leichter zu bewältigen.[729] Demgegenüber ist *Pflüger* zuzugeben, dass grundsätzlich davon ausgegangen werden kann, dass der Umfang der Betriebsratsarbeit mit zunehmender Größe der Belegschaft zunimmt. Indes: Das BetrVG hat dies erkannt und reagiert darauf mit einer nach Belegschaftsgröße gestaffelten Freistellung in § 38 Abs. 1 BetrVG. Die Einzelbelastung der Betriebsratsmitglieder steigt nach der Vorstellung des Gesetzgebers nicht an, weil der Betriebsrat entsprechend personell verstärkt wird.

Entscheidend gegen den Vorschlag spricht jedoch, dass kein sachlicher Grund dafür ersichtlich ist, die Mitbestimmung in großen und kleinen Betrieben fundamental andersartig auszugestalten. Die Unabhängigkeit der Betriebsratsmitglieder ist in kleinen Betrieben nicht wichtiger als in großen. Zugleich leuchtet nicht ein, weshalb das Bedürfnis einer professionellen Vergütung in großen Betrieben höher sein soll, als in kleinen Betrieben. Letztlich wäre auch die vorgeschlagene übergangslose Grenzziehung bedenklich: Dann nämlich würde das Betriebsratsmitglied in einem Betrieb mit 450 Arbeitnehmern nach Ehrenamtsprinzip entlohnt, während der Amtsträger bei einer Belegschaft von 550 Arbeitnehmern professionell bezahlt werden soll. Ändert sich die Betriebsratsarbeit wegen zusätzlichen 100 Arbeitnehmern so fundamental? Nach der hier vertretenen Auffassung nicht. Eine Abhängigkeit der Geltung des Ehrenamtsprinzips von der Größe der Belegschaft ist daher abzulehnen.

---

728 *Pflüger*, BB 2007, Heft 41, 1.

729 *Weinspach*, FS Kreutz, 485 (493); *Fischer*, BB 2007, 997 (1000).

e) Innerbetriebliche Transparenz

Neben den bisher dargestellten Vorschlägen, welche vor allem das Ehrenamtsprinzip selbst in Frage stellen, setzen sich andere Reformvorschläge eine höhere Praxistauglichkeit des Ehrenamtsprinzips zum Ziel. Häufig wird in diesem Zusammenhang eine höhere innerbetriebliche Transparenz gefordert.[730] Kontrollinstanz wäre dann die Belegschaft, welche über die Höhe der Betriebsratsvergütungen regelmäßig zu informieren wäre. Jedoch: Mit dem bloßen Aushängen einer Gehaltsliste wäre kein wirklicher Fortschritt erzielt. Die Gehälter von Betriebsratsmitgliedern werden grundsätzlich von den Unternehmen nicht geheimer gehalten als die Gehälter der anderen Arbeitnehmer. Insoweit wäre an die geforderte „Transparenzoffensive“[731] zunächst die Anforderung der Vollständigkeit zu stellen. Danach müsste jeder Entgeltbestandteil, also insbesondere auch Funktionszulagen und Zuschläge, offengelegt werden. Doch selbst dann funktioniert die Belegschaftskontrolle nur in der Theorie. Gerade weil die Vergütung von Betriebsratsmitgliedern von ihrer (ehemaligen) beruflichen Tätigkeit abhängt, können die Gehälter der Betriebsratsmitglieder höchst unterschiedlich sein. Die „nackten Zahlen“ auf einer offengelegten Gehaltsliste sind nicht aussagekräftig. Erforderlich wäre eine Ergänzung des beruflichen Werdegangs und vor allem der Nennung der vergleichbaren Arbeitnehmer. Nur anhand dieser Daten kann nachvollzogen werden, ob die konkrete Betriebsratsvergütung unzulässig begünstigend oder gesetzeskonform ist. Transparenz hilft insoweit nur dann weiter, wenn sie umfassend und vollständig erfolgt. Dies wiederum käme einer Veröffentlichung der Personalakte nahe. Die Attraktivität des Betriebsratsamtes dürfte erheblich geschmälert werden, wenn der „Preis“ für den Eintritt in das Amt das „gläserne Betriebsratsmitglied“ ist. Die Vergütung eines Arbeitnehmers ist Privatangelegenheit, die nicht an das schwarze Brett oder in das Intranet gehört. Das gilt auch, wenn der Arbeitnehmer Betriebsratsmitglied ist. Andererseits steht mit der Unabhängigkeit der Betriebsratsmitglieder nicht weniger als die Funktionalität der betrieblichen Mitbestimmung auf dem Spiel, weshalb ein entsprechender Eingriff in die Privatsphäre gerechtfertigt sein könnte, zumal jedem Arbeitnehmer freisteht, ob er sich in den Betriebsrat wählen lässt.

Eine Möglichkeit, dem Bestreben nach mehr Transparenz einerseits und der Wahrung der Privatsphäre der Betriebsratsmitglieder andererseits Rechnung zu tragen, wäre eine vermittelnde Lösung in Form eines Auskunftsanspruchs eines jeden Arbeitnehmers gegen den Betriebsrat. Die Frage, ob die Unabhängigkeit

---

730 Schaub/*Koch*, § 221, Rn. 2; *Fischer*, BB 2007, 997 (1000).
731 *Fischer*, BB 2007, 997 (1000).

des Betriebsratsmitglieds gefährdet ist, ist zwischen der Belegschaft und der von ihr gewählten Interessenvertretung zu klären. Der Inhalt des Auskunftsanspruchs sollte – um die Privatsphäre der Mitglieder zu wahren – auf die Entgeltentwicklung im Verhältnis zur allgemeinen betrieblichen Entgeltentwicklung sowie auf jene Zuwendungen, die nicht zur Honorierung der Arbeitsleistung gewährt wurden, beschränkt werden. Auf diese Weise kann die Belegschaft nachvollziehen, ob sich die Entgeltentwicklung der Betriebsratsmitglieder von der durchschnittlichen Entwicklung entfernt und ob außerhalb der Vergütung Zuwendungen gewährt wurden. Ein solcher Auskunftsanspruch im BetrVG könnte wie folgt formuliert werden:

> *„Jeder wahlberechtigte Arbeitnehmer kann vom Betriebsrat Auskunft über das Verhältnis der Entgeltentwicklung der einzelnen Betriebsratsmitglieder gegenüber der durchschnittlichen betrieblichen Entgeltentwicklung sowie über solche Zuwendungen, die kein Arbeitsentgelt sind, verlangen. Der Arbeitgeber hat dem Betriebsrat die erforderlichen Informationen zur Erfüllung des Auskunftsanspruchs zur Verfügung zu stellen.“*

f) Ehrenkodex für Betriebsräte

Einen weiteren Reformvorschlag, der sich zwischen gesetzlicher Novellierung und betrieblicher Regelung einordnet, haben CDU/CSU und FDP im Koalitionsvertrag 2009 gemacht.[732] Dort heißt es: „Darüber hinaus soll neben Aufsichtsräten und Vorständen auch ein Ehrenkodex für Betriebsräte entwickelt werden (z.B. mit einem Recht der Betriebsversammlung auf Offenlegung der gezahlten Aufwendungen an Betriebsratsmitglieder).“

Der Vorschlag ist inhaltlich den vorgenannten Transparenzbestrebungen zuzuordnen, welche nach der hier vertretenen Auffassung nur in einer entsprechenden Ausgestaltung zur Verhinderung von Begünstigungen geeignet sind. Hinsichtlich des Instruments, nämlich eines „Ehrenkodex“, stellt sich die Frage nach dem Mehrwert gegenüber einer betrieblichen Regelung. Dieser dürfte letztlich darin liegen, dass er alle beteiligten Unternehmen bindet, um vermeintliche Wettbewerbsnachteile zu verhindern. Es stellt sich jedoch die Frage, weshalb ein Ehrenkodex unzulässige Auswüchse der betrieblichen Praxis verhindern soll, die schon das Gesetz in Gestalt des BetrVG untersagt. Wer bewusst das Ehrenamtsprinzip des BetrVG ignoriert, wird seine Praxis nicht aufgrund eines Kodex ändern. In diese Richtung geht auch die Kritik aus dem Schrifttum, die nicht nachvollziehen will,

732 Koalitionsvertrag der 17. Legislaturperiode zwischen CDU, CSU und FDP, S. 23, abrufbar unter http://www.cdu.de/doc/pdfc/091026-koalitionsvertrag-cducsu-fdp.pdf (abgerufen am 01.01.2013).

weshalb ein Kodex ein rechtswidriges Verhalten regulieren soll, welches schon heute einfachgesetzlich erfasst werden kann.[733] Dem kann zwar entgegengehalten werden, dass die beispielhaft vorgeschlagene Transparenz im Koalitionsvertrag derzeit nicht gesetzlich geregelt ist und der Kodex insoweit über die aktuellen Regelungen des BetrVG hinausgeht. Gleichwohl ist nicht nachvollziehbar, weshalb der Gesetzgeber, wenn er schon tätig wird, nicht gleich dort ansetzt, wo das Ehrenamtsprinzip und das Begünstigungsverbot verankert ist, nämlich im BetrVG.

II. Vorschläge zur Ausweitung der Rechtsfolgen

Die bisher dargestellten Reformvorschläge setzen ausschließlich auf der Tatbestandsebene an und befassen sich überwiegend mit einer möglichen Neusystematisierung des § 37 Abs. 1 BetrVG. Soweit jedoch entsprechend der hier vertretenen Auffassung die bestehenden Regelungen des BetrVG für grundsätzlich richtig und ausreichend erachtet und die Auswüchse der betrieblichen Praxis als schlicht gesetzeswidrig einstuft werden, liegt es nahe, den überprüfenden Blick auf den Bereich der Rechtsfolgen und Sanktionen zu richten. Zu fragen ist daher, ob das betriebsverfassungs- und strafrechtliche Sanktionsinstrumentarium, d.h. die Regelungen des § 23 BetrVG, des § 119 Abs. 1 Nr. 3 BetrVG und des § 266 StGB, ausreichend sind.

1. Betriebsverfassungsrechtliches Instrumentarium

Als betriebsverfassungsrechtliche Sanktion droht dem Arbeitgeber im Falle einer unzulässigen Begünstigung ein Unterlassungsanspruch und ggf. ein Ordnungsgeld nach § 23 Abs. 3 BetrVG.[734] Dem begünstigten Betriebsratsmitglied droht demgegenüber ein Ausschluss aus dem Gremium.[735] Beide Tatbestände erlangen jedoch im Rahmen von Verstößen gegen § 78 Satz 2 BetrVG praktisch kaum Bedeutung, da beide Tatbestände hohe Hürden in Gestalt eines sehr beschränkten Kreises von Antragsberechtigten setzen. Entsprechend setzen an dieser Stelle die Reformvorschläge des Schrifttums an.

733 *Däubler*, NZA-Beilage 1/2011, 42 (47).
734 S. 160 ff.
735 S. 154 ff.

a) Quorum des § 23 Abs. 1 BetrVG

Im Schrifttum wird die Ansicht vertreten, im Hinblick auf § 23 Abs. 1 BetrVG sei das Quorum der wahlberechtigten Arbeitnehmer, nämlich 25%, zu hoch und vor allem für größere Betriebe unrealistisch.[736] Vorgeschlagen wird statt dessen auf die Vorschrift des § 14 Abs. 4 BetrVG zurückzugreifen, welche im Grundsatz von einem Quorum von 5% der Belegschaft, mindestens jedoch drei wahlberechtigten Arbeitnehmern ausgeht.

Diesen Vorschlag gilt es zu überprüfen. Dabei sollte zunächst bedacht werden, dass ein solches Quorum der Belegschaft vor allem von zwei Grundsätzen geprägt ist. Der eine ist gewissermaßen ein Verhältnismäßigkeitsgrundsatz. Im Grundsatz kann angenommen werden, dass ein Quorum umso höher zu bemessen ist, je gewichtiger die Rechtsfolgen, also die Spruchgewalt dieses Quorums ist. Zum anderen ist der Grundsatz der Praktikabilität zu berücksichtigen. So sollte ein Quorum nur so hoch sein, dass es in der betrieblichen Praxis tatsächlich und realistisch erreicht werden kann. Andererseits darf es nicht so niedrig sein, dass die Position einiger weniger genügt, um Rechtsfolgen für die Belegschaft in ihrer Gesamtheit herbeizuführen. Dies vorausgeschickt, ist im Bereich von Betriebsratsbegünstigungen Folgendes zu beachten:

Zum einen ist zu berücksichtigen, dass die drohende Folge der Vorschrift, nämlich der Ausschluss aus dem Betriebsrat, für das Betriebsratsmitglied die schärfste Sanktion des BetrVG darstellt. Dies spricht dafür, die Sanktionsgewalt nicht nur einigen wenigen, sondern einem möglichst großem Quorum zuzusprechen. Zu beachten ist aber auch, dass Verstöße gegen das Begünstigungsverbot zu den schwersten Verstößen im Rahmen der Betriebsratstätigkeit zu zählen sind. Zwar stellt nicht jede Begünstigung zugleich einen Verrat an der Belegschaft dar. Eine Gegenleistung zugunsten des Arbeitgebers konnte jedenfalls in den öffentlich gewordenen Fällen bisher nicht ausgemacht werden. Jedoch stellt ein Betriebsratsmitglied, welches sich vom Arbeitgeber begünstigen lässt, seine Unabhängigkeit erheblich in Frage. Diese Unabhängigkeit ist aber regelmäßig die Grundlage seiner Wahl zum Betriebsratsmitglied, ohne die es vermutlich das Amt nie von der Belegschaft übertragen bekommen hätte. Dies spricht dafür, die Hürden zur Durchsetzung der gesetzlich möglichen Sanktion nicht zu hoch anzusetzen.

Zu berücksichtigen ist schließlich, dass das Quorum nur die Entscheidung über einen Antrag auf den Ausschluss trifft. Das Quorum selbst entscheidet nicht über den Bestand des Amtes. Dies obliegt dem Arbeitsgericht, welches

736 *Fischer*, BB 2007, 997 (1001).

die Voraussetzungen der Vorschrift sorgfältig prüfen wird. Die Gefahr eines zu niedrigen Quorums, nämlich dass einige wenige massiv Einfluss auf die Zusammensetzung des Gremiums nehmen können, besteht deshalb nur bedingt, weil das Quorum nur über die Einleitung des Verfahrens, nicht jedoch über dessen Ausgang entscheidet.

Vor diesem Hintergrund ist nach der hier vertretenen Auffassung das Quorum von 25% der Belegschaft nicht zu niedrig, aber auch – entgegen einiger Literaturstimmen – nicht zu hoch. Richtigerweise müssen die Voraussetzung der Einleitung eines Verfahrens nach § 23 Abs. 1 BetrVG ein Mindestmaß an Repräsentativität aufweisen. Die Belegschaft hat durch die Betriebsratswahlen die Wahrnehmung ihrer Interessen in die Hände der gewählten Betriebsratsmitglieder gelegt. Dieser Kreis kann das Vertrauen der Mehrheit der Belegschaft für sich in Anspruch nehmen. Soll nun einzelnen Mitgliedern dieses Vertrauen wegen schwerster Verfehlungen entzogen werden, muss dieses Bestreben von einem nicht unerheblichen Teil der Belegschaft unterstützt werden. Ansonsten könnte eine Minderheit, einen von der Mehrheit gewählten Vertreter durch ein Verfahren in Frage stellen. Die Entscheidung des Gesetzgebers, die Repräsentativität ab einem Quorum von 25% anzunehmen, ist deshalb angemessen und bedarf keiner Korrektur.

b) Antragsberechtigte des § 23 Abs. 1 BetrVG

Neben der Frage des Quorums wird auch vorgeschlagen, den Kreis der Antragsberechtigten zu erweitern. So schlägt *Rüthers* beispielsweise vor, das Antragsrecht auch auf das einzelne Betriebsratsmitglied zu übertragen.[737]

Dem kann zwar, was § 23 Abs. 1 BetrVG anbelangt, entgegengehalten werden, dass das BetrVG grundsätzlich davon ausgeht, dass der Betriebsrat nach außen als Einheit auftritt. „Einzelaktionen" der Mitglieder sieht das BetrVG im Grundsatz nicht vor. Wenig überzeugend ist demgegenüber der denkbare Einwand, der Betriebsrat als Gremium halte stets zusammen, sodass nicht zu erwarten sei, dass ein Mitglied des Betriebsrats gegen ein anderes Mitglied einen Antrag nach § 23 Abs. 1 BetrVG stellt. Das Gegenteil belegt eine Entscheidung des LAG München und verdeutlicht zugleich die Hilflosigkeit derjenigen Betriebsratsmitglieder, welche gegen eine unzulässige Begünstigung vorgehen wollen.[738] Die dort betroffenen Betriebsratsmitglieder wandten sich an das Arbeitsgericht mit dem Hinweis, dass der Arbeitgeber den Betriebsratsvorsitzenden sowie dessen

737 *Rüthers*, RdA 1976, 61 (64).

738 LAG München v. 05.02.2009 – 3 TaBV 107/08, juris.

Stellvertreter unzulässig begünstige. In der Berufung stellte das LAG unter Verweis auf § 23 Abs. 1 BetrVG klar, dass es mangels Antragsbefugnis nicht Sache einzelner Betriebsratsmitglieder sei, auf unzulässige Begünstigungen anderer Betriebsräte hinzuweisen. Diese Entscheidung belegt, dass nicht ausgeschlossen werden kann, dass auch Begehrlichkeiten innerhalb des Gremiums entstehen können, wenn einzelne Mitglieder begünstigt werden. Eine erweitere Antragsbefugnis hätte den betroffenen Betriebsratsmitgliedern in der Entscheidung des LAG München weitergeholfen.

Für die vorgeschlagene Ausweitung des Antragsrechts spricht weiter, dass die Kontrollinstanzen des Betriebsrats aus unterschiedlichen Gründen wegfallen. So scheidet der Arbeitgeber als i.d.R. Beteiligter der Begünstigung praktisch aus. Es verbleibt dann die Belegschaft als Kontrollinstanz, welche jedoch regelmäßig gar nicht beurteilen kann, ob eine unzulässige Begünstigung vorliegt, weil die bestimmenden Tatsachen, insbesondere Arbeitsentgelt und vergleichbare Arbeitnehmer der Belegschaft nicht bekannt sind. Dies rechtfertigt es, den Kreis der Antragsberechtigten um das einzelne Betriebsratsmitglied zu erweitern. Sofern das einzelne Betriebsratsmitglied nicht für den gesamten Tatbestand des § 23 Abs. 1 BetrVG – also für jede grobe Pflichtverletzung – aufgenommen werden soll, würde sich anbieten, einen neuen Satz 3 des § 23 Abs. 1 BetrVG wie folgt zu formulieren:

> *„Ist Gegenstand der Pflichtverletzung ein Verstoß gegen § 78 Satz 2 BetrVG, ist jedes Mitglied des Betriebsrats berechtigt, einen Antrag nach Satz 1 zu stellen."*

c) Notwendigkeit einer außergerichtlichen Stelle

Zum Teil wird vorgeschlagen, einem etwaigen gerichtlichen Verfahren eine außergerichtliche Stelle vorzuschalten.[739] Zweck eines solchen Vorgehens sei die Entlastung der Arbeitsgerichte hinsichtlich etwaiger Verfahren, welche aus „sachfremden Gründen" von den einzelnen Antragsberechtigten in Gang gesetzt werden. Eine solche außergerichtliche Stelle könne etwa die Einigungsstelle nach § 76 BetrVG sein.

Dieser Vorschlag überzeugt nicht. Der Blick in die Rechtsprechung zeigt gerade, dass die Arbeitsgerichte nicht mit einer Flut von Rechtsstreiten im Rahmen unzulässiger Begünstigungen zu kämpfen haben. Vielmehr ist das Gegenteil der Fall, weil die Betriebsparteien gerade kein Interesse an einer gerichtlichen Klärung haben. Würde nun dem gerichtlichen Verfahren auch noch ein betriebliches Verfahren vorgeschaltet werden, würden noch weniger Verfahren bis zu den Arbeitsgerichten durchdringen. Der obige Vorschlag trägt insoweit

739 *Hennecke*, BB 1986, 939 (941).

nicht zu einer konsequenteren Durchsetzung des Begünstigungsverbots bei und ist deshalb abzulehnen.

d) Antragsberechtigte des § 23 Abs. 3 BetrVG

Zu prüfen bleibt, ob die vorgeschlagene Erweiterung der Antragsberechtigten um das einzelne Betriebsratsmitglied, auch auf § 23 Abs. 3 BetrVG, also die möglichen Sanktionen gegenüber dem Arbeitgeber zu erweitern ist. Dagegen ist die Frage, ob nicht im Rahmen des Absatzes 3 auch ein Quorum der Belegschaft aufgenommen werden sollte, schnell beantwortet. Zweck der Bildung des Betriebsrats ist die Interessenvertretung der Belegschaft durch dieses Gremium. Nur dieses Gremium tritt anstelle der Belegschaft gegenüber dem Arbeitgeber auf und überwacht die Einhaltung gesetzlicher Vorschriften. Es wäre systemwidrig, wenn die Belegschaft einerseits über das Gremium und andererseits über ein Quorum gegen den Arbeitgeber vorgehen könnte. Das gilt auch im Bereich von Betriebsratsbegünstigungen, selbst wenn das Gremium – entgegen eines möglichen Willens der Belegschaft – nicht gegen den Arbeitgeber vorgeht. Es ist dann Sache der Belegschaft, das Gremium über § 23 Abs. 1 BetrVG zu verändern. Ein Quorum der Belegschaft als zusätzlichen Antragsberechtigten im Rahmen von § 23 Abs. 3 BetrVG kommt daher nicht in Betracht.

Demgegenüber spricht viel dafür, parallel zu § 23 Abs. 1 BetrVG, auch in Absatz 3 ein Antragsrecht des einzelnen Betriebsratsmitglieds aufzunehmen. Mit Ausnahme von *Rüthers*[740], der insoweit pauschal von „den §§ 23 und 119 BetrVG" spricht, beschränkt das Schrifttum die Korrekturvorschläge jedoch ausschließlich auf Absatz 1. Dabei ist es nur konsequent, aufgrund der oben beschriebenen Erwägungen, auch in Absatz 3 ein Antragsrecht des einzelnen Betriebsratsmitglieds zu ermöglichen. Das gilt insbesondere, weil der Belegschaft aus den dargelegten systematischen Gründen im Rahmen des Absatzes 3 gerade kein Antragsrecht zusteht. Dann nämlich muss ein Vorgehen des einzelnen Mitglieds möglich sein, weil das Gremium – gerade im Fall einer Betriebsratsbegünstigung – in dieser Frage durchaus gespalten sein kann. Auch kann das einzelne Mitglied nicht wie die Belegschaft darauf verwiesen werden, über Absatz 1 die Zusammensetzung des Gremiums zu verändern. Das einzelne Mitglied ist durch seine Wahl von der Mehrheit der Belegschaft ausreichend legitimiert, um auch ohne die Unterstützung des gesamten Gremiums einen Antrag nach Absatz 3 gegen den Arbeitgeber

740 *Rüthers*, RdA 1976, 61 (64).

zu stellen. Die Antragsberechtigung des § 23 Abs. 3 BetrVG sollte daher parallel zu Absatz 1 um das einzelne Betriebsratsmitglied erweitert werden.

2. Strafrechtliches Instrumentarium

Bevor eine Ausweitung des strafrechtlichen Instrumentariums in Gestalt neuer Straftatbestände näher untersucht wird, sollte zunächst in Erwägung gezogen werden, die bestehenden Straftatbestände, insbesondere § 119 Abs. 1 Nr. 3 BetrVG effektiver zu gestalten. Zum einen ist auch hier denkbar, parallel zu § 23 BetrVG die Antragsbefugnis in § 119 Abs. 2 BetrVG zu erweitern. In der Literatur wird etwa die Aufnahme der Arbeitnehmer und des einzelnen Betriebsratsmitglieds in Absatz 2 vorgeschlagen.[741] Auch wird vorgeschlagen, den Tatbestand der Nr. 3, welcher nach der hier vertretenen Auffassung das Betriebsratsmitglied als Täter nicht erfasst,[742] in diesem Punkt zu erweitern.

a) Erweiterung des § 119 Abs. 1 Nr. 3 BetrVG

Die Frage, ob eine unzulässige Betriebsratsbegünstigung auch eine täterschaftliche Strafbarkeit des begünstigten Betriebsratsmitglieds zur Folge haben sollte, ist eine rechtspolitische Frage, welche sich auf die Frage zuspitzen lässt, ob die Rechtsordnung die bloße Annahme einer betriebsverfassungsrechtlich unzulässigen Leistung strafrechtlich sanktionieren möchte. Nur für diesen Fall besteht eine Strafbarkeitslücke. Dafür spricht zunächst der Gleichbehandlungsgedanke. Weshalb sollte eine rechtswidrige Begünstigung ausschließlich dem Arbeitgeber strafrechtlich zum Verhängnis werden? Dafür mag ins Feld geführt werden, dass der Arbeitgeber regelmäßig der Initiator der Begünstigung ist und das Betriebsratsmitglied die Begünstigung lediglich duldet. Es ließe sich argumentieren, dass der Arbeitgeber insoweit die Hauptverantwortung trägt, strafrechtlich gesprochen die Zentralgestalt des Geschehens ist, während das Betriebsratsmitglied eine bloße Randfigur darstellt. Gegen eine Ausweitung der Strafbarkeit spricht deshalb die tatbestandsimmanente Rollenverteilung der Beteiligten.

Auch die praktischen Folgen einer Strafbarkeitsausweitung sind zu bedenken. Sie hätte nämlich zur Folge, dass das Betriebsratsmitglied für den Fall, dass der Arbeitgeber beispielsweise das Gehalt anlässlich der Wahl in den Betriebsrat erhöht, aktiv gegen die Gehaltserhöhung einschreiten müsste, um nicht selbst Täter

741 *Rüthers*, RdA 1976, 61 (64); *Fischer*, BB 2007, 997 (1000).
742 S. 170 f.

des § 119 Abs. 1 Nr. 3 BetrVG zu werden. Die strafrechtliche Betrachtung ähnelt insoweit einem Unterlassungsdelikt, sofern man einmal davon absieht, dass rechtsgeschäftlich die Duldung der Begünstigung mehr als ein bloßes Unterlassen darstellt. Ein Unterlassen stellt das StGB außerhalb sog. echter Unterlassungsdelikte jedoch nur unter Strafe, wenn eine Garantenstellung gegenüber dem Verletzten vorliegt. Da das Betriebsratsmitglied von dem Verletzten (hier: der Belegschaft) beauftragt worden ist, dessen Interessen gegenüber dem Arbeitgeber wahrzunehmen, liegt zumindest eine der Garantenstellung vergleichbare Konstellation vor.

Richtigerweise ist deshalb eine Erweiterung des § 119 Abs. 1 Nr. 3 BetrVG geboten.[743] Dies ergibt sich vor allem aus zwei Gesichtspunkten: Erstens wirken Arbeitgeber und Betriebsratsmitglied an einer Begünstigung gleichwertig zusammen. Die tatsächliche Rollenverteilung, nämlich wonach der eine gibt und der andere nimmt, ist dem Wesen einer Begünstigung geschuldet, entwertet jedoch nicht den Tatbeitrag des Annehmenden. Gerade die Kombination beider Tatbeiträge gefährdet die Unabhängigkeit des Betriebsratsmitglieds. Zweitens ist das Betriebsratsmitglied stets der Hauptprofiteur einer Begünstigung. Zwar verspricht sich auch der Arbeitgeber Vorteile von einer Begünstigung. Deren Einritt ist jedoch allein dem Willen des Betriebsratsmitglieds überlassen, welches auch ohne jede Gegenleistung auf Kosten der Belegschaft begünstigt wird. Gesetzestechnisch würde sich insoweit die Aufnahme einer Nr. 4 im Tatbestand des § 119 Abs. 1 BetrVG anbieten, die wie folgt lauten könnte:

> *„4. als Mitglied eines der in Nr. 3 genannten Gremien eine Begünstigung um seiner Tätigkeit willen duldet oder annimmt."*

b) Korrektur der Antragsbefugnis des § 119 Abs. 2 BetrVG

Ein bedeutendes Verfahrenshindernis stellt die Antragsbefugnis in § 119 Abs. 2 BetrVG dar.[744] Selbst die zuvor vorgeschlagene Tatbestandserweiterung wäre regelmäßig unbedeutend, wenn nicht zugleich eine Korrektur der Antragsbefugnis vorgenommen wird. Zu Recht spricht *Rüthers* insoweit von einer „sinnwidrigen Regelungslücke"[745], weil typischerweise die Antragsberechtigung vor allem dem Verletzten einer Straftat zusteht. Dies ist im Falle einer Betriebsratsbegünstigung die Belegschaft, die nach den Vorstellungen des Gesetzgebers durch den Betriebsrat

---

743 So auch mit entsprechendem Formulierungsvorschlag: *Lipp*, S. 207; für eine Verankerung in § 299 StGB: *Rieble*, ZAAR 2008, S. 29.

744 S. 174 ff.

745 *Rüthers*, RdA 1976, 61 (64); *Fischer*, BB 2007, 997 (1000).

repräsentiert wird, weshalb diesem nach der gesetzlichen Logik das entsprechende Antragsrecht zusteht. Gefordert wird deshalb vor allem ein Antragsrecht der Belegschaft. Einen Schritt weiter will *Rieble* gehen, der vorschlägt, das Antragsrecht gänzlich aufheben und eine Strafverfolgung von Amts wegen zuzulassen.[746]

Der gänzliche Verzicht auf einen Strafantrag ist nicht geboten. Zu Recht wird gegen eine solche „Radikallösung“[747] eingewendet, dass die durch eine Begünstigung verursachte Rechtsverletzung grundsätzlich nicht über den innerbetrieblichen Rechtskreis hinausgeht. Die Allgemeinheit ist insoweit nicht betroffen, wenn ein Unternehmen seine Betriebsratsmitglieder begünstigt. Die Ausübung einer funktionierenden Mitbestimmung obliegt vor allem den betrieblichen Betroffenen. Die grundsätzliche Ausgestaltung des § 119 Abs. 1 Nr. 3 BetrVG als Antragsdelikt ist deshalb nicht zu beanstanden.

Der Kreis der Antragsberechtigten ist indes zu erweitern. Zum einen muss, weil die innerbetriebliche Kontrolle durch den Betriebsrat als Gremium im Bereich der Betriebsratsbegünstigung erheblich beeinträchtigt ist (s.o.), entsprechend der hier vorgeschlagenen Erweiterung des Kreises der Antragsberechtigten des § 23 Abs. 1 BetrVG auch im Anwendungsbereich des § 119 Abs. 1 Nr. 3 BetrVG die Antragsbefugnis zusätzlich dem einzelnen Betriebsratsmitglied eingeräumt werden.

Bleibt noch zu klären, ob nicht der Belegschaft unmittelbar ein Antragsrecht zugestanden werden sollte. Naheliegend wäre es etwa, das nach § 23 Abs. 1 BetrVG antragsberechtigte Quorum von einem Viertel der wahlberechtigten Arbeitnehmer auch in § 119 Abs. 2 BetrVG aufzunehmen. Dafür spricht der Umstand, dass unzulässige Begünstigungen die Unabhängigkeit der von der Belegschaft gewählten Interessenvertreter gefährden, sodass sie – strafrechtlich gesprochen – als Opfer des Gesetzesverstoßes qualifiziert werden kann. Andererseits ist, da es immerhin um die Einleitung eines strafrechtlichen Verfahrens geht, Zurückhaltung geboten, wenn es darum geht, die Antragsbefugnis auszuweiten. § 119 Abs. 2 BetrVG ist nicht ohne Weiteres mit § 23 Abs. 1 BetrVG vergleichbar. Die strafrechtliche Verfolgung ist für den Betroffenen wesentlich einschneidender als bloße betriebsinterne Sanktionen. Strafrechtlich geht es nicht mehr nur darum, den rechtswidrigen Zustand zu beenden und betroffene Mitglieder aus dem Gremium zu entfernen, sondern um die Verhängung strafrechtlicher Sanktionen, die im Grundsatz auch für die breite Öffentlichkeit zu verfolgen sind. Gerade im Fall *Volkswagen* war es die strafrechtliche Verfolgung, die das öffentliche Ansehen aller Beteiligten massiv beeinträchtigt hat.

---

746 *Rieble*, ZAAR 2008, S. 29.
747 *Lipp*, S. 206.

Andererseits – und auch das haben die populären Fälle deutlich gemacht – ist die Antragsberechtigung in ihrer aktuellen Ausgestaltung praktisch unbrauchbar. Hier sei auf den bereits erwähnten Fall von *Opel* hingewiesen, in welchem die Staatsanwaltschaft ihre Handlungsunfähigkeit öffentlich eingestehen musste: „... uns waren die Hände gebunden, weil wir diese Delikte nur auf Antrag verfolgen können".[748] Dies zeigt, dass das Vertrauen des Gesetzgebers in eine funktionierende Interessenvertretung für den Bereich unzulässiger Begünstigungen offensichtlich zu groß war. In dieser Konstellation ist das Gremium sich selbst näher als der Belegschaft. Es sprechen daher gewichtige Gründe für eine Ausweitung der Antragsbefugnis des § 119 Abs. 2 BetrVG auf ein Quorum der Belegschaft.[749] Da diese Antragsbefugnis auf § 119 Abs. 1 Nr. 3 BetrVG zu beschränken wäre, könnte in Absatz 2 ein Satz 2 angefügt werden, welcher wie folgt formuliert werden könnte:

> *„In den Fällen des § 119 Abs. 1 Nr. 3 ist auch ein Mitglied eines der in Nr. 3 genannten Gremien oder mindestens ein Viertel der wahlberechtigten Arbeitnehmer berechtigt, einen Antrag nach Satz 1 zu stellen."*

c) Schaffung neuer Straftatbestände?

Schließlich besteht auch die Möglichkeit, neben oder alternativ zu den bestehenden Strafnormen, neue Tatbestände zu schaffen. Hier wäre vor allem an einen betriebsverfassungsrechtlichen Korruptionstatbestand zu denken. Die bestehende Strafnorm des § 119 Abs. 1 Nr. 3 BetrVG pönalisiert jede unzulässige Begünstigung, ohne dass es darauf ankäme, ob das Betriebsratsmitglied tatsächlich seine Unabhängigkeit aufgegeben hat. Es kommt nicht darauf an, ob sich das Betriebsratsmitglied tatsächlich hat kaufen lassen oder ob es die unzulässigen Leistungen des Arbeitgebers ohne Gegenleistung angenommen hat. *De lege lata* wäre beides nach § 119 Abs. 1 Nr. 3 BetrVG strafbar, wenn ein entsprechender Strafantrag gestellt wird. Erwägenswert ist jedoch, die Fälle, in denen das Betriebsratsmitglied auch eine Gegenleistung erbringt, sich also „schmieren" lässt, schärfer zu sanktionieren. In diese Richtung gehen auch jene Vorschläge, wonach die Betriebsratsbestechung im Bereich des Korruptionstatbestandes des § 299 StGB zu verorten sei.[750]

748 FAZ.NET v. 21.04.2012: „Staatsanwälte warnen Opel".

749 So auch mit entsprechendem Formulierungsvorschlag: *Lipp*, S. 205 f.

750 Unter Hinweis auf den höheren Strafrahmen des § 299 StGB: *Rieble*, ZAAR 2008, S. 29.

Jedoch sprechen vor allem praktische Gesichtspunkte gegen die Schaffung eines solchen Tatbestandes.[751] Zum einen dürfte die Motivlage in den öffentlich bekannt gewordenen Fällen vor allem von dem Bedürfnis nach Professionalisierung geprägt gewesen sein. Dass gezielt Betriebsräte geschmiert wurden, d.h. eine Gegenleistung der begünstigten Betriebsratsmitglieder erbracht wurde, lässt sich keinem der öffentlich bekannt gewordenen Fälle entnehmen. Ziel war zumeist die Gewährung einer der Tätigkeit angemessenen Vergütung und nicht das Erkaufen bestimmter Verhaltensweisen. Das praktische Bedürfnis nach einem echten Korruptionstatbestand ist deshalb nicht sonderlich groß.

Zum anderen würde ein solcher Korruptionstatbestand die Frage aufwerfen, wie ermittelt werden soll, ob eine Gegenleistung tatsächlich erbracht wurde. Ob ein Entgegenkommen des Betriebsrats in Verhandlungen mühsam abgerungen wurde oder ob sich der Betriebsrat hat kaufen lassen, dürfte in der Praxis kaum festzustellen sein. Innerbetriebliche Entscheidungen lassen sich nicht ohne Weiteres in Kategorien wie richtig und falsch oder günstig und ungünstig einordnen. Betriebliche Entscheidungen sind stets Kompromisse, bei denen ein Entgegenkommen des Betriebsrats immanent ist. Die Schaffung neuer Strafnormen, insbesondere eines Korruptionstatbestandes ist deshalb nicht geboten. Vielmehr ist die Novellierung bestehender Tatbestände ausreichend.

III. Ergebnis zu Kapitel F.

Es bleibt festzuhalten, dass die gegen das Ehrenamtsprinzip vorgebrachten Einwände nicht überzeugen. Insbesondere steht eine professionelle Amtsführung dem Ehrenamt nicht entgegen. Kern des Betriebsratsamts ist zudem ein Grundverständnis, wonach die Interessenvertretung der Belegschaft als Berufung und nicht als Beruf zu verstehen ist. Das Ehrenamtsprinzip stärkt dieses zu bewahrende Grundverständnis. Ein Systemwechsel zu einer Betriebsratsvergütung nach Funktion und Tätigkeit ist nicht durch den Wandel der Betriebsratstätigkeit zu rechtfertigen, erst recht nicht aufgrund vermehrt festgestellter Gesetzesverstöße in der betrieblichen Praxis. Reformbedarf besteht dagegen auf der Rechtsfolgenebene. Das gilt insbesondere für den Kreis der jeweils Antragsberechtigen. Es wird vorgeschlagen, im Rahmen von § 23 Abs.1 und Abs. 3 BetrVG jeweils auch das einzelne Betriebsratsmitglied mit einer Antragsberechtigung auszustatten. Die Höhe des Quorums des § 23 Abs. 1 BetrVG ist dagegen ausreichend und bedarf keiner Reduzierung.

751 Ebenfalls gegen die Schaffung neuer Strafnormen: *Fischer*, BB 2007, 997 (1001).

In strafrechtlicher Hinsicht besteht kein Bedürfnis für die Schaffung neuer Tatbestände, jedoch sollte § 119 Abs. 1 und Abs. 2 BetrVG überarbeitet werden. Kernelement einer sachgerechten Strafnorm wäre die Ausweitung der täterschaftlichen Strafbarkeit auf das Betriebsratsmitglied, welches bisher nur Teilnehmer des § 119 Abs. 1 Nr. 3 BetrVG sein kann. Auch hier gilt es zudem, die Antragsbefugnis in Absatz 2 um das einzelne Betriebsratsmitglied und das Quorum der Belegschaft zu erweitern.

G. Zusammenfassende Thesen

Abschließend sollen die wichtigsten der aus dieser Untersuchung gewonnenen Ergebnisse und der erarbeiteten Grundsätze in Thesen zusammengefasst werden:

1. Das Verhältnis von Begünstigungsverbot und Ehrenamtsprinzip stellt sich als solches einer allgemeinen Verbotsnorm gegenüber einer spezialgesetzlichen Systemvorgabe dar. Für den Bereich der Betriebsratsvergütung ist das Ehrenamtsprinzip *lex specialis*. Dieses Normverständnis führt dazu, dass jeder Verstoß gegen das Ehrenamtsprinzip auch einen Verstoß gegen das Begünstigungsverbot darstellt.
2. Betriebsratsmitglieder sind einem Spannungsverhältnis unterworfen, welchem das BetrVG sowohl durch das Benachteiligungsverbot als auch durch das Begünstigungsverbot Rechnung trägt. Ein Spielraum zwischen Benachteiligung und Begünstigung existiert grundsätzlich nicht. Dies führt dazu, dass Zuwendungen, welche dem Betriebsratsmitglied nicht gewährt werden müssen, grundsätzlich auch nicht gewährt werden dürfen.
3. Eine unzulässige Begünstigung nach § 78 Satz 2 BetrVG ist zweistufig zu prüfen: Eine Begünstigung als solche ist jede Zuwendung oder die Vereinbarung einer solchen, welche das Betriebsratsmitglied bei objektiver Betrachtung gegenüber anderen vergleichbaren Arbeitnehmern besserstellt und dem Betriebsratsmitglied nicht aufgrund gesetzlicher Vorschriften zusteht. Unzulässig ist eine Begünstigung indes nur, wenn sie wegen der Betriebsratstätigkeit erfolgte.
4. Die Frage einer möglichen Begünstigung stellt sich primär als Gestaltungsfrage einer rechtlich zulässigen Vergütung des Betriebsratsmitglieds dar. Um diese zu ermitteln, muss die Frage nach der hypothetischen Vergütung (Lohnausfallprinzip) und die Frage der hypothetischen beruflichen Entwicklung (§ 37 Abs. 4 BetrVG) beantwortet werden. Beide Fragen sind strikt voneinander zu trennen, weil Anknüpfungspunkt des Lohnausfallprinzips grundsätzlich das Betriebsratsmitglied selbst ist, während die Frage der beruflichen Entwicklung mit Blick auf vergleichbare Arbeitnehmer mit betriebsüblicher Entwicklung zu beantworten ist.
5. Pauschalierungen sind sowohl im Bereich des Aufwendungsersatzes, als auch bei der Abgeltung von Mehrarbeit unzulässig, da diese entweder zu einer Benachteiligung oder zu einer Begünstigung des Betriebsratsmitglieds führen.

6. Der Grundsatz der Vertragsfreiheit gilt auch für Individualvereinbarungen zwischen dem Arbeitgeber und dem Betriebsratsmitglied. Günstige Abfindungsregelungen in Aufhebungsverträgen oder Sozialplänen sind nicht stets unzulässig. Beruhen solche Regelungen aber auf dem Betriebsratsamt, verstößt die Vereinbarung gegen das Begünstigungsverbot. Auch ein etwaiger Sonderkündigungsschutz rechtfertigt keine günstigeren Vertragskonditionen.
7. Rechtsgeschäfte, welche gegen das Begünstigungsverbot verstoßen sind nichtig. Ob der Begünstigende die Leistung nach dem Bereicherungsrecht zurückfordern kann, richtet sich nach dem Verhalten des Betriebsratsmitglieds: Beschränkte sich dessen Beitrag auf das bloße Annehmen, ist eine Kondiktion nach § 817 Satz 2 BGB ausgeschlossen. Geht der „Tatbeitrag" darüber hinaus, ist die Vorschrift teleologisch zu reduzieren und eine Kondiktion zuzulassen.
8. Auf Antrag eines gesetzlich Berechtigten kann vom Arbeitgeber die Unterlassung unzulässiger Begünstigungen verlangt werden. Das Betriebsratsmitglied kann – auch bei der bloßen Annahme einer unzulässigen Begünstigung – auf Antrag aus dem Betriebsrat ausgeschlossen werden. *De lege lata* sind diese Rechtsfolgen aufgrund des beschränkten Kreises der Antragsberechtigten praktisch nicht relevant.
9. Strafrechtlich kann durch eine Betriebsratsbegünstigung sowohl der Straftatbestand des § 119 Abs. 1 Nr. 3 BetrVG als auch der Straftatbestand des § 266 StGB erfüllt sein. Das Betriebsratsmitglied kann jedoch lediglich Teilnehmer einer etwaigen Straftat sein. Im Übrigen schränkt das Antragserfordernis die praktische Bedeutung des § 119 Abs. 1 Nr. 3 BetrVG erheblich ein.
10. Unzulässige Zuwendungen an Betriebsratsmitglieder können nicht als Betriebsausgaben geltend gemacht werden. Es gilt das Betriebsausgabenabzugsverbots nach § 4 Abs. 5 Satz 1 Nr. 10 EStG.
11. Als betriebliche Strategie zur Vermeidung unzulässiger Begünstigungen wird die Implementierung einer Richtlinie vorgeschlagen, welche die gesetzlichen Vorschriften für die betriebliche Praxis konkretisiert.
12. Das Ehrenamtsprinzip ist zeitgemäß. Forderungen nach einer sog. Professionalisierung des gesetzlichen Leitbildes sind unbegründet. Das gesetzliche Leitbild lässt eine professionelle Amtsführung bereits zu. Reformbedürftig sind die betriebsverfassungsrechtlichen Rechtsfolgen (§ 23 BetrVG) und die strafrechtlichen Sanktionen (§ 119 Abs. 1 Nr. 3 BetrVG). Das betrifft zum einen eine Erweiterung der Antragsberechtigungen und zum anderen eine Ausweitung der Strafbarkeit des begünstigten Betriebsratsmitglieds. Darüber hinaus ist ein Auskunftsanspruch der einzelnen Arbeitnehmer gegenüber dem Betriebsrat im Hinblick auf die Entgeltentwicklung der Betriebsratsmitglieder in das BetrVG aufzunehmen.

Schriften zum Deutschen und Europäischen Arbeits- und Sozialrecht

Herausgegeben von Ulrich Preis

Band 1 Ulrich Preis / Felipe Temming: Die Urlaubs- und Lohnausgleichskasse im Kontext des Gemeinschaftsrechts. 2006.

Band 2 Einiko B. Franz: Der Abschluss eines Aufhebungsvertrags. Schutz des Arbeitnehmer-Verbrauchers und seine Grenzen. Insbesondere das Widerrufsrecht gem. §§ 312, 355 BGB. 2006.

Band 3 Klaus Tenbrock: Die betriebliche Altersversorgung im Betriebsübergang bei konkurrierenden Versorgungszusagen. 2006.

Band 4 Christoph Nießen: Fehlerhafte Betriebsratswahlen. Eine am Gang des Wahlverfahrens orientierte Untersuchung der Folgen von Rechtsverstößen bei der Betriebsratswahl unter besonderer Berücksichtigung deren Relevanz für die Gewährung von einstweiligem Rechtsschutz zur Verhinderung einer fehlerhaften Betriebsratswahl. 2006.

Band 5 Klaus Linde: Übertragung von Aufgaben des Betriebsrats auf Arbeitsgruppen gemäß § 28a BetrVG. 2006.

Band 6 Petra M. Knorr: Der Vergleich der Invaliditätsrenten in Deutschland und den Niederlanden. 2006.

Band 7 Jan Botterweck: Gewerkschaftspluralismus im Betrieb. 2007.

Band 8 Patrizia Chwalisz: Die Transformation des polnischen Arbeitsrechts und die Gewerkschaften. Eine Analyse aus dem Blickwinkel des Arbeitsrechts der ehemaligen Deutschen Demokratischen Republik und der Bundesrepublik Deutschland. 2007.

Band 9 Wiebke Brose: Der präventive Kündigungsschutz bei betriebsbedingten Kündigungen. Vergleich von Entwicklung und Stellenwert im deutschen und französischen Kündigungsrecht. 2007.

Band 10 Oliver Reinartz: Der Firmentarifvertrag als Flexibilisierungsinstrument. Unter besonderer Berücksichtigung des sogenannten tariflichen Sozialplans. 2008.

Band 11 Sebastian Maiß: Die Entsendung von Arbeitnehmern aus den MOE-Staaten auf Werkvertragsbasis nach der EU-Osterweiterung. Eine Untersuchung der grenzüberschreitenden Beschäftigungsmöglichkeiten von Staatsangehörigen aus den Beitrittsstaaten – insbesondere im Baugewerbe – im Kontext der Übergangsbestimmungen zur Arbeitnehmerfreizügigkeit, der Dienstleistungsfreiheit und des Niederlassungsrechts. 2008.

Band 12 Tilman Isenhardt: Relative Tariffähigkeit. 2008.

Band 13 Mirjam Roesgen: Die betriebsbedingte Kündigung im öffentlichen Dienst. 2008.

Band 14 Philipp Schütt: Die Vertragskontrolle von Ausgleichsquittungen. 2008.

Band 15 Astrid Weber: Ist die Rotkreuzschwester Arbeitnehmerin ihrer Schwesternschaft? Zugleich eine Untersuchung der Arbeitnehmereigenschaft mithilfe der AGB-Kontrolle. 2009.

Band 16 Ute Heinemann: Medizinische Begutachtung in der privaten und sozialen Pflegeversicherung. Gemeinsamkeiten und Unterschiede. 2009.

Band 17 Cindy Hümmerich: Die Zuständigkeitsabgrenzung zwischen Gesamtbetriebsrat und Einzelbetriebsräten. 2010.

Band 18 Sven Wolf: Das moralische Risiko der GKV im Spannungsfeld zwischen Solidarität und Eigenverantwortung. 2010.

Band 19 Frank Zaumseil: Die Minderleistung als Kündigungsgrund. Zugleich ein Beitrag zur Bestimmung der Arbeitspflicht. 2010.

Band 20 Dieter Fabisch: Die unmittelbare Drittwirkung der Grundrechte im Arbeitsrecht. Die Auswirkungen der von Hans Carl Nipperdey begründeten Lehre auf die Rechtsprechung des Bundesarbeitsgerichts. 2010.

Band 21 Martin Begiebing: Contractual Trust Arrangement (CTA) – Insolvenzfestigkeit und Verwertungsbefugnisse im Pfandrechtsmodell. 2011.

Band 22 Sofia Davilla: Die Eigenverantwortung im SGB III und SGB II. Obliegenheiten und Sanktionen zur Beendigung von Arbeitslosigkeit und Hilfebedürftigkeit. 2011.

Band 23 Tanja Hiebert: Verfahrensprobleme im Rahmen des Sonderkündigungsschutzes für schwerbehinderte Menschen nach den §§ 85 bis 92 SGB IX. 2011.

Band 24 Sebastian Schröder: Das Verhältnis von Direktionsrecht und Änderungskündigung. 2012.

Band 25 Julian Wölfel: Die Sozialplanabfindung. Differenzierungskriterien und Ausgestaltungen. 2012.

Band 26 David Kruchen: Telekommunikationskontrolle zur Prävention und Aufdeckung von Straftaten im Arbeitsverhältnis. Private Arbeitgeber im Spannungsverhältnis zwischen Datenschutz und Compliance. 2013.

Band 27 Annette Aßmuth: Die Beteiligungsrechte des Betriebsrates bei Bagatellspaltungen gemäß § 111 Satz 3 Nr. 3, 2. Alt. BetrVG. 2013.

Band 28 Sebastian Skocki: Der transnationale Konzerntarifvertrag. 2013.

Band 29 Patrick Esser: Die Begünstigung von Mitgliedern des Betriebsrats. 2014.

www.peterlang.de

www.ingramcontent.com/pod-product-compliance
Ingram Content Group UK Ltd.
Pitfield, Milton Keynes, MK11 3LW, UK
UKHW021845290926
8980IPUK00005B/661

9 783631 646236

Die Begünstigung von Mitgliedern des Betriebsrats

SCHRIFTEN ZUM DEUTSCHEN UND
EUROPÄISCHEN ARBEITS- UND SOZIALRECHT

Herausgegeben von Ulrich Preis

Band 29

PL ACADEMIC RESEARCH